Egon Voss
»Wagner und kein Ende«

Egon Voss

»Wagner und kein Ende«
Betrachtungen und Studien

Atlantis Musikbuch-Verlag

Bestellnummer: ATL 6210
© 1996 Atlantis Musikbuch-Verlag, Zürich und Mainz
Umschlaggestaltung: Günter Stiller, Taunusstein
Printed in Germany · BSS 48708
ISBN 3-254-00210-5

Inhalt

Vorwort 9

Dramaturgie und Analyse

Die Feen
Eine Oper für Wagners Familie 15

Auch eine Unvollendete
Das wiederaufgefundene Sinfonie-Fragment in E-Dur
WWV 35 31

Wagners *Jugendsünde?*
Zur großen komischen Oper *Das Liebesverbot oder
Die Novize von Palermo* 44

Rienzi, der Letzte der Tribunen 59

Die unterdrückte Vorgeschichte
Zu *Der fliegende Holländer* 72

Lohengrin, der melancholische Held 77

Die Chöre im *Lohengrin* vor dem Hintergrund von
Oper und Drama 82

Tristan: Die Liebe als furchtbare Qual 91

Besseres, als diese Lieder, habe ich nie gemacht ...
Zu den Wesendonck-Liedern 105

Tristan ohne Mythos 110

Die Meistersinger von Nürnberg als Oper des deutschen
Bürgertums 118

Es klang so alt, – und war doch so neu, – Oder ist es umgekehrt?
Zur Rolle des Überlieferten in den *Meistersingern von
Nürnberg* 145

Eigentlich ein Marsch mit einem Trio
Über das Vorspiel zu den *Meistersingern von Nürnberg* 155

„Kammermusik" in den Musikdramen Richard Wagners   158

Noch einmal: Das Geheimnis der Form bei Richard Wagner
(am Beispiel des *Rings des Nibelungen*)   169

Süßeste Rache sühnte dann alles
Zum ersten Akt der *Walküre*   185

Siegfrieds Musik   193

Huldigung Wagners an Cosima   206

Parsifal – das Spiel von der Macht der Schuldgefühle   211

Die Möglichkeit der Klage in der Wonne
Skizze zur Charakterisierung der *Parsifal*-Musik   222

Philologie und Aufführungspraxis

   Von Notwendigkeit und Nutzen der Wagnerforschung   237

   „Sämtliche Briefe?"   258

   Das fragmentarische Orchesterwerk in e-Moll WWV 13
   – die früheste der erhaltenen Kompositionen?   264

   Der unvollendete *Tannhäuser*   269

   Die Entstehung der *Meistersinger von Nürnberg*
   Geschichten und Geschichte   278

   Keine *schwitzende* Musik
   Die Meistersinger von Nürnberg nach der kritischen Ausgabe
   der Richard Wagner-Gesamtausgabe   307

   Wagners Striche im *Tristan* [Erster Versuch, 1971]   310

   Aufführungspraktische Konsequenzen
   der *Tristan*-Philologie
   [Striche im *Tristan*, zweiter Versuch, 1993]   320

   Zur musikalischen Interpretation – Bayreuther Stil   334

   Das Musikdrama, präpariert für den Salon: Richard Wagner
   auf dem Klavier   348

Beziehungen

  Wagner und Rossini oder *Un nouvel Orphée* und *Der ungemein geschickte Verfertiger künstlicher Blumen*   359

  Wagner und Bruckner
  Ihre persönlichen Beziehungen anhand der überlieferten Zeugnisse (mit einer Dokumentation der wichtigsten Quellen)   377

Abkürzungen/Abgekürzt zitierte Literatur   392

Nachweise   394

Register

  Werke Wagners   397

  Personen   400

Vorwort

Der Titel dieser Sammlung von Betrachtungen und Studien ist – wie leicht zu merken – ein Zitat. So nämlich war 1950 die Erstveröffentlichung eines Briefes überschrieben, den Thomas Mann 1949 an den Bühnenbildner Emil Preetorius, dessen Wagner-Buch betreffend, gerichtet hatte[1]. Thomas Mann selbst übernahm diese Überschrift bei seiner eigenen Publikation des Briefes in dem Essay-Band *Altes und Neues*[2]. Freilich hatte der Titel einen anderen Sinn, als er hier intendiert ist; denn Thomas Mann verstand ihn als Ausdruck für die Vielzahl seiner *Bekenntnisse über Wagner, zu Wagner, für und gegen Wagner*, mit denen es ihm zu keinem Ende kommen zu sollen schien[3]. Im Unterschied oder Gegensatz dazu bezeichnet „Wagner und kein Ende" hier ganz allgemein und jenseits individuell-persönlichen Bezugs die Besonderheit aller Auseinandersetzung mit Wagner – auch und gerade der wissenschaftlichen.

Abgeleitet wurde der Titel selbstverständlich von Goethes berühmter Abhandlung über Shakespeare von 1816. Er wurde jedoch nicht, wie man vielleicht meinen könnte, gewählt, weil sich Goethes Anfangssatz – *Es ist über Shakespeare schon so viel gesagt, daß es scheinen möchte, als wäre nichts mehr zu sagen übrig* – auch auf Richard Wagner beziehen ließe. Zwar ist über Wagner sehr viel geschrieben worden, so viel, daß man sich allein von der Quantität der Wagnerliteratur leicht erdrückt fühlen kann; doch das nicht absehbare Ende, von dem der Titel spricht, bezieht sich vielmehr auf die seltsame Tatsache, daß man bei Wagner, so viel auch über ihn geschrieben wurde, immer noch und immer wieder am Anfang steht oder zu stehen scheint. Das hat ganz konkret mit der so außerordentlichen Fülle des überlieferten dokumentarischen Materials zu tun, das zu überblicken einem einzelnen kaum mehr möglich ist. Und dabei scheint der Strom der immer noch hinzukommenden, aus dem Dunkel der Geschichte wie der Archive auftauchenden Dokumente einstweilen gar nicht ab-

---

1 Brief vom 6. Dezember 1949, in: Thomas Mann, *Wagner und unsere Zeit. Aufsätze, Betrachtungen, Briefe*, hg. v. Erika Mann, Frankfurt a.M. 1963, S. 167ff.
2 Frankfurt a.M. 1953
3 Brief an den Intendanten des Stadttheaters Basel, Friedrich Schramm, 25. August 1951, in: *Wagner und unsere Zeit*, a.a.O., S. 181

reißen zu wollen. Entsprechend ist sehr vieles unerforscht und ungeklärt, und dabei handelt es sich durchaus nicht um Erscheinungen am Rande oder Sektoren, die nur den Wissenschaftler interessieren. Es ist nicht zu viel gesagt, wenn man behauptet, die Wagnerforschung habe eben erst begonnen.

Daß ein Ende nicht abzusehen ist, liegt auch im besonderen Wesen der Kunst Richard Wagners begründet. Seine Idee eines Gesamtkunstwerks, der übergreifenden Zusammenführung der verschiedensten künstlerischen Ausdrucks- und Darstellungsmöglichkeiten stellt namentlich die Wissenschaft vor das Problem, wie und mit welcher Methode diesem Phänomen beizukommen sei. Die Betrachtung nur aus der Sicht der Musik oder des Textes oder des Theaters usw. wird der Sache nicht gerecht. Nur ein Verfahren, das ähnlich übergreifend ist wie Wagners eigenes, vermag dem Wesen der Wagnerschen Kunst auf die Spur zu kommen.

„… und kein Ende" – dies betrifft aber auch noch eine andere spezifische Eigenheit der Wagnerschen Kunst: ihre Vieldeutigkeit. Zwar zeichnet es alle große Kunst aus, daß sie verschiedene Deutungsmöglichkeiten zuläßt, doch im Wagnerschen Werk ist dies zum Prinzip erhoben. Es kann also gar kein Ende des Deutens geben. Die mittlerweile zur Unüberschaubarkeit angewachsene Wagnerliteratur ist eine Konsequenz, die gleichsam in der Natur der Sache liegt.

Die hier vorgelegten Aufsätze aus 25 Jahren Beschäftigung mit Richard Wagner sind Versuche, die skizzierten Herausforderungen in die Tat umzusetzen, ohne daß damit aber irgendein Anspruch auf Erreichen des gesteckten Zieles erhoben würde. *Es ist des Lernens kein Ende*, heißt es bei Schumann. Das gilt auch für die Beschäftigung mit Wagner, vor allem dann, wenn man all den Mythen, die sich um die Person und das Werk Wagners ranken, mit der gebotenen Nüchternheit begegnen will und die Betrachtung der Werke aus dem Blickwinkel einer Verknüpfung von Philologie, Analyse, Dramaturgie und Aufführungspraxis betreibt. Als leitender Faden der Texte kann das Bemühen gelten, Ergebnisse der Forschung so zu vermitteln, daß sie in die künstlerische Praxis zu wirken und auch den Wagner-Liebhaber und interessierten Laien zu erreichen vermögen.

Den unterschiedlichen Anlässen entsprechend, denen sie ihre Entstehung verdanken, sind die Aufsätze nach Umfang und Art der Darstellung verschieden. Auf eine Vereinheitlichung für die Publikation in diesem Band wurde jedoch verzichtet, sieht man davon ab, daß je nach Notwendigkeit hie und da Ergänzungen und durchgehend Anmerkungen hinzugefügt wurden. Offenkundige Fehler sind selbstverständlich korrigiert. In einigen Texten wurden auch Kürzungen vorgenommen. Dabei handelt es sich in zwei Fällen um spezifizierende Tabellen, die zum einen für das Verständnis nicht unbedingt nötig sind und zum anderen ohnehin nicht mehr dem Stand der Forschung entsprechen. In einem dritten Fall, dem Aufsatz *Noch einmal: Das Geheimnis der Form bei Richard Wagner*, der sich mit Alfred Lorenz befaßt, wurde auf einen Absatz verzichtet, der anhand eines Zitats aus einem mit *Die Tonkunst grüßt den Führer* betitelten Zeitschriftenartikel[4] von 1939 Lorenz' heillose Verstrickung in die Ideologie des Nationalsozialismus und die Weltanschauung des Faschismus allgemein anzudeuten versuchte. Dieser Absatz war dazu angetan, den Eindruck zu wecken, als werde eine unmittelbare Kausalität zwischen Lorenz' faschistischer Weltanschauung und der Art seiner Analysen behauptet, und als seien die Analysen nur oder vor allem darum falsch, weil Lorenz Nationalsozialist war. Es gilt zu betonen, daß sie falsch sind ganz unabhängig von der politischen Einstellung ihres Verfassers. Höchst bedauerlich ist aber, daß die Lorenzschen Analysen nach wie vor ernstgenommen werden. Freilich war nicht einmal Th. W. Adorno gegen ihre Wirkung gefeit. So ist denn auch das „Geheimnis der Form" noch zu einem Wagnerschen Mythos geworden und ein Ende nicht abzusehen.

München, im Juni 1995   Egon Voss

---

[4] Die zitierte Stelle ist faksimiliert in: Hartmut Zelinsky, *Richard Wagner – ein deutsches Thema. Eine Dokumentation zur Wirkungsgeschichte Richard Wagners 1876–1976*, Frankfurt a.M. 1976, S. 236.

Dramaturgie und Analyse

Die Feen
Eine Oper für Wagners Familie

Die *Feen* sind zwar bereits Wagners dritte Oper und sein viertes Bühnenwerk überhaupt, jedoch das erste seiner dramatischen Werke, das ganz zum Abschluß kam. Vom *Leubald,* seinem dramatischen Erstling, vollendete Wagner nur den Text, die geplante Musik dazu – vermutlich eine Schauspielmusik – scheint gar nicht begonnen worden zu sein; eine 1830 angefangene Schäferoper, von der man nicht einmal den Titel kennt, wurde abgebrochen und die im Herbst 1832 begonnene Oper *Die Hochzeit* nach der Komposition der ersten Nummer aufgegeben. Daß Werke abgebrochen und liegengelassen werden, ist nichts Ungewöhnliches, scheint im vorliegenden Falle jedoch eine besondere Bewandtnis zu haben. Sicherlich brach Wagner die Arbeiten auch deshalb ab, weil er das Interesse daran verloren hatte. Es erscheint jedoch auch möglich, wenn nicht sogar wahrscheinlich, daß er die Lust an diesen Stücken deshalb verlor, weil ihm Rückhalt und Zustimmung fehlten, nämlich das Wohlwollen und das Einverständnis seiner Familie. Daß der *Leubald* bei seiner Familie nicht auf Beifall stieß, weiß man aus Wagners autobiographischen Schriften. Wie sich Mutter, Onkel und ältere Geschwister zur Schäferoper verhielten, ist nicht bekannt. Mit der *Hochzeit* aber stieß Wagner geradezu auf Ablehnung. Weil Sujet und Textbuch seiner Schwester Rosalie, der Hauptvernährerin und Wortführerin der Familie, mißfielen, brach Wagner die bereits begonnene Komposition nicht nur binnen weniger Wochen ab, sondern vernichtete auch das Textbuch spurlos. Dieser radikale Akt war selbstverständlich eine Demonstration. Er drückt Wagners enge Bindung an die Familie sehr anschaulich aus, und die im unmittelbaren Zusammenhang damit erfolgte Wahl des Sujets der *Feen* für die nächste Oper scheint nichts anderes gewesen zu sein als der Versuch, endlich mit einem Bühnenwerk das Einverständnis der Familie zu erringen. Wie insbesondere die späteren Bemühungen einiger Familienmitglieder um die Aufführung der Oper in Leipzig zeigen, waren die *Feen* tatsächlich die erste Oper Wagners, die von der Familie akzeptiert wurde[1].

---

1 Belege sind u. a. zwei erhaltene Briefe Rosalie Wagners an Richard Wagner vom 18. und 22. Oktober 1834 (NA: IV B 4-V-2/3).

Die Vernichtung des Textbuches der *Hochzeit* erfolgte um die Jahreswende 1832/33. Mit der Arbeit am Textbuch der *Feen* dürfte Wagner ziemlich gleichzeitig begonnen haben; am 14. März 1833 jedenfalls schrieb er an seinen Freund Theodor Apel, er habe bereits mit der Komposition der Oper begonnen[2]. Da die Wahl des neuen Sujets nicht frei, aus eigenem Antrieb erfolgte, sondern unmißverständlich eine Konsequenz der Kritik der Schwester war, muß man annehmen, daß Wagner das neue Textbuch der Schwester zeigte, bevor er mit der Vertonung begann. Da Wagner aber Leipzig vermutlich Ende Januar verließ – am 17. Februar traf er in Würzburg ein –, kann man davon ausgehen, daß das Textbuch zu den *Feen* zu dieser Zeit fertig vorlag. Auch Wagners eigene Darstellung in seiner Autobiographie *Mein Leben* legt diese Vermutung nahe[3]. Wie es scheint, erhielt das neue Textbuch die volle Zustimmung der Schwester; denn kaum in Würzburg angelangt, wo er sich für rund ein Jahr bei seinem Bruder Albert aufhielt, begann Wagner mit der Komposition, die er, beginnend am 20. Februar 1833, kontinuierlich ausführte und am 7. Dezember 1833 in der Skizze, am 6. Januar 1834 in der Partitur beendete[4].

Die Wahl eines Stücks von Carlo Gozzi als Vorlage für die neue Oper dürfte kein Zufall gewesen sein. Vermutlich war bereits diese Entscheidung eine Verbeugung vor der Familie. Wagners Onkel Adolf, selbst Schriftsteller und Literat, war nach allem, was man weiß, ein Verehrer Gozzis; er hatte selbst ein Stück Gozzis ins Deutsche übersetzt, *Il corvo* („Der Rabe"), das 1804 im Druck erschienen war. Dieses Stück scheint bei der Entstehung von Wagners *Feen* eine Rolle gespielt zu haben. Die Vorlage zu Wagners Oper hat den Titel *La donna serpente* – „Die Frau eine Schlange" oder „Die Frau als Schlange"– und dementsprechend wird die weibliche Hauptfigur (bei Wagner Ada) im Verlauf der Handlung in eine Schlange verwandelt. Wagner übernahm zwar das Motiv der Verwandlung, nicht aber die Art, in der sie geschieht; in den *Feen* wird Ada zu Stein. Eben dieses Motiv, daß ein Mensch in einen Stein verwandelt wird, findet sich – und zwar unter nahezu denselben Voraussetzungen wie in den

---

[2] SB I, S. 136
[3] ML, S. 81
[4] vgl. WWV, S. 115–118

Feen – in Gozzis *Il corvo*. Wagner übernahm es höchstwahrscheinlich von dorther, und man geht gewiß nicht fehl in der Annahme, daß diese Anlehnung an das vom Onkel übersetzte Stück eine ganz bewußte Verneigung vor der Familie war.

Wagner verwendete in den *Feen* zum Teil die gleichen Personennamen wie in der *Hochzeit*. Dadurch zeigte er der Familie unmißverständlich und deutlich an, daß er das ältere Stück aufgegegen hatte. Wichtiger jedoch ist noch, welche der Namen er übernahm, und wie die Beziehungen der Personen zueinander sind, die diese Namen tragen. Die Namen Lora und Harald dürften mehr zufällig aus dem einen ins andere Textbuch gelangt sein. Die Übernahme von Ada und Arindal hingegen geschah gewiß bewußt und sieht wie die Demonstration eines Sinneswandels aus. Ada und Arindal sind auch in der *Hochzeit* die Namen eines Paares; der Charakter der Beziehung zwischen den zwei Menschen ist jedoch ein völlig anderer. In der *Hochzeit* sind Ada und Arindal ein Brautpaar, das gerade im Begriff ist, seine Hochzeit zu feiern. Nach allem, was man über das Stück weiß, dessen Textbuch Wagner, wie erwähnt, vernichtete, wird eine konventionelle Ehe geschlossen. Ada, die Tochter aus einer mächtigen Familie, heiratet einen treuen Gefolgsmann ihres Vaters, nämlich Arindal. Nichts läßt darauf schließen, daß es sich um eine Liebesheirat handelt, um die Erfüllung einer leidenschaftlichen Beziehung. Zu vermuten ist vielmehr, daß diese Heirat eine Sache gleichsam von Staatsräson ist. Wesentlich erscheint, daß die Beziehung zwischen Ada und Arindal in der *Hochzeit* nur periphere Bedeutung hat, die normal-legale Beziehung spielt nur eine Rolle am Rande. Im Zentrum steht das Gegenteil: die Störung und Zerstörung der legalen Beziehung durch das buchstäbliche Eindringen eines Dritten, Kadolt, der sich am Abend vor der Hochzeitsnacht der Braut mit Gewalt zu bemächtigen versucht. Ada wehrt sich zwar erfolgreich gegen Verführung und Vergewaltigung, indem sie den Eindringling aus ihrem Turmzimmer über den Balkon in die Tiefe stürzt, so daß – was das Brautpaar anbetrifft – zumindest äußerlich nicht gegen die Sitte verstoßen wird; innerlich jedoch tritt Ada unmißverständlich in eine enge Beziehung zu Kadolt, dem Eindringling: bei der Totenfeier für ihn sinkt sie tot neben seinem Leichnam zusammen.

Diese Geschichte ist alles andere als eine Verherrlichung der Institution der Ehe und des bürgerlichen Lebens. Es hat daher den

Anschein, als habe Wagner die Namen Ada und Arindal für die Protagonisten der *Feen* allein deshalb übernommen, um die Institution der Ehe, der in der *Hochzeit* so übel mitgespielt wurde, zu rehabilitieren. In den *Feen* sind Ada und Arindal ein Paar, dessen Beziehung von Beginn an legal verläuft und weder durch einen anderen Mann noch eine andere Frau auch nur andeutungsweise in Frage gestellt wird. Die *Feen* sind nichts anderes als die Umkehrung der *Hochzeit*, nämlich eine exemplarische Verherrlichung der Ehe. Alles, was geschieht, dient der Demonstration, daß nichts, weder unerfüllbare Bedingungen noch das Eingreifen von Zaubermächten, die Liebe eines einmal füreinander bestimmten Paares zerstören oder auch nur beeinträchtigen kann. Die Liebe siegt, bezeichnenderweise die Liebe eines Ehepaares, das bereits acht Jahre verheiratet ist und zwei Kinder hat.

So konventionell sich das Textbuch in dieser Hinsicht gibt und so nahe es damit der Tradition jener Stücke ist, in denen zwei Menschen über viele Hindernisse und feindliche Verhältnisse hinweg am Ende doch ein glückliches Paar werden, so unübersehbar ist ein – freilich nicht minder bürgerlicher – emanzipatorischer Zug des Werks. Die Sphären, denen Ada und Arindal entstammen, repräsentieren unterschiedliche Gesellschaftsschichten: Der Bereich der Feen entspricht der Aristokratie, derjenige der Menschen dem Bürgertum, und selbstverständlich plädiert das Stück im Sinne der Ideale der französischen Revolution für die Überwindung der durch die Aristokratie gesetzten Grenzen. Es besteht kein Zweifel, daß nicht Ada es ist, die aus purer Grausamkeit ihrem geliebten Arindal Bedingungen auferlegt, die dieser nicht erfüllen kann. Vielmehr ist es das Feenreich, also die Aristokratie, die mit allen Mitteln zu verhindern sucht, daß sich Adas Liebe durchsetzt und ihre Beziehung zu dem ‚bürgerlichen' Arindal Bestand hat. Es wäre falsch anzunehmen, es gehe bei den Bedingungen, die Arindal gestellt werden, um die Prüfung der Ernsthaftigkeit seiner Liebe zu Ada. Im Gegenteil: Es handelt sich vielmehr darum, einen noch geschlossenen Machtbereich, den der Aristokratie, vor Durchlöcherung, nämlich durch das Eindringen der Bürgerlichen, zu bewahren.

Daß Arindal versagt, entspringt der realistischen Einsicht in die prinzipielle Unerfüllbarkeit der gestellten Bedingungen; daß er schließlich doch noch siegt und Ada befreit, erscheint demgegenüber als Utopie, ausgedrückt vor allem darin, daß es Arindals Spiel der Leier ist, das Ada aus der Versteinerung ins Leben zurückverwandelt. Daß Ada am Ende doch nicht, wie es ihr Wunsch ist, zum Menschen wird, sondern die unsterbliche Fee bleibt, Arindal demgegenüber zur Unsterblichkeit erhoben wird, ist von Michael von Soden[5] als „Trug" gedeutet worden, als „Umarmung", in der die Utopie gleichsam erstickt werde. Die Aufnahme Arindals in den Kreis der Erlauchten ist gewiß ein Unschädlichmachen des revolutionären Potentials, das in Arindal steckt. Es war jedoch auch stets der heimliche Wunsch der Bürger, in den Adel aufzusteigen, und die Interessen des Bürgertums gegenüber der Aristokratie sind nicht selten durch die Bürger selbst verraten worden. Ob man Arindals selbstverständliche Annahme seiner Erhebung in den Stand der Unsterblichkeit in diesem Sinne interpretieren darf, sei dahingestellt.

Wagners wohl wichtigste Zutat zu dem Stück Gozzis, das er im übrigen nach Struktur und Dramaturgie genau übernahm, ist, daß Arindal in seinem Kampf um die Erlösung Adas nach Schild und Schwert schließlich zur Leier greift und durch Musik das ersehnte Ziel erreicht. Wagner verknüpfte hier das Gozzische Märchen mit dem Orpheus-Mythos, einem der traditionsreichsten und angesehensten Opernstoffe überhaupt. Wie Orpheus vermag auch Arindal (mit Hilfe des Zauberers Groma) mit Leier und Gesang in Bereiche vorzudringen, die Sterblichen gewöhnlich nicht zugänglich sind; seine Musik erweicht sogar die Steine. Wagner nahm jedoch eine bemerkenswerte Änderung vor. In der Sage dringt Orpheus kraft seines Gesanges bis ins Totenreich vor und bewegt die Götter der Unterwelt, ihm Eurydike, seine Gattin, wiederzugeben; durch unerfüllbare Bedingungen wird ihm die eben erst zurückgewonnene Gattin jedoch schließlich wieder genommen. In Wagners Variante stehen demgegenüber die unerfüllbaren Bedingungen am Anfang, und das bezwingend-machtvolle Spiel der Leier ist es, welches das unerreichbar Scheinende, die Wiedergewinnung der Gattin, schließlich tatsächlich erreichen läßt. Die Tragik der Orpheus-Sage erscheint optimistisch gewendet, ganz entsprechend dem Wunsch von Wagners Schwester Rosalie nach „freundlicheren Situationen"[6].

---

[5] *Die Feen – ein unbekanntes Werk*, in: *Richard Wagner. Die Feen*, hg. v. Michael von Soden und Andreas Loesch, Frankfurt a.M. 1983, S. 285
[6] ML, S. 76

Ein Zugeständnis an die Familie und ihren Geschmack mag es auch gewesen sein, daß Wagner sich in der Komposition an bewährte und akzeptierte Vorbilder und Muster hielt. So schwierig es ist, ganz konkret und im Einzelfall nachzuweisen, welches die Modelle waren, denen Wagner folgte, so offenkundig ist doch, daß Wagner sich mit den *Feen* in die deutsche Operntradition stellte. Mozart, Beethoven, Weber und Marschner waren die Meister, denen der junge Wagner nachzueifern suchte. Ihre Opern waren allgemein anerkannt, die Werke Mozarts und Beethovens insbesondere für Wagners Lehrer Christian Gottlieb Müller und Christian Theodor Weinlig die Gipfelpunkte der Tonkunst. Die erste Nummer der *Hochzeit* (Introduktion: Chor und Septett), die Wagner vollständig ausführte und im Unterschied zum Textbuch nicht vernichtete, fand nach seinen eigenen Worten den Beifall Weinligs. Daß Wagner die *Feen* in der gleichen Art schrieb, dürfte nichts anderes bedeuten, als daß ihm auch bei diesem Werk an der Zustimmung Weinligs lag, und zwar nicht nur, weil es ihm um die Anerkennung durch den Lehrer ging, sondern auch, weil Weinligs Urteil etwas galt und sowohl für die Anerkennung durch die eigene Familie als auch für die Annahme der Oper durch das Leipziger Theater von Bedeutung war. Der deutliche Bezug auf die Opern Heinrich Marschners könnte damit zusammenhängen, daß Marschner, dessen *Vampyr* und *Templer und Jüdin* ihre Uraufführung am Leipziger Theater erlebt hatten, in Leipzig in besonders hohem Ansehen stand. Daß Wagner während seines Aufenthaltes in Würzburg ein neues Schlußallegro zu einer Arie des *Vampyr* besonders gut, die Instrumentation einer Kavatine aus Bellinis *Il pirata* dagegen gar nicht gelang, veranschaulicht, wie genau sich Wagner 1833 auf den Stil Marschners eingestellt hatte. Wie eine Absicherung mag es darüber hinaus erscheinen, daß Wagner die *Feen* mit eigenen älteren Kompositionen verknüpfte, indem er Themen und Motive aus jenen in die Oper übernahm. Das Ausmaß, in dem dies geschah, ist so ungewöhnlich, daß man dahinter eine besondere Absicht oder Bewandtnis zu vermuten hat. Wahrscheinlich sollten die Zitate aus eigenen Kompositionen, die der Familie geläufig waren und deren Zustimmung gefunden hatten, den Beifall auch der Oper garantieren. Wagner übernahm zum einen Thematik aus seiner *Fantasie* in fis-Moll WWV 22, zum anderen griff er auf seine *Sieben Kompositionen zu Goethes Faust* WWV 15 zurück, und zwar auf das Melodram „Ach neige, du Schmerzenreiche" (Nr. 7)[7]. Einige Notenbeispiele mögen das veranschaulichen[8]:

1. Fantasie fis-Moll WWV 22, T. 25–28:

2. *Die Feen*, 2. Akt, Chor und Terzett, T. 40–47:

[7] Der in der ersten Veröffentlichung dieses Textes behauptete motivische Zusammenhang mit der Sinfonie in C-Dur WWV 29 beruht auf einem Irrtum.

[8] Zu den Notenbeispielen 1–5 vgl. Richard Sternfeld, *Richard Wagners „Feen"-Phantasie*, in: *Die Musik* IV (1904/05), Heft 22, S. 277–280.

3. *Die Feen*, 3. Akt, Szene und Arie, T. 180–183:

4. Fantasie fis-Moll WWV 22, T. 183–186:

5. *Die Feen*, 3. Akt, Szene und Arie, T. 50–57:

6. Fantasie fis-Moll WWV 22, T. 217–224:

7. *Die Feen*, 2. Akt, Szene und Arie (Ada), 1. Fassung, Orchesterritornell T. 30–38:

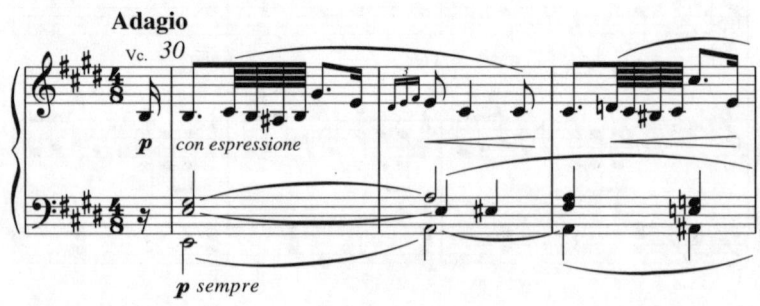

8. *Sieben Kompositionen zu Goethes Faust* WWV 15, Nr. 7 Melodram, T. 9–13:

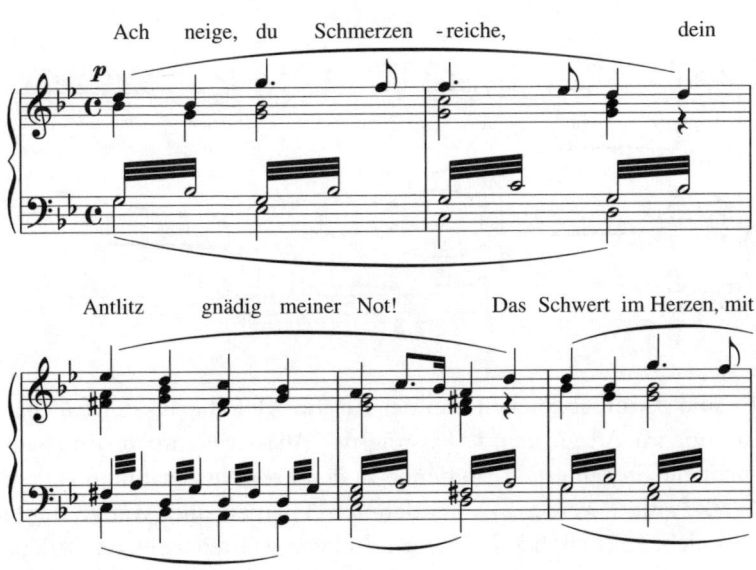

9. *Die Feen*, Ouvertüre, T. 263–267:

10. *Die Feen*, 2. Akt, Finale, T. 285–289:

Es sind damit, abgesehen von der Adagio-Melodie aus der *Fantasie*, die nur im Adagio der 1. Fassung der Ada-Arie auftritt, durchaus nicht alle Stellen erfaßt, an denen in den *Feen* die genannten älteren Werke zitiert werden. Die entlehnten Themen und Motive treten also nicht episodisch auf, sondern sind von weitreichenderer Bedeutung; sie prägen ganze Szenen oder doch längere Passagen darin und treten als Erinnerungsmotive in Erscheinung.

Besonders bemerkenswert ist das Zitat aus den *Faust*-Kompositionen. Hier läßt sich der Bezug zur Familie Wagners gleichsam mit Händen greifen. In den Leipziger *Faust*-Aufführungen des Jahres 1831 hatte Wagners Schwester Rosalie das Gretchen gespielt, und sehr wahrscheinlich waren die *Faust*-Kompositionen im Zusammenhang mit diesen Aufführungen (vielleicht sogar für sie?) entstanden. Vor allem angesichts der nahen Beziehung des jungen Richard Wagner zu seiner ältesten Schwester dürfte außer Frage stehen, daß die Gretchen-Texte „Meine Ruh' ist hin" (Nr. 6) und „Ach neige, du

Schmerzenreiche" (Nr. 7) für Rosalie vertont wurden. Das legt auch ganz konkret eine erhaltene autographe Reinschrift von „Meine Ruh' ist hin" nahe. Die Tatsache, daß diese mit einer eigenen, in der Anordnung des Textes bewußt gestalteten Titelseite versehen wurde, deutet unmißverständlich auf die Funktion eines Widmungsexemplars hin. Deren offizieller Charakter aber wird dadurch aufgehoben, daß Wagner seinen Namen nicht, wie er es sonst – allgemeinem Usus gemäß – zu tun pflegte, ausschrieb, sondern auf die Initialen R. W. reduzierte[9]. Es muß sich also um eine private Widmung gehandelt haben, für die zuallererst Rosalie in Frage kommt. Mit R. W. spielte Wagner überdies auf die Initialen der geliebten Schwester an, die im übrigen ihre Briefe mit RW zu siegeln pflegte.

Vor diesem Hintergrund leuchtet ein, daß Zitate aus den Kompositionen der Gretchen-Texte in den *Feen* nichts anderes bedeuteten als die Herstellung einer Beziehung zu Rosalie. Ada – denn nur auf sie beziehen sich die Zitate aus dem *Faust*-Melodram – ist auf diese Weise sowohl mit Gretchen verbunden als auch mit der Lieblingsschwester Richard Wagners.

Es wäre vermutlich eine Übertreibung, wollte man die Wahl der *Feen* als Sujet für eine Oper allein und ausschließlich auf Wagners innere Bindung an seine Familie, besonders auf die Beziehung zu seiner Schwester Rosalie zurückführen. Die Familie sollte Wagners kompositorisches Schaffen nicht nur gutheißen, sondern auch tatkräftig fördern, und Wagner dachte bei der Wahl der *Feen* als Stoff für seine nächste Oper mit Sicherheit vor allem auch daran, daß seine Familie in Leipzig über Einfluß verfügte, z. B. durch den Verleger Friedrich Brockhaus, der seit 1828 mit Wagners Schwester Luise verheiratet war, z. B. durch Rosalie, die als namhafte Schauspielerin am Leipziger Theater gute Beziehungen zum Leipziger kulturellen Leben unterhielt. Die *Feen* verdanken sich nicht allein einer inneren, emotionalen Beziehung zur Familie, sondern auch den äußeren Umständen.

Aller Einfluß der Familie in Leipzig und alle Beziehungen, über die der junge Wagner darüber hinaus noch verfügte, nützten am Ende nichts: die *Feen* kamen nicht in Leipzig zur Aufführung. Zwar

---

[9] Faksimile der Titelseite in: Otto Daube, „*Ich schreibe keine Symphonien mehr*". *Richard Wagners Lehrjahre nach den erhaltenen Dokumenten*, Köln 1960, S. 263

lehnte man die Oper nicht von vornherein ab – vermutlich mit Rücksicht auf die einflußreichen Verwandten und Fürsprecher des jungen Komponisten –, aber man verstand es doch, die Entscheidung über die endgültige Annahme immer wieder hinauszuzögern, bis die Angelegenheit nahezu im Sande verlief und Wagner selbst die Lust verlor. Dem Leipziger Theaterteam, bestehend aus Direktor Friedrich Ringelhardt, Kapellmeister Ferdinand Stegmayer und Regisseur Franz Hauser (dem nachmals berühmten Sammler von Bach-Handschriften), kam zugute, daß Wagner vom Sommer 1834 an keinen unmittelbaren und kontinuierlichen Einfluß mehr ausüben konnte, da er Ende Juli 1834 ein festes Engagement als Theaterkapellmeister außerhalb Leipzigs antrat, und zwar bei der in Magdeburg spielenden Bethmannschen Theatertruppe. Wie ungehalten Wagner über den Gang seiner Opernangelegenheit in Leipzig war, zeigt drastisch sein Brief vom 27. Oktober 1834 an Apel: *Ich hab' jetzt viel Aerger, und zwar nicht etwa von Magdeburg aus, sondern von Leipzig. Meine Opernschmiere habe ich bis über die Ohren satt, und wenn die Scheisereien nicht bald aufhören, lasse ich den Leuten die Partitur vor der Nase wegnehmen.*[10] Wagner erwog zwar kurze Zeit, das Stück statt in Leipzig in Magdeburg herauszubringen, doch blieb es nach allem, was man weiß, bei dem lediglich in einigen Briefen geäußerten Vorsatz[11]. Über einen Versuch Wagners, den Direktor der Truppe, bei der er selbst engagiert war, Bethmann, zur Aufführung seiner Oper zu bewegen, ist nichts bekannt.

Spätestens im Winter 1835/36 gab Wagner die Oper gänzlich auf. Die *Feen* spielten danach überhaupt keine Rolle mehr, Wagner unternahm nicht die geringste Anstrengung, sie aufzuführen, und das, obwohl er dazu sowohl in Magdeburg als auch später in Königsberg und Riga durchaus Gelegenheit gehabt hätte. Diese totale Abkehr von den *Feen* erscheint wie ein radikaler Bruch, ganz ähnlich demjenigen, der von der *Hochzeit* zu den *Feen* führte. Er dürfte kaum damit zu erklären sein, daß Wagner seine Anschauungen allgemein und den Stil seiner Musik im besonderen um die Mitte der dreißiger Jahre wandelte. Wären Wagner Sujet und Textbuch der *Feen* tatsächlich so fortschrittlich im Sinne des Jungen Deutschland erschienen,

---

[10] SB I, S. 166
[11] SB I, S. 174f. und 224 (Briefe vom Herbst 1834 sowie vom 11. Oktober 1835)

wie Michael von Soden meint[12], dann könnte man sicher sein, daß Wagner sich nach dem Scheitern der Leipziger Aufführungspläne andernorts nachdrücklich um Aufführungen bemüht hätte. Er tat es jedoch nicht. Wäre ihm das Werk als solches noch wichtig gewesen und lediglich die Komposition als nicht mehr dem inzwischen erreichten Standard entsprechend erschienen, so hätte Wagner die Partitur sehr wahrscheinlich umgearbeitet, was er jedoch ebenfalls nicht tat. Daß Wagner derartige Umarbeitungen nicht fremd waren, beweisen die nachfolgenden Opern vom *Liebesverbot* bis zum *Tannhäuser* zur Genüge; und auch die *Feen* selbst zeigen es: Adas große Arie im 2. Akt ist in zwei unterschiedlichen Versionen überliefert, deren zweite mit Sicherheit erst nach Abschluß der Partitur des gesamten Stücks, nämlich im Frühjahr 1834, geschrieben wurde, vermutlich im Anschluß an das Erlebnis eines Gastspiels von Wilhelmine Schröder-Devrient in Leipzig im März 1834.

Von keinem seiner Bühnenwerke hat sich Wagner so radikal getrennt wie von den *Feen*. Die Beschäftigung mit diesem Werk dauerte kaum drei Jahre; danach verhielt sich Wagner dem Stück gegenüber nur mehr gleichgültig. Möglicherweise quittierte er damit nichts weiter als die Enttäuschung, daß ausgerechnet diesem Werk, bei dem er sich in so außerordentlichem Maße bemüht hatte, der eigenen Familie zu gefallen und zu entsprechen, der Erfolg von Anfang an versagt blieb. Das heißt: Die *Feen* wurden vermutlich nicht deshalb aufgegeben, weil sie den Anschauungen und dem musikalischen Stil Wagners nicht mehr entsprachen; vielmehr dürfte – umgekehrt – die Enttäuschung über die Erfolglosigkeit der *Feen* der Grund für den Wandel der Anschauungen und des musikalischen Stils gewesen sein und damit zugleich der Anlaß für die Emanzipation von der eigenen Familie, die in der Tat im Sommer 1834 ihren Anfang nahm.

In den sechziger Jahren trennte sich Wagner sogar von seinem Partiturmanuskript; er schenkte die Originalpartitur zu Weihnachten 1865 Ludwig II. von Bayern. Bezeichnenderweise waren die *Feen* damit die erste der frühen Opern, die Wagner aus der Hand gab. An eine Veröffentlichung oder Aufführung dachte er auch später nicht. Nach Cosima Wagners Tagebuch sprach er sich am 14. Juni 1882

[12] siehe Anm. 5

gerade in bezug auf die Ouvertüre zu den *Feen* ausdrücklich gegen eine Herausgabe *dieser Jugend-Werke oder Gelegenheits-Kompositionen* aus, ‚*die noch dazu* – wie er wörtlich geäußert haben soll – *nicht aus den allerhöchsten Okkasionen entsprossen seien*'[13]. Es nimmt daher nicht wunder, daß es erst nach Wagners Tod zur Publikation und ersten Aufführung kam. Die Uraufführung fand am 29. Juni 1888 im königlichen Hof- und National-Theater in München statt, einstudiert vom jungen Richard Strauss, dirigiert von Franz Fischer (und nicht, wie immer zu lesen, von Hermann Levi). Etwa zur gleichen Zeit erschienen Textbuch, Klavierauszug und Partitur im Druck. Die Münchner Aufführung war ein großer Erfolg, und die Oper wurde in der Folgezeit auch an anderen Orten gespielt, sie setzte sich aber nicht im Sinne eines Repertoirestücks durch. Wie Aufführungen beim Internationalen Jugendfestspieltreffen in Bayreuth 1967, bei der BBC 1976, in Wuppertal 1981 und in München 1989 erwiesen haben, zeigt die Partitur nicht nur das handwerkliche Können ihres Komponisten sowie seine Anpassungsfähigkeit an bestimmte Vorbilder, sondern auch unkonventionelle Züge, die möglicherweise sogar der Grund waren für die Ablehnung 1834 in Leipzig. Im übrigen verdienen die *Feen* als Jugendwerk eines der wichtigsten Autoren des europäischen Musiktheaters selbstverständlich die gleiche Beachtung wie etwa Mozarts *La finta semplice* oder Verdis *Oberto*.

---

[13] CT II, S. 961 (Fußnote)

Auch eine Unvollendete
Das wiederaufgefundene Sinfonie-Fragment in E-Dur WWV 35

Bislang[1] galt Richard Wagners *Sinfonie in E-Dur* aus dem Jahre 1834 – im Wagner-Werk-Verzeichnis als Nr. 35 eingeordnet – für verschollen. Man wußte nur, daß die Arbeit daran nicht über die Skizze[2] eines vollständigen 1. und eines fragmentarischen 2. Satzes hinausgelangt war, und man kannte, aufgrund eines Aufsatzes des Musikschriftstellers und Wagnerforschers Wilhelm Tappert[3], einige Themen und Passagen. Jetzt entdeckte Robert Münster, der Leiter der Musiksammlung der Bayerischen Staatsbibliothek in München, das Werk im Nachlaß des Dirigenten Felix Mottl; allerdings fand er nicht Wagners eigenhändige Skizze, die nach wie vor für verschollen gelten muß, sondern eine Partitur von der Hand Mottls. Man hat es also mit einer sekundären Quelle zu tun, die dennoch – in Ermangelung einer besseren – den Wert einer primären hat. Erstmals jedenfalls seit Tappert ist es möglich, das Stück als Ganzes und im Detail in Augenschein zu nehmen.

Wagner begann mit der Komposition laut eigenem Datumsvermerk auf der Anfangsseite der Skizze am 4. August 1834 in Lauchstädt, einem Badeort in der Nähe von Halle. Dort hatte er wenige Tage zuvor, wahrscheinlich am 2. August, sein Debüt als Opernkapellmeister mit Mozarts *Don Giovanni* gegeben[4]. Dieses Ereignis war möglicherweise der äußere Anlaß für die Komposition. Wagner war im Juli – wohl auch für ihn selbst unerwartet – als Musikdirektor der Bethmannschen Operntruppe engagiert worden, die unterm Jahr in Magdeburg spielte und in den Sommermonaten außerhalb Magdeburgs auftrat, so 1834 in Lauchstädt und Rudolstadt (Thüringen). Die Arbeit mit der Operntruppe ließ, wie Wagners Briefen aus der Zeit zu entnehmen ist[5], wenig Zeit zum Komponieren. Über-

---

[1] Der Text wurde im Herbst 1988 geschrieben.
[2] vgl. die Beschreibung der Skizze in WWV, S. 123
[3] Wilhelm Tappert, *Richard Wagner's zweite Symphonie*, in: *Musikalisches Wochenblatt* XVII Nr. 40/41 (1886), S. 481f., 497ff.
[4] SB I, S. 159 (Nr. 15)
[5] SB I, S. 159/161f.

dies zog die Truppe am 12. August nach Rudolstadt weiter[6]. Jedenfalls kam die Skizze des 1. Satzes der Sinfonie laut Wagners Datierungsvermerk erst am 29. August 1834 in Rudolstadt zum Abschluß. Danach dürfte sich Wagner dem 2. Satz gewidmet haben, von dem die ersten 29 Takte skizziert wurden. Es ist anzunehmen, daß der Abbruch der Komposition spätestens am 13. September 1834 erfolgte; denn an diesem Tage schrieb Wagner an seinen Freund Theodor Apel, er sei *in der Composition einer Symfonie begriffen*, könne sie jedoch *auf keinen Fall beendigen*[7]. Warum er sich nicht in der Lage sah, die Arbeit fortzuführen, sagte er nicht, so daß sich über die Gründe nur rätseln läßt. Wagner selbst urteilte später in seiner Autobiographie *Mein Leben* – der Passus stammt von 1866 –: *Schon um diese Zeit bildete sich aber bei mir die Ansicht von der Unmöglichkeit aus, auf dem Gebiete der Symphonie nach dem Vorgange Beethovens noch Neues und Beachtenswertes zu leisten.*[8] Diese Begründung klingt ideologisch; sie erscheint geprägt von der Wagnerschen Idee, daß nur das Musikdrama der legitime Nachfolger der Beethovenschen Sinfonie sein könne. Es ist zweifelhaft, ob der einundzwanzigjährige Wagner schon so weit dachte, ob nicht viel näher liegende, konkretere Gründe für den Abbruch der Arbeit an der Sinfonie verantwortlich waren.

In dem zitierten Brief vom 13. September 1834 schrieb Wagner auch, daß er wegen der Sinfonie *schon an Pohlenz geschrieben habe*[9]. Gemeint war Christian August Pohlenz, der Kapellmeister des Gewandhauses in Leipzig, dem Wagner die Sinfonie angekündigt haben dürfte, mit dem Gedanken selbstverständlich an eine Aufführung im Gewandhaus. Wagner war es also nicht allein darum zu tun, eine Sinfonie zu komponieren, sondern er wollte sich zugleich einer Aufführung dieses Werkes in dem weit über Leipzig hinaus renommierten Gewandhaus versichern. Es wäre nun denkbar, daß Wagner über der Kompositionsarbeit einsah, daß er mit dieser Sinfonie weder dem eigenen noch dem Anspruch des Gewandhauses gerecht zu werden vermochte. Dafür sprechen die Eigenheiten der Komposition, auf die noch einzugehen ist. Um nicht von Pohlenz beim Wort genommen werden zu können und sich einer Blamage

[6] SB I, S. 160
[7] SB I, S. 162
[8] ML, S. 99
[9] SB I, S. 162

aussetzen zu müssen, könnte Wagner ganz bewußt die Komposition abgebrochen haben. Im übrigen beschäftigte ihn seine neue Oper *Das Liebesverbot*, ein Projekt, das seinem eigenen Leben viel näher war, als es eine Sinfonie sein konnte. Daß er die Sinfonie zugunsten des *Liebesverbots* aufgegeben hätte, läßt sich freilich nicht beweisen. Mit dem Text zu der Oper hatte er nach seinen eigenen Zeugnissen begonnen, bevor er an die Komposition der Sinfonie ging[10]; und mit der Musik der Oper befaßte er sich erst ab Januar 1835[11].

Ganz unwichtig war Wagner die Sinfonie nicht; denn er vermerkte sie in den 1835 begonnenen autobiographischen Notizen in der sogenannten Roten Brieftasche[12] und ging auch, wie erwähnt, in *Mein Leben* darauf ein. Andererseits scheint ihm schon bei der Aufzeichnung der Notizen der Roten Brieftasche nicht mehr gegenwärtig gewesen zu sein, daß er den 1. Satz in Lauchstädt und nicht in Rudolstadt begonnen und außerdem nicht nur einen ersten, sondern auch noch den Beginn eines 2. Satzes komponiert hatte. Das deutet darauf hin, daß er schon zum Zeitpunkt der Niederschrift der Notizen der Roten Brieftasche nicht mehr im Besitz der Skizze des Werks war. Als er *Mein Leben* diktierte, verfügte er, wie er selbst mitteilt, über keinerlei Manuskript. Er mußte sich folglich auf die Notizen der Roten Brieftasche stützen und übernahm daher deren Angaben.

Erst 1886 kam die Skizze wieder ans Licht. Wilhelm Tappert entdeckte sie bei einem Berliner Antiquar, möglicherweise Liepmannssohn, und erwarb sie schließlich im Auftrage der Familie Wagner für das Bayreuther Archiv[13]. Eine Abschrift, die er bei dieser Gelegenheit für sich selbst anfertigte, ist verschollen. Im Herbst des gleichen Jahres bat Cosima Wagner den Dirigenten Felix Mottl, das Stück zu instrumentieren[14]. Wann Mottl mit dieser Arbeit begann, ist ungewiß; sicher ist dagegen, daß er bis Anfang Mai 1887 nicht über die ersten 12 Pariturseiten hinausgekommen war[15]. Er beendete die Arbeit schließlich laut Datumsvermerk in der Partitur am

[10] vgl. WWV, S. 140
[11] ebda.
[12] SB I, S. 82
[13] Das geht aus Briefen Tapperts vom 21. und 27. Juni 1886 an Haus Wahnfried hervor (IV A 37-IV-13/14).
[14] Das geht aus einem Brief Mottls an Cosima vom 12. November 1886 hervor (NA: III B 33 Nr. 14).
[15] Brief Mottls an Cosima vom 3. Mai 1887 (NA: III B 33 Nr. 43)

22. Juli 1887. Eine Abschrift der Skizze, die Mottl, wie er am 14. August an Cosima Wagner schrieb[16], anfertigen lassen wollte, ist, sofern sie tatsächlich hergestellt wurde, nicht erhalten. Das Original verblieb, obwohl Eigentum der Familie Wagner, im Besitz Mottls, aus dessen Nachlaß es 1913 verkauft wurde. Seither ist es verschollen.

Bemerkenswert, weil ungewöhnlich ist die Wahl von E-Dur als Tonart einer Sinfonie. Weder Mozart noch Beethoven haben Sinfonien in dieser Tonart geschrieben, im sinfonischen Schaffen Haydns trifft man sie lediglich im Frühwerk an (Nr. 12 und 29), und in der nachklassischen Periode begegnet sie bis hin zu Bruckner nur ganz ausnahmsweise, etwa in dem Fragment gebliebenen Werk D 729 von Franz Schubert oder in der fünften Sinfonie von Franz Lachner. Vermutlich hat man die Wahl einer so ungebräuchlichen Tonart als Zeichen von Wagners Ehrgeiz zu werten, etwas Besonderes zu schaffen; denn da er die E-Dur-Sinfonien Haydns mit Sicherheit nicht kannte (sie dürften im ersten Drittel des 19. Jahrhunderts noch unbekannt gewesen sein), und er auch von dem Fragment Schuberts sowie von der nicht zum Druck gelangten Sinfonie Lachners keine Kenntnis gehabt haben dürfte, könnte er durchaus der Ansicht gewesen sein, allein schon mit der Tonart E-Dur sinfonisches Neuland zu betreten. Daß ihm, zumindest später, das Ungewöhnliche von E-Dur als Tonart einer Sinfonie bewußt war, beweist Cosima Wagners Tagebuch, in dem es unter dem Datum des 28. November 1878 heißt: *Er spricht auch von der begonnenen Symphonie in E dur; keiner, so viel er wisse, habe eine Symphonie in E geschrieben.*[17] Zudem scheint E-Dur für Wagner gerade in bezug auf die Gattung der Sinfonie von besonderer Attraktion gewesen zu sein. Zum einen sollten die beiden Sinfonien WWV 78, die Wagner kurz vor Beginn der Komposition des *Lohengrin* plante, in E-Dur stehen; zum anderen ist Wagners berühmteste, vielleicht auch bedeutendste Instrumentalkomposition, das *Siegfried-Idyll*, ein Werk in E-Dur. Der heute geläufige Titel, der erst später dem Stück beigegeben wurde, täuscht über die urspüngliche Intention hinweg: Wagner hatte nichts Geringeres als eine Sinfonie im Sinn und überschrieb daher die Widmungs-

---

[16] NA: III B 33 Nr. 64
[17] CT II, S. 243

handschrift der Partitur für seine Frau Cosima demonstrativ mit *Symphonie*.

Der 1. Satz – E-Dur, 3/4 – ist mit *Allegro con spirito* überschrieben und umfaßt 456 Takte. Ihm liegt, deutlich ausgeprägt, die Sonatensatzform zugrunde. Die Exposition, die wie traditionell üblich wiederholt wird, umfaßt 160, die Durchführung 135, die Reprise 161 Takte. Als Hauptthema fungiert eine 12taktige Periode, mit der der Satz beginnt:

Notenbeispiel 1

Von motivisch-thematischer Relevanz ist jedoch lediglich das Anfangsmotiv von Vorder- und Nachsatz, strenggenommen sogar nur das punktierte Achtel mit Sechzehntel auf der ersten Zählzeit. Dieses Motiv nämlich, melodisch vielfach variiert (vom Sekund- bis zum Oktavfall), durchzieht den gesamten Satz. Es prägt auch das zweite wichtige Thema des Hauptsatzes, der mehr durch dieses als das Hauptthema charakterisiert wird. Das Charakteristikum besteht allerdings weniger im Thema selbst als darin, daß es schier unermüdlich sequenziert wird:

Notenbeispiel 2

Mit Takt 32 ist der Hauptsatz zu Ende: Ab Takt 35, nach zwei Takten Generalpause, folgt eine Wiederholung des Hauptsatzes im Tutti und fortissimo, ehe dann mit Takt 64 ein Abschnitt einsetzt, den Wagner aus seiner Klaviersonate A-Dur WWV 26[18] übernommen hat. Die Takte 64–138 des Sinfoniesatzes sind identisch mit den Takten 25–99 des 1. Satzes der Sonate, lediglich transponiert und in einigen Takten der Motivik des Sinfoniesatzes angepaßt. Daß Wagner das Thema des Seitensatzes

Notenbeispiel 3

der Sonate entnahm, war bereits bekannt, da Wilhelm Tappert es in seinem genannten Aufsatz mitgeteilt hatte. Daß Wagner jedoch ganze Satzteile, noch dazu dieses Umfangs, aus der Sonate übernahm – die genannte Passage ist nicht die einzige –, war bislang unbekannt, da Tappert der Sachverhalt offensichtlich entgangen war – eine Seltsamkeit angesichts der Tatsache, daß Tappert ein ausgezeichneter Kenner der frühen Werke Wagners war und selbstverständlich auch die A-Dur-Sonate kannte[19].

Überleitung und Seitensatz entstammen also komplett dem 1. Satz der Sonate. Erst der Epilog, beginnend mit Takt 139, ist wieder eigenständig. Er ist fast durchgehend wiederum vom punktierten Anfangsmotiv bestimmt,

Notenbeispiel 4

[18] Die Sonate liegt zum einen vor in: RWSW Bd. 19, S. 54–83; zum anderen in: Richard Wagner, *Klavierwerke*, Mainz 1981, S. 54–83.
[19] zu Tapperts Kenntnis der Sonate vgl. WWV, S. 94

schließt dann aber ganz unvermittelt mit einer von aller vorangehenden Motivik freien chromatischen Phrase:

Notenbeispiel 5

Das besondere Merkmal der Durchführung ist, daß der Abschnitt, mit dem sie nach kurzer Überleitung in As-Dur beginnt (T. 163–206), nach wenigen Zwischentakten, um eine Quinte nach oben versetzt, getreu wiederholt wird (T. 215–258). Das Durchführungsprinzip der Aufstellung eines motivischen Modells, das dann sequenziert wird, schimmert bei diesem Verfahren zwar noch durch, die Ausweitung des Modells aber auf einen Umfang von mehr als 40 Takten macht aus dem seiner ursprünglichen Intention nach dynamischen Prinzip ein statisches. Das Modell beginnt mit Sequenzen des zweiten Themas aus dem Hauptsatz über liegenden Klängen,

Notenbeispiel 6

geht dann (T. 178ff.) ganz in Klang über und greift in den Takten 186–205 wiederum eine Passage aus dem 1. Satz der Klaviersonate A-Dur WWV 26 auf, nämlich deren Takte 125–144, ebenfalls aus der Durchführung. Nach einer Art Scheinreprise mit dem Zitat der Takte 2 und 3 des Hauptthemas, versetzt nach G-Dur (T. 211–214), schließt sich die transponierte Wiederholung des Modells, von Es-Dur ausgehend, an. Da Wagner auch die Durchführung der Sonate mit einem ausgedehnten Modell und seiner Sequenz gestaltet hatte, entsprechen die Takte 238–258 des Sinfoniesatzes den Takten 165–185 der Sonate, versetzt um einen Ganzton nach oben. Der Schlußteil der Durchführung, komponiert als breite Vorbereitung der Reprise, spielt ständig auf das Hauptthema an, unterbrochen von Zitaten des Anfangs des Seitenthemas:

Notenbeispiel 7

Die Reprise führt das Hauptthema sogleich im Tutti und fortissimo vor, verzichtet also auf den Pianovortrag der Exposition, was bedeutet, daß die Takte 1–38 in der Reprise nicht wiederkehren. Überleitung und Seitensatz entstammen wiederum dem 1. Satz der Klaviersonate A-Dur. Wagner hat es jedoch an dieser Stelle nicht bei der durchgehenden Übernahme belassen, sondern einige Takte eingeschoben oder anders gestaltet. Die Takte 321–328/334–347/

353–384 des Sinfoniesatzes sind mit den Takten 228–235/241–254/ 255–286 der Sonate identisch, zweiter und dritter Abschnitt jeweils quintversetzt. Der Epilog entspricht zunächst der Exposition, hat dann jedoch die Besonderheit, daß zwischen die beiden erwähnten Komplexe (vgl. Notenbeispiele 4 und 5) ein neuer Abschnitt eingeschoben ist, der jedoch nicht, wie es einer Coda entspräche, die Hauptthemen des Satzes aufgreift oder an die Durchführung anknüpft, sondern den Epilog fortführt und dessen Motivik gleichsam auslaufen läßt:

Notenbeispiel 8

Den Schluß bildet ein verkürztes Zitat des Hauptthemas.

Der zweite Satz – A-Dur, 4/4 – ist mit *Adagio cantabile* überschrieben und bricht nach 29 Takten ab. Die Takte 1–4 – das war ebenfalls schon anhand von Tapperts Aufsatz feststellbar – entstammen wiederum der Klaviersonate A-Dur:

Notenbeispiel 9

Sie erscheinen dort, allerdings in anderer Taktart (12/16), als zweites Thema des 2., ebenfalls langsamen Satzes (T. 21–24). Im Unterschied zur Sonate bilden die vier Takte in der Sinfonie den Vordersatz einer Periode, deren Nachsatz mit dem Vordersatz identisch ist, sich am Schluß jedoch traditionsgemäß zur Tonika wendet. Eingeschoben zwischen Vorder- und Nachsatz sind zwei Takte, die melodisch-thematisch wie eine Vermittlung wirken, harmonisch jedoch eher ein Fremdkörper sind, da sie in Cis-Dur stehen. In Takt 11 ist der erste Teil des Satzes beendet. Es folgt eine Überleitung, die mit folgendem Motiv arbeitet

Notenbeispiel 10

und dann zu einer aus der Anfangsperiode abgeleiteten Motivik übergeht. Als zweites Thema schließt Wagner nun das Hauptthema des langsamen Satzes der Klaviersonate A-Dur an (T. 1–4), versetzt nach e-Moll und selbstverständlich gleichfalls von 12/16 nach 4/4 umgeschrieben:

Notenbeispiel 11

In Takt 25 und 27 setzen jeweils Imitationen ein, die das Thema in andere Tonarten versetzen, es variieren und verkürzen. Dieser Vorgang bricht aber schon in Takt 28 ab, der im reinen Klang (H-Dur) verharrt. Der letzte von Wagner notierte Takt (T. 29) schließlich enthält nur eine einstimmige Phrase, die wohl als Rückleitung gemeint ist, ohne daß aber deutlich wäre, was sich hätte anschließen sollen.

Die umfangreichen Rückgriffe auf die Klaviersonate A-Dur machen deutlich, daß die Sonate[20] zur Vorgeschichte der Sinfonie gehört. Wagner hatte sie zu Beginn des Jahres 1832 geschrieben und

---

[20] vgl. WWV, S. 93f.

als sein Opus 4 veröffentlichen wollen. Dann – und das ist in diesem Zusammenhang von besonderem Interesse – scheint er die Absicht gehabt zu haben, das Werk oder zumindest dessen 1. Satz zu instrumentieren. Jedenfalls finden sich im Manuskript zwei nachträgliche Instrumentationsvermerke. Wie weit dieser Plan schließlich gedieh, ist ungewiß, da keine Manuskripte dazu überliefert sind. Überraschend ist das Verfahren insofern nicht, als Wagner schon in einem früheren Fall, der heute verschollenen vierhändigen Sonate B-Dur WWV 16[21], genauso vorgegangen war, und im übrigen Wagners Klaviermusik nicht so spezifisch klavieristisch ist, als daß sie sich nicht leicht für andere Besetzungen adaptieren ließe.

Die Sinfonie nun macht den Eindruck, als sei Wagner zunächst entschlossen gewesen, eine völlig neue Komposition zu schreiben, als habe er sich aber im Verlauf der Arbeit mehr und mehr gezwungen gesehen, auf die Sonate zurückzugreifen. Beim 1. Satz könnte man noch argumentieren, Wagner habe zwar der Sonate umfangreiche Partien entnommen, diese jedoch vergleichsweise geschickt in einen neuen und größeren Zusammenhang gestellt. Der 2. Satz dagegen – das duldet keinen Zweifel – gelangt über eine fast potpourrihafte Aneinanderreihung kurzer Glieder nicht hinaus, und das Neue gegenüber der Klaviersonate erschöpft sich in einer Vertauschung der Reihenfolge der Themen. Es ist leicht einzusehen, daß Wagner damit nicht zufrieden war und die Komposition deshalb abbrach.

In seiner Autobiographie *Mein Leben* schrieb Wagner über die Sinfonie: *für Stil und Anlage war diese Arbeit durch die siebente und achte Symphonie Beethovens veranlaßt*[22]. Ob Wagner sich hier nicht falsch erinnerte? Die stilistische Anlehnung an Beethoven generell ist gewiß nicht zu leugnen, ausgeprägter jedoch erscheint die Anlehnung an die Ouvertüren Carl Maria von Webers. Ein Bezug zur 7. und 8. Sinfonie Beethovens läßt sich kaum dingfest machen, und was die Anlage, von der Wagner in *Mein Leben* spricht, anbelangt, so fällt es schwer, Beziehungen zu Beethovens Sinfonien herzustellen. Keine Beethoven-Sinfonie weist eine derart ausgewogene, fast symmetrisch

---

[21] vgl. WWV, S. 75f.
[22] ML, S. 99

anmutende Relation der Teile auf (Exposition: 160 Takte – Durchführung: 135 Takte – Reprise: 161 Takte). Das Prinzip, das Hauptthema in der Exposition mehrfach vorzutragen, in der Regel einmal im Piano, einmal im Forte, findet sich selbstverständlich auch in Beethovens Sinfonien; nie aber betrifft die Repetition den gesamten Hauptsatz oder überhaupt einen Abschnitt von einer Länge von mehr als 30 Takten wie in der Sinfonie Wagners. Die Gestaltung der Durchführung – Aufstellen eines Modells von mehr als 40 Takten und getreue Sequenz in der Oberquinte – kann sich ebenfalls kaum auf Beethoven berufen, jedenfalls nicht auf die 7. und 8. Sinfonie.

Allenfalls ließe sich denken, daß Wagner sein Verfahren von der Durchführung des 1. Satzes der *Pastorale* ableitete, die aber unter Beethovens Sinfonien einen Ausnahmefall darstellt. Gemeint ist der erste Teil mit seinen ausgedehnten, motivisch gänzlich einförmigen, lapidaren Klangflächen: 12 Takte B-Dur, 28 Takte D-Dur; dann nach 6 Zwischentakten 12 Takte G-Dur und 28 Takte E-Dur. Die äußere Ähnlichkeit täuscht. Substantiell hat das Wagnersche Verfahren mit dem der *Pastorale* nichts gemein; denn Wagner fügt ja Abschnitte ganz unterschiedlicher Motivik und vielfältig wechselnder Harmonik zu einem Modell zusammen und führt überdies die transponierte Wiederholung, die Sequenz, genau aus, was ja in der *Pastorale* nicht der Fall ist. Bemerkenswert ist aber, daß Wagner hier ein Verfahren verwendet, zu dem auch Robert Schumann gegriffen hat. In der Durchführung des 1. Satzes seiner 1. Sinfonie stellt er ein 44 Takte umfassendes Modell auf, das dann in der Oberquinte wiederholt wird.

Auch hinsichtlich der Gestaltung der Reprise steht Wagners Sinfonie dem angeblichen Vorbild Beethoven eher fern. Während die Verkürzung des Hauptsatzes Beethovenschem Vorgehen entspricht, lassen sich die Veränderung des Seitensatzes und die Erweiterung des Epilogs bei Beethoven nicht antreffen, der gerade diese Formteile in der Reprise fast ausnahmslos akribisch getreu zu wiederholen pflegt. Das Fehlen einer Coda schließlich entspricht gleichfalls nicht Beethovenscher Sinfonik.

Wagners E-Dur-Sinfonie wurde, da sie Fragment blieb, nicht vom Komponisten instrumentiert. Die uns jetzt vorliegende Instrumentation Felix Mottls, gut 50 Jahre nach der Komposition entstanden, ist gewiß kein Ersatz für das nicht zustandegekommene Original. Immerhin aber verfuhr Mottl nicht aufs Geratewohl, sondern versuchte, gleichsam historisierend, Wagners Standpunkt von 1834 einzunehmen. Er schrieb in einem Brief an Cosima Wagner (12. November 1886): *Die Behandlung des Orchesters scheint mir durch die C-Symphonie* [WWV 29] *ziemlich genau vorgezeichnet zu sein und dass ich alle Gewissenhaftigkeit und Allen Fleiss an die Arbeit setzen werde, ist wohl selbstverständlich.*[23]

Mottl instrumentierte nach dem Vorbild von Wagners erster Sinfonie aus dem Jahre 1832 für zweifaches Holz, 4 Hörner, 2 Trompeten, 3 Posaunen, Pauken und Streicher. Bezüglich der Posaunen kam er in eine schwierige Lage; denn Wagner hatte in der C-Dur-Sinfonie, ähnlich Beethoven in der c-Moll-Sinfonie, die Posaunen erst im Finale zum Einsatz gebracht. Da ein Finale in der E-Dur-Sinfonie fehlt, konnte sich Mottl in dieser Hinsicht nicht an sein Vorbild halten, es sei denn, er hätte auf den Einsatz der Posaunen ganz verzichtet. Da er ihre steigernde Wirkung aber nicht missen mochte, verwendete er sie an zwei charakteristischen Stellen der Durchführung und zu Beginn der Reprise beim Vortrag des Hauptthemas. Den 2. Satz ergänzte Mottl um 12 Takte, die das erste Thema wiederholen und das Fragment – wie Mottl im Manuskript vermerkte – *zum Abschlusse* bringen.

Ob Mottl das Werk, das er Cosima Wagner laut Brief vom 21. August 1887 im Winter 1887/88 in Karlsruhe vorzuführen versprach[24], tatsächlich aufgeführt hat, ist ungewiß. Die Eintragung von Probierbuchstaben (Probeziffern) und einige Ergänzungen in Bleistift im Manuskript der Partitur könnten als Hinweise zumindest auf eine Probe gedeutet werden. Zu einer öffentlichen Aufführung kam es jedoch nicht. So dürfte die Präsentation des Werks durch Wolfgang Sawallisch und das Bayerische Staatsorchester am 13. Oktober 1988 in der Bayerischen Staatsbibliothek in München die Uraufführung gewesen sein. Mottls Instrumentation wird in dem in Vorbereitung befindlichen Band 18, II der Richard-Wagner-Gesamtausgabe (RWSW) erscheinen[25].

[23] NA: III B 33 Nr. 14
[24] NA: III B 33 Nr. 66
[25] Aufführungsmaterial liegt bereits vor und ist beim Verlag Schott Musik International, Mainz, leihweise erhältlich.

Wagners *Jugendsünde*?
Zur großen komischen Oper
Das Liebesverbot oder Die Novize von Palermo

Zu Weihnachten 1866 schenkte Wagner Ludwig II. von Bayern, seinem großen Gönner, die handschriftliche Partitur seiner nach Shakespeares *Maß für Maß* geschriebenen „großen komischen Oper" *Das Liebesverbot*. Auf die Titelseite setzte er aus diesem Anlaß die Verse:

Ich irrte einst, und möcht' es nun verbüssen;
wie mach' ich mich der Jugendsünde frei?
Ihr Werk leg' ich demüthig Dir zu Füssen,
dass Deine Gnade ihm Erlöser sei.

Kein anderes der Manuskripte, die Wagner dem König schenkte – nämlich die Partituren zu *Feen, Liebesverbot, Rienzi, Rheingold, Walküre* und *Meistersinger* –, versah er so unmittelbar mit einem Kommentar, auch nicht *Die Feen*, die doch dramaturgisch wie kompositorisch in ungleich größerem Maße das Gepräge eines Jugendwerkes tragen und darum mit viel mehr Recht als „Jugendsünde" bezeichnet zu werden verdient hätten. Die Charakterisierung des *Liebesverbots* als „Jugendsünde" war jedoch nicht leicht hingeworfen oder, im übertragenen Sinne, ironisch gemeint, sondern ganz ernsthaft, moralisch, ohne jedes Augenzwinkern. Die *Feen*, mochten sie noch so viele Mängel aufweisen, entsprachen nach Sujet und Stil vollauf der Vorstellung vom Jugendwerk eines deutschen bürgerlichen Komponisten. In dieser unverkennbar deutschen romantischen Oper sah Wagner weder bürgerliche Sitte verletzt, noch wurde sein Selbstverständnis als deutscher Komponist angetastet. Die ästhetischen und technisch-musikalischen Mängel waren jedenfalls kein Grund, sich des Werks zu schämen. Das *Liebesverbot* hingegen erschien als Verirrung, als Entgleisung fast, und zwar sowohl in bezug auf den Inhalt des Stücks als auch hinsichtlich des Charakters der Musik. Beides mußte Wagner, jedenfalls im Rückblick, für frivol gelten. In seiner Autobiographie *Mein Leben* schilderte Wagner das Werk zwar aus heiter-überlegener Distanz und mit ironischem Unterton, doch klingt die Verurteilung, die die Widmungsverse an Ludwig II. aussprechen, unmißverständlich an. Von *kühner Verherrlichung der ‚freien Sinnlichkeit'* im Gegensatz zum ernsten *Shakespeare'schen Sujet* ist darin die Rede, von *einer seltsamen Verwilderung meines Geschmackes*, vom *leichtfertigen Charakter der Musik* usw.[1] Wagner stellte es später so dar, als habe er mit dem *Liebesverbot* eine totale Abkehr von der deutschen Musik vollzogen. Er verstand das Stück im Nachhinein als Werk ganz im Fahrwasser der italienischen und französischen Opernkomponisten seiner Zeit. Dem Komponisten der *Meistersinger von Nürnberg* mußte das als Verrat an der deutschen Kunst erscheinen, auch als Untreue gegen sich selbst. Mit dem *Liebesverbot* hatte sich Wagner leichtsinnig und unbedacht *welschem Dunst* und *welschem Tand* verschrieben, sich der *Lustdirne* und der *Koketten*, wie er in *Oper und Drama* die italienische und die französische Oper bezeichnet hatte, hingegeben. Allein um seiner eigenen Ideologie treu zu bleiben, mußte Wagner das *Liebesverbot* verurteilen und für die „Jugendsünde" um Vergebung bitten.

Wagners spätere Darstellung, die vor allem auch dazu führte, daß das *Liebesverbot* kaum aufgeführt wurde und schon gar nicht den Weg ins Bayreuther Festspielhaus fand, isolierte das Stück vom übrigen Werk. Dazu besteht jedoch wenig Berechtigung aus der Sache selbst. Die Anlehnung an die italienische und französische Opernmusik der Zeit kennzeichnet nicht nur das *Liebesverbot*, sondern ebensosehr den *Rienzi*, den Wagner selbst aber vom *Liebesverbot* strikt trennte. Insbesondere italienischer Einfluß ist darüber hinaus im *Fliegenden Holländer* und im *Tannhäuser* unüberhörbar. Der Unterschied zum *Liebesverbot* besteht weniger im Wechsel der stilistischen Vorbilder als vielmehr in der technischen Fertigkeit der Integration in die eigene Tonsprache, die im *Liebesverbot* noch sehr wenig ausgebildet erscheint. Das Prinzip, die verschiedensten Stile und Stilmerkmale aufzugreifen, charakterisiert im übrigen Wagners gesamtes Schaffen, und auch schon die Werke vor dem *Liebesverbot* sind in dieser Hinsicht nicht einheitlich-geschlossen. So aber, wie die *Feen* nicht völlig an Weber, Marschner oder Beethoven orientiert sind, ist das *Liebesverbot* nicht eine reine Nachahmung Bellinis oder gar Aubers. Wer genauer hinhört, wird Töne wahrnehmen, die in italienischen und

---

1   ML, S. 91, 122 – SS I, S. 21

französischen Opern jener Zeit nicht erklingen, und es ist unverkennbar, daß die Musik stellenweise an Beethoven und Weber gemahnt, wie beispielsweise die Solopassage Marianas im Finale des 2. Aktes (Nr. 11) zeigt:

Der Auftritt Isabellas in der Gerichtsszene des 1. Aktes (Finale Nr. 6) ist dramaturgisch, in Diktion und Rhythmus und nahezu auch musikalisch-melodisch nichts anderes als ein Zitat der berühmten Stelle *Töt erst sein Weib* aus dem *Fidelio*:

Überhaupt macht das *Liebesverbot* den Eindruck, als habe Beethovens Oper zu den unmittelbaren Vorbildern gehört. Die Zweiaktigkeit beider Stücke ist vielleicht eine zu unspezifische Gemeinsamkeit, als daß man dahinter eine bewußte Absicht vermuten darf. Daß aber der 2. Akt hier wie dort mit einer Kerkerszene beginnt, in der ein zu Unrecht Gefangener über seine Rettungsaussichten nachsinnt, dürfte alles andere als Zufall sein, vor allem nicht vor dem Hintergrund der Personenkonstellation Claudio-Friedrich-Isabella, die derjenigen zwischen Florestan, Pizarro und Leonore überaus ähnlich ist: ein unrechtmäßig eingekerkerter Mann – ein Tyrann, der in Willkür herrscht – eine Frau, die den Eingekerkerten vor dem Tode rettet. Daß am Ende die Ankunft eines gnädigen Königs gefeiert wird, der das Ende der Tyrannenherrschaft besiegelt, ist eine fast logische Konsequenz der Anlehnung an den *Fidelio*, zumal Wagner gerade an dieser Stelle von Shakespeare abweicht.

Die überlegene Distanz zum *Liebesverbot*, die Wagner in seiner Autobiographie vorspiegelt, und ganz besonders die Abqualifizierung als „Jugendsünde" erwecken den Eindruck, als habe es sich bei diesem Werk um eine einmalige Verirrung gehandelt, eine kurze Episode im eigenen Schaffen, die jedoch bald und radikal überwunden worden sei. Dem ist entgegenzuhalten, daß Wagner seine Bemühungen um Aufführungen des Stücks – und damit um das Stück selbst – erst 1840 aufgab, viel später also als bei den *Feen*, an denen er bereits ein gutes Jahr nach Abschluß der Partitur das Interesse verlor. Während er nach dem Scheitern der Aufführungspläne für die *Feen* in Leipzig nicht einen einzigen ernsthaften Versuch unternommen zu haben scheint, dieses Werk andernorts aufzuführen, etwa in Magdeburg, wo er selbst Kapellmeister eines Theaters war, unternahm er für die Aufführung des *Liebesverbots* eine ganze Reihe von Anstrengungen. Zunächst verstand er es, Ende März 1836 in Magdeburg die erste Aufführung durchzusetzen, und das angesichts äußerst ungünstiger Voraussetzungen. Fast zur gleichen Zeit verhandelte er über eine Aufführung der Oper am Leipziger Stadttheater, und im Mai und Juni desselben Jahres bemühte er sich um die Annahme des Werks durch das Königstädter Theater in Berlin. Textbücher wurden zur Begutachtung an die Bühnen in Braunschweig und Breslau verschickt, und im Frühjahr 1837 sandte Wagner sogar die Partitur an Eugène Scribe, den berühmten Librettisten, nach Paris: Um einer Aufführung des Werks an der Pariser Opéra comique willen wollte er auf seine Rechte als Verfasser des Textes zugunsten Scribes verzichten. Alle diese Bemühungen waren jedoch vergeblich; nur das Karnevalslied Luzios aus dem Finale des 2. Aktes, das Wagner dem Publizisten August Lewald zugeschickt hatte, erschien im Klavierauszug als Musikbeilage der Zeitschrift *Europa* 1837 und erlebte in der Folgezeit sogar mehrere Nachdrucke. Die erste Wagnersche Opernmusik, die im Druck erschien, war also kurioserweise ein Stück aus dem *Liebesverbot*, der „Jugendsünde".

Von Herbst 1839 bis Frühjahr 1840, während der ersten Zeit seines ersten Parisaufenthaltes, bemühte sich Wagner dann noch einmal intensiv um eine Aufführung. Er selbst verfaßte eine provisorische Übersetzung ins Französische, die die Grundlage einer korrekten französischen Versübersetzung sein sollte, und für eine Probevorführung dreier Stücke, die über die Annahme der Oper durch ein Pariser Theater entscheiden sollte, überarbeitete er die Kavatine Claudios *Du kennest jenen stillen Ort* aus Nr. 2, das Terzett Luzio-Isabella-Dorella aus Nr. 9 und das Karnevalslied. Zu der Probevorführung kam es am 2. Mai 1840; die einzige Konsequenz, die diese Veranstaltung hatte, war jedoch, daß Wagner danach keinen einzigen Versuch mehr unternahm, das Werk zur Aufführung zu bringen. Daß Wagner in Paris das *Liebesverbot* nicht halbherzig, lediglich der Not gehorchend hervorholte, zeigt sich an der Sorgfalt, mit der die Überarbeitung der drei Probestücke vorgenommen wurde, die nicht in äußerlicher Kosmetik bestand, sondern durchaus substantiell war. So wurde, um das deutlichste Detail zu nennen, Claudios Kavatine um 30 Takte, also einen ganzen Formteil, erweitert, so daß nahezu ein neues Stück entstand.

Wagners Verdikt gegen das Werk setzte sich durch. Keines der Wagnerschen Bühnenwerke hat derart lange auf seine Veröffentlichung warten müssen. Das Textbuch wurde erst 1911 im ersten Ergänzungsband zu Wagners *Gesammelten Schriften und Dichtungen* publiziert, Partitur und Klavierauszug kamen sogar erst 1923 heraus.

Die Folge war, daß es bis dahin auch keine Aufführungen gab. So weit feststellbar, war die Münchner Erstaufführung vom 24. März 1923, ziemlich genau 40 Jahre nach Wagners Tod, die erste Aufführung seit der folgenlosen Magdeburger Premiere vom 29. März 1836.

Wann und aus welchen Gründen Wagner den Entschluß faßte, gerade Shakespeares *Maß für Maß* als Vorlage für ein Operntextbuch zu verwenden, ist nicht bekannt. Fest steht nur, daß er im Juni 1834 während einer gemeinsam mit seinem Freund, dem Schriftsteller Theodor Apel, unternommenen Sommerreise in Teplitz einen ersten, heute verschollenen Textentwurf aufzeichnete. Ein Zusammenhang mit dem Erlebnis der Sängerin Wilhelmine Schröder-Devrient bei deren Gastspiel in Leipzig im März 1834, einem Wagnerschen Schlüsselerlebnis, erscheint nicht ausgeschlossen. Von ganz besonderem Eindruck war dabei die Darstellung und Interpretation des Romeo in Vincenzo Bellinis Oper *I Capuleti e i Montecchi*, der wohl berühmtesten Rolle der Schröder-Devrient in den dreißiger Jahren, wie nicht zuletzt diverse bildliche Darstellungen aus der Zeit zeigen (ihre Leonore in Beethovens *Fidelio*, durch die sie in den zwanziger Jahren zu europäischem Ruhm gekommen war, trat demgegenüber in den Hintergrund). Angesichts der außerordentlichen Begeisterung für die Schröder-Devrient liegt der Gedanke nahe, daß Wagner bei seiner neuen Oper an sie dachte und an einen Stoff, der eine ihrem Naturell und ihren Fähigkeiten entsprechende Hauptrolle enthielt. Isabella könnte sehr gut für die Schröder-Devrient entworfen worden sein.

Wagner war freilich nicht nur von der berühmten Sängerin und ihrer engagiert-leidenschaftlichen Art der Darstellung auf der Bühne fasziniert, sondern scheint nicht minder von Bellinis Oper beeindruckt gewesen zu sein. Die Wahl eines Shakespeareschen Stückes als Vorlage für seine neue Oper könnte ebenfalls eine Folge des Leipziger Erlebnisses der Bellini-Oper mit der Schröder-Devrient gewesen sein; schließlich ging der Romeo-und-Julia-Stoff jener Oper gleichfalls auf Shakespeare zurück. Es ist auffällig, daß Wagners *Liebesverbot* seine zwei Akte ebenso in je drei verschiedene Schauplätze und Handlungsorte unterteilt wie die im Original ebenfalls zweiaktige Bellini-Oper; und daß die Verlegung des Schauplatzes der gesamten Handlung vom Wien Shakespeares nach Sizilien eine Art

Huldigung an den Sizilianer Bellini war, hat Wagner später selbst angedeutet[2]. Bellini war aber vor allem das musikalische Vorbild für das *Liebesverbot*, ein Vorbild allerdings, das nicht einfach nur nachgeahmt wurde und werden sollte, sondern eines, das es zugleich zu übertreffen galt. Wie Wagner in seinem ersten publizierten Aufsatz *Die deutsche Oper* erkennen ließ und Äußerungen in Briefen bestätigen, war seine Verehrung Bellinis nicht kritiklose Schwärmerei, sondern bezog sich auf die Fähigkeit Bellinis zur Entfaltung von Gesang. *Nun ist aber einmal* – heißt es in dem Aufsatz – *der Gesang das Organ, durch welches sich ein Mensch musikalisch mitteilen kann, und sobald dieses nicht vollkommen ausgebildet ist, gebricht es ihm an der wahren Sprache. Darin haben allerdings die Italiener einen unendlichen Vorsprung vor uns; bei ihnen ist Gesangsschönheit zweite Natur, und ihre Gestalten sind ebenso sinnlich-warm als im übrigen arm an individueller Bedeutung. Wohl haben die Italiener in den letzten Dezennien mit dieser zweiten Natursprache einen ähnlichen Unfug getrieben als die Deutschen mit ihrer Gelehrtheit, – und doch werde ich nie den Eindruck vergessen, den in neuester Zeit eine Bellinische Oper auf mich machte, nachdem ich des ewig allegorisierenden Orchestergewühls herzlich satt war und sich endlich wieder ein einfach edler Gesang zeigte.*[3] Wie nachhaltig der Eindruck der Bellinischen Oper war, wie sehr Wagners musikalisches Bewußtsein davon geprägt wurde, zeigt eine Stelle aus einem Brief an Theodor Apel vom 26. Oktober 1835, bezeichnenderweise aus der Zeit der Komposition des *Liebesverbots*. Sie lautet: *der weiche Bellini ist ein wahrer Hercules gegen diesen großen, langen, gelehrt sentimentalen Spohr; – Es fiel mir letzthin einmal ein, eine Ouvertüre zu Romeo u. Julia zu komponieren; – ich überlegte mir die Anlage, u. sollte man es glauben? – kam ganz von selbst auf die Anlage der Bellini'schen – so faden u. abgeschmackten Ouvertüre zurück, mit seinem kampfähnlichen Crescendo.*[4] Bei einem so weit reichenden Einfluß nimmt es nicht wunder, wenn zahlreiche Stileigentümlichkeiten Bellinis im *Liebesverbot* wiederkehren: rhythmische Grundmuster, melodische Formeln, Formanlagen usw. Die Terzenseligkeit der Duette deutet ebenso auf Bellini wie der Einsatz einer „Banda militare", einer Militärkapelle, am Schluß der Oper.

[2] ML, S. 92
[3] SS XII, S. 1f.
[4] SB I, S. 227

Man muß allerdings einräumen, daß die Stileigentümlichkeiten, die von Bellini entlehnt sind, nur selten rein, ohne Vermischung mit anderen Stilmerkmalen auftreten. Wie schon gesagt, klingt die Musik hie und da auch nach Weber oder Beethoven, wenn auch nie so deutlich und so ausgedehnt wie nach Bellini. Doch auch Bellini war wohl kaum das einzige italienische Vorbild. Wie Bellini selbst, so hat auch Wagner Merkmale der Musik Rossinis übernommen. Schließlich darf man auch nicht übersehen, daß für die komischen Szenen und Nummern, etwa zwischen Brighella, Pontio und Dorella im 1. Akt, sowie für die Karnevalsszenen auch französische Opernmusik Pate gestanden hat, Musik der Opéra comique, Werke von Auber und Hérold (*Zampa*).

Das Libretto verfaßte Wagner im Herbst 1834, als frischgebackener Kapellmeister der Bethmannschen Theatertruppe, die in Magdeburg engagiert war. Bevor er mit der Komposition begann, schrieb er zuvor noch um die Jahreswende 1834/35 eine aus fünf Nummern bestehende Musik zu einem Neujahrsfestspiel (WWV 36) sowie eine große Ouvertüre nebst Theatermusik zu dem historischen Drama *Columbus* seines Freundes Theodor Apel (WWV 37), beides Werke, die ihrem Stil nach nicht weniger als „Jugendsünden" gelten müssen als das *Liebesverbot*. Mit dem Kompositionsentwurf, einer zusammenhängenden Skizze des gesamten Werks, begann Wagner am 23. Januar 1835. Fast parallel zu diesem Entwurf schrieb er die Partitur; denn bereits am 6. April 1835 wurden zwei Duette im Magdeburger Stadttheater aufgeführt, vermutlich das zwischen Isabella und Mariana sowie das zwischen Isabella und Luzio, beide aus dem 1. Akt (Nr. 3–4). Am 30. Dezember 1835 war der Entwurf beendet; die Fertigstellung der Partitur scheint sich jedoch noch weit ins Frühjahr 1836 hineingezogen zu haben. Jedenfalls konnte erst sehr spät mit den Proben zur ersten Aufführung begonnen werden. Nach Wagners eigener Aussage[5] blieben bis zum Aufführungsdatum, dem 29. März 1836, nur zehn Tage zur Einstudierung – sehr wahrscheinlich nichts anderes als Konsequenz der Tatsache, daß die Partitur nicht früher fertig geworden war.

Die polizeiliche Erlaubnis zur Aufführung wurde am 17. März erteilt, wie das erhaltene der Zensur vorgelegte Textbuch zeigt. Es

---

[5] ML, S. 122

erweist zugleich, daß Wagners Darstellung in seiner Autobiographie, derzufolge der Titel der Oper von der Zensur beanstandet worden sei und daraufhin habe geändert werden müssen[6], nicht richtig ist. Das Stück hieß schließlich bei der ersten Aufführung nur deshalb lediglich *Die Novize von Palermo. Große Oper in zwei Akten*, weil die Aufführungstermine in die Karwoche fielen. Die Titeländerung geschah also mit Rücksicht auf die Kirche und hatte nichts mit der politischen Zensur zu tun.

Um politisch keinen Anstoß zu wecken, hatte Wagner, wie es scheint, klug vorgebaut. Die Verlegung des Schauplatzes von Wien nach Palermo dürfte kaum allein aus Verehrung für Bellini geschehen sein, sondern vor allem den Sinn gehabt haben, den äußeren Bezug zur aktuellen politischen Situation in Deutschland zu vermeiden. Zu leicht hätte man, wäre Wagner bei Wien als Schauplatz geblieben, in der Handlung der Oper eine Kritik an der restaurativen und repressiven Politik des Metternichschen Systems sehen können, und selbstverständlich wäre Friedrich ohne Umschweife mit Metternich selbst identifiziert worden. Dem wich Wagner aus. Eine im fernen Sizilien spielende Handlung setzte sich zumindest äußerlich keinem Verdacht aus. Daß dennoch deutsche Verhältnisse gemeint waren, versteht sich, und die Tatsache, daß Wagner den Antagonismus zwischen Herrschern und Beherrschten als Gegensatz zwischen Deutschen und Sizilianern darstellte, gab der intendierten Kritik an den Herrschenden einen besonders scharfen Akzent. Eingekleidet war diese Kritik allerdings in den traditionellen Gegensatz zwischen Deutschland und Italien, zwischen Nord und Süd, Kälte und Wärme, einen Antagonismus, den man zumindest in Deutschland stets als solchen empfunden zu haben scheint, und der zur guten literarischen Tradition gehörte. In Deutschland hatte man sich, insbesondere in der Zeit der sogenannten Romantik, Italien immer als Land des üppigen, sinnlich-warmen Südens vorgestellt. Wagner brauchte hier nur zu übernehmen, was bereits vorlag. Sein eigener in seiner Autobiographie gegebener Hinweis auf Wilhelm Heinses Roman *Ardinghello* benennt nur eine unter vielen Quellen.

Die Kritik, die das *Liebesverbot* übt, steht im Einklang mit Vorstellungen und Zielen des Jungen Deutschland, dem Wagner

---

[6] ML, S. 127

während der Entstehung des Stücks zumindest nahestand. Mit Heinrich Laube war er eine Zeitlang befreundet. Nicht zufällig erschien Wagners erster Aufsatz *Die deutsche Oper* in der von Laube redigierten *Zeitung für die elegante Welt*. Gebrandmarkt wurde im *Liebesverbot* die doppelte Moral der Herrschenden, ihre Heuchelei. Aber die Kritik richtete sich nicht nur dagegen, daß jene, die strenge Gesetze erlassen, unter dem Deckmantel strenger Befolgung gegen eben diese Gesetze verstoßen, sondern vor allem auch gegen die Unmenschlichkeit, die Unnatur dieser Gesetze und ihrer Handhabung. Im *Liebesverbot* steckt etwas von der Emanzipation der Liebe, der Sinnlichkeit, des Fleisches, wie sie das Junge Deutschland propagierte. Die Vorstellung eines befreiten und natürlichen, weder von äußeren Zwängen noch inneren Hemmungen behinderten Umgangs mit der Liebe, der Sexualität, der Lust schwingt mit. Bei näherem Zusehen erweist sich allerdings, daß das *Liebesverbot* weit entfernt ist von jener *kühnen Verherrrlichung der ‚freien Sinnlichkeit'*, als welche es Wagner in seiner Autobiographie später charakterisierte. Die Liebe zwischen Claudio und Julia, die zu Julias Schwangerschaft führt, ist lediglich vorehelich und wird von Isabella und Luzio, wie auch von Claudio selbst, mithin von den wichtigsten Personen neben Friedrich, gleichermaßen als Verfehlung betrachtet und dementsprechend von Claudio bereut. Was es mit anderen Beziehungen zwischen Frauen und Männern auf sich hat, etwa derjenigen zwischen Luzio und Dorella, bleibt zwar weitgehend unklar, doch kann dabei von freier Liebe sicherlich nicht die Rede sein. Sollte man zu der Annahme neigen, Dorella sei die Geliebte Luzios oder sei es zumindest gewesen, so müßte man einräumen, daß Dorella sich offenkundig nur gegen ein Eheversprechen – das sie nämlich in der 1. Szene der Oper erwähnt – Luzio hingegeben hätte. So aber sah die freie Liebe nicht aus, die sich die Jungdeutschen ersehnten. Bei Isabella verfährt Luzio im übrigen nicht anders; auch ihr macht er sogleich einen Heiratsantrag, und wenn Isabella am Ende schließlich Luzios Drängen nachgibt, so sicher nicht im Sinne freier Liebe, sondern einzig und allein als Ehefrau. Man sollte Wagner freilich keinen Vorwurf daraus machen, daß sein *Liebesverbot* kein musikalischer *Ardinghello* geworden ist; wie es andererseits verfehlt wäre, dem Stück restaurative Tendenzen zu unterstellen. Indem Wagner die wichtigsten Personen des Stücks am Ende zu Paaren vereinte, folgte er der Tradition der komischen Oper, wie sie vor ihm Mozart nicht anders gepflegt hatte.

Noch eine zweite Idee des Jungen Deutschland scheint Wagners *Liebesverbot* mitbeeinflußt zu haben: Die Emanzipation der Frau. Wagner rückte im Unterschied zur Shakespeareschen Vorlage eine Frau, Isabella, in den Mittelpunkt des Geschehens. Sie ist es, die das Heft in die Hand nimmt, die die Intrige spinnt; sie auch ist es, die ähnlich wie der Herzog bei Shakespeare die anderen Personen wie Marionetten an ihren Fäden zappeln läßt. Sie genießt die Macht, über die sie verfügt. *Ich spiele mit dem Tod wie mit dem Scherz*, heißt es einmal mit Bezug auf den zum Tode verurteilten Claudio. Isabella, Claudios Retterin, ist nicht wie Leonore im *Fidelio* allein von Liebe, Mitleid und Hilfsbereitschaft, Solidarität beseelt, sondern kostet die Situation grausam aus. Anstatt ihren Bruder in ihre Intrige einzuweihen, spiegelt sie ihm vor, allein ihre eigene Entehrung durch Hingabe an Friedrich könne ihn retten; und selbstverständlich verlangt und erwartet sie von ihm die entrüstete und uneingeschränkte Zurückweisung dieser Art von Rettung. In paradoxer Verkehrung soll Claudios Todesbereitschaft die Voraussetzung für seine Befreiung, für sein Leben sein, während sein in Angst und Verzweiflung geäußerter Wunsch zu leben geradewegs zum Tode führt – jedenfalls in dem Spiel, das Isabella mit ihm treibt. Sie wirft sich zum Richter über ihren Bruder auf, maßt sich an *zu prüfen seine Stärke, ob er das Leben auch verdient*. Die menschlichen Züge, die Claudio gerade angesichts des Todes zeigt, machen ihn heutigen Theaterbesuchern und Hörern sympathisch, nicht aber Isabella, der sie lediglich als Zeichen von Feigheit erscheinen. Ihr Bruder soll nach ihrer Vorstellung ein Held sein und heroisch für sie und ihre Ehre zugrunde gehen.

Isabellas Bild von der Rolle des Mannes entspricht der Konvention. Nicht anders verhält es sich mit ihrer Vorstellung von der eigenen Rolle. Sie legt sich selbst in viel stärkerem Maße als die ihr verwandte Leonore im *Fidelio* auf das fest, was in der bürgerlichen Gesellschaft nach allgemeiner Meinung Wesen und Aufgabe der Frau ist. Sie selbst äußert gegenüber Friedrich: *Dem Weib gab Schönheit die Natur, dem Manne Kraft, sie zu genießen*. In diesen Worten erscheint die Frau als reines Lustobjekt des Mannes, und ihre eigene Befriedigung scheint einzig darin zu bestehen, Lustobjekt des Mannes zu sein. Die Konsequenz ist die Rolle der Verführerin, die Isabella denn auch spielt, in bezug auf Luzio vielleicht eher unbewußt, in bezug auf Friedrich jedoch in voller Absicht. Daß sie bei der Gerichtsverhandlung darauf besteht, Friedrich allein, unter vier Augen zu sprechen, kann nur bedeuten, daß sie sich der vollen Wirkung ihrer erotischen, ihrer weiblichen Ausstrahlung versichern will, daß sie es darauf anlegt, Friedrich verliebt zu machen. Ihre Entrüstung darüber, daß Friedrich in die Falle geht und von ihr die Befriedigung der doch durch sie bewußt und willentlich geweckten Begierden verlangt, ist nicht ganz berechtigt und ähnelt der Heuchelei Friedrichs.

Wie gegenüber ihrem Bruder, so sieht sich Isabella auch in bezug auf Friedrich als Hüterin der Moral und wirft sich zum Richter über ihn auf. Ihre Intrige dient weniger der Rettung ihres Bruders als vielmehr der Bestrafung Friedrichs. Als Höhepunkt des Geschehens stellt sich Isabella vor, daß Friedrich ihrer Gnade ausgeliefert sei. In ihren verführerischen wie in ihren grausamen Zügen hat Isabella etwas von einer femme fatale. Das zeigt sich auch in ihrem Verhalten gegenüber Luzio, das sie selbst mit den Worten kommentiert: *erst soll er quälen sich und mühen, dann lach' ich ihn voll Freude aus!*

Das Stück gibt keine eindeutige Antwort auf die Frage, warum Isabella ins Kloster gegangen ist. Andeutungsweise erfährt man, daß sie Vater und Mutter verloren habe, also Waise geworden sei, doch reicht das als Grund nicht aus. Es liegt daher die Vermutung nahe, daß der Gang ins Kloster, das vor allem der Ort keuschen Lebens ist, aus ähnlichen Gründen erfolgte wie Friedrichs Flucht aus der wenn auch heimlichen Ehe mit Mariana. Friedrich, der Liebesantipode, wie ihn Isabella nennt, hat eine Beziehung zu Liebe, Erotik, Sexualität, die von massiven Schuldgefühlen belastet ist. Ein unvoreingenommener, natürlicher Umgang damit ist ihm nicht möglich. Er macht daher keinen Unterschied zwischen jenen Formen der Liebe, die in der bürgerlichen Gesellschaft akzeptiert, zumindest geduldet sind, und jenen, die für unsittlich und verwerflich gelten. Während des gesamten Stücks spielen in diesem Sinne kriminelle Delikte gar keine Rolle. Es geht nicht um freie Liebe, Prostitution oder dergleichen, sondern einzig und allein um die Frage der Legitimität von Sexualität und Lebenslust überhaupt. Friedrich wirft den Palermitanern, die nach allem, was man von ihnen erfährt, brave Bürger sind, vor, ihr Trachten stehe nur nach Vergnügen und Freude, nur *in Rausch und Wollust* kennten sie das Leben. Diese völlig natürliche und ganz legitime Neigung zu einem erfüllten Leben, einem Leben, das alle Bereiche der menschlichen Existenz gleichermaßen umfaßt, tadelt Friedrich als *sündenvolles Treiben*, das ihn mit *Abscheu* und *Ekel* erfülle. Friedrich entpuppt sich hier als Puritaner, als Erbe eines pietistischen Protestantismus, der geneigt ist, in jeder Äußerung von Vitalität eine Sünde zu sehen. In der Skala der sündhaften Vergehen steht die Liebe traditionell obenan. Ihr unbekümmert, frei nachzugehen, erscheint geradezu als Sünde, die nicht zu vergeben ist, ganz unabhängig davon, ob sie innerhalb oder außerhalb der Ehe geschieht. Es leuchtet daher ein, daß für Friedrich die Hingabe an die sinnliche Lust ein existenzielles Problem ist, verknüpft mit Gott und Hölle, mit Selbstjustiz und Tod. Friedrich empfindet sich als verworfen, und sein Vorsatz, sich nach dem Genuß der Gunst Isabellas selbst zu richten, ist nur konsequent.

Ein schwarzer Opernbösewicht wie Pizarro oder Baron Scarpia ist Friedrich nicht. In seiner Unfähigkeit, mit der eigenen Sexualität fertigzuwerden und die ihm anerzogene Diffamierung aller erotischen Regungen zu überwinden, gemahnt er, wie schon des öfteren festgestellt wurde, an Klingsor und Amfortas in Wagners *Parsifal*; und möglicherweise hat dieser Bezug sogar mit Wagners eigenartigem Widmungsgedicht und der Abqualifizierung des *Liebesverbots* als „Jugendsünde" zu tun. Auch im *Parsifal* erscheinen Liebe, Erotik, Sexualität als sündhaft, und die Lösung, die dort propagiert wird, heißt Keuschheit, Entsagung. Parsifal erscheint als Erlöser, weil er der Verführung durch die Liebe, durch die weibliche wie die eigene Sexualität widersteht. Daß das *Liebesverbot* demgegenüber eine andere Lösung anbietet, liegt auf der Hand. Es mag zwar nicht eben sehr glaubwürdig wirken, daß Friedrich am Ende seiner Mariana die Hand zur neuen Ehe reicht und damit alle zuvor aufgetretenen Probleme gleichsam im Handumdrehen gelöst sein sollen, doch fest steht, daß das Stück mit der Aufhebung des Liebesverbotes endet. Auch Isabella läßt sich, statt ins Kloster zu gehen, auf Luzio ein. Als Wagner 1866 das Widmungsgedicht an Ludwig II. schrieb, lag der *Parsifal* bereits im Prosaentwurf vor (geschrieben im Sommer 1865). Gemessen an dessen Sicht ist das *Liebesverbot* in der Tat eine „Jugendsünde". Im 20. Jahrhundert dürfte allerdings die Frage, ob

Liebe, Erotik, Sexualität etwas mit Sünde zu tun haben, anders beantwortet werden, obwohl die Diffamierung dieses zentralen Bereichs des menschlichen Lebens in erstaunlichem Maße weiterbesteht. Vor diesem Hintergrund hat Wagners *Liebesverbot* seine Aktualität nicht verloren.

Rienzi, der Letzte der Tribunen

Rienzi, der Letzte der Tribunen, das Werk, mit dem Wagner das schaffte, was man heute seinen „Durchbruch" nennen würde, war im 19. Jahrhundert ein vielgespieltes Stück, weit häufiger aufgeführt als die meisten anderen Opern Wagners, insbesondere auch als der *Fliegende Holländer*, der erst im 20. Jahrhundert zur meistgespielten Wagner-Oper avancierte. Heute dagegen ist *Rienzi* von den Bühnen so gut wie verschwunden. Man geht gewiß nicht fehl in der Annahme, daß dafür weniger ästhetische als inhaltliche Gründe verantwortlich sind. Die Affinität des Sujets und seiner Präsentation, vor allem aber der Titelgestalt zum Faschismus, zu Nationalsozialismus und Drittem Reich, zu Volk und Führer ist so unübersehbar, daß man nicht nach Gründen suchen muß, warum nach 1945 kein Bedürfnis bestand, gerade diese Oper aufzuführen. Adorno sah diese Affinität vor allem in der Neigung zu *Eigenlob und Pomp*[1], doch ist damit nur ein Teil dessen beschrieben, was Wagners Oper mit dem Faschismus, Rienzi mit Adolf Hitler verbindet. Rienzis Biographie – diejenige der Opernfigur, weniger die des historischen Rienzi – ähnelt derjenigen Hitlers: der Aufstieg eines Kleinbürgers zu Macht und Ruhm, getragen vom Gedanken an Rache für erlittenen Schmerz. Rienzis Bindung an Rom (*Roma heißt meine Braut*, in Nr. 14), ihr Anlaß und ihre Folgen erinnern unmittelbar an Hitlers eigene Identifizierung mit Deutschland, wie z. B. Helm Stierlin sie beschrieben hat[2], und Rienzis wütende Verfluchung Roms am Ende (*vertilgt sei diese Stadt*, in Nr. 16) kann man heute wohl kaum lesen, ohne an Hitlers Politik der verbrannten Erde zu denken: Der von „seinem" Volk Enttäuschte wünscht diesem den totalen Untergang. Wer Wagners Textbuch aufmerksam liest, wird weitere Gemeinsamkeiten und Verwandtschaften, vor allem im Detail, entdecken.

---

1   Theodor W. Adorno, *Versuch über Wagner*, Frankfurt a.M. 1974 (suhrkamp taschenbuch 177), S. 11
2   Helm Stierlin, *Adolf Hitler, Familienperspektiven*, Frankfurt a.M. 1975 (suhrkamp taschenbuch 236), S. 112

Kein Wunder also, daß Wagners *Rienzi* zu jenen Opern zählte, für die Adolf Hitler eine besondere Vorliebe hatte. Nach August Kubizek, Hitlers Jugendfreund, ging die Bedeutung des *Rienzi* für Hitler noch weiter. Im Jahre 1906 (oder 1907) erlebten die beiden Freunde in Linz eine Aufführung des *Rienzi*, die nach Kubizeks Darstellung Hitler ganz außerordentlich beeindruckte. Keine andere Wagner-Oper soll von größerem und nachhaltigerem Eindruck auf ihn gewesen sein: das Linzer *Rienzi*-Erlebnis prägte Hitlers politische Entwicklung. Anläßlich der Bayreuther Festspiele 1939 erinnerte Kubizek Hitler an den Linzer *Rienzi*, und dabei soll Hitler begeistert geäußert haben: *In jener Stunde begann es.*[3] Die Linzer Aufführung von Wagners *Rienzi* wäre demnach die Geburtsstunde des Nationalsozialismus, zumindest der Anstoß zu Hitlers politischer Karriere gewesen. Kubizeks Darstellung mag übertrieben sein, und ob Kubizek überhaupt ein verläßlicher Zeuge ist, muß dahingestellt bleiben. Daß der Zusammenhang jedoch völlig aus der Luft gegriffen wäre, ist angesichts der vielen Gemeinsamkeiten und Verwandtschaften, schließlich auch aufgrund der allgemeinen Begeisterung Hitlers für Wagner wenig wahrscheinlich. Sicherlich wäre es falsch, eine unmittelbare Kausalität zwischen Wagners *Rienzi* und der deutschen Geschichte des 20. Jahrhunderts anzunehmen, doch dürfte deutlich sein, daß ein Zusammenhang besteht, den fortzuleugnen einer gefährlichen Verdrängung gleichkäme.

Noch in ganz anderer Beziehung ist Wagners *Rienzi* mit der Person Adolf Hitlers verknüpft. Im Jahre 1939 wurden Hitler zu seinem fünfzigsten Geburtstag fünf jener originalen Wagner-Partituren geschenkt, die Wagner selbst seinerzeit Ludwig II. von Bayern zum Geschenk gemacht hatte, nämlich *Die Feen, Das Liebesverbot, Rienzi, Das Rheingold* und *Die Walküre*. Seit 1945 sind diese Handschriften verschollen; alle Nachforschungen nach dem Verbleib verliefen bislang ergebnislos. In bezug auf *Rienzi* wiegt dieser Verlust besonders schwer, weil von Wagners Originalpartitur wegen der Überlänge des Werks nie eine auch nur annähernd vollständige Abschrift genommen wurde, geschweige denn, daß es eine vollständige Druckausgabe gegeben hätte. Da alle überlieferten und heute noch erhaltenen

---

[3] August Kubizek, *Adolf Hitler, Mein Jugendfreund*, Graz/Göttingen 1953, S. 142 (vgl. auch S. 343)

Partiturquellen gekürzt sind, ist es derzeit nicht möglich, den *Rienzi* vollständig in Partitur vorzulegen. Glücklicherweise sind einige andere wichtige Quellen erhalten, anhand derer man wenigstens eine Rekonstruktion vom Wortlaut des Textes der Partitur und von der musikalischen Substanz der Komposition vornehmen kann. Diese Quellen sind einige handschriftliche Textbücher, der Kompositionsentwurf sowie der erste gedruckte Klavierauszug. Da Wagner in seinem Kompositionsentwurf, einer fortlaufenden Skizze des gesamten Werks auf meist drei Notensystemen, die Einteilung der Seiten und den Seitenumbruch der Partitur durch Zeichen vermerkt und darüber hinaus in der Regel dasjenige gestrichen hat, was nicht in die Partitur übernommen wurde, läßt sich anhand dieses Entwurfs mit großer Sicherheit feststellen, was in der Originalpartitur gestanden hat und was nicht. Lediglich die Instrumentation einiger Teile muß als gänzlich verloren gelten.

Glaubt man einem Brief Wagners an seinen Jugendfreund Theodor Apel vom 20. September 1840[4], dann spielte Wagner bereits während seiner Magdeburger Kapellmeisterzeit 1834–1836 mit dem Gedanken an eine Oper über Rienzi, und in seiner *Autobiographischen Skizze* von 1843 sagte er, die Lektüre des *Rienzi*-Romans von Edward Bulwer[5] im Jahre 1837 habe ihn *wieder auf eine bereits gehegte Lieblingsidee* zurückgebracht[6]. In der Tat erscheint es nicht ausgeschlossen, daß Wagner dem Rienzi-Stoff schon früher begegnet war[7], etwa in Gestalt der fünfaktigen Tragödie *Rienzi* von Mary Mitford, die ihre erste Aufführung 1828 in London erlebte und großen Erfolg hatte. Möglicherweise erhielt Wagner durch seinen Freund Apel, der selbst historische Dramen schrieb, Kenntnis von dem Stück. Aber auch Edward Gibbons *The History and Decline of the Roman Empire* (London 1790) mit seiner Schilderung von Rienzis Leben könnte Wagner die erste Idee zu seiner Oper vermittelt haben. In Wagners späterer Dresdner Zeit (1842–1849) befand sich

---

[4] SB I, S. 409
[5] Edward Bulwer-Lytton, *Rienzi – The Last of the Roman Tribunes*, London 1835
[6] zit. nach SB I, S. 103
[7] Ich folge hier der Darstellung von John Deathridge in seinem grundlegenden Buch: *Wagner's Rienzi. A reappraisal based on a study of the sketches and drafts*, Oxford 1977, S. 21–25.

Gibbons Werk, allerdings in einer erst 1840 erschienenen deutschen Übersetzung, in seiner Bibliothek[8]; ob er es aber auch schon um die Mitte der dreißiger Jahre kannte, entzieht sich unserer Kenntnis.

Eigenartigerweise gibt es keine Zeugnisse, die belegen könnten, daß Wagner sich mit dem *Rienzi* tatsächlich schon vor seiner Lektüre des Romans von Bulwer beschäftigte. Notizen, Skizzen oder andere Niederschriften aus der Zeit vor der Lektüre sind, sofern es sie gab, nicht überliefert; in Wagners Briefen aus der Zeit ist nie von *Rienzi* die Rede, und auch in Dokumenten anderer Personen, z. B. Apels, kommen – soweit man sie kennt – Wagners Beschäftigung mit dem Rienzi-Stoff oder gar sein Plan, daraus eine Oper zu machen, nicht zur Sprache. Als skeptischer Leser von Wagners Selbstdarstellungen ist man daher geneigt, die zitierten Behauptungen den vielen Wagnerschen Mystifikationen zuzurechnen, zumal feststeht, daß in den Jahren 1836/37 Wagners Hauptinteresse dem Plan einer großen, ebenfalls fünfaktigen Oper nach Heinrich Königs Roman *Die hohe Braut* galt.

Das älteste erhaltene Dokument zu Wagners *Rienzi* ist eine knappe Prosaskizze, die aufgrund ihrer Abhängigkeit von Bulwer nicht vor Wagners Lektüre des Romans geschrieben worden sein kann. Nach seinem eigenen Zeugnis – ein anderes gibt es leider nicht – las Wagner den Roman, der 1835 erschienen und im folgenden Jahr gleich in zwei Übersetzungen in Deutschland herausgekommen war, bei seinem Aufenthalt in Dresden und Blasewitz bei Dresden im Juni und Juli 1837[9]. Die Prosaskizze dürfte – das legt die Art der Überlieferung nahe – im unmittelbaren Anschluß daran entstanden sein. Sie lautet (Orthographie modernisiert; nachgestellt, in eckigen Klammern, die entsprechende Nummer der ausgeführten Oper):

Akt 1. Colonna und Orsini im Kampf um Irene in den Straßen. Adriano Retter Irenes. Liebe. Volkstumult. Rienzi beschwichtigt ihn. Orsini und Colonna fordern sich zum Kampf am Morgen außerhalb der Tore. [Nr. 1] Der Lateran. Proklamation der Freiheit. Rienzi Tribun. [Nr. 4]

---

[8] Westernhagen, S. 90, Nr. 37
[9] *Autobiographische Skizze,* zit. nach SB I, S. 103 f.; vgl. auch ML, S. 152

Akt 2. Friedensfest. [Nr. 5] Verschwörung der Nobili. [Nr. 6] Todesurteil. Freigesprochen. Unzufriedenheit. [Nr. 7] Akt 3. Flucht der Nobili. [Nr. 8] Anrücken an Rom. Schlacht. Adriano trennt sich von Rienzi und Irene. [Nr. 10] Akt 4. Kirchenbann. [Nr. 12] Akt 5. Brand des Kapitol. Untergang Rienzis. [Nr. 16][10]

In nuce ist die spätere Oper in dieser Skizze zwar bereits enthalten, doch fällt auf, daß erstaunlich viele Nummern noch nicht vermerkt sind (Nr. 2, 3, 9, 11, 13–15) oder in deutlich kürzerer Ausführung erscheinen (vor allem Nr. 7). Das schließt zwar nicht ganz aus, daß diese Nummern nicht doch bereits vorgesehen waren, macht es aber zumindest wahrscheinlich, daß Wagner zunächst eine weniger umfangreiche Oper im Sinn hatte, als er dann schließlich ausführte. Darauf deutet auch eine Bemerkung Wagners hin, die auf dem gleichen Blatt notiert ist, das die Prosaskizze enthält; sie lautet: *Akt I in ersten Szenen zu breit*. Wagner kritisierte also ausgerechnet jenen Teil seiner Skizze, den er später in der Oper in eben dieser Form und Ausdehnung ausführte.

Ob Wagner, als er die Prosaskizze aufschrieb, wirklich schon ernsthaft an die Ausführung eines Textbuches und dessen Komposition dachte, muß offen bleiben. Immerhin scheint ein ganzes Jahr vergangen zu sein, ehe er die Arbeit an dem Werk fortsetzte. In den autobiographischen Notizen in der sogenannten Roten Brieftasche wird *Rienzi* erstmals unter Juni 1838 erwähnt[11]; die dort gebrauchte Formulierung *Entwurf zu Rienzi* bezieht sich Wagnerschem Sprachgebrauch entsprechend auf den ausführlichen Prosaentwurf, den Wagner mit *Entwurf zu einer großen heroisch-tragischen Oper in 5 Akten* überschrieb[12]. Dieser Entwurf entstand folglich nicht, wie häufig angenommen, schon 1837 nach der Lektüre des Bulwerschen Romans, sondern erst im Juni 1838 in Mitau, und damit in unmittelbarer zeitlicher Nähe zur Erstschrift des Textbuches, die am Schluß mit *Riga den 24. July /6ten August 1838* datiert ist (das erste

---

10 Erstveröffentlichung in: Deathridge (Anm. 7), S. 165
11 zit. nach SB I, S. 83
12 wiedergegeben in: Deathridge (Anm. 7), S. 165–187, sowie in RWSW Bd. 23, S. 137–150

Datum bezieht sich auf den zu jener Zeit in Riga geltenden russischen Kalender). Der Prosaentwurf weist bereits sämtliche Nummern der Oper auf und enthält deren Gesangstexte in Vorformen, noch ohne Versifizierung. Es fällt auf, daß das im Anschluß an den Entwurf geschriebene Textbuch demgegenüber noch ausführlicher ist: eine Reihe szenischer Momente und einige Texte, vor allem die große Pantomime der Darstellung der Geschichte der Lucretia im 2. Akt (Nr. 7) fehlen im Prosaentwurf noch – ein Tatbestand, der die Vermutung, Wagner habe dem *Rienzi* nicht von Anfang an außergewöhnliche Dimensionen geben wollen, stützt.

Schon einen Tag nach Beendigung des Textbuches begann Wagner mit der Komposition. Wie vor allem die Notenskizzen innerhalb der Erstschrift des Textbuches belegen[13], hatte Wagner Einzelnes zur Musik schon zuvor aufgeschrieben. Die am 7. August 1838 begonnene Kompositionsskizze war demgegenüber ein kontinuierlicher Gesamtentwurf, in welchem Wagner die Musik des Werks fortlaufend von der ersten bis zur letzten Nummer aufzeichnete. Fast parallel dazu, zeitlich um einige Monate versetzt, schrieb Wagner die Partitur. Kompositionsentwurf und Partitur weisen folgende Daten auf:

	Kompositions-entwurf	Partitur[14]
1. Akt Anfang	Riga, 26.7./7.8.1838	–
1. Akt Schluß	Riga, 6.12.1838	Riga, 6.2.1839
2. Akt Anfang	Riga, 6.2.1839	–
2. Akt Schluß	Riga, 9.4.1839	Boulogne sur Mer, 12.9.1839
3. Akt Anfang	Paris, 15.2.1840	Paris, 6.6.1840
3. Akt Schluß	Paris, 7.7.1840	Paris, 11.8.1840
4. Akt Anfang	10.7.1840	14.8.1840
4. Akt Schluß	29.8.1840	–
5. Akt Anfang	Paris, 5.9.1840	–
5. Akt Schluß	Paris, 19.9.1840	–
Ouvertüre Anfang	–	–
Ouvertüre Schluß	Paris, 23.10.1840	–

[13] wiedergegeben in: RWSW (Anm. 12), S. 153–206
[14] Die Daten der Partitur zit. nach: Otto Strobel, *Richard Wagners Originalpartituren*, in: *Allgemeine Musikzeitung* 55 (1928), S. 308. Eine erhaltene Partiturabschrift von fremder Hand weist zu Anfang des 1. Aktes das zusätzliche Datum auf: *Riga, d. 8. Sept. 1838.* (vgl. RWSW Bd. 3, V, S. 148).

Nach Wagners Autobiographie *Mein Leben*[15] wurde die Partitur vollständig am 19. November 1840 abgeschlossen. Wie die Tabelle zeigt, fiel in die Zeit der Komposition des *Rienzi* Wagners Übersiedlung von Riga, wo er von August 1837 bis Juli 1839 als Theaterkapellmeister wirkte, über London und Boulogne sur Mer nach Paris. Die Unterbrechung der Komposition war jedoch weniger eine Konsequenz der Übersiedlung selbst, jener vielgeschilderten abenteuerlichen Seereise an Bord eines Segelschiffes über die Ost- und Nordsee, als vielmehr die Folge von Wagners Bemühungen, in Paris künstlerisch Fuß zu fassen. Zwischen September 1839 und Februar 1840 schrieb Wagner eine italienische Einlegearie zu Bellinis *Norma* (WWV 52), mehrere Lieder auf französische Texte (WWV 53–58, 60–61) sowie den 1. Satz einer *Faust*-Sinfonie, später bekannt geworden als *Eine Faust-Ouvertüre* (WWV 59). Vor allem aber befaßte er sich in dieser Zeit erneut mit seiner großen komischen Oper *Das Liebesverbot oder Die Novize von Palermo*, die er an einem Pariser Theater zur Aufführung bringen wollte. Zu diesem Zweck wurde das Textbuch übersetzt, und Wagner richtete drei Stücke aus der Oper für eine Probevorführung ein, die ihm die Annahme zur Aufführung einbringen sollte. Am Ende all dieser Bemühungen sollte die glanzvolle Pariser Premiere des *Rienzi* stehen. Wagner kam jedoch nicht einmal mit seinen Liedern zu den erhofften Erfolgen, so daß er seine Erwartungen sehr bald bedeutend herabschrauben mußte. Im Frühjahr 1840 gab er den Gedanken an eine Aufführung des *Rienzi* in Paris auf. Bereits in Riga hatte er mit Hilfe eines Französischlehrers eine provisorische Übersetzung des Textbuches ins Französische[16] angefertigt, in die selbstverständlich auch die beim Komponieren notwendig gewordenen Abänderungen des Textes Eingang gefunden hatten. Bezüglich der erst nach dem 15. Februar 1840 komponierten Akte 3–5 verzichtete er jedoch darauf, die während der Komposition vorgenommenen Änderungen am Text in die Übersetzung aufzunehmen. Das kann nur bedeuten, daß diese – und damit zugleich ihr Zweck, die Aufführung in Paris – nicht mehr von Interesse für ihn war.

---

[15] ML, S. 198
[16] wiedergegeben in: RWSW (Anm. 12), S. 207–250

Spätestens im Sommer 1840 entschied sich Wagner dafür, den *Rienzi* dem Königlich Sächsischen Hoftheater in Dresden anzubieten. Er kam damit auf seine Ausgangsidee zurück, das Werk in deutscher Sprache zu komponieren und in dieser Form auf einem der großen deutschen Theater zur ersten Aufführung zu bringen. Nach einem Brief vom November 1838[17] sollte *Rienzi* ursprünglich für Berlin geschrieben und dort aufgeführt werden. Der Gedanke, das Werk in Paris in französischer Sprache herauszubringen und auch musikalisch den Pariser Verhältnissen anzupassen, war also sekundär. Der Wunsch, die Oper in Berlin aufzuführen, leitete sich von dem nachhaltigen Eindruck her, den im Sommer 1836 eine Aufführung von Spontinis *Fernand Cortez* an der Berliner Hofoper auf Wagner gemacht hatte[18]. Nach *Mein Leben* ließ sich Wagner bei der Konzeption seines *Rienzi* vor allem von diesem Eindruck leiten. Der Einfluß von Spontinis Oper auf den *Rienzi* betrifft jedoch nur die äußere theatralische Anlage, nicht Stil und Faktur der Musik. Wie im *Fernand Cortez* liegt dem Geschehen ein herausragendes historisches Ereignis zugrunde, hier wie dort bezieht die Handlung ihre Spannung wesentlich aus dem Kontrast zwischen einem Einzelnen und einer Menge, der großen Persönlichkeit und der indifferenten Masse. Aufwendige Ausstattung, ausgedehnte Chor- und Ensembleszenen, spektakuläre Situationen sind für *Fernand Cortez* ebenso charakteristisch wie für *Rienzi*. Dem entspricht Wagners spätere Kennzeichnung in *Eine Mitteilung an meine Freunde*, die lautet: *Die ‚Friedensboten', der kirchliche Auferstehungsruf, die Schlachthymnen – das war es, was mich zu einer Oper: ‚Rienzi' bestimmte.*[19] Tatsächlich scheint die B-Dur-Schlachthymne aus dem Finale des 3. Aktes (Nr. 10) das erste gewesen zu sein, was Wagner musikalisch zum *Rienzi* skizzierte. Er notierte sie nämlich auf den gleichen Blättern, die auch die Prosaskizze – vgl. S. 62f. – enthalten (WWV 49 Text I/Musik Ia).

---

[17] SB I, S. 355
[18] ML, S. 133
[19] SS IV, S. 257

Erster Entwurf, vermutlich 1837 (Curtis Institute, Philadelphia):

Endgültige Ausführung:

Es duldet keinen Zweifel, daß Wagners *Rienzi* dramaturgisch und theatralisch der französischen Großen Oper nahesteht; es ist jedoch falsch, das Werk insgesamt in eine Linie mit Auber, Meyerbeer und Halévy zu rücken. Nach einem oft nachgesprochenen Bonmot soll der *Rienzi* Meyerbeers beste Oper sein. Der Ausspruch, so originell er klingt, entspricht in keiner Weise der Wahrheit und dürfte sein Entstehen allein der Unkenntnis der Großen Oper und insbesondere

Meyerbeers verdanken. Wagners eigener Hinweis auf *Fernand Cortez* führt musikalisch zwar vollends in die Irre, dürfte aber in bezug auf Dramaturgie und theatralische Anlage richtig sein, da Wagner zur Zeit der Niederschrift des *Rienzi*-Textbuches sehr wahrscheinlich die *Hugenotten* Meyerbeers und möglicherweise auch die *Jüdin* Halévys noch gar nicht kannte. Der Bezug zur Großen Oper würde sich damit auf *Wilhelm Tell* (Rossini), *Robert der Teufel* (Meyerbeer) und *Die Stumme von Portici* (Auber) beschränken, die zwar – wie man sicherlich zeigen kann – in Details ihre Spuren im *Rienzi* hinterlassen haben, aber nicht zu den wesentlichen Vorbildern zu rechnen sind.

Wagner nahm stets Merkmale der verschiedensten Stile in seine Musik auf, ein Großteil seiner Kunst besteht gerade in der Integration des Divergenten, in der Amalgamierung des Disparaten zu einem neuen, eigenen Stil. Was die Ausbildung dieser Fähigkeit der Integration anbelangt, stellt der *Rienzi* in Wagners Schaffen einen Schritt von ganz entscheidender Bedeutung dar. War es zuvor, vor allem in den Opern, stets gleichsam bei dem Versuch der Verbindung der heterogenen Stilelemente geblieben, die den neuen, den eigenen Stil noch nicht aus sich entlassen mochten, so gelang Wagner mit dem *Rienzi* erstmals ein Werk eigener Prägung, eigen nicht nur in einzelnen Passagen – das gab es auch schon zuvor –, sondern durchgehend. Erstmals ist das spezifisch Wagnersche Idiom hörbar, das in Werken wie *Die Feen* und *Das Liebesverbot* weitgehend fehlt. Dennoch: Wagners *Rienzi* ist über weite Strecken eher eine italienische als eine deutsche Oper; Wagners Vorliebe und Begeisterung für Bellini hat sich keiner seiner Partituren so eingeprägt wie dem *Rienzi* (die erwähnte Einlegearie zu *Norma* ausgenommen). Gerade diese Wagnersche „Italianità", die ja auch noch den *Fliegenden Holländer* und den *Tannhäuser* in auffallender Weise auszeichnet, ist die Stärke der Partitur und sollte von Hörern wie Ausführenden ernst genommen werden.

Allerdings ist diese Eigenschaft in den heute geläufigen Ausgaben weitgehend verwischt und unkenntlich. Wagners *Rienzi* ist seit der zweiten Hälfte des 19. Jahrhunderts in Fassungen verbreitet, die wenig oder gar nichts mit Richard Wagner, dem Autor der Oper, zu tun haben. Schon ausgangs der fünfziger Jahre begann der Dresdner Verleger Hermann Müller mit der Publikation von Ausgaben, die im Umfang und vor allem in der Instrumentation vom Original und den

Wagnerschen Intentionen erheblich abweichen, und obwohl Wagner selbst diese Ausgaben strikt ablehnte, konnte er ihre Verbreitung nicht verhindern. Die Ironie der Geschichte wollte es sogar, daß Cosima Wagner Ende der achtziger Jahre, also nach Wagners Tode, in ihre eigene Bearbeitung des Werks diese nicht von Wagner stammende Instrumentation teilweise übernahm. Vor allem diese von Cosima gemeinsam mit den Kapellmeistern Julius Kniese, Felix Mottl und Karl Muck erarbeitete Fassung fand durch die Ausgaben des Verlages Fürstner weite Verbreitung und verdrängte die ohnehin nur in geringer Anzahl verbreiteten authentischen Versionen nahezu vollständig. Cosimas Ziel war es zu zeigen, daß der *Rienzi* in Wahrheit schon ein Musikdrama sei, von Wagners späteren Stücken lediglich graduell, nicht aber prinzipiell unterschieden. Sie benannte daher die Nummern in Szenen um, ließ die Nummern, damit sie nicht als abgeschlossene Einheiten in Erscheinung traten, ineinander übergehen, strich alle Wiederholungen, die aus traditionellen Opernformen entspringen, schied Koloraturen und Kadenzen aus usw. Andererseits nahm sie die Pantomime mit der Darstellung der Geschichte der Lucretia, die nie zuvor aufgeführt worden war – schon für die Uraufführung hatte Wagner sie streichen müssen –, in ihre Fassung auf, allerdings in stark gekürzter und überarbeiteter Form. Was Cosimas Bearbeitung vor allem auszeichnet, ist das Fehlen jeden Gespürs für musikalische Proportionen. Ihre Fassung ist daher nichts anderes als eine Zerstörung des Originals; denn Wagner verfuhr bei der Komposition, mochte er sich dabei auch bisweilen äußerst ungeschickt verhalten, nach den traditionellen Methoden der Opernkomposition, folgte herkömmlichen Mustern, legte bewährte und gebräuchliche Formen zugrunde usw. Er schrieb *Rienzi* als Oper, nicht als Vorstufe zum Musikdrama.

Nach Cosimas barbarischer Verfälschung war die Rückkehr zum Original dringend geboten. Es war daher eine der ersten Aufgaben, die sich die neue Richard Wagner-Gesamtausgabe stellte, eine kritische Edition des *Rienzi* vorzulegen. Diese erschien in den Jahren 1974–1977/1991[20] und gibt die Oper, soweit das heute nach dem

---

[20] RWSW Bd. 3, I–V: *Rienzi, der Letzte der Tribunen. Große tragische Oper in 5 Akten*, hg. von Reinhard Strohm und Egon Voss, Mainz 1974–1977/1991

Verlust der Originalpartitur noch möglich ist, in der ursprünglichen Fassung, Ausdehnung und Instrumentation wieder.

Von den Proben zur Uraufführung an bis zur Vorbereitung der Neuinszenierung der Oper in Dresden 1858 experimentierte Wagner wegen der Überlänge des Stücks mit Kürzungen, Auslassungen und Alternativfassungen. Schon die Uraufführung am 20. Oktober 1842 in Dresden war nicht ohne Striche – und diese waren nicht etwa durch die Dresdner Zensur bedingt, die lediglich einige Textänderungen, z. B. Raimondo statt Kardinal, vorschrieb; dennoch mußte augenscheinlich bereits für die zweite Aufführung wenige Tage nach der Premiere abermals gekürzt werden. Anfang 1843 entschloß man sich dann dazu, das Werk an zwei Abenden zu geben (erste Aufführung am 23. und 24. Januar 1843): am ersten Abend wurden die Akte 1–2 als „Rienzi's Größe", am zweiten die Akte 3–5 als „Rienzi's Fall" gespielt (Wagner komponierte dazu eigens ein zusätzliches Vorspiel für den zweiten Abend). Dieses Verfahren stieß jedoch, wie man sich denken kann, auf Ablehnung, und so kehrte man zur ursprünglichen Art der Aufführung zurück. Wagner stellte im Sommer 1843 eine *Einrichtung des Rienzi zu einem Abende*[21] her, die vom November 1843 an in Dresden regelmäßig gespielt wurde und im folgenden Jahr auch Eingang in die erste Druckausgabe der Partitur, einen lithographischen Privatdruck von nur 25 Exemplaren, fand. Wagner hatte damit jedoch durchaus nicht die Version gefunden, mit der er zufrieden war und die man als „Ausgabe letzter Hand" bezeichnen könnte. Das Experimentieren ging weiter, wie insbesondere die Anweisungen belegen, mit denen Wagner 1858 aus seinem Schweizer Exil die Neuinszenierung des Stücks in Dresden zu beeinflussen versuchte[22].

Alles Experimentieren scheint allein dem Zweck gedient zu haben, eine spielbare Version für den Augenblick, die jeweilige Aufführung zu finden. Das Werk in seiner ursprünglichen, einmal komponierten Gestalt blieb davon weitgehend unberührt. Wagner publizierte bereits mit dem ersten Klavierauszug 1844 das Stück nahezu vollständig, und das, obwohl er gleichzeitig eine erheblich gekürzte Partitur vorlegte, so daß Klavierauszug und Partitur zum Ärger aller

[21] SB II, S. 292f.
[22] RWSW Bd. 23, Nr. 240

Ausführenden nicht übereinstimmten. Bei der Aufnahme des *Rienzi*-Textbuches in den 1. Band seiner *Gesammelten Schriften und Dichtungen* 1871 verfuhr er ganz ähnlich wie beim ersten Klavierauszug; auch hier veröffentlichte er das Werk in extenso, von wenigen Kürzungen abgesehen, die zum Teil möglicherweise sogar zufällig, ohne erkennbare Absicht erfolgten. Indem Wagner das Stück als Ganzes vorlegte, überließ er es den Ausführenden, sich mit dessen ausschweifenden Dimensionen zu arrangieren. Damit verhielt er sich zum *Rienzi* grundsätzlich anders als zu den beiden nach dem *Rienzi* entstandenen Opern, dem *Fliegenden Holländer* und dem *Tannhäuser*, für die er bis an sein Lebensende nach einer endgültigen Werkform gesucht zu haben scheint. In bezug auf *Tannhäuser* überliefert Cosimas Tagebuch vom 23. Januar 1883 die berühmte Notiz: *Er sagt, er sei der Welt noch den Tannhäuser schuldig*[23]. Einen ähnlichen oder vergleichbaren Ausspruch über *Rienzi* gibt es nicht. Den *Rienzi* ist Wagner der Welt nicht schuldig geblieben. Insgeheim war *Rienzi* ihm wahrscheinlich mehr wert, als er vor dem Hintergrund der Ideologie vom Musikdrama zugeben konnte.

---

[23] CT II, S. 1098

Die unterdrückte Vorgeschichte
Zu *Der fliegende Holländer*

Es ist eine der Grundgegebenheiten des Theaters und damit all seiner Formen, daß man nicht alles, was zu einer Geschichte gehört, auf die Bühne bringen und im Bilde vorführen kann. Stets müssen bestimmte Ereignisse und Details der Handlung ausgespart bleiben, sie können allenfalls durch Erzählungen eingebracht werden. Das betrifft vor allem die Vorgeschichte, ohne deren Kenntnis die Handlung meist nicht verständlich ist. Selbst in der Oper, einer Gattung, die sich um Logik, Konsequenz und Zusammenhang nicht primär kümmert, wird Vorgeschichte in der Regel dargeboten. Wagner hatte mit seinem Musikdrama sogar im Sinn, *mehr* Konsequenz, *mehr* Zusammenhang, *mehr* Begründung des einen durch das andere in die Oper hineinzutragen. Bei seinem *Ring des Nibelungen* ging er so weit, die ursprünglich geplante Oper *Siegfrieds Tod* um der leibhaftigen Darstellung ihrer Vorgeschichte willen um drei vorangehende, abendfüllende Stücke zu erweitern. Die Geschehnisse, die zur Handlung von *Siegfrieds Tod*, der späteren *Götterdämmerung*, führten, nur in Erzählungen darzubieten, erschien Wagner unzureichend. Darin erwies er sich als echter Opernkomponist; denn in der Oper ist die Musik vorab Ausdruckskunst, und zwar Ausdruck der aktuellen Gefühle der gerade auf der Bühne anwesenden und von der Handlung betroffenen Personen. Der ausgedehnte Rückblick auf Vergangenes ist einerseits kaum komponierbar, andererseits als Motiv für Affekte der Gegenwart nicht tragfähig genug. Es ist daher Tradition in der Oper, Vorgeschichte so knapp wie möglich zu präsentieren.

Diesem Usus folgt auch *Der fliegende Holländer*. Es fällt jedoch auf, daß hier die Vorgeschichte in ganz besonderem Maße im Dunkel bleibt bzw. im Hintergrund, so als gehörte sie nicht mit dazu. Wagner läßt beispielsweise völlig offen, welcher Art genau die Beziehung zwischen Erik und Senta ist. Es bleibt im unklaren, ob Erik im Recht ist mit seiner Behauptung, Senta habe ihm ewige Treue geschworen, was hieße, sie sei mit ihm verlobt und er habe Ansprüche an sie, oder ob er in seiner Verliebtheit und getrieben vom Wunsch nach Gegenliebe das harmlose Spiel mit der Jugendgefährtin für ernsthaftes

Geständnis und tatsächlich geltenden Schwur genommen hat. Was er zum Beweise seiner Behauptung anführt, macht mehr das zweite wahrscheinlich. Senta widerspricht ihm, aber sie widerlegt ihn nicht; wie es sich, aus ihrer Sicht betrachtet, verhält, erfährt man nicht, weil die Männer, Erik und der Holländer, ihr dazu keine Zeit lassen. Die Ungewißheit darüber, ob Senta mit Erik verlobt ist oder Erik nichts weiter als ein unglücklich Liebender, bedeutet aber nichts Geringeres, als daß sich die alte, auf die Freud-Schule[1] zurückgehende und immer erneut präsentierte These vom Prinzip des geschädigten Dritten, nach welchem der Holländer in eine bestehende und intakte erotische Beziehung einbricht, nicht halten läßt. Wie gerade die Schlußszenen der Oper zeigen, genügt es dem Holländer durchaus nicht, einen Dritten zu schädigen, das heißt also, einem Mann die Zuneigung und Liebe einer Frau zu nehmen, um diese auf sich selbst zu lenken. Sein Anspruch geht viel weiter: Der Holländer will bei der Frau, auf die es ihm ankommt, der erste sein und der einzige. Was er verlangt, ist die Hingabe, die totale Fixierung von vornherein, von allem Anfang an. Er fordert nicht nur, bürgerlicher Sitte gemäß, die Jungfräulichkeit des Leibes, sondern auch und gerade die des Herzens, der Seele. Man kann es durchaus ein Jungfrauenopfer nennen, was er zur Bedingung seiner Erlösung macht, und gerade in diesem Punkt war Ulrich Melchingers Kasseler Inszenierung 1976 mit ihrer Metamorphose des Holländer-Monologs zur Schwarzen Messe nicht so verfehlt, wie mancher Kritiker gemeint hat. Der Holländer fordert absolute Treue, versteht die Treue als etwas Unteilbares, als etwas, das man nur einmal gewähren kann; das Prinzip des geschädigten Dritten hingegen setzt die Untreue geradezu voraus.

Hinsichtlich der Beziehung zwischen Erik und Senta bleibt die Vorgeschichte im unklaren. In bezug auf ein anderes wichtiges Detail verschweigt die Oper die Handlungsvoraussetzungen zwar nicht, rückt sie jedoch in den Hintergrund. Gemeint ist die Ursache für das Geschick des Holländers. Welcher Opernbesucher vermöchte, danach gefragt, genau zu sagen, was dazu geführt hat, daß der Hol-

---

[1] vgl. Max Graf, *Richard Wagner im „Fliegenden Holländer". Ein Beitrag zur Psychologie künstlerischen Schaffens*, in: *Schriften zur angewandten Seelenkunde*. Hg. v. Sigmund Freud, 9. Heft, Leipzig/Wien 1911

länder verdammt ist, bis zum Jüngsten Tag rastlos die Meere zu durchfahren? Nur an einer einzigen Stelle ist vom Grund für des Holländers Unheil die Rede, nämlich in der Ballade. Keine der handelnden Personen hält es für wichtig, darüber zu sprechen, nur in der gleichsam anonymen Form der Ballade kommt der Ausgangspunkt der Handlung zur Sprache, und auch darin nur wie beiläufig, nämlich erst in der zweiten Strophe: Es heißt dort: *Bei bösem Wind und Sturmes Wut / umsegeln wollt' er einst ein Kap; / er flucht' und schwur mit tollem Mut: / ‚In Ewigkeit lass' ich nicht ab!' / Hui! Und Satan hört's! Johohe! / Hui! Nahm ihn beim Wort! Johohe! / Hui! Und verdammt zieht er nun / durch das Meer ohne Rast, ohne Ruh'!* Es entspricht der Tendenz der Oper nach Ausklammerung der Vorgeschichte, daß das Geschehen, das zum Schicksal des Holländers geführt hat, in äußerster Raffung und so dargestellt wird, als sei der Holländer für eine harmlose Belanglosigkeit derart streng bestraft worden. In Wahrheit verhält es sich so, daß der Holländer einer jener Menschen ist, die wie Prometheus in verbotene, den Göttern vorbehaltene Bereiche eingedrungen sind und für dieses Vergehen Strafe erlitten haben. Wagners Oper deutet nur mehr an, daß hinter der Figur des Holländers jene mutigen Seefahrer stehen, die die Weltmeere eroberten und die Kaps von Südafrika und Südamerika umsegelten. Das, was sie taten, wurde allgemein als etwas Verbotenes aufgefaßt, als Tabubruch, und dementsprechend tritt in fast allen Versionen der Sage vom Fliegenden Holländer der Geist der umsegelten Kaps oder gar Gottvater selbst auf, um jenen, die es wagten, in die verbotenen Bereiche vorzudringen, lebenslange Verfolgung und Bestrafung anzukündigen. Der Versuch also, jenes Kap zu umsegeln, von dem in der zweiten Strophe der Ballade die Rede ist, steht für unbeschränkte Eroberung der Welt durch den Menschen, ist Ausdruck seines Anspruchs auf Beherrschung der Welt, auf Zügelung und Nutzung der Natur, und selbstverständlich hat er zu tun mit der Vorstellung von der Allmacht und Unsterblichkeit des Menschen. Deren letztes Relikt steckt in der Zeile *In Ewigkeit lass' ich nicht ab!*

Verbunden mit dem materiellen Akt der Welteroberung und der Naturbeherrschung erscheint die Auflehnung gegen die Götter, gegen den christlichen Gott und die Religion als die Form, die das Verhältnis des Menschen zu Gott regelt. Es heißt in der Ballade vom Holländer: *er flucht' und schwur mit tollem Mut.* Seine Auflehnung ist im übrigen in der Oper selbst noch spürbar, im Unterschied zu Unsterblichkeitswahn und Allmachtsvorstellung, von denen der Holländer der Oper kaum noch etwas an sich hat. Der Monolog zeigt keinen demütigen Sünder, der reuig an die verheißene Erlösung glaubt und geduldig auf sie wartet, sondern einen Skeptiker, der an der Möglichkeit der Vergebung der Sünde zweifelt und seine Hoffnung weniger auf Gott als auf das Ende der Welt setzt, von dem er annimmt, daß es ohne Einwirken Gottes vor sich gehen wird. Ihm ist es allein um das Ende seiner Leiden zu tun, nicht um Befreiung von Strafe und Fluch und schon gar nicht um die Reinwaschung vom Makel der Sünde wider Gott. In diesem Gottestrotz steckt etwas von der Vorstellung, die begangene Sünde sei so groß, daß Gott sie nicht vergeben könne, und in diesem Charakterzug trifft sich der Holländer mit den mittelalterlichen Gestalten Parzival und Gregorius, wie sie von Wolfram von Eschenbach und Hartmann von Aue dargestellt worden sind. Wie weit aber Wagners Auffassung des Holländers von einer theologischen Deutung nach Art des Mittelalters entfernt ist, zeigt sich daran, daß es keiner Läuterung bedarf und keiner Rückkehr zum Glauben, um den Holländer am Ende doch noch der ersehnten Erlösung teilhaftig werden zu lassen. Für diesen Vorgang ist allein Senta, die irdische Frau, zuständig und keine andere, überirdische Instanz, auch wenn die Verklärung am Schluß der Oper den Eindruck weckt, als hätten die Götter die Hände im Spiel.

Wenn in Wagners Oper der Holländer die Bühne betritt, ist er längst nicht mehr der Welteroberer, der sich tollkühn auf den Kampf mit Natur- und Elementargewalten einläßt und niemanden – weder neben noch über sich – anzuerkennen bereit ist. In Wagners Oper erlebt man einen Holländer, der seine Auflehnung gegen die Natur und die höheren Mächte und seine Nichtachtung der ihm gesetzten Grenzen längst mit einer ebenso end- wie ziellosen Irrfahrt über die Weltmeere hat büßen müssen. Er hat dabei den Mut und die Zuversicht des Welteroberers eingebüßt und erst recht den Glauben an die eigene Allmacht. Mit seinem Unsterblichkeitswahn von einst wird er geradezu verspottet. Sein Unsterblich-sein-Wollen, getragen von Expansionsdrang und Lust an der Eroberung, wird in ein hilfloses Nicht-sterben-Können verkehrt, in einen Zustand, in dem es ihm sogar verwehrt ist, selbst seinem Leben ein Ende zu setzen. An die

Stelle der Allmacht ist die Ohnmacht getreten, und den Platz des Tatendrangs von einst nimmt das Warten auf das Ende dieses Zustandes ein. Den Holländer bewegt einzig und allein die Sehnsucht nach dem Tode; denn nur dieser, aufgefaßt allerdings nicht christlich, sondern als *ew'ge Vernichtung*, wie es am Schluß des Holländer-Monologs heißt, vermag ein Ende von Leid und Qual zu garantieren. Das Finale der Oper läßt sich darum auch so verstehen, daß der Holländer die einer Eifersuchtsszene ähnliche Auseinandersetzung dazu nutzt, Senta zum Selbstmord zu provozieren: dieser Selbstmord nämlich ist der bündigste Beweis der „Treue bis zum Tod", die Senta versprochen hat, für den Holländer aber der unmittelbarste Weg, in den Genuß der ersehnten Erlösung, nämlich des eigenen Todes, zu gelangen.

Die musikalische Charakterisierung des Holländers geht ähnliche Wege. Der herrisch-titanische Charakter, der ihn ursprünglich einmal ausgezeichnet hat, findet sich in der Musik ebensowenig wieder wie im Text der Oper. Das auf die Elementarintervalle Quart, Quint und Oktave gestellte Thema, mit dem die Ouvertüre beginnt, und das den Holländer durch die gesamte Oper begleitet, bezieht sich als Naturmotiv nicht auf den Holländer selbst, sondern auf das Element, in dem er sich bewegt, oder genauer: auf das Verhängnis, das ihn treibt. Das originale Klanggewand dieses Themas, wie es zu Beginn der Ouvertüre sich darbietet, stellt Sturm dar, das Pfeifen und Heulen des Windes, tobende Böen und Wogen, gleicherweise elementare wie übermächtige Naturgewalt, eben die Macht, der der Holländer ausgesetzt ist. Nur so betrachtet erscheint es folgerichtig, daß das Gegenthema, das die gesamte Ouvertüre hindurch im Kampf liegt mit dem Elementarthema, das sogenannte Erlösungsmotiv ist, jene Melodiewendung, auf die in der Ballade die Worte gesungen werden: *Doch kann dem bleichen Manne Erlösung einstens noch werden.*

Lohengrin, der melancholische Held

Lohengrin nimmt in Wagners Werk eine besondere, ja singuläre Stellung ein. Es ist Wagners letzte *romantische Oper*, zudem sein letztes ausdrücklich als Oper bezeichnetes Werk. Andererseits ist es das erste seiner Bühnenwerke, das er weder bearbeitet hat noch bearbeiten zu müssen meinte, wie das bei *Rienzi*, *Fliegendem Holländer* und *Tannhäuser* der Fall war, deren Partituren genaugenommen nie zu endgültigem Abschluß gelangten. Der Grund dafür dürfte in der auch Wagner selbst sehr wohl bewußten Ausgereiftheit von dramatischer Konzeption und musikalischem Stil, der künstlerischen Geschlossenheit des *Lohengrin* zu suchen sein. Mit diesem Werk hatte Wagner endgültig und durchgehend sein Niveau erreicht, was auf die vorangehenden Werke bei aller Ausgeprägtheit des Charakters, aller Genialität im einzelnen noch nicht zutrifft. *Lohengrin* gehört daher, wenn man das Werk partout anderen Werken Wagners zuordnen will, eher zum *Ring* und zum *Parsifal* als zum *Fliegenden Holländer* und zu *Tannhäuser*, mit denen es gewöhnlich, Wagners eigener Gruppierung seiner Werke kritiklos folgend, zusammengespannt wird. Formal allerdings ist *Lohengrin* viel mehr eine Oper als ein Musikdrama, und da das Werk zudem als letztes vor jenem großen Einschnitt in Wagners Leben und Schaffen entstand, der gekennzeichnet ist durch die im Zürcher Exil verfaßten theoretischen Schriften wie *Das Kunstwerk der Zukunft* und *Oper und Drama* einerseits sowie die Zeit völliger kompositorischer Abstinenz in den Jahren 1848–1853 andererseits, sieht es so aus, als sei *Lohengrin* vom späteren Werk strikt geschieden. Dabei sind die Fäden, die sich von dieser Oper zu Werken wie dem *Ring* oder *Parsifal* spinnen, nicht minder bedeutsam als jene zu den früheren.

Entstehungsgeschichtlich hängt *Lohengrin* allerdings eng mit *Tannhäuser* zusammen; denn sofern richtig ist, daß Wagner auf die Geschichte vom Wartburgkrieg durch eine 1838 in Königsberg erschienene Publikation eines gewissen C. T. L. Lucas[1] aufmerksam

---

[1] C. T. L. Lucas, *Ueber den Krieg von Wartburg*, Königsberg 1838 (Historische und literarische Abhandlungen der königlichen deutschen Gesellschaft zu Königsberg. Vierte Sammlung. Zweite Abtheilung.). Die Schrift befand sich auch in Wagners Dresdner Bibliothek, vgl. Westernhagen, S. 97, Nr. 86.

wurde, erhielt er dadurch zugleich Kenntnis von Lohengrin. Wolfram von Eschenbach nämlich erzählt in dieser Darstellung des Sängerkriegs auf Wartburg die Geschichte Lohengrins, inhaltlich weitgehend identisch mit dem mittelalterlichen anonymen Lohengrin-Epos. Nach seiner eigenen, allerdings erst 1866 in *Mein Leben* aufgezeichneten Darstellung[2] lernte Wagner das Buch von Lucas im Winter 1841/42 in Paris durch seinen Freund, den Bibliothekar und Philologen Samuel Lehrs, kennen, und da, wie er schrieb, die Lektüre von nachhaltigem Eindruck auf ihn war, muß man wohl annehmen, daß die Anfänge der Entstehung des *Lohengrin* im Pariser Winter von 1841/42 liegen. Skizzen und Entwürfe finden sich jedoch vor dem Sommer 1845 nicht. Das erste Dokument ist ein Entwurf zum Textbuch in Prosa, den Wagner am 3. August 1845 während eines Kuraufenthaltes im böhmischen Marienbad vollendete. Dem dürften ausgiebige Studien der zu jener Zeit verfügbaren Literatur über Lohengrin und die Sagen vom Schwanenritter vorausgegangen sein; denn der Prosaentwurf enthält in nuce alles, was das spätere Textbuch entfaltet, und beweist eine Treue gegenüber den Stoffvorlagen, die ohne entsprechende Studien nicht möglich wäre. Wann allerdings Wagner diese Studien trieb, ist unbekannt. Immerhin aber ist so viel sicher, daß er die Streitszene zwischen Ortrud und Elsa vor dem Münster im 2. Akt aus jener zwischen Kriemhild und Brunnhild im Nibelungenlied entwickelte, und daß er zwischen Januar 1844 und März 1845 in der Dresdner Königlichen Bibliothek die Nibelungenlied-Ausgaben und -Bücher von Karl Lachmann, J. von Hinsberg und Friedrich Heinrich von der Hagen entlieh[3]. Diese Beschäftigung mit dem Nibelungenlied galt noch nicht dem *Ring des Nibelungen*.

Auf den Prosaentwurf folgte ziemlich unmittelbar die Niederschrift des Textbuchs, das bereits im Dezember 1845 im Hillerschen Kränzchen, einer regelmäßigen Zusammenkunft von Dresdner Künstlern im Hause des Komponisten Ferdinand Hiller, von Wagner vorgelesen wurde[4]. Bei dieser Gelegenheit – so Wagners Darstellung

---

[2] ML, S. 223f.
[3] nach: Elizabeth Magee, *Richard Wagner and the Nibelungs*, Oxford 1990, S. 214 (Genauere Angaben über die von Wagner entliehenen Bücher der genannten Autoren macht das Ausleihverzeichnis der Dresdner Hofbibliothek nicht.)
[4] WWV, S. 323

– wunderte sich der gleichfalls anwesende Robert Schumann, selbst zeitweise mit der Idee einer Lohengrin-Oper befaßt, darüber, wie man diesen Text, der so gar keine Ähnlichkeit mit einem Opernlibretto hat, komponieren wolle[5]. Bis zur Komposition verging danach mehr als ein halbes Jahr. Wagners Verpflichtungen als sächsischer Hofkapellmeister gestatteten es während der Saison kaum, kompositorische Arbeiten von der Dimension des *Lohengrin* auszuführen. Der erste Kompositionsentwurf (WWV 75 Musik II), eine durchgehende Skizze des gesamten Werks, in der nicht viel mehr als Singstimme und Baß festgehalten sind, entstand daher erst zwischen Mitte Mai und Ende Juli 1846. Beim zweiten Kompositionsentwurf (WWV 75 Musik III), einer ausführlicheren Skizze, die dann die Grundlage für die Niederschrift der Partitur bildete, wich Wagner von der üblichen Reihenfolge ab und schrieb zunächst den 3. Akt, vermutlich deshalb, weil er gerade dort die meisten Veränderungen vorzunehmen hatte; im ersten Entwurf war beispielsweise noch vorgesehen, daß der Schwan, bevor er in Gottfried zurückverwandelt wird, einen eigenen Gesang anstimmt. Mit dieser Arbeit begann Wagner Anfang September 1846; 1. und 2. Akt schlossen sich von Mai bis August 1847 an; als letztes entstand das Vorspiel, das am 29. August abgeschlossen war. An der Partitur, mit deren Niederschrift erst am 1. Januar 1848 begonnen wurde, arbeitete Wagner ziemlich genau vier Monate; den Schlußstrich zog er am 28. April 1848.

Als Werk eines königlich-sächsischen Hofkapellmeisters sollte *Lohengrin* selbstverständlich an der Dresdner Hofoper zur ersten Aufführung gelangen. Alle notwendigen Vorbereitungen wurden getroffen, und als Vorgeschmack führte Wagner im September 1848 anläßlich der Dreihundertjahrfeier der Hofkapelle sogar schon einen Teil aus dem 1. Akt konzertant auf. Alles weitere jedoch wurde durch die politischen Ereignisse des Jahres 1849 verhindert, die Wagner ins Exil und damit zur Aufgabe seines Hofkapellmeisteramtes zwangen. Als Werk aber eines steckbrieflich Gesuchten kam *Lohengrin* für die Dresdner Hofoper nicht mehr in Betracht. Es war schließlich Franz Liszt, der auf Wagners inständiges Bitten hin[6] die

---

[5] ML, S. 339
[6] SB III, S. 291

Uraufführung in Weimar durchsetzte, wo sie am 28. August – Goethes Geburtstag – des Jahres 1850 stattfand. Bald danach begann der Aufstieg des *Lohengrin* zur neben *Tannhäuser* meistgespielten Wagner-Oper des 19. Jahrhunderts.

In nahezu allen Opern Wagners spielen Zeremonien eine besondere Rolle. Im *Lohengrin* erscheint dies besonders ausgeprägt. Gebet und Gottesurteil, Kirchgang und Hochzeitsfeier, diverse Aufzüge, vor allem aber die Auftritte des Königs und seines Zeremonienmeisters, des Heerrufers, nehmen breiten Raum ein. Sie bilden, vor allem auch kompositorisch durch ihr Festgefügtsein, die sichere formale Rundung, das Rückgrat und Gerüst der Oper. Die Rituale erscheinen als letztes, woran man sich halten kann in einer Welt, die angesichts des Wunderbaren aus den Fugen zu gehen droht. Nicht zufällig haben sie mit Macht und Politik zu tun, der Handlung entsprechend, in der es ja vor allem um Macht geht, die Macht in Brabant, die Macht im Reich. Ohne Machtehrgeiz scheint einzig Elsa zu sein, doch bewahrt sie das nicht vor dem tragischen Ende. Ihr Scheitern gemahnt von fern an jene im *Ring* thematisierte Unvereinbarkeit von Macht und Liebe. Elsas Situation erinnert im 1. Akt an das Genre der Rettungsoper. Deren dramaturgischer Clou ist die Hilfe in auswegloser Lage „wie durch ein Wunder". Im *Lohengrin* geschieht dieses Wunder leibhaftig; kein Deus ex machina reicht die hilfreiche Hand, sondern ein tatsächlich Gottgesandter. Die Rettungsoper wird jedoch nicht nur romantisiert und mythisiert, sondern zugleich auch in Frage gestellt; denn die Rettung gelingt nur auf den ersten Blick, auf den zweiten scheitert sie. Der Grund dafür ist, daß sie nicht voraussetzungslos ist, sondern an Bedingungen geknüpft, die unerfüllbar erscheinen. Das Frageverbot verlangt von Elsa die rückhaltlose Hingabe an jemanden, den sie nicht kennt, was geeignet ist, die eigene Identität zu gefährden. Es besteht der Verdacht, daß es, wie schon in Wagners früher Oper *Die Feen*, aufs Scheitern angelegt ist. Jedenfalls kommt Elsa mit ihrer Vermutung, Lohengrin sehne sich zurück nach dem Ort, von dem er kam, der Wahrheit sehr nahe. Wie anders wäre die Melancholie zu erklären, durch die Lohengrin, vor allem bei seinem ersten Auftritt, charakterisiert ist. Die gesamte den Gral und Lohengrin betreffende Musik hat bei aller Lichtheit kaum etwas wahrhaft Strahlendes, sie ist weder heiter noch gelöst, atmet vielmehr Schwermut und leise Trauer.

Lohengrin ist Wagners einzige Oper, in der der Held nicht zugrunde geht, obwohl der Ausgang unglücklich ist. Der Held entschwindet am Ende so unversehrt und unberührt-unangetastet, wie er kam. Es gibt auch keinen Erlösungstod. Elsa, so sehr sie es sich vielleicht wünschen mag, bleibt die Erlösung versagt. Entsprechend fehlt die Versöhnung wie am Schluß des *Tannhäuser* und erst recht die Verklärung, die in so vielen Werken Wagners das Ende charakterisiert. Statt dessen wird – auch dies einmalig in Wagners Schaffen – unmittelbar und konkret Bezug genommen auf die Zukunft, auf das, was kommt, wenn der Vorhang gefallen ist. Lohengrins Prophezeiung der großen Siege König Heinrichs in den bevorstehenden Kämpfen weist ebenso aus der Handlung hinaus wie die Präsentation des aus dem Schwan zurückverwandelten Knaben Gottfried als Herzog von Brabant und Heerführer an Lohengrins Statt. Der Schluß des *Lohengrin* ist nicht nur ein Ende, sondern zugleich ein Anfang, Ausblick auf eine Utopie; denn was anderes besagt es, daß ein Kind ein Heer anführen soll? Fast ist man hier an Jeanne d'Arc erinnert.

Die Chöre im *Lohengrin* vor dem Hintergrund von *Oper und Drama*

Der *Lohengrin* ist dasjenige Bühnenwerk Wagners mit dem größten Choranteil. Fast ständig ist der Chor auf der Bühne präsent, nur in den beiden nächtlichen Szenen des zweiten und in der Brautgemachszene des dritten Aktes kommen Handlung und Szenerie ohne ihn aus. Selbstverständlich ist diese Feststellung nur eine quantitative, keine qualitative Aussage. Über die Bedeutung des Chors im *Lohengrin* ist damit noch nicht viel gesagt.

Zweieinhalb Jahre nach der Vollendung des *Lohengrin* – die Partitur trägt das Schlußdatum 28. April 1848 – schrieb Wagner in Zürich die theoretische Schrift *Oper und Drama*, die wohl vor allem ihres außerordentlichen Umfangs wegen meist für Wagners wichtigstes theoretisches Werk gehalten wird, jedoch eher Ausdruck einer bestimmten Entwicklungsphase in Wagners Auseinandersetzung mit dem Musiktheater ist, als daß ihr wahrhaft der Rang eines ästhetischen Hauptwerkes zukäme. Gespiegelt ist Wagners musikdramatisches Bewußtsein des Jahres 1850, und dieses Bewußtsein steht unverkennbar dem *Lohengrin* näher als dem *Ring des Nibelungen*, auf den es immer so selbstverständlich bezogen wird.

In *Oper und Drama* – die erste Niederschrift hat das Schlußdatum 10. Januar 1851 – erteilte Wagner dem Chor in der Oper eine totale Absage. Im Drama der Zukunft, wie es Wagner sich vorstellte, hatte der Chor keinen Platz. Es heißt im dritten Teil von *Oper und Drama*: *Selbst der bisher in der Oper verwendete C h o r wird nach der Bedeutung, die ihm in den noch günstigsten Fällen dort beigelegt ward, in u n s r e m Drama zu verschwinden haben; auch er ist nur von lebendig überzeugender Wirkung im Drama, wenn ihm die bloß massenhafte Kundgebung vollständig benommen wird. Eine Masse kann uns nie interessieren, sondern bloß verblüffen: nur genau unterscheidbare Individualitäten können unsre Teilnahme fesseln.*[1]

So sehr es Wagner in seinen Zürcher Schriften *Die Kunst und die Revolution*, *Das Kunstwerk der Zukunft* und *Oper und Drama* um eine Wiederbelebung und Erneuerung der antiken Tragödie ging, so

---

[1] SS IV, S. 162

unzweifelhaft sind doch die kritischen Einwände gegen deren Dramaturgie. Sie betreffen unter anderem den für die antike Tragödie so charakteristischen Chor. Wagner schrieb dazu im ersten Teil von *Oper und Drama*: *S h a k e s p e a r e s Tragödie steht insofern unbedingt über der griechischen, als sie für die künstlerische Technik die Notwendigkeit des Chores vollkommen überwunden hat. Bei S h a k e s p e a r e ist der Chor in lauter an der Handlung persönlich beteiligte Individuen aufgelöst, welche für sich ganz nach derselben individuellen Notwendigkeit ihrer Meinung und Stellung handeln, wie der Hauptheld, und selbst ihre scheinbare Unterordnung im künstlerischen Rahmen ergibt sich nur aus den ferneren Berührungspunkten, in denen sie mit dem Haupthelden stehen, keinesweges aber aus einer etwa prinzipiellen technischen Verachtung der Nebenpersonen.*[2]

Im Chor der griechischen Tragödie sah Wagner Publikum und Volk repräsentiert, und er war der Meinung, daß der Chor in dem Maße *von der Szene ab ganz in das Volk zurücktreten* könne, in dem *das verdeutlichende Urteil des Chores in den Handlungen der Helden selbst sich* [...] *unwiderleglich* ausdrücke. Diesen Prozeß aber betrachtete Wagner als Reifung des *Dramas als Kunstwerk*[3]. Meinte er, diesen Prozeß in Shakespeares Dramen verwirklicht zu finden, so erschien ihm die Entwicklung *nach* Shakespeare als Vorgang der Verflachung. Es heißt dazu, wiederum im ersten Teil von *Oper und Drama*: *Wenn die sicher und fest gezeichneten Persönlichkeiten Shakespeares im weiteren Verlaufe der modernen dramatischen Kunst immer mehr von ihrer plastischen Individualität verloren und bis zur bloßen stabilen Charaktermaske ohne alle Individualität herabsanken, so ist dies dem Einflusse des ständisch uniformierenden Staates zuzuschreiben, der das Recht der freien Persönlichkeit mit immer tötlicherer Gewalt unterdrückte. Das Schattenspiel solcher innerlich hohlen, aller Individualität baren Charaktermasken ward die dramatische Grundlage der Oper. Je inhaltsloser die Persönlichkeiten unter diesen Masken waren, desto geeigneter erachtete man sie zum Singen der Opernarie* [...] *Alles Individuelle konnte diesen Opernmasken nur durch den äußeren Anstrich kommen, und endlich mußte die Besonderheit der Lokalität des Schauplatzes ihnen das ersetzen, was ihnen innerlich ein- für allemal abging. Als die Komponisten alle melodische Produktivität ihrer Kunst erschöpft hatten und vom Volke sich die Lokalmelodie erborgen mußten, griff man endlich auch zum ganzen Lokale selbst: Deko-*

---

[2] SS III, S. 268f.
[3] ebda., S. 268

rationen, Kostüme, und das, was diese auszufüllen hatte, die bewegungsfähige Umgebung — der O p e r n c h o r, *ward endlich die Hauptsache, die Oper selbst* [...]⁴

Um die öde Szene um den Ariensänger herum zu beleben, hat man das V o l k, *dem man seine Melodie abgenommen hatte, selbst endlich auf die Bühne gebracht; aber natürlich konnte das nicht* d a s *Volk sein, das jene Weise erfand, sondern die gelehrig abgerichtete* M a s s e, *die nun nach dem Takte der Opernarie hin- und hermarschierte. Nicht das* V o l k *brauchte man, sondern die* M a s s e, *d. h. den materiellen Überrest von dem Volke, dem man den Lebensgeist ausgesaugt hatte. Der massenhafte Chor unsrer modernen Oper ist nichts andres, als die zum Gehen und Singen gebrachte Dekorationsmaschinerie des Theaters, der stumme Prunk der Kulissen in bewegungsvollen Lärm umgesetzt.* [...]⁵

In dem heutzutage so berühmt gewordenen ‚Unisono' enthüllt sich ganz ersichtlich der eigentliche Kern der Absicht der Massenanwendung, und i m S i n n e d e r O p e r *hören wir ganz richtig die Massen ‚emanzipiert', wenn wir sie, wie in den berühmtesten Stellen der berühmtesten modernen Oper, die alte, abgedroschene Arie im hundertstimmigen Einklange vortragen hören. So hat unser heutiger Staat die Masse ebenfalls emanzipiert, wenn er sie in Soldatenuniform bataillonsweise aufmarschieren, links und rechts schwenken, schultern und präsentieren läßt: wenn die Meyerbeerschen* H u g e n o t t e n *sich zu ihrer höchsten Spitze erheben,* h ö r e n *wir an ihnen, was wir an einem preußischen Gardebataillon* s e h e n. *Deutsche Kritiker nennen's — wie gesagt — Emanzipation der Massen.*⁶

Die Erhöhung der Bedeutung und des Anteils des Chors in der Oper faßte Wagner als Raffinesse der aristokratischen Kunstgattung Oper auf, die in einer Zeit wiederholter bürgerlicher Revolutionen sich gezwungen sah, auf die sozialpolitischen Entwicklungen und Bedürfnisse der Zeit einzugehen, ihnen in irgendeiner Form Rechnung zu tragen. Der größere und gewichtigere Anteil des Chors in der Oper schien die Anerkennung der nichtaristokratischen Gesellschaftsschichten, vielleicht sogar auch ihrer Rechte zu bedeuten, war aber in Wahrheit — so Wagners Verständnis — nichts anderes als geschickt drapiertes Kolorit, soziale Exotik, die denen Sand in die Augen streuen sollte, die von der Emanzipation der Massen träum-

---

4 ebda., S. 269
5 ebda., S. 270
6 ebda., S. 271

ten. Wagner sah diese Emanzipation als Gleichmacherei. Das Unisono der Opernchöre – man denke an den berühmten Gefangenenchor aus Verdis *Nabucco* – verstand er nicht als Ausdruck von Solidarität oder gar als Aufruf dazu, sondern als Ertrinken aller Individualität in einer konturlosen Masse. Emanzipation der Massen war ihm augenscheinlich vor allem Emanzipation *von* der Masse, Entfaltung der individuellen Züge jedes einzelnen. Diese Vorstellung hatte – nach der Darstellung von *Oper und Drama* – ihre Konsequenzen bis in die musikalische Satztechnik hinein. Für den vollen musikalischen Ausdruck der Individualität einer Dramenfigur ist nach *Oper und Drama* die gesamte Harmonie vonnöten; eine zweite gleichzeitig singende Figur beeinträchtigt nach dieser Ansicht notwendig und zwangsläufig die Entfaltung der ersten, da sie Töne besetzt, die die erste zum vollen Ausdruck ihrer Individualität braucht. Duett, Ensemble und mehrstimmiger Chorsatz verbieten sich also gleichermaßen. Freilich hat Wagner diese Vorstellung in keinem seiner Werke rigoros praktiziert.

Die Konzeption eines musikalischen Dramas der Zukunft in den drei Zürcher Schriften war nicht nur eine Absage an die zeitgenössischen Vertreter und Repräsentanten der Gattung Oper, allen voran Meyerbeer und Rossini, sondern zwangsläufig auch eine Trennung Wagners von der eigenen Vergangenheit, eine Abkehr von den eigenen Opern und ihrer Dramaturgie. Wagner kritisierte in der Auseinandersetzung mit der Oper, wie er sie vorfand, auch sein eigenes Schaffen von den *Feen* bis hin zum *Lohengrin* und zu *Siegfrieds Tod*, und man ist versucht, die in den drei Zürcher Schriften niedergelegte Kritik an der Gattung Oper nicht so sehr als theoretische Erörterung aufzufassen, sondern vielmehr als Niederschlag der Erfahrung mit den eigenen Werken. Wagners Kritik am Opernchor hätte dann vor allem mit dem *Lohengrin* zu tun.

Auffällig an der Rolle des Chors im *Lohengrin* ist das Fehlen großer ausgedehnter Chorsätze, die ganze Szenen füllen. Einzig der berühmte Brautchor zu Beginn des dritten Aktes entspricht diesem Modell. Im übrigen aber ist Wagner der Chorszene geradezu ausgewichen. Der Aufzug der Grafen mit ihrem Gefolge zu Beginn der dritten Szene des dritten Aktes hätte sich vorzüglich für einen spektakulären Chorsatz geeignet. Es heißt in der Szenenbeschreibung: *(Ein Graf mit seinem Heergefolge zieht im Vordergrunde rechts auf, steigt vom*

Pferd und übergibt dies einem Knechte, zwei Edelknaben tragen ihm Schild und Speer. Er pflanzt sein Banner auf, sein Heergefolge sammelt sich um dasselbe.) (Während ein zweiter Graf auf die Weise, wie der erste, einzieht, hört man bereits die Trompeten eines dritten sich nähern.) (Ein dritter Graf zieht mit seinem Heergefolge ebenso ein. Die neuen Scharen sammeln sich um ihre Banner; die Grafen und Edlen begrüßen sich, prüfen und loben ihre Waffen usw.). (Ein vierter Graf zieht mit seinem Heergefolge von rechts her ein und stellt sich bis in die Mitte des Hintergrundes auf. Als die Trompeten des Königs vernommen werden, eilt alles sich um die Banner zu ordnen.) (Der König mit seinem sächsischen Heerbann zieht von links ein.) (nach dem Klavierauszug von Theodor Uhlig). An einer vergleichbaren Stelle, nämlich im dritten Akt der *Meistersinger* beim Aufzug der Zünfte und der Meistersinger auf der Nürnberger Festwiese, hat Wagner nicht darauf verzichtet, jede aufziehende Gruppe sich durch Wort und Gesang vorstellen und charakterisieren zu lassen. Zu Beginn der dritten Szene des dritten *Lohengrin*-Aktes dagegen bleibt der Chor stumm und findet erst für die Begrüßung des Königs ein paar knappe Worte. Dieser Verzicht auf die Selbstdarstellung des Chors läßt sich auffassen als Kehrseite des Versuchs, den Chor stärker in die Handlung zu integrieren, ihn zum dramatischen Partner zu machen. Die im *Lohengrin* fast ausschließlich kurzen Chorstellen sind Reaktionen auf das jeweils aktuelle Geschehen, während ein so ausgedehnter Chorsatz, wie es derjenige zu Beginn der dritten Szene des dritten Aktes wäre, unweigerlich zum Operntableau würde, einer Form, die dazu neigt, sich selbst genug zu sein. Wie es scheint, wollte Wagner durch seinen Verzicht auf ausgedehnte Chorsätze der Gefahr entgehen, daß der Bezug des Chors zur Handlung, auf den es ihm augenscheinlich besonders ankam, von seiner Farbwirkung in den Hintergrund gedrängt würde.

Als dramatischer Partner, als Gruppe, die an der Handlung wahrhaft teilnimmt, ist der Chor im *Lohengrin* allerdings von einer erstaunlichen Passivität. Fern von Selbständigkeit und eigener Initiative äußert er sich fast nur dann, wenn etwas auf ihn eindringt, wenn er zur Stellungnahme aufgefordert wird. Er ist immer nur zur Reaktion fähig, nie aber zur Aktion. Anschaulich bringt das einer der wenigen Chorsätze von größerer Ausdehnung, der Doppelchor *In Früh'n versammelt uns der Ruf* zu Anfang der dritten Szene des zweiten Aktes, in der grammatikalischen Struktur der Anfangszeile des Textes zum Ausdruck. Nicht der Chor, die Gruppe derer, die sich versammeln und singen, ist Subjekt des Satzes, sondern der Trompetenruf. Die Brabanter *Edlen und Burgbewohner* – so nennt sie die Regieanweisung – versammeln sich nicht, sie *werden* versammelt – eine Differenz, die nicht zufällig ist und in dem, was sie besagt, ihre Entsprechung hat in der musikalischen Behandlung des Chors.

Indem Wagner zu Beginn der dritten Szene des dritten Aktes, wie erwähnt, auf einen großen Chorsatz verzichtete und damit – wie es zumindest scheint – das Tableau zu vermeiden suchte, verzichtete er zugleich darauf, die verschiedenen Heeresgruppen musikalisch zu kennzeichnen, die Eigenständigkeit und Individualität der einzelnen Grafen und ihres Gefolges durch Sprache und Musik sich ausprägen zu lassen. Es war ein Verzicht auf die eigene Kontur des Chors. Die musikalische Charakterisierung der Szene bleibt ganz dem Orchester überlassen, das den Aufzug eines Heeres schildert, ohne auf die Individualität derer einzugehen, die das Heer bilden.

An anderer Stelle, beim Brautzug zum Münster in der vierten Szene des zweiten Aktes, bleibt der Chor zwar nicht sprachlos und stumm, aber zum einen setzt er erst im Laufe der Szene ein, wenn die Musik der Szene schon in vollem Gange ist, und zum anderen bleibt er unmißverständlich dem Orchester untergeordnet, das die Führung der Melodie nicht ein einziges Mal abgibt. Der Chor füllt lediglich die Harmonie aus, und erst gegen Schluß erhält er mehr Kontur, allerdings auch nur dadurch, daß er, beginnend mit den Bässen und Tenören, in die Motivik des Orchesters einstimmt:

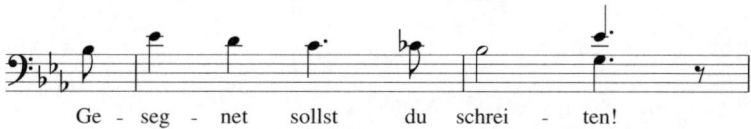

Diese wird jedoch nicht einmal beibehalten, sondern am Ende mit dem *Heil dir! Heil Elsa von Brabant!* zugunsten einer kräftigen, aber lapidar-einfachen und herkömmlichen Kadenz wieder aufgegeben. Der Chor entwickelt keine eigene Motivik, eine Motivik von Prägnanz und Unverwechselbarkeit, sondern er fügt sich der Melodik und Thematik des Orchesters, ordnet sich unter, paßt sich an. Das gilt nicht nur für den Brautzug.

Wenn der König – Schluß der ersten Szene des ersten Aktes – beschwörend ausruft: *Nicht eh'r soll bergen mich der Schild, bis ich gerichtet streng und mild!* und die Männer hinzufügen: *Nicht eh'r zur Scheide kehr' das Schwert, bis ihm durch Urteil Recht gewährt!*, so benutzt der Chor die gleiche Melodie wie der König (von einer Transposition abgesehen), obwohl vom Text her kein Grund besteht, die beiden Sätze gleichlautend zu vertonen. Über der musikalischen Unterordnung der Männer unter ihren König, der Anpassung des Chors an den Solisten, laufen sogar die Nuancen des Textes Gefahr, verlorenzugehen. Solch unmittelbares Wiederholen von Phrasen der Solisten durch den Chor ist zwar die Ausnahme, nicht die Regel, aber es zeigt wie in einem Brennspiegel den Verzicht auf ausgeprägte musikalische Eigenständigkeit in den Chören des *Lohengrin*.

In der Regel bewegen sich die *Lohengrin*-Chöre im Rahmen des Herkömmlichen. Sie sind nicht nur konventioneller als diejenigen anderer Bühnenwerke Wagners, sondern ihre Musik erscheint vor allem auch im Vergleich mit der der Protagonisten des Werkes als in traditionell-gebräuchlichen Bahnen verharrend. Viele Choreinwürfe, Begrüßungen, Antworten usw. kommen mit wenigen Akkorden aus, manche gar mit nur einem einzigen:

(Erster Akt, erste Szene)

Entsprechend einfach ist die Melodik:

(Erster Akt, erste Szene)

(Zweiter Akt, dritte Szene)

Aber auch dort, wo es harmonisch reicher zugeht, verwendet Wagner bevorzugt traditionelle Modelle und Tonfälle:

Daß individuellere Gestaltungen im *Lohengrin* nicht gänzlich fehlen, zeigt unter anderem der Chor *Wie faßt uns selig süßes Grauen* bei Lohengrins Ankunft im ersten Akt. Gerade an dessen ausgeprägter melodischer Physiognomie aber wird deutlich, wie konturenarm die Mehrzahl der Chöre im übrigen ist. Das gilt auch für den Chor *In Früh'n versammelt uns der Ruf* und die anschließende Chorszene mit dem Heerrufer, die fraglos stellenweise von komplexerer Struktur ist. Aber auch hier zwingt die unangetastet herrschende Akkord-Homophonie zur rigorosen Anpassung der Motivik an die Harmonie und deren Verlauf. Die daraus resultierende Dreiklangs- und Akkordmelodik ebnet die Unterschiede zwischen den melodischen Wendungen eher ein, als daß sie zu ihrer Ausprägung beitrüge. Im übrigen ist schon in dem Eingangsmotiv

der traditionelle Ton unüberhörbar angeschlagen.

Ausnehmen von dieser Kennzeichnung der *Lohengrin*-Chöre muß man wohl den Brautchor, der gewiß nicht zu jener weltweiten Berühmtheit aufgestiegen wäre, besäße er keine unverwechselbare Prägnanz. Indessen ist der Brautchor Bühnenmusik, so daß ihm eine andere Stellung zukommt als den anderen Chören, die nicht – wie jener – musikalische, sondern dramatische Bestandteile der Handlung sind.

Tristan:
Die Liebe als furchtbare Qual

Tristan und Isolde sind nicht nur ein berühmtes Liebespaar der Weltliteratur, dessen Geschichte die Jahrhunderte überdauert hat und immer aufs neue erzählt und dargestellt worden ist, sondern ihre Geschichte ist zugleich eine Ehebruchsgeschichte. Diese Tatsache wurde zum Problem, als im 19. Jahrhundert die im Entstehen begriffene Germanistik auch Gottfried von Straßburg und sein Epos über Tristan und Isolde wiederentdeckte und Stellung dazu beziehen mußte. So sehr die führenden Germanisten und Literaturhistoriker Gottfrieds Stil und Sprachkunst bewunderten, so sehr tadelten sie die dargestellten Ereignisse. Die ausführliche und von offenkundiger Freude an der Schilderung geprägte Darstellung der heimlichen, allen Schwierigkeiten zum Trotz stets aufs neue verwirklichten Liebesbeziehung zwischen Tristan, dem Lehnsmann, und Isolde, der Gemahlin seines Lehnsherrn, widersprach der bürgerlichen Moral des 19. Jahrhunderts.

Karl Lachmann, einer der Begründer der älteren Germanistik, schrieb 1820 über Gottfried: *Anderes als Üppigkeit oder Gotteslästerung boten die Hauptteile seiner weichlichen, unsittlichen Erzählung nicht dar*[1], und Georg Gottfried Gervinus meinte in seiner *Geschichte der poetischen National-Literatur der Deutschen*, mit der Richard Wagner wohlvertraut war[2], von Gottfrieds Tristan: *Was von nun an folgt, ist nicht geeignet, etwas anderes als unseren Abscheu zu wecken [...] Sollen wir zum Schlusse ein Urteil über Gottfrieds Tristan beifügen, so wüßten wir kein anderes über dieses Gedicht als Dante über solche Gefühle: man muß verdammen, aber bewundern und bedauern.*[3] Die Bewunderung für den Künstler und Stilisten Gottfried von Straßburg teilte auch ein jüngerer Germanist, Karl Goedecke; aber ähnlich wie Lachmann und Gervinus schrieb auch er zum Inhalt bedauernd: *Alle diese Künste sind einem Stoffe gewidmet, der unsittlich ist.*[4] Wie es scheint, war diese Ansicht verbreitet.

---

1 zit. nach: Gottfried Weber, *Gottfried von Straßburg*, Stuttgart 1968, S. 49
2 Das Werk befand sich in Wagners Dresdner Bibliothek, vgl. Westernhagen, S. 89, Nr. 33.
3 Weber (Anm. 1), S. 50
4 ebda.

Nach der Uraufführung von Wagners *Tristan* 1865 in München wurde Wagner zum Vorwurf gemacht, er huldige der *französisch-schlüpfrigen Lebensanschauung Gottfried's von Strassburg,* ... *indem er die S i n n l i c h k e i t s e l b s t zum eigentlichen Vorwurf seines Dramas mache;* schon die Übertragung des Gedichts auf die heutige Bühne sei *unsittlich*[5]. Daß Minna Wagner, Richard Wagners erste Frau, 1861 über *Tristan und Isolde* sagte: *Es ist und bleibt auch ein gar zu verliebtes und ekliges Paar*[6], war also wohl der Reflex nicht allein privater Erfahrungen in ihrer Ehe während der Entstehung des Musikdramas *Tristan und Isolde,* sondern auch Ausdruck des allgemeinen Bewußtseins. Auch die Wagnerianer stimmten noch in die Verurteilung des Stoffs und seiner mittelalterlichen Gestaltung ein. Hans von Wolzogen nannte Gottfried von Straßburgs *Tristan* in einem offiziellen Artikel der *Bayreuther Blätter* einen *Wust sinnlich-frivoler Minne-Spielereien*[7].

Wie groß die Schwierigkeiten waren, die der *Tristan*-Stoff der bürgerlichen Moral bereitete, veranschaulichen die drastischen Umgestaltungen, die er erfuhr. Zwei Beispiele mögen das zeigen. In Gaëtano Donizettis Oper *Der Liebestrank,* dessen Titel auf *Tristan und Isolde* anspielt, wird deren Geschichte erzählt, freilich in einer der Verballhornung nahen Version. Isolde ist danach eine grausame schöne Frau, die den um sie werbenden und gleichsam nach ihr sich verzehrenden Tristan immer wieder abweist. Durch den Zaubertrank eines Magiers aber werden beide schließlich doch noch ein Paar. Mag man diese Umformung in einer komischen Oper, deren Handlung sie als Modell dient, vielleicht nicht nur als Ausfluß bürgerlicher Moralvorstellungen ansehen wollen, so wird man das in bezug auf einen anderen Fall der Umgestaltung tun müssen, der hier vor allem deshalb zitiert wird, weil er in unmittelbarem Zusammenhang mit Richard Wagner steht. Gemeint ist das Gedicht *König Mark und Isolde* von Julius Mosen, einem Schriftsteller, der durch das Andreas-Hofer-Gedicht *Zu Mantua in Banden* ... allgemein bekannt wurde. In Mosens Tristan-Version gesteht Isolde unmittelbar nach ihrer Ankunft am Hofe Markes dem König die durch den Trank aus-

---

5   *Allgemeine Musikalische Zeitung,* Leipzig, 5. Juli 1865, zit. nach: Leben und Werk, S. 410
6   zit. nach: Leben und Werk, S. 383
7   *Tristan und Parsifal,* in: *Bayreuther Blätter* IX (1886), S. 71

gelöste Liebe zwischen Tristan und ihr: Sie klagt sich selbst an, und Marke weist sie strafend von sich. Die Schlußstrophe, von Marke gesprochen, lautet: *Thut ihr um ein härentes* [sic] *Gewand, / Die Locken schneidet ihr ab, / Eine Lampe gebt ihr in die Hand, / Denn dunkel ist das Grab!*[8] Was der Inhalt der Strafe genau ist, bleibt zwar unklar, gewiß ist aber, daß Isolde ausgestoßen wird aus der Gesellschaft. Sie ist die allein Schuldige, während von Tristan gar nicht mehr die Rede ist. Das entspricht exakt der im 19. Jahrhundert praktizierten bürgerlichen Moral.

Wagner dürfte Mosens Werk gekannt haben. Die zweite Auflage von Mosens Gedichten befand sich in seiner Dresdner Bibliothek[9]. Wichtiger ist indessen, daß Wagner mit Mosen selbst gut bekannt war. In seiner Autobiographie schrieb er über ihn: *Ich hatte diesen bereits nach meiner ersten Ankunft in Dresden im Sommer* [1842] *aufgesucht; da ich sein Talent wirklich hochschätzte, gelangte ich bald mit ihm zu einem näheren Umgang, welcher manches Angenehme und Belehrende für mich hatte.*[10] Es wäre gewiß gewaltsam, eine direkte Beziehung zwischen Mosens Gedicht und Wagners Musikdrama herzustellen; eine Gemeinsamkeit ist indessen unverkennbar: die Auffassung des Liebestranks als Verhängnis.

Wagner kannte die Geschichte von Tristan und Isolde demnach nicht nur durch seine Dresdner Studien der mittelalterlichen deutschen Literatur, wie er es später dargestellt hat. Wie ihm Mosens Gedicht geläufig gewesen sein dürfte, so kannte er Donizettis Oper, die seit 1841 im Repertoire der Dresdner Hofoper war und eine große Zahl von Aufführungen erlebte, von denen Wagner selbst einige dirigiert hat[11]. In Wagners Dresdner Bibliothek befand sich eine Ausgabe der Werke von Hans Sachs mit dessen Dramatisierung des *Tristan*-Stoffs[12], ohne daß sich damit aber beweisen ließe, daß Wagner sie auch gelesen hat. Im übrigen war die Geschichte von Tristan und Isolde im 19. Jahrhundert offensichtlich von besonderem Reiz für Dichter und Schriftsteller, und auch wenn die epischen, dramatischen und lyrisch-zyklischen Bearbeitungen von August

---

[8] Julius Mosen, *Gedichte*, Leipzig ²1843, S. 177
[9] Westernhagen, S. 98, Nr. 94
[10] ML, S. 247
[11] vgl. Wagners Brief an August von Lüttichau vom 9. Juli 1847, in: SB II, S. 551
[12] Westernhagen, S. 102, Nr. 122

Wilhelm Schlegel, Achim von Arnim und Clemens Brentano, August Graf Platen, Friedrich Rückert und Karl Immermann, um nur die bekanntesten zu nennen, fast nie über Pläne, Entwürfe und Fragmente hinauskamen, so wurde doch das eine und andere veröffentlicht; vor allem aber dürfte das weitverbreitete Interesse am *Tristan*-Sujet nicht das gehütete Geheimnis der Dichterwerkstätten geblieben sein. Bekannt und berühmt wurde Platens Gedicht *Wer die Schönheit angeschaut mit Augen, / Ist dem Tode schon anheimgegeben* …, das mit *Tristan* überschrieben ist und zu Platens Dramenplan aus den Jahren 1825 bis 1828 gehört[13]. Es ist ein Lied, das Tristan am Ende eines Monologs über die Wirkung der Liebe singt. Bezeichnenderweise schrieb Platen es, bevor er noch das Szenarium für sein Drama entwarf. Die Thematik ist derjenigen Wagners sehr nahe, und es erscheint nicht ausgeschlossen, daß Wagner das Gedicht gekannt hat, das 1834 in einer Ausgabe von Platens Gedichten erschienen war. Platens *Tristan*-Lied vermittelte Wagner freilich nichts vom *Tristan*-Sujet, dafür aber viel vom romantischen Gedankengut, das in breitem Strom in Wagners *Tristan* eingeflossen ist. Seine Verwandtschaft etwa mit dem Werk und den Anschauungen von Novalis ist unübersehbar; sie reicht bis in die Gemeinsamkeit der Formulierungen. Freilich gibt es keine Zeugnisse dafür, daß Wagner Novalis gelesen hat. Daß er ihm aber unbekannt gewesen sein könnte, ist höchst unwahrscheinlich; denn Heinrich Heine, mit dessen Schriften Wagner vertraut war und mit dem er in seinen Pariser Jahren (1839 bis 1842) auch persönlich gut bekannt gewesen war, wies in seiner *Romantischen Schule* ausführlich, wenn auch nicht ohne Kritik, auf ihn hin. Es ist auch kaum anzunehmen, daß Wagner die Ausgabe der Werke von Novalis, die 1840 in Paris erschien, entgangen ist.

Wagner war nicht der erste, der die Geschichte von Tristan und Isolde zum Gegenstand eines musikalischen Bühnenwerkes machen wollte, wenngleich auffällig ist, daß dieses Sujet vor Wagner nur ein einziges Mal als Opernstoff auftritt. Im Jahre 1846 trug sich Robert Schumann mit dem Plan zu einer Oper *Tristan und Isolde*[14]. Der

---

[13] vgl. *August Graf von Platens sämtliche Werke*. Historisch-Kritische Ausgabe. Hg. v. Max Koch und Erich Petzet, Bd. 10, Leipzig 1910, S. 376–382
[14] vgl. Robert Schumann, *Tagebücher*, Bd. III: *Haushaltbücher*, Teil 1, hg. v. Gerd Nauhaus, Leipzig 1982, S. 282. Das Szenarium ist veröffentlicht in: *Die Musik* XVII (1925), Heft 10, S. 757–760.

Dichter Robert Reinick verfaßte ein Szenarium zu einem fünfaktigen Werk, das Schumann dann aber doch nicht komponiert hat. Es ist sehr wahrscheinlich, daß Wagner diesen Plan Schumanns und Reinicks kennengelernt hat; denn in den Jahren 1845 und 1846 trafen sich die Dresdner Künstler, unter ihnen Schumann und Wagner, regelmäßig im Hillerschen Kränzchen zur Diskussion über künstlerische Probleme. Wagner las dort zum erstenmal seinen *Lohengrin*-Text vor, und, seiner eigenen Darstellung zufolge, fand dort auch ein reger Meinungsaustausch über Sujets und ihre Tauglichkeit für die Oper zwischen Wagner, Schumann und Ferdinand Hiller statt. Dabei dürfte auch Schumanns *Tristan*-Plan zumindest erwähnt worden sein. Eigentümlich ist, daß Wagner später die unmittelbare Anregung zu seinem *Tristan* durch eine *Tristan*-Dramatisierung seines Freundes Karl Ritter erhielt, der ein Schüler Robert Schumanns war. Ritters *Tristan* ist nicht bekannt. Wir kennen nur Wagners Charakterisierung, in der übrigens die allgemeine Einschätzung des *Tristan*-Stoffs im 19. Jahrhundert anklingt. Es heißt in *Mein Leben*: *Er hatte sich an die übermütigen Situationen des Romanes gehalten, während mich die tiefe Tragik desselben sogleich anzog.*[15] Wagner übernahm den Stoff nicht nur, wie es in einer Dramatisierung gewöhnlich geschieht, sondern er versuchte, ihn zu nobilitieren, indem er das Geschehen, das allgemein für unsittlich gehalten wurde, als zutiefst tragisch deutete. Die Tragödie der Liebe trat an die Stelle der Ehebruchsgeschichte.

Karl Ritter machte Wagner auf einen Stoff aufmerksam, den dieser längst kannte, der zuvor, zur Zeit des Vormärz und im Gefolge des Jungen Deutschland, aber nicht von Interesse für ihn gewesen war. Das spiegelt die Autobiographie, in der nicht, wie sonst üblich, bereits im Bericht über die Dresdner Zeit mit ihren Studien der mittelalterlichen deutschen Literatur vom *Tristan* die Rede ist, sondern erst im Zusammenhang mit der Schilderung der Entstehung des Musikdramas. Erst 1854 wurde der *Tristan*-Stoff für Wagner aktuell. Es war die Zeit einsetzender Resignation, nachdem die erhoffte Revolution nicht stattgefunden hatte, die wiederholt abgelehnten Amnestiegesuche und die erneute steckbriefliche Verfolgung Wagner weiter ins Exil zwangen, und – vor allem – die finanziellen Sorgen sich türmten. Es fehlte an Einnahmen, und Wagner

[15] ML, S. 524

mußte noch mehr Schulden machen, als er ohnehin schon hatte. Im Sommer 1854 spitzte sich die Situation zu. Der Kaufmann Otto Wesendonck, skeptisch zwar gegenüber Wagners Fähigkeit zu einer soliden Haushaltsführung, dennoch hilfsbereit, streckte eine große Summe vor – die dann aber doch nicht ausreichte –, und ein anderer Freund Wagners, der Staatsschreiber Jakob Sulzer, wurde zum Finanzverwalter, zum „Vormund", wie Wagner es nannte. Alle Einnahmen aus Wagners Opern gingen an ihn, während Wagner selbst nur regelmäßig eine fixe Summe erhielt, mit der er seinen Unterhalt zu bestreiten hatte. Aber selbst dieses für Wagner gewiß nicht leicht zu ertragende Verfahren vermochte die Finanzprobleme nicht auf Dauer zu lösen, und schließlich versuchte es Wagner mit der Komposition einer neuen Oper, die – im Unterschied zum *Ring* – in kurzer Zeit geschrieben, leicht aufführbar und darum von allen Theatern gespielt, ihm das Geld einbringen sollte, das ihm fehlte. Als diese Oper war der *Tristan* ausersehen.

Wagner war, als er den Plan zum *Tristan* faßte, der Schuldner Otto Wesendoncks, ihm verpflichtet, von ihm abhängig. Gleichzeitig liebte er Wesendoncks Frau Mathilde, der er im Jahr zuvor, 1853, eine Klaviersonate komponiert und mit dem ebenso rätselhaften wie vielsagenden Motto *Wißt ihr wie das wird?* dediziert hatte[16]. Im Sommer 1854, zur selben Zeit also, da die finanziellen Probleme Wagner in die Abhängigkeit von Otto Wesendonck zwangen, gelangte Wagners Zuneigung zu Mathilde Wesendonck zu ihrem Höhepunkt. Dokument dessen ist die Kompositionsskizze des ersten Aktes der *Walküre*, die Wagner zwischen dem 28. Juni und 1. September 1854 niederschrieb. Sie enthält eine Reihe von Eintragungen, die unmißverständlich Wagners Liebe zu Mathilde Wesendonck zum Ausdruck bringen, auch wenn Wagner von seinen Gedanken, Huldigungen und Liebeserklärungen – vermutlich mit Rücksicht auf seine seit der Jessie-Laussot-Affäre mißtrauische Frau – nur die Anfangsbuchstaben der Wörter notierte[17]. Man wird sich über die Auflösung der Kürzel im einzelnen endlos streiten können: am Grundtenor ihrer Bedeutung gibt es keinen Zweifel. Da Wagner sich wiedergeliebt glaubte, lag die Identifizierung der eigenen Situation mit

[16] WWV 85
[17] vgl. WWV, S. 367

der Geschichte von Tristan und Isolde nahe. Sie traf jedenfalls genauer zu als jene von Siegmund und Sieglinde im ersten Akt der *Walküre*, mit der sich Wagner, wie die Eintragungen zeigen, zunächst identifiziert hatte (bezeichnenderweise fehlen ähnliche Kürzel in den beiden anderen Akten der *Walküren*-Skizze). Anders als Siegmund und Sieglinde, die ihrer Liebe, entgegen aller Konvention, ohne Hemmung folgen – freilich auch daran zugrunde gehen –, stehen Tristan und Isolde vor der Aussichtslosigkeit der Erfüllung ihrer Liebe, wenigstens in Wagners Sicht. Nicht anders war es mit Wagners eigener Lage. Materiell abhängig vom Ehemann der Geliebten und selbst an eine andere Frau gebunden, sah Wagner keine Möglichkeit der Verwirklichung seiner Liebe. Sein Brief an Franz Liszt vom Dezember 1854, in dem der Plan zum *Tristan* zum erstenmal erwähnt wird, zeigt das deutlich. Es heißt darin: *Da ich nun aber doch im Leben nie das eigentliche Glück der Liebe genossen habe, so will ich diesem schönsten aller Träume noch ein Denkmal setzen, in dem vom Anfang bis zum Ende diese Liebe sich einmal so recht sättigen soll: ich habe im Kopfe einen Tristan und Isolte* [sic] *entworfen, die einfachste, aber vollblutigste musikalische Conception; mit der ‚schwarzen Flagge', die am Ende weht, will ich mich dann zudecken um – zu sterben.*[18]

Vermutlich hatte Wagner zunächst eine andere Vorstellung von seinem *Tristan,* oder aber er meinte es ironisch, als er vom *Denkmal* schrieb, das er der Liebe als dem *schönsten aller Träume* setzen wollte. Jedenfalls bilden weder Wagners spätere Kommentare noch das ausgeführte Werk den utopischen Gegenentwurf zur eigenen glücklosen Lebenssituation, den man nach seinem Brief an Liszt von dem geplanten *Denkmal* als einem nach gewöhnlichem Sprachgebrauch verherrlichendem Kunstwerk erwarten sollte. Nach einem Brief vom August 1856[19] war *die Liebe als furchtbare Qual* Inhalt und Gegenstand des Musikdramas von Tristan und Isolde. Gleichfalls im Jahre 1856 war es, als Wagner jene Schlußversion der *Götterdämmerung* verwarf, in der die Verse stehen: *selig in Lust und Leid /läßt – die Liebe nur sein.* Von ihr, der Liebe, meinte Wagner, daß man sie *im Verlaufe des Mythos* [vom *Ring des Nibelungen*] *eigentlich doch als recht gründlich ver-*

---

[18] SB VI, S. 299
[19] SB VIII, S. 156 (an Röckel, 23. August 1856)

heerend auftreten gesehen habe[20]. Wagners gewandelte Anschauung von der Liebe war indessen nicht ganz eindeutig. Unklar ist, ob er in seinem *Tristan* lediglich die Unerfüllbarkeit der Liebe unter bestimmten gesellschaftlichen Verhältnissen darstellen wollte – was besagen würde, daß bei anderen Bedingungen der Verwirklichung der Liebe Tristans und Isoldes nichts im Wege gestanden hätte –, oder ob er der Meinung war, die Liebe müsse immer und überall unerfüllt bleiben, es liege in ihrer Natur, *furchtbare Qual* zu sein. Für die erste Deutung spricht, was Wagner in seiner *Mitteilung an meine Freunde* über Todessehnsucht und Todesverlangen geschrieben hat. Dort ist zu lesen: *Der Tod ist hier nur das Moment der Verzweiflung; er ist der Zerstörungsakt, den wir an uns ausüben, weil wir ihn – als Einzelne – nicht an den schlechten Zuständen der uns zwingenden Welt ausüben können. Der Akt der wirklichen Vernichtung der äußeren, wahrnehmbaren Bande jener ehrlosen Sinnlichkeit ist aber die u n s obliegende gesunde Kundgebung dieses, bisher auf die Selbstvernichtung gerichteten Dranges.*[21] Dem steht Wagners Äußerung entgegen, *daß Tristan wie Siegfried das ihm nach dem Urgesetze bestimmte Weib, im Zwange einer Täuschung, welche diese seine Tat zu einer unfreien macht, für einen anderen freit, und aus dem hieraus entstehenden Mißverhältnisse seinen Untergang findet*[22]. Die richtige Erkenntnis, daß der Mensch Aggression, die er nicht nach außen richten kann, schließlich gegen sich selbst lenkt, stammt aus dem Jahre 1851, aus einer Zeit also, als Wagner noch an die Veränderung der Gesellschaft durch eine Revolution glaubte. In dem elf Jahre später unternommenen Deutungsversuch, Tristan als einen Mann zu sehen, der sich über seine Gefühle täuscht und an den Konsequenzen zugrunde geht, wird demgegenüber nicht mehr der Gesellschaft, sondern Tristan selbst die Schuld an seiner Lage gegeben. An die Stelle der Veränderbarkeit der Gesellschaft ist die Prädestination getreten, die Vorherbestimmung durch das „Urgesetz", dem entgegenzuhandeln alle Qual hervorruft. Immerhin wäre damit aber noch nicht gesagt, daß die Liebe immer und überall Qual und Not ist. Dennoch scheint es, daß Wagner mehr zu dieser Auffassung neigte. In einer Erläute-

---

[20] ebda., S. 153
[21] SS IV, S. 332
[22] SS VI, S. 268

rung des Vorspiels zum *Tristan*[23], die er 1859 verfaßte, nannte er die Sehnsucht der Liebenden *unstillbar*, ihr Verlangen *unersättlich* und die *Mühe, den Durchbruch zu finden, der dem grenzenlos begehrlichen Herzen den Weg in das Meer unendlicher Liebeswonne eröffne*, vergeblich. Umsonst! – heißt es in dem Text – *Ohnmächtig sinkt das Herz zurück, um in Sehnsucht zu verschmachten, in Sehnsucht ohne Erreichen, da jedes Erreichen nur wieder neues Sehnen ist, bis im letzten Ermatten dem brechenden Blicke die Ahnung des Erreichens höchster Wonne aufdämmert: es ist die Wonne des Sterbens, des Nichtmehrseins, der letzten Erlösung in jenes wundervolle Reich, von dem wir am fernsten abirren, wenn wir mit stürmischester Gewalt darin einzudringen uns mühen.* So vieldeutig der Text von Wagners *Tristan* ist, so unmißverständlich ist doch, daß nicht die Hingabe an die Liebe, sondern Todessehnsucht der Inhalt der Nachtszene des zweiten Aktes ist, eine Sehnsucht freilich, die im Tode die Erfüllung der Liebe zu finden glaubt, die ihr die Welt und das Leben verweigern. Tristans Verfluchung des Tranks im dritten Akt aber ist nichts anderes als die Verfluchung der Liebe, insbesondere der eigenen; Tristan sagt vom Trank: *ich selbst – ich hab' ihn gebraut*, was keine Aussage über die Wirklichkeit ist, sondern nur metaphorisch gemeint sein kann. In einem Taschennotizbuch Wagners, das die ersten Skizzen zum *Tristan* enthält[24], beginnt ein Entwurf mit: *Letzter Act / Fluch der Liebe*. An anderer Stelle läßt Wagner Tristan sagen: *Meine Mutter starb, als sie mich gebar. Nun ich lebe, sterbe ich daran, geboren worden zu sein: – warum das? [...] Die ganze Welt nichts wie ungestilltes Sehnen! Wie soll es denn je sich stillen?*

Der *Liebe als furchtbare Qual* setzte Wagner, als er die ersten sporadischen Skizzen zum *Tristan* niederschrieb, ein zweites Projekt entgegen, das er, wie seine ständige Erwähnung im Zusammenhang mit dem *Tristan* nahelegt, als dessen Ergänzung und Konsequenz ansah. In einem Brief an Liszt vom Juni 1856 schrieb er: *Ich habe wieder zwei wundervolle Stoffe, die ich noch einmal ausführen muss: Tristan u. Isolde (das weisst Du!) dann aber – Der Sieg – das Heiligste, die vollständigste Erlösung.*[25] Wenig später meinte er von diesem Sujet, wiederum

---

[23] SS XII, S. 346f.
[24] WWV, S. 431
[25] SB VIII, S. 75 (12. Juni 1856)

Liszt gegenüber: *Erst müsstet Ihr auch meinen ‚Tristan' verdaut haben, namentlich seinen dritten Act, mit der Schwarzen u. der weissen Flagge. Dann würden erst die ‚Sieger' deutlicher werden.*[26] Die *Sieger*[27] – so der Titel des anderen Sujets – feiern die Entsagung als die einzig richtige Verhaltensweise in dieser Welt, als Weg zur Erlösung von der unstillbaren Sehnsucht der Liebe. Wie später im *Parsifal*, in den die *Sieger* aufgegangen sind, enthält Wagners Entwurf als zentrales Ereignis eine Verführungsszene, in der ein sich leidenschaftlich nach sinnlicher Erfüllung ihrer Liebe sehnendes Mädchen von dem geliebten Mann zurückgewiesen wird. Das Mädchen gelobt schließlich Keuschheit, und der geliebte Mann *begrüßt sie als Schwester*[28]. Ihr Entsagen aber bringt ihr die *volle Erlösung* ein, nämlich, nicht wiedergeboren zu werden, auch dies eine Parallele zur Kundry im *Parsifal*. Wagner selbst hat in der Zeit der Entstehung des *Tristan* die Entsagung als *die einzig mögliche Erlösung* bezeichnet, bestärkt in dieser Meinung und mit Argumenten versehen durch die Philosophie Arthur Schopenhauers, die ihm freilich, wie er selbst sehr genau gesehen hat, nicht völlig neue Einsichten vermittelte, sondern lediglich in philosophisch-systematischer Form präsentierte, was er empfand und selbst erlebt hatte. Im Sommer 1856, als der Plan zum *Tristan* konkretere Formen annahm, teilte Wagner seinem Freund August Röckel, dem im Zuchthaus Waldheim in Sachsen inhaftierten Revolutionär von 1849, mit: […] *kannst Du Dir eine m o r a l i s c h e H a n d l u n g anders vorstellen, als unter dem Begriff der E n t s a g u n g? Und was ist die höchste Heiligkeit, d.h. die vollste Erlösung, anderes als die Grundlage dieses Principes für unser Handeln überhaupt?*[29] Man geht gewiß nicht fehl, wenn man diese Einstellung als Maxime ansieht, nach der Wagner in seiner Liebe zu Mathilde Wesendonck verfuhr, und es ist wohl kein Zufall, daß die ersten ausführlichen Aussagen zum *Parsifal*, dem Drama der Entsagung, in Wagners Briefen an sie stehen. Das Denkmal der Liebe, das Wagner mit *Tristan und Isolde* setzen wollte, war als abschreckendes Beispiel gemeint.

Wagner hat es später so dargestellt, als wäre die erste Idee zum *Tristan* verknüpft gewesen mit dem gralsuchenden Parsifal, der im

---

[26] ebda., S. 122 (20. Juli 1856)
[27] vgl. dazu WWV 89
[28] SS XI, S. 325
[29] SB VIII, S. 154 (23. August 1856)

dritten *Tristan*-Akt am Bett des siechen Tristan auftreten sollte[30]. Diese Darstellung ist falsch. Wie die zitierten Briefstellen an Franz Liszt zeigen, in denen von der weißen und der schwarzen Flagge die Rede ist, enthielt die ursprüngliche Konzeption, von der jedoch keinerlei weitere Zeugnisse erhalten sind, die Episoden mit Isolde Weißhand, der zweiten Isolde, die Tristan ehelicht, um die andere Isolde zu vergessen. Das gelingt ihm nicht, und er schickt todkrank nach der ersten. Das Schiff, das sie, wie er hofft, zu ihm bringt, soll, wenn es sich dem Land nähert, eine weiße Flagge setzen, sofern Isolde an Bord ist, jedoch eine schwarze zeigen, wenn sie nicht kommt. Isolde Weißhand, eifersüchtig auf die Rivalin, belügt den todkranken Tristan, indem sie vorgibt, eine schwarze Flagge zu sehen, während in Wirklichkeit die weiße am Schiffsmast weht. Über der Enttäuschung stirbt Tristan, ohne seine Isolde wiedergesehen zu haben. Wie Wagner diese Episode gestaltet hätte, wissen wir nicht. Fest steht nur, daß sie ihm sehr wichtig war, und zwar noch im Sommer 1856. Danach freilich war nie wieder die Rede von der schwarzen Flagge, die am Ende wehen sollte.

Setzt ein Schluß des Stücks mit der schwarzen Flagge Isolde Weißhand voraus, so ist ihr Fehlen in allen bekannten Textentwürfen das Indiz dafür, daß diese erst entstanden sind, nachdem Wagner den Plan der weißen und der schwarzen Flagge fallengelassen hatte. Das dürfte im Sommer oder Herbst 1856 gewesen sein. In der ausführlichsten frühen Textskizze[31], jener, die auch das Auftreten des gralsuchenden Parsifal enthält, ist es ein Knappe, der den kranken Tristan pflegt und auf der Zinne nach Isoldes Schiff Ausschau hält. Die Figur Parsifals wurde also erst eingefügt, als Wagner sich entschlossen hatte, auf die eifersüchtige Isolde Weißhand zu verzichten.

Das Auftreten Parsifals begründete Wagner damit, daß sich ihm der *an der empfangenen Wunde siechende und nicht sterben könnende Tristan* [...] *mit dem Amfortas im Gral-Roman* identifiziert habe[32]: Parsifal, der gralsuchende reine Tor, als Kontrastfigur zum siechen Sünder Tristan, der wie Amfortas qualvoll daran leidet, sich der Liebe hingegeben zu haben. Daß Wagner, indem er Parsifal vom *Tristan*

---
[30] ML, S. 524
[31] wiedergegeben in: RWSW Bd. 30, S. 12 (Nr. 5)
[32] ML, S. 524

trennte, diese Deutung aufgegeben hätte, trifft nicht zu; denn 1859, über der Komposition des dritten *Tristan*-Aktes, schrieb er über den *Parsifal*: *Genau betrachtet ist Anfortas* [sic] *der Mittelpunkt und Hauptgegenstand* [...] *es ist mein Tristan des dritten Aktes mit einer undenklichen Steigerung. Die Speerwunde, und wohl noch eine andre – im Herzen, kennt der Arme in seinen fürchterlichen Schmerzen keine andre Sehnsucht, als die zu sterben.*[33] Nach Cosima Wagners Tagebuch nannte Wagner Tristan und Isolde *ein Paar in der vollsten Glut der Sünde*[34], eine Formulierung allerdings, die auch an die im 19. Jahrhundert allgemein verbreitete Ansicht von der Unsittlichkeit des *Tristan*-Sujets erinnert.

Wagner schrieb mit dem *Tristan* kein Werk, das nach kurzer Arbeit in den Druck und über die Bühnen gehen konnte und seinem Autor die erhofften großen Einnahmen brachte. Die Komposition nahm fast zwei Jahre in Anspruch, und zutage kam ein Stück, das alles andere als leicht aufführbar war. Die glaubwürdige Darstellung des ungestillten, ewig unstillbaren Sehnens führte Wagner zu einer Ausweitung seiner Tonsprache und zu einer Erschließung musikalischer Möglichkeiten überhaupt, die den *Tristan* zu einem der wichtigsten Werke der Musik des 19. Jahrhunderts machten. Zu Recht beruft sich die Neue Musik auf den *Tristan* als einen Ahnherrn, der mit seiner rigorosen Erweiterung der Harmonik, der Verselbständigung der Chromatik und der „Emanzipation der Dissonanz" sowohl der freien Atonalität als auch der Komposition mit zwölf nur aufeinander bezogenen Tönen vorgearbeitet hat. Wagner selbst allerdings hatte andere Ambitionen. Ihm war der *Tristan* vor allem die exemplarische Verwirklichung seiner Vorstellung vom Musikdrama. Er erlaube, an den *Tristan die strengsten, aus meinen theoretischen Behauptungen fließenden Anforderungen zu stellen*, schrieb er in *Zukunftsmusik*[35]. Gleichzeitig erklärte er, er habe den *Tristan* komponiert, *mit der vollsten Freiheit und mit der gänzlichsten Rücksichtslosigkeit gegen jedes theoretische Bedenken*[36]. Neben diese Ambition trat noch eine andere, Wagners symphonischer Ehrgeiz. Die *Erinnerungen an Schnorr von Carolsfeld*, den

---

[33] Wesendonck-Briefe, S. 144
[34] CT II, S. 255 (11. Dezember 1878)
[35] SS VII, S. 119
[36] ebda.

ersten Tristan-Darsteller, machen ihn offenbar. Um die außerordentliche Leistung Schnorrs anschaulich zu machen, legte Wagner seinen Freunden das Studium der Partitur des *Tristan* nahe: *Sie würden zunächst nur das Orchester genauer zu untersuchen haben, dort, vom Beginn des Aktes bis zu Tristans Tode, die rastlos auftauchenden, sich entwickelnden, verbindenden, trennenden, dann neu sich verschmelzenden, wachsenden, abnehmenden, endlich sich bekämpfenden, sich umschlingenden, gegenseitig fast sich verschlingenden musikalischen Motive verfolgen; dann hätten sie dessen inne zu werden, daß diese Motive, welche um ihres bedeutenden Ausdruckes willen der ausführlichsten Harmonisation, wie der selbständigst bewegten orchestralen Behandlung bedurften, ein zwischen äußerstem Wonneverlangen und allerentschiedenster Todessehnsucht wechselndes Gefühlsleben ausdrücken, wie es bisher in keinem rein symphonischen Satze mit gleicher Kombinationsfülle entworfen werden konnte, und somit hier wiederum nur durch Instrumentalkombinationen zu versinnlichen war, wie sie mit gleichem Reichtum kaum noch reine Instrumentalkomponisten in das Spiel zu setzen sich genötigt sehen durften.*[37] Der Enthusiasmus der Beschreibung suggeriert dem Leser, daß keine Symphonie traditioneller Art an die symphonische Fülle des dritten *Tristan*-Aktes heranreiche und daß erst das Musikdrama sie ermögliche. Dem entsprechen zwei Aussprüche Wagners, die Cosima in ihrem Tagebuch festgehalten hat[38]. Sie stammen beide aus dem Jahre 1878 und betreffen beide den *Tristan*. Der eine lautet: *Er habe das Bedürfnis gehabt, ein Mal sich ganz symphonisch gehen zu lassen, das habe ihn zum Tristan geführt,* und der andere: *Es war in mir ein Bedürfnis, sich musikalisch auszurasen, wie wenn ich eine Symphonie geschrieben hätte.*

Der Ehrgeiz Wagners, als Erbe Beethovens die Symphonie ins Musikdrama zu integrieren, das in dieser Form der historische Höhepunkt und die ästhetische Vollendung der Symphonie sein sollte, ging jedoch weniger in die Werke ein, als daß er zum Glaubenssatz der Wagnerianer wurde. Die musikalische Gestaltung der Musikdramen nämlich richtet sich nach dem Text und dem Gang der Handlung, nicht jedenfalls nach allein musikalischen Gesichtspunkten wie in der Symphonie. Das Leitmotiv-System, das literarisch-dramatisch, nicht aber symphonisch angewendet wird, ist so

---

[37] SS VIII, S. 185f.
[38] CT II, S. 256/185

etwas wie ein Mißverständnis der motivisch-thematischen Verfahrensweise der Symphonie, und die Durchführungstechnik, in der Symphonie zielgerichtet, ist in Wagners Musikdrama eher ein Entfalten in die Breite und dient der Einheitlichkeit der Szenen und der Affekte. Es ist jedoch nicht zu leugnen, daß Wagners eigenwilliges Verständnis der Symphonie und sein Ehrgeiz, die Symphonie ins Musikdrama zu integrieren, die bedeutendste Neue Musik ihrer Zeit haben entstehen lassen.

Besseres, als diese Lieder, habe ich nie gemacht ...
Zu den Wesendonck-Liedern

Richard Wagner war kein Liederkomponist. Zählt man zusammen, was er an Liedern und liedhaften Stücken hinterließ, dann kommt man zwar auf rund 25 Kompositionen – gemessen an den Opern und Musikdramen immer noch eine bescheidene Summe –, aber die Zahl vermittelt einen falschen Eindruck. Es handelt sich fast ausschließlich um periphere Gelegenheitskompositionen, peripher im Stellenwert innerhalb von Wagners Gesamtwerk, peripher in künstlerischer Hinsicht, peripher auch in Wagners eigener Einschätzung. Es sind Jugendarbeiten vom Anfang der dreißiger Jahre, Stilkopien aus der Zeit des ersten Parisaufenthaltes 1839–1842 und Tagesprodukte, bezogen allein auf bestimmte Anlässe oder Personen. Die einzige Ausnahme bilden die fünf Lieder auf Gedichte von Mathilde Wesendonck; auf sie trifft keines der für die übrigen Stücke gültigen Kriterien zu.

Daß Wagner Gedichte Mathilde Wesendoncks (1828–1902) vertonte, hat selbstverständlich mit seiner berühmt-legendären Liebesbeziehung zur Autorin zu tun, einer Beziehung, die schon 1852 begann – in diesem Jahr lernte Wagner das Ehepaar Otto und Mathilde Wesendonck kennen –, dann im Jahre 1854 ihren ersten großen Höhepunkt hatte und im Sommer und Herbst 1857, als Wagner das Textbuch zum *Tristan* schrieb und mit der Komposition dieses Werkes begann, sich erneut heftig intensivierte.

Es ist unklar, wann Mathilde Wesendonck damit begann, Wagner ihre Gedichte, kaum daß sie geschrieben waren, zu überreichen oder zuzuschicken. Fest steht jedoch, daß *Der Engel*, das erste von Wagner komponierte Gedicht, nicht der erste Text war, den Wagner von ihr erhielt. Wahrscheinlich hegte sie die, wie sich zeigen sollte, nicht unbegründete Hoffnung, der berühmte Meister werde ihre Verse vertonen, und möglicherweise schrieb sie ihre Gedichte nur deshalb. Jene fünf Gedichte, die Wagner schließlich komponierte, stellen jedenfalls nur eine Auswahl aus Gedichten Mathildes aus der Zeit zwischen Sommer 1857 und Mai 1858 dar, und es ist anzunehmen, daß Wagner nur diejenigen vertonte, die sowohl in die Stimmung seiner Beziehung zu Mathilde paßten als auch in jene des Werkes, das er gerade schrieb, eben des *Tristan*. Daß Mathilde Wesendonck die fünf Gedichte wiederum unter dem Eindruck des *Tristan*-Textes schrieb – angeregt von der darin entwickelten Haltung und Atmosphäre –, duldet keinen Zweifel.

Das erste der fünf Lieder, *Der Engel*, wurde nach der Aussage Mathilde Wesendoncks am 30. November 1857 geschrieben[1]. Im unmittelbaren Anschluß daran komponierte Wagner das Gedicht *Träume*, das im Autograph der ersten Fassung das Schlußdatum des 4. Dezember 1857 trägt[2]. Bereits am folgenden Tag notierte Wagner eine zweite Fassung der Komposition. Dann trat eine Pause ein; Wagner setzte die Arbeit am Kompositionsentwurf des ersten *Tristan*-Aktes fort. Als drittes der Wesendonck-Lieder entstanden die *Schmerzen*, deren Handschrift in der ersten Fassung das Schlußdatum des 17. Dezember 1857 aufweist und an den folgenden Tagen um zwei jeweils ausführlichere Schlüsse erweitert wurde. Etwa um die gleiche Zeit instrumentierte Wagner das Lied *Träume* für Solovioline und ein kleines Orchester von dreizehn Instrumenten (2 Klarinetten, 2 Fagotte, 2 Hörner, 4 Violinen, 2 Bratschen, 1 Violoncello). Das Manuskript dieser Instrumentalfassung ist am Schluß mit *18 Dez. 57* datiert. Im Anschluß an diese Niederschrift stellte Wagner eigenhändig das Aufführungsmaterial für die Instrumentalfassung der *Träume* her, um die Komposition in dieser Gestalt Mathilde Wesendonck am 23. Dezember 1857 als Geburtstagsständchen vortragen zu lassen. Er selbst dirigierte.

Die Instrumentalfassung der *Träume* übernahm später, nach Wagners Tod, Felix Mottl in seine Version der Wesendonck-Lieder für Singstimme und großes Orchester, die verbreiteter ist als Wagners originale Klavierfassung und darüber hinaus bis heute vielfach für eine Originalfassung Wagners gehalten wird. Mottl wurde 1893, zu einer Zeit, als das sogenannte Orchesterlied in seiner Blüte stand und es fast allgemeiner Usus war, Klavierlieder für großes Orchester zu bearbeiten, von Schott, dem Originalverleger der Wesendonck-Lieder, dazu aufgefordert, die Lieder zu instrumentieren. Mottl entledigte sich dieser Aufgabe in nur wenigen Wochen. Am 21. Juli fragte er bei Cosima Wagner an, ob er den Auftrag annehmen solle, und

---

[1] Wesendonck-Briefe, S. 22
[2] zu den Daten vgl. WWV 91 sowie RWSW Bd. 17, S. XIV

schon am 29. September kündigte er ihr das Erscheinen seiner Instrumentation im Druck an[3]. Da Wagner in seiner Instrumentalfassung der *Träume* den Gesangspart nahezu unverändert in die Solovioline gelegt hatte, brauchte Mottl bei diesem Lied lediglich Violine und Gesangsstimme auszutauschen. Im übrigen aber hielt sich Mottl nicht an Wagners kleine, fast solistische Streicherbesetzung, so daß der intime Charakter der originalen Instrumentalfassung verlorenging. Hinsichtlich der übrigen vier Lieder bediente sich Mottl zwar allgemein der Technik und des Stils des Wagnerschen Orchesters, doch erscheint seine Instrumentation heute eher routiniert-kapellmeisterlich als den Feinheiten der Lieder und des ihrer Entstehungszeit entsprechenden *Tristan*-Orchesters angemessen. Die Mottlsche Instrumentation trägt allzu dick auf, sowohl im massiven Tutti als auch in der Verwendung von Solostreichern an besonders lyrischen Stellen. Heute empfiehlt sich entweder die Originalfassung für Stimme und Klavier oder eine Neuinstrumentation wie etwa diejenige von Hans Werner Henze. Daß Wagners Klaviersatz seine Schwächen hat und dazu angetan ist, manchen Aspekt der Kompositionen eher zu verdecken als zu erhellen, steht außer Frage.

Zwischen der Beendigung der Instrumentalfassung der *Träume* und der Entstehung des vierten Wesendonck-Liedes *Stehe still* vergingen zwei Monate. Wagner schloß Ende 1857 den ersten *Tristan*-Akt im Kompositionsentwurf ab und überreichte ihn, versehen mit einem emphatischen Widmungsgedicht, Mathilde Wesendonck. Der Vorgang mißfiel Otto Wesendonck, wie man sich denken kann. Es kam zu ernsten Spannungen, und Wagner reiste zur Entkrampfung der Situation zu Beginn des Jahres 1858 für einige Wochen nach Paris. Nach der Rückkehr Anfang Februar setzte er zunächst die Arbeit am *Tristan* fort (Instrumentation des ersten Aktes), unterbrach sie jedoch in der zweiten Februarhälfte, um Mathildes Gedicht *Stehe still* zu komponieren, das am 22. Februar fertig wurde. Vor allem zur Besänftigung von Mathildes Ehemann veranstaltete Wagner dann am 31. März in bewußter Parallele zum Geburtstagsständchen für Mathilde ein Konzert für Otto Wesendonck in dessen Villa, in dem er ausgewählte Sätze aus Sinfonien Beethovens dirigierte. Schon eine

---

[3] nach Briefen Felix Mottls an Cosima Wagner, in: NA (IV A 2-b-483 bzw. 492)

Woche später kam es jedoch erneut zu einem Eklat: Wagners Frau Minna, aus Erfahrung argwöhnisch geworden, fing einen Brief Wagners an Mathilde ab, die berühmte *Morgenbeichte*[4], den sie als Beweis für die ehebrecherischen Beziehungen zwischen Wagner und Mathilde wertete. Die Spannungen zwischen den beiden Ehepaaren wuchsen und führten schließlich im August 1858 zur Trennung Wagners sowohl von Mathilde als auch von Minna. Zuvor begann Wagner noch Anfang Mai die Komposition des zweiten *Tristan*-Aktes, und unmittelbar davor schrieb er das fünfte und letzte der Wesendonck-Lieder, *Im Treibhaus*, dessen Manuskript am Ende mit *1 Mai 58* datiert ist.

Wagner schenkte die Handschriften der Lieder Mathilde Wesendonck. Als er im Herbst 1858, inzwischen nach Venedig übergesiedelt, sich die Lieder vergegenwärtigen wollte, verfügte er nur mehr über die Skizzen dazu. Da er die Stücke jedoch auch vollständig ausgeführt besitzen wollte, andererseits die bereits ausgeführten Handschriften augenscheinlich nicht von Mathilde zurückverlangen mochte, ereignete sich der in Wagners Schaffen einzigartige Fall, daß die Kompositionen anhand der Skizzen, unabhängig von der ersten Ausführung, ein zweitesmal ausgearbeitet wurden[5]. Wagner fertigte von jedem der Lieder ein zweites, von einigen sogar ein drittes Manuskript an, so daß *Der Engel* und *Stehe still* in zwei, *Im Treibhaus*, *Schmerzen* und *Träume* sogar in drei Fassungen überliefert sind[6].

Nach der Fertigstellung der neuerlichen Ausführung der Lieder schrieb Wagner am 9. Oktober 1858 an Mathilde[7]: *Das war denn meine erste Arbeit. Somit sind die Schwingen geprüft*[8]. *– Besseres, als diese Lieder, habe ich nie gemacht, und nur sehr weniges von meinen Werken wird ihnen zur Seite gestellt werden können.* In ganz ähnlichem Sinne äußerte sich Wagner in einem Brief vom 28. September 1861 über das Lied *Träume* und die damit in Beziehung stehende Duettszene im zweiten Akt des *Tristan*. Er schrieb: *Auch das Bleistiftblatt des Liedes fand ich, aus*

---

[4] wiedergegeben in: Leben und Werk, S. 355-359
[5] Wesendonck-Briefe, S. 62
[6] vgl. WWV 91 sowie RWSW Bd. 17 oder: Richard Wagner, *Sämtliche Lieder*, Mainz 1982
[7] Wesendonck-Briefe, S. 62
[8] Mit dieser Äußerung bezog sich Wagner auf die bevorstehende Arbeit an der Komposition des zweiten *Tristan*-Aktes.

dem die Nachtszene entstanden. *Weiss Gott! Mir gefiel diess Lied besser als die stolze Szene! Himmel, das ist schöner als Alles, was ich gemacht! Ich erbebe bis in den tiefsten Nerv, wenn ich's höre!*[9] Als Wagner im folgenden Jahr die fünf Wesendonck-Lieder seinem Verleger Franz Schott zur Veröffentlichung übergab, sagte er von ihnen, er zähle sie zu seinen *besten Arbeiten*[10].

Ob Wagner es mit diesen Äußerungen ehrlich gemeint hat, läßt sich nicht prüfen, doch ist unwahrscheinlich, daß sie ganz und gar aus Schmeichelei gegenüber der Textautorin und geliebten Frau und aus Eigenpropaganda gegenüber dem Verleger geboren wurden.

Bei der Veröffentlichung 1862, für die Wagner seine Niederschriften vom Oktober 1858 verwendete, ordnete Wagner die Abfolge der Lieder nicht nach ihrer Entstehung, sondern im Sinne einer inneren Dramaturgie der Texte und gemäß der Kunst des Überganges in bezug auf die musikalischen Charaktere und vor allem die Tonarten. Die neue Abfolge *Der Engel, Stehe still, Im Treibhaus, Schmerzen, Träume* suggeriert einen Liederzyklus, wie auch zumindest andeutungsweise der Veröffentlichungstitel *5 Gedichte für eine Frauenstimme mit Pianoforte-Begleitung in Musik gesetzt von Richard Wagner*. In Wahrheit liegt kein Zyklus vor, wie die Entstehungsgeschichte zeigt. Ursprünglich wollte Wagner die Publikation *Fünf Dilettanten-Gedichte ...* nennen, eine Überschrift, die eine gehörige Portion Skepsis gegenüber dem poetischen Rang der Gedichte zum Ausdruck bringt. Der Verzicht auf den Zusatz *Dilettanten* – vermutlich vom Verleger durchgesetzt – führte kurioserweise dazu, daß man lange Zeit Wagner selbst für den Verfasser der Texte hielt.

---

[9] Wesendonck-Briefe, S. 287
[10] Schott-Briefe, S. 49

Tristan ohne Mythos

Wagners *Tristan* liegt nicht nur eine mythische Geschichte zugrunde, deren Darstellung durch Wagner wiederum mythischen Charakter, mythische Dimensionen erhielt – Wagners *Tristan* ist als Kunstwerk, speziell als musikalisches Kunstwerk ein Mythos, und das Eigentümliche daran ist, daß er es von Anbeginn an war. Wagner hatte das Werk kaum beendet, da schrieb Hans von Bülow in der *Neuen Zeitschrift für Musik* in einem offenen Brief an deren Redakteur Franz Brendel: *Mit dem Erscheinen von ‚Tristan und Isolde' tritt die äußerliche Situation der neu-deutschen Schule in eine ganz neue Phase.* […] *Welcher Musiker hier noch nicht an den Fortschritt glauben will, der hat keine Ohren. Auf jeder Seite schlägt Wagner durch sein gewaltiges reinmusikalisches Wissen. Von dieser Architektonik, dieser musikalischen Detailarbeit können Sie sich keinen zu hohen Begriff machen. An Erfindung ist ‚Tristan' Wagners potentestes Werk.* […] *Wen diese Oper nicht bekehrt, der hat keine Musik im Leibe. So reiche, klare und originale Polyphonie giebt's in nicht allzuvielen früheren Partituren.* […] *ich versichere Ihnen, die Oper ist der Gipfelpunct bisheriger Tonkunst!*[1]

Tristan also als Inbegriff der Neuen Musik – ganz bewußt ist das Attribut „neu" hier groß geschrieben; denn die Sprache, deren sich Bülow in seinem offenen Brief bediente, ist nichts anderes als die Sprache der Verfechter und Apologeten der Neuen Musik, der Musik der Wiener Schule Arnold Schönbergs sowie jener, die sich auf Schönberg beruft und sich – dies die Hauptsache – in ihrer Tendenz zur Eroberung musikalischen Neulandes, zur Entfaltung brachliegender Potenzen und nicht genützter Möglichkeiten und nicht zuletzt im Bruch mit Konventionen und Traditionen als radikal neu versteht und dieses „neu" darum, nicht unähnlich einer Monstranz, beschwörend-emphatisch hervorhebt. Einer der wichtigsten Väter dieser Vorstellung vom Neuen in der Musik ist Wagners *Tristan*.

Zur Mythenbildung trug zunächst vor allem die Tatsache bei, daß das Werk nach einer über Jahre sich hinziehenden Probezeit schließlich abgesetzt wurde und in der Folge, zumindest bis zur

---

[1] *Neue Zeitschrift für Musik*, Leipzig, 9. September 1859, zit. nach: Leben und Werk, S. 362ff.

Uraufführung am 10. Juni 1865 in München, für unaufführbar galt. Es bildete sich der Nimbus des nicht nur leichter Verwirklichung, sondern angemessener Realisierung überhaupt sich entziehenden Kunstwerks – ein Nimbus auch der Neuen Musik, ein Nimbus freilich mit einem starken Moment von Mystifikation, das wohl Ehrfurcht vor den Kunstprodukten schürt, nicht aber zur aufführungspraktischen Bewältigung ihrer technischen Probleme beiträgt. Offenkundig aber ist vielen Autoren die aus der „Unaufführbarkeit" resultierende besondere Aura ihrer Kunstwerke lieber als die aus unbefangenem Umgang mit den Partituren hervorgehende Präzision in der Realisierung der Noten. Auch Wagners *Tristan* gehört zu jenen Werken, die den Eindruck wecken, als erschlössen sie sich nur einfühlsamem, äußerst konzentriertem, weltvergessenem Partiturlesen. Die Armut an äußerer Handlung im *Tristan* trägt das ihre dazu bei, diesen Eindruck zu stützen. Indessen: Der *Tristan* ist aufführbar wie andere Werke auch. Kein Interpret hat in Ehrfurcht zu erstarren, auch dort nicht, wo es so scheint, als sei er den Anforderungen der Partitur nicht gewachsen. Stellt man sich den Komponisten nicht als göttlich inspiriertes Genie vor und die Partitur dementsprechend nicht als Offenbarung, dann erweisen sich die besonderen Anforderungen an die Ausführenden bisweilen oder auch des öfteren als schlichte Überforderungen, Fehleinschätzungen, als Folgen einer Wirklichkeitsferne, von der im übrigen gerade Richard Wagner in bezug auf seinen *Tristan* etwas gewußt hat. Er schrieb am 28. Januar 1860 aus Paris über die erste Probe des *Tristan*-Vorspiels für das Konzert am 25. Januar 1860 an Mathilde Wesendonck: *Alles Erlebte will nichts sagen, gegen eine Wahrnehmung, eine Entdeckung, die ich in der ersten Orchesterprobe zu meinem Conzerte machte, weil sie über den ganzen Rest meines Lebens entschieden hat, und ihre Folgen mich nun tyrannisch beherrschen werden. Ich liess zum ersten Mal das Vorspiel zu 'Tristan' spielen; und – nun fiel mir's wie Schuppen von den Augen, in welche unabsehbare Entfernung ich während der letzten 8 Jahre von der Welt gerathen bin. Dieses kleine Vorspiel war den Musikern so unbegreiflich n e u, dass ich geradesweges von Note zu Note meine Leute wie zur Entdeckung von Edelsteinen im Schachte führen musste.*[2]

---

[2] Wesendonck-Briefe, S. 206

Das Vorspiel dürfte heute keinem Orchester mehr Rätsel aufgeben; die Partien der Sänger, insbesondere die Rolle Tristans, aber stellen die Ausführenden bis heute vor Probleme. Indessen: Wagner war bei aller Neigung zur Demonstration von Selbstbewußtsein und Selbstherrlichkeit sich seiner Sache nicht durchwegs ganz sicher und darum zu Kompromissen bereit. Das zeigt nicht nur sein Experimentieren mit der Tristan-Partie während der Proben zur Wiener Aufführung (die dann doch nicht zustande kam), sondern auch sein Erstaunen darüber, daß der Sänger der Uraufführung, Ludwig Schnorr von Carolsfeld, darauf bestand, die Rolle ganz so zu singen, wie sie geschrieben war; über die Ausführung, die Bewältigung der Rolle durch Schnorr aber geriet Wagner fast in Angst und Schrecken. Im übrigen wird berichtet, daß bei der Münchner Uraufführung, um die Sänger nicht gar zu sehr zu strapazieren, die dynamischen Werte im Orchester generell um eine Stufe herabgesetzt worden seien. Wagner selbst hat also, zumindest zeitweise, an den Mythos von der Unaufführbarkeit geglaubt und dazu beigetragen, ihn zu erhalten oder sogar weiter aufzubauen.

Zum Mythos um den *Tristan* gehört die Idee des Fortschritts. Nicht zufällig steht sie im Mittelpunkt des zitierten Bülow-Textes. Dabei bezeichnet das Wort „Fortschritt" durchaus nicht die neutrale Tatsache der Bewegung und Veränderung in Stil und Faktur der Musik. Gemeint ist auch nicht nur das Erproben neuer Möglichkeiten, der erobernde Vorstoß in unerschlossene Bereiche, die Entfaltung von Phantasie und Kombinationsgabe. „Fortschritt" heißt vielmehr Höher- und Weiterentwicklung, Vervollkommnung, Annäherung an einen Idealzustand. Dahinter steht eine Auffassung, die sich die Geschichte als zielgerichtet vorstellt, als Weg auch zu immer höherer Perfektion. Das fortschrittliche Kunstwerk ist demnach jenes, das dem in der Geschichte waltenden Geist auf der Spur ist. Es hat die Moral auf seiner Seite. Diese Verknüpfung von Kunst und Moral bringt freilich all jene Künstler und Kunstwerke in Mißkredit, die den landläufigen, den herrschenden Vorstellungen vom Fortschritt nicht entsprechen. Das war zur Zeit Wagners und seines *Tristan* nicht viel anders als heute. Es gilt jedoch festzuhalten, daß sich Fortschritt allein nach dem Ziel definiert, das angestrebt wird, und daß zwar Künstler konkrete Ziele haben, es jedoch höchst unwahrscheinlich, zumindest ungewiß ist, ob die Musikgeschichte ein Ziel hat. Dies einbezogen ist Fortschritt eine Sache des Glaubens, keine Tatsache aber, die man feststellen kann.

Die Vorstellung, die Geschichte sei ein Kontinuum, in dem jede Einzelheit folgerichtig und ohne Bruch und Sprung ans Ältere, Vorhandene sich anschließe, macht Wagners *Tristan* zwangsläufig zu einem der wichtigsten Väter der Neuen Musik. Wo sonst um die Mitte des 19. Jahrhunderts fände man eine derart über den gesamten Tonsatz sich ausbreitende Chromatik, so daß der Fortgang der Musik in Halbtonschritten fast zur Selbstverständlichkeit wird; wo wäre das Werk, das sich nach Qualität wie Quantität der nichtaufgelösten Dissonanzen – zumindest im allgemeinen Bewußtsein – mit dem *Tristan* messen könnte, und in welcher Musik träfe man mehr Kühnheiten der Harmonik, der Verbindung der Tonarten, der Akkordfolgen? Es fällt nicht schwer, eine Verbindungslinie vom *Tristan* zur Neuen Musik zu ziehen, zur sogenannten erweiterten Tonalität, zu harmonischen Verhältnissen, die zwar tonal, aber uneindeutig, ambivalent sind, zur freien Atonalität, wie sie insbesondere die mittlere Phase der Wiener Schule Arnold Schönbergs auszeichnet, schließlich zur sogenannten Zwölftontechnik, in der die zwölf Töne der chromatischen Skala gleichberechtigt nebeneinanderstehen und nur durch die Gruppierung in einer Reihe aufeinander bezogen sind, ohne harmonische Funktion, ohne Kadenz und Modulation. Der *Tristan* hätte demnach, wie kaum ein zweites Werk des 19. Jahrhunderts, der „Emanzipation der Dissonanz" vorgearbeitet, der Auflösung der Tonalität, der Gleichordnung der Töne der chromatischen Skala. Die Auffassung, daß dies eine unbestreitbare Tatsache sei, ist so verbreitet, daß man ihr nicht das Wort zu reden braucht. Eher ist zu befürchten, daß sie mittlerweile als fester Bestandteil des allgemeinen Bewußtseins den Blick für die Realität verstellt oder zumindest für jene Züge am *Tristan*, die wenig oder gar nichts mit Fortschritt, geschichtlicher Konsequenz und dem Zusammenhang von Wagners Musikdrama mit der Neuen Musik zu tun haben. Auch hier gilt es, einen Mythos zu zerstören oder doch in Frage zu stellen. „Neu heran" würde Ernst Blochs Maxime in diesem Falle geheißen haben.

Der *Tristan* entstand in den Jahren 1857 bis 1859, also gleich nach der Jahrhundertmitte. Er gehört ins 19. Jahrhundert, und – so banal es klingt – er sollte als Werk des 19. Jahrhunderts wahrgenommen und verstanden werden. Er erzählt eine Geschichte, die aus dem Mittelalter stammt, aber in allen wesentlichen Aspekten verändert ist, und zwar ganz im Sinne der deutschen Nacht-Romantik, die das Verdienst hat, die Schönheit der Nacht entdeckt zu haben, diese Entdeckung aber nicht im Zuge expansiver Entdeckerfreude gemacht hat, sondern aus Ungenügen an der Tageswelt. Die Wendung zur Nacht war ein Rückzug, sie geschah nicht aus Lebensfreude, sondern aus Todessehnsucht. Diese ist das zentrale Motiv im *Tristan*. Die Liebe wird aufgefaßt als „furchtbare Qual", als Verhängnis. Weder Isolde noch Tristan erfahren sie als beglückend, als etwas, das ihr Leben reicher macht, weiter und tiefer, als etwas, für das zu leben sich lohnt. Der *Tristan* ist von Arthur Schopenhauers pessimistischer Philosophie geprägt, die im Willen zum Leben den Quell allen menschlichen Elends sah und als einzigen Ausweg aus der qualvollen Existenz die Verneinung des Willens zum Leben. Resignation, Entsagung, vor allem in bezug auf die Liebe, waren die Mittel der Verneinung. Wagner ging im *Tristan* noch einen Schritt weiter: Tristan und Isolde finden ihr Glück im Tode. Man vergegenwärtige sich, daß jeder der drei Aufzüge von Wagners Werk in einem Selbstmordversuch Tristans gipfelt.

Daß Tristan und Isolde, die sich nicht zu lieben vermögen oder nicht zu lieben wagen (weil sie zuviel Schopenhauer gelesen haben, salopp gesprochen!), uns heute keine Idealbilder mehr sind, Gestalten, in deren Handeln und Fühlen wir uns wiederfinden, bedarf keiner Erläuterung. Aber auch vom Inhalt des Stücks abgesehen, ist der Zusammenhang mit unserer Zeit vielleicht doch viel loser und vor allem nicht so schlüssig-stringent, wie immer behauptet wird. Wer in Wagners Umgang mit dissonanten Intervallen und Akkorden eine Entwicklungsstufe der „Emanzipation der Dissonanz" sieht, gerät in die Gefahr, einen fundamentalen Unterschied zwischen dem *Tristan* und der Neuen Musik zu übersehen. Die Konsequenz der „Emanzipation der Dissonanz" ist, daß nicht mehr zwischen Konsonanzen und Dissonanzen unterschieden wird, alle Zusammenklänge vielmehr gleichrangig nebeneinanderstehen. So oft demgegenüber Wagner dissonante Klänge unaufgelöst läßt, so unmißverständlich ist doch, daß sie nach wie vor als Dissonanzen gemeint sind. Wagner übergeht die Auflösungen, und dieses Übergehen ist als solches deutlich hörbar. Die Musik legt es geradezu darauf an, den Hörer in harmonische Entwicklungen gleichsam hineinzuziehen, die unabgeschlossen, unaufgelöst bleiben, damit er leibhaftig spürt, daß Abschluß und Auflösung ausfallen. Oder Wagner löst die schärfere Dissonanz durch eine mildere, weichere auf, wie im berühmten Tristan-Akkord, jener harmonischen Abfolge, mit der das Vorspiel beginnt (f-h-dis-gis wird in e-gis-d-h aufgelöst). Auch hier bleibt die Grundvoraussetzung der dur-moll-tonalen Musik, nämlich die Unterscheidung von dissonanten und konsonanten, von schärfer und schwächer gespannten Akkorden und Klängen, in vollem Umfange erhalten. Vom Gebrauch der Dissonanz im *Tristan* zur „Emanzipation der Dissonanz" in der Neuen Musik ist es also nicht bloß ein Schritt, sondern ein qualitativer Sprung.

Nicht anders verhält es sich mit der Ausweitung der Tonalität, der Erweiterung der Möglichkeiten bezüglich der Akkordfolgen und der Modulation. Die Musikgeschichte des 20. Jahrhunderts, engt man sie nicht – wie es beliebt geworden ist – auf die Wiener Schule Schönbergs und die sich ihr anschließende Avantgarde ein, kann als Exempel dafür dienen, daß Erweiterung der Tonalität, Überschreiten der von der traditionellen Harmonielehre gesetzten Grenzen und Regeln nicht zwangsläufig zur Aufgabe der Tonalität, zu Atonalität und Gleichordnung der Töne und Akkorde führt. So kompliziert sich der *Tristan* harmonisch gibt, und so schwer es ist, ihn harmonisch schlüssig und eindeutig zu analysieren, so unzweifelhaft ist doch die volle Gültigkeit der Dur-Moll-Tonalität. Der Komposition liegen selbstverständlich Modulationspläne zugrunde: Phrasen, Abschnitte und größere Werkteile schließen mit Kadenzen ab. Daß die am Ende der Kadenzen zu erwartenden Grundakkorde häufig übergangen, durch Stellvertreter ersetzt werden, ändert nichts an der Tatsache, daß kadenziert wird. Ähnlich wie das Verhältnis von Konsonanz und Dissonanz ist der Zusammenhang zwischen Chromatik und Diatonik. In der Neuen Musik ist die Unterscheidung zwischen diesen Phänomenen so gut wie hinfällig, weil durch die Aufgabe der Tonalität die konstitutive Bedeutung der Diatonik, der diatonischen Skala verlorengegangen ist. Im *Tristan* jedoch steht die Chromatik, so expansiv sie ist, stets vor dem Hintergrund der Diatonik; die Chromatik fällt gerade deshalb besonders auf, weil die Diatonik die kompositorische Grundlage bildet. Und diese Grundlage ist nicht etwas, das der Komposition als verborgenes Gerüst innewohnt, sondern sie ist hörbar, zum Beispiel in der Melodie, die die Violoncelli zu Beginn des Vorspiels, ab Takt 17, vortragen. Wagner forciert die Chromatisierung nicht um ihrer selbst willen, aus einer Lust am technischen Experiment, sondern sie dient ihm als Ausdrucksmittel, zur Kennzeichnung bestimmter Affekte, Stimmungen und Sphären. Das gleiche gilt, wenn auch deutlich eingeschränkt, für die Diatonik. Sie ist den „einfacheren" Personen und Charakteren zugeordnet wie Kurwenal, wie der Sphäre der Seeleute, wie dem Bereich des jungen Hirten im dritten Aufzug. Aber gerade am Beispiel des Hirten zeigt sich, daß das Bild differenzierter ist, und Wagner sich nicht mit einer plakativen Gegenüberstellung zufrieden gibt. Die traurige Weise z. B., die der Hirt im dritten Aufzug spielt, ist wesentlich durch Chromatik und ungewöhnliche Intervalle ausgezeichnet, und das Lied des jungen Seemanns, mit dem der erste Aufzug beginnt, ist anfangs alles andere als einfach-diatonisch und liedhaft-singbar. Die Diatonik ist gleichsam von der Chromatik infiziert. Umgekehrt singen aber Tristan und Isolde als diejenigen, die am unmittelbarsten und heftigsten von jener brennenden, verzehrenden und nach Wagner durch nichts als den Tod zu stillenden Sehnsucht betroffen sind, durchaus nicht nur chromatische Linien und verminderte oder übermäßige Intervalle. Man muß das Ohr für die Diatonik im *Tristan* neu empfänglich machen, um die Chromatik im richtigen Sinne zu hören.

Die Geschiedenheit des *Tristan* von der Neuen Musik wird nicht zuletzt am Ausdruckscharakter der Musik deutlich. Chromatisierung, Übergehen oder Verschleiern von Dissonanzauflösungen, rigoroses Ausweiten der Möglichkeiten von Akkordfolgen und Harmonieverbindungen haben nur den einen Sinn: die möglichst eindringliche und überzeugende musikalische Vermittlung jener den Menschen ruhelos bedrängenden unerfüllbaren Wünsche und Leidenschaften, die die Liebe wie ein Verhängnis über die Geschlechter bringt. Um die Darstellung dieses unaufhaltsamen Drangs geht es, der sich in ständiger Steigerung befindet, nie jedoch an ein Ziel gelangt: Erotik als zwanghafter Trieb; jenseits von Lust und Glück; der Tod wird ersehnt, weil er von der Liebe befreit. Von diesen Ausdrucksbereichen findet sich in der Neuen Musik kaum eine Spur. Gerade in dieser Hinsicht ist der *Tristan* Werk und Symptom einer sich neigenden Epoche und nicht Zeichen des Aufbruchs zu einer neuen Zeit. So auch hat Arthur Schnitzler es gesehen, als er in seinem Roman *Der Weg ins Freie* Wagners *Tristan* einer Zeit und einer Haltung seines Helden zuordnete, die dieser schließlich, auf seinem Weg ins Freie, überwindet und hinter sich läßt.

Die Meistersinger von Nürnberg
als Oper des deutschen Bürgertums

Das zentrale Handlungsmotiv der *Meistersinger* ist die Liebe zwischen der bürgerlichen Eva Pogner und dem adeligen Walther von Stolzing, eine Liebe auf den ersten Blick, wie man gemeinhin sagen würde, vor allem aber eine Liebe, der beide sogleich bedingungslos verfallen, nicht anders als Tristan und Isolde, deren Geschichte nicht von ungefähr in Parallele gesetzt wird zum Geschehen um Eva und Walther. Im 3. Akt nämlich sagt Hans Sachs zu Eva: *Mein Kind, / von Tristan und Isolde / kenn' ich ein traurig' Stück: / Hans Sachs war klug und wollte / nichts von Herrn Markes Glück.* Walther und Eva sind schicksalhaft aneinander gebunden wie Tristan und Isolde, und Hans Sachs, ließe er sich auf eine Ehe mit Eva ein – er liebäugelt mit diesem Gedanken zumindest einen Augenblick lang – bliebe nur die Rolle König Markes, des betrogenen Ehemannes, den die Liebenden im Zwange ihrer Liebe notwendig hintergehen, und dem nur das „Glück" des Mißtrauens, der Entlarvung und der Resignation angesichts einer mißverstandenen Schicksalsbestimmung vergönnt wäre. Wagner hat es nicht versäumt, auch musikalisch durch das Zitat eines Motivs von zentraler Bedeutung aus seinem *Tristan* auf den Zusammenhang gehörig aufmerksam zu machen.

Eva und Walther erleben die neue Situation, in die sie die Liebe bringt, nicht unbeschwert-naiv, wie man es in einer heiter-komischen Oper erwarten sollte, als anbrechenden Höhenflug der Gefühle oder als zuvor nicht gekanntes Glücksversprechen. Die neuen Empfindungen werden daher auch nicht spontan und uneingeschränkt bejaht. Das zeigt sich gleich zu Beginn der Oper in einer Äußerung Walthers, die in den Aufführungen allerdings meist nicht recht zur Geltung kommt. Mit seinem *O, betrat ich doch nie sein Haus!*, das nach Wagners Angabe in der Partitur *bitter leidenschaftlich* vorzutragen ist, meint Walther das Haus Pogners, wo er Eva kennenlernte und sich in sie verliebte. Die Äußerung besagt nichts anderes, als daß Walther sich wünscht, die Begegnung mit Eva hätte nie stattgefunden, und die Liebe wäre an ihm vorübergegangen. Er erlebt die Liebe als Verhängnis, nicht anders als Tristan. Bezeichnenderweise geht es in den ersten Worten, die Walther zu Beginn der Oper an

Eva richtet, auch sogleich um „Leben oder Tod", „Segen oder Fluch". Die Liebe stellt die Existenz in Frage. Sie ist daher nicht lustspielhaft-heiter, wie es einer komischen Oper entspräche, sondern schicksalhaft-lastend, das ganze Gegenteil zu ihrem Charakter etwa in dem berühmten Goethe-Gedicht *Willkommen und Abschied*, in dem es gerade angesichts von Trennung und Nichtvereintsein der Liebenden dennoch heißt: *Und doch, welch Glück, geliebt zu werden! / Und lieben, Götter, welch ein Glück!*

In den *Meistersingern* wird die Liebe als etwas erfahren, das Zwang ausübt und dem Menschen die Freiheit nimmt. Walther macht die zitierte Bemerkung, weil er sich gezwungen sieht, der Liebe zu gehorchen, ihren Forderungen Folge zu leisten, und das bedeutet, daß er alles daransetzen muß, die Frau, zu der ihn seine Gefühle unentrinnbar treiben, für sich zu gewinnen. Seine Bewerbung um Aufnahme in die Meistersingerzunft, Singen und Dichten haben kein anderes Ziel als dieses, und es ist eine Verkennung der tatsächlichen Verhältnisse, wenn so getan wird, als sei Walther von Stolzing von Beginn an, gleichsam genuin, ein Dichter, Musiker oder Künstler. Dazu wird er erst im Verlauf der Oper, dazu macht ihn erst die Liebe. Gezwungenermaßen, nicht freiwillig wird er zum Künstler. Seine Kunst resultiert aus einer List der Natur, die dem von der Liebe Betroffenen keinen anderen Weg läßt als den über den Meistergesang. Beckmesser schätzt also die Situation völlig richtig ein, wenn er Walther von Anfang an als Nebenbuhler auffaßt, und Pogner ist im Irrtum, wenn er meint, es gehe Walther in der Tat um das Meistersingen, um Kunst und Kunstpflege. Die Begründung, die Walther für seinen Wunsch nach Aufnahme in die Zunft gibt, steht auf schwachen Füßen, sie ist eine Lüge. Einerseits soll es nur die Liebe zur Kunst gewesen sein, die Walther nach Nürnberg getrieben hat und dazu, sein Gut zu verkaufen. Andererseits aber will er ausgerechnet diesen, ihm angeblich so wichtigen Aspekt bei seiner ersten Begegnung mit Pogner zu erwähnen vergessen haben. Walther besitzt auch weder Kenntnisse vom Meistergesang, wie der Dialog mit David beweist, noch hat er ein wahrhaftes Interesse am Meistersingen. Ihm ist es allein um Eva zu tun, um die er in seiner angestammten Rolle, nämlich als Ritter, nicht werben kann, nachdem Pogner beschlossen hat, Eva mit dem Sieger des Meistersingerwettstreits am Johannistag zu verheiraten. Walther geht folglich, nachdem David ihn über den Meistergesang, seine Hierarchie und die Bedingungen der Aufnahme in die Zunft informiert hat, sogleich darauf aus, sich der Zunft als Meister zu präsentieren; denn nur als solcher hat er die Chance, um Eva zu werben; nur so kann er sie gleichsam legal gewinnen. Indessen ist das, was er tut, ein Akt der Unvernunft; denn nach menschlichem Ermessen ist es ausgeschlossen, daß die Zunft ihn aufnimmt und als Werbesänger zuläßt. Kothners Feststellung *mich dünkt, der Junker ist fehl am Ort* entspricht genau den Tatsachen; daß Walther schließlich scheitert, ist ganz natürlich. Daß er sich dennoch auf das aussichtslose Unternehmen einläßt, zeigt, daß die Liebe, die ihn dazu treibt, ein blinder Trieb ist, vernunftlose Natur. Auch in den *Meistersingern* ist die Liebe schopenhauerisch definiert, als Äußerung des bewußtlosen, machtvollen Willens zum Leben.

Eva erlebt die Liebe nicht anders. In ihrem spontanen Geständnis *Euch oder keinen*, mit dem sie gleich zu Beginn der Oper auf Walthers Frage antwortet, wen sie zum Bräutigam nehme, kommt anschaulich zum Ausdruck, wie heftig ihre Gefühle sind. Die Liebe läßt sie gegen Sitte und Norm verstoßen, wie besonders die ängstlich-besorgte Reaktion der Amme Magdalene zeigt. Korrespondierend dazu sagt Eva an späterer Stelle, im 3. Akt, von ihrer Liebe zu Walther: *das war ein Müssen, war ein Zwang!* Ihre Entscheidung für Walther ist nichts weniger als frei. Sachs erklärt sie es so: *... hatte ich die Wahl, / nur dich erwählt' ich mir; / du warest mein Gemahl, / den Preis reicht' ich nur dir. – / Doch nun hat's mich gewählt / zu nie gekannter Qual; / und werd' ich heut vermählt, / so war's ohn' alle Wahl.* Die Liebe kommt als Schicksal über die Menschen, und sie kettet sie aneinander wie durch einen Zaubertrank. In Walther und Eva leben Tristan und Isolde fort.

Eva empfindet die neuen Gefühle als *nie gekannte Qual*, und sie beschreibt ihre Empfindungen schon zu Beginn der Oper mit der gleichen Vokabel (*Das eben schuf mir so schnelle Qual ...*). Das erinnert daran, daß Wagner sein *Tristan*-Projekt im Jahre 1856 in die Formel kleidete *die Liebe als furchtbare Qual*[1] und bei einer Probe zu den Bayreuther Festspielen 1882 Parsifals Ausruf *Oh! Qual der Liebe!* im 2. Akt des *Parsifal* mit den Worten kommentierte: *Das ist das Furcht-*

---

[1] Brief an Röckel vom 23. August 1856, in: SB VIII, S. 156

bare, daß die Liebe eine Qual ist.[2] Vor diesem Hintergrund erscheint es fast überraschend, daß nicht auch die Liebe zwischen Walther und Eva tragisch, nämlich tödlich, endet.

Daß es zum lieto fine, zum Happy-End kommt, hat vor allem zwei Gründe. Anders als Tristan sperrt sich Walther nicht gegen sein Schicksal, so gern er von der Liebe verschont geblieben wäre. Tristan dagegen versucht, der Liebe zu entgehen. Er wehrt sich gegen das Schicksal, vermag ihm jedoch nicht zu entkommen und geht gerade daran zugrunde, daß er sich gegen das ihm auferlegte Los auflehnt. Im *Epilogischen Bericht* zum *Ring des Nibelungen* drückte es Wagner so aus, *daß Tristan wie Siegfried das ihm nach dem Urgesetze bestimmte Weib, im Zwange einer Täuschung, welche diese seine Tat zu einer unfreien macht, für einen anderen freit, und aus dem hieraus entstehenden Mißverhältnisse seinen Untergang findet*[3]. Walther ist demnach ein Tristan, der die Bestimmung durch das Urgesetz nicht verkennt, sich weder täuscht noch wehrt, sondern im Einklang mit der Prädestination handelt und auf diese Weise einem tragischen Ende entgeht.

Wichtiger noch als dieser Gesichtspunkt ist ein anderer Aspekt. Die Liebe, von der Walther und Eva beherrscht werden, ist ein Affekt von solcher Heftigkeit, daß er notwendig zum Bruch mit allen Konventionen führt. Walther selbst deutet es gleich im ersten Dialog mit Eva an, wo es heißt: *Eines zu wissen, eines zu fragen, / was müßt' ich nicht zu brechen wagen?* Von *der Sitte Bruch* ist ausdrücklich die Rede, der zu Beginn lediglich darin besteht, daß Walther Eva unvermittelt anspricht und fragt, ob sie schon Braut sei, später dann aber massivere Züge annimmt, wenn Walther und Eva aus Nürnberg fliehen wollen. Sachs nennt es bezeichnenderweise *eine Entführung*. In die gleiche Richtung zielt die Kritik, die Sachs im 3. Akt an Walthers Probelied *Fanget an!* übt. Da heißt es: *Eu'r Lied, das hat ihnen bang gemacht; / und das mit Recht: denn wohlbedacht, / mit solchem Dicht'- und Liebesfeuer / verführt man wohl Töchter zum Abenteuer.* Der ungehemmte Ausdruck der Liebesleidenschaft zerstört die traditionellen Formen gesellschaftlichen Zusammenlebens, er führt ins Ungeordnete, Nichtgeheure. Für Sachs jedenfalls besteht kein Zweifel daran, daß Verführung und Abenteuer in der bürgerlichen Gesellschaft keinen Platz

---

[2] RWSW Bd. 30, S. 203
[3] SS VI, S. 268

haben und darum das „Dicht'- und Liebesfeuer" domestiziert werden muß. Das „Abenteuer", in das die ungebändigten Emotionen dieser Vorstellung zufolge notwendig führen, scheidet als Lösung aus; denn der Liebe ungehemmt ihren Lauf lassen, allein ihre Erfüllung in erotischer Lust als Ziel anstreben, hieße, einem Prinzip willfahren, das als dunkel-blinder Naturtrieb – der Schopenhauersche Lebenswille – zutiefst inhuman ist. Im Wahnmonolog bezeichnet Sachs seine Verhinderung der Flucht Walthers und Evas als Verhütung eines „Unglücks". Die Gefühle müssen, damit sie nicht ins Chaos führen und nicht die zu einem humanen Leben auf Dauer notwendigen Ordnungen zerstören, Regeln unterworfen werden. Es ist nicht von ungefähr, daß Sachs auf Walthers Beteuerung *Ich lieb' ein Weib und will es frein, / mein dauernd Eh'gemahl zu sein* mit dem doppeldeutigen Satz antwortet: *Die Meisterregeln lernt beizeiten.* Selbstverständlich aber ist es vor allem die Institution der Ehe selbst, die als Instrument, um die zum Ausufern neigenden Gefühle zu binden, verstanden wird. Für Sachs steht außer Frage, daß allein die Ehe die Beziehung zwischen Walther und Eva zu lösen vermag, der *liebselige Ehestand*, wie Sachs sich ausdrückt, für den man allerdings *andre Wort' und Weisen fand*, solche nämlich, die Walther offenkundig nicht kennt und die er erst noch lernen muß. Er lernt sie durch Sachs, der ihn auf diese Weise nicht nur in die Singkunst einführt, sondern ihm zugleich Normen und Muster des bürgerlichen Lebens vermittelt. Walther eignet sich zu Beginn des 3. Aktes, von Sachs unterstützt und geleitet, die Barform an, die Grundform des Meistergesangs (jedenfalls in Wagners *Meistersingern*); die Barform aber wird von Sachs nicht künstlerisch-formal erklärt oder gerechtfertigt, sondern als Sinnbild der bürgerlichen Familie gedeutet, in welchem die beiden Stollen Mann und Frau – und zwar als Ehepaar – und der Abgesang die aus der Ehe hervorgehenden Kinder symbolisieren. Walthers Weg in die Meistersingerzunft und zum Eheglück mit Eva Pogner ist nichts anderes als eine Einführung ins bürgerliche Leben. Wagners *Meistersinger* sind – so betrachtet – ein Bildungsroman und stehen damit in einer gerade in Deutschland seit Goethes *Wilhelm Meister* besonders beliebten und gepflegten Tradition. Die Besonderheit liegt darin, daß es ein Ritter ist, ein Adeliger, ein Aristokrat, der diesen Bildungsprozeß zum Bürger durchläuft.

Zu den zentralen Themen der *Meistersinger* gehört die Kunst. Die Meistersinger und ihre Zunft sind eine Institution, die keinen anderen Zweck verfolgt als die Pflege der Kunst. Allerdings ist unübersehbar, daß Wagner die Meistersingerzunft ironisch darstellt. Er identifiziert sich nicht mit ihrer Auffassung von Kunst, macht sich vielmehr über ihre Pedanterie, ihren Konservativismus lustig. In Beckmesser wird die Kunst der Meistersinger schließlich gar zur dramatisch überzeichneten Karikatur; indessen muß man sich hüten, Beckmesser mit der Meistersingerzunft und ihrer Kunst gleichzusetzen. Beckmesser personifiziert – ins Extrem geführt – eine Gefahr, in der die Kunst der Meistersinger ist, die Gefahr nämlich, in blutleerer Regelfuchserei zu versinken und den Zusammenhang mit dem Leben zu verlieren. Man darf nicht vergessen, daß auch Hans Sachs Mitglied der Meistersingerzunft ist und es auch – ganz bewußt – bleibt, und daß am Ende sogar Walther von Stolzing sich bewegen läßt, in die Zunft einzutreten. Die Meistersinger repräsentieren also wohl kaum einen ganz überholten Standpunkt, etwa das mit borrnierter Ignoranz auftretende Alte, das dem Neuen im Wege steht und das es zu überwinden gilt, wie andererseits Walther nicht einfach der Vertreter dieses Neuen ist, das – zunächst bekämpft und zurückgestoßen – sich schließlich durchsetzt. Beide, sowohl die Meistersingerzunft mit Beckmesser als Pol als auch Walther, haben eine unvollkommene Auffassung von der Kunst. Dem einen fehlt, was der andere im Übermaß hat. Beide aber bringen wesentliche Elemente der Kunst mit, ohne die Kunst nicht möglich ist. Hans Sachs, selbst ein Meistersinger, vermittelt zwischen der Zunft und Walther, zwischen den unzulänglichen Extremen. Seine Auffassung von der Kunst setzt sich durch. Sie ist auch diejenige Wagners.

Für Sachs ist die Kunst, so exklusiv sie von den Meistern der Zunft aufgefaßt und gehandhabt wird, keine Angelegenheit jenseits des Lebens, eine Feierabendbeschäftigung voller Künstlichkeit, geschieden von allem, was tagsüber und alltäglich mit und um die Menschen geschieht; im Gegenteil: Die Kunst wird verstanden als unmittelbarer Ausdruck des Lebens selbst; sie erwächst geradezu aus den Quellen des Lebens, dem Schopenhauerschen Willen zum Leben, dessen stärkste Manifestation die Liebe zwischen Mann und Frau ist. Hans Sachs plädiert für Walther, weil er in dessen Probelied *Fanget an!* diese Grundbedingung der Kunst erfüllt sieht, weil

Walther unmittelbar in Kunst umsetzt, was ihn emotional bewegt. Im Fliedermonolog drückt es Sachs ganz unmißverständlich aus: *Lenzes Gebot, / die süße Not, / die legt' es ihm in die Brust: – / nun sang er, wie er mußt'; / und wie er mußt', so konnt' er's.* Die Echtheit der Gefühle und die Unmittelbarkeit ihres Ausdrucks sind Garanten für die Authentizität der Kunst. Walther, so sehr sein Probelied aus dem 1. Akt später von Sachs der Kritik unterzogen wird, ist der Kunst näher als Beckmesser, und er ist es darum, weil er dem Leben näher ist. Beckmesser ist zur Kunst, wie sie Sachs und Wagner verstehen, unfähig. Es ist bezeichnend, daß er sich für das Werbesingen im 3. Akt auf ein Lied einläßt, das nicht von ihm selbst stammt, daß er glaubt, mit einem fremden Lied gewinnen zu können. Daran wird unmittelbar anschaulich, daß ihm der direkte Zusammenhang von Leben und Kunst keine Selbstverständlichkeit ist. Daß er Schiffbruch erleidet, ist nur natürlich. Beckmesser fehlt jedoch auch die emotionale Bewegtheit, die unabdingbare Voraussetzung wahrhafter Kunst. Zwar wirbt auch er um Eva und will in die Ehe treten, aber ihn treibt kein „Lenzes Gebot"; die „süße Not" kennt er nicht. Die Liebe ist für ihn ein Gedanke, eine Idee, aber nicht gelebte und erfahrene Wirklichkeit. Seine Werbung erfolgt aus gesellschaftlichen Gründen, um des Prestiges willen, nicht, weil er in Eva verliebt ist. Er ist der Mann der Regeln im Gegensatz zu Walther, der die Regeln gar nicht kennt und sich ganz von seinen Gefühlen tragen läßt – bis zum Johannismorgen im 3. Akt, der ihn eines anderen belehrt.

Ist die emotionale Bewegtheit die unabdingbare Voraussetzung für die Kunst, so ist doch andererseits klar, daß der Sturm der Gefühle allein noch nicht den Künstler macht. In den Worten Hans Sachs' lautet das so: *Mein Freund, in holder Jugendzeit, / wenn uns von mächt'gen Trieben / zum sel'gen ersten Lieben / die Brust sich schwellet hoch und weit, / ein schönes Lied zu singen, / mocht' vielen da gelingen: / der Lenz, der sang für sie.* Die unmittelbare und unvermittelte Kundgabe der Gefühle, der „süßen Not", ist gleichsam nur ein Naturschönes, eine Äußerung der Natur, nicht aber eine des Menschen. Er erscheint dabei nur als Medium. Diesem Naturschönen wird Anerkennung zwar nicht versagt, aber es fehlt ihm doch etwas Wesentliches, der spezifisch humane Aspekt, die ordnende Hand des Menschen. Was Walther vor der Meistersingerzunft im 1. Akt präsentiert, ist nichts anderes als solch ein Naturschönes. Da dem Lied ein wichtiges Element fehlt, hat Walther zu Recht *versungen und vertan*. Er singt ein *schönes Lied*, wo ein *Meisterlied* gefragt ist. Erst das Meisterlied ist eine wahrhaft menschliche Schöpfung, erst in dem von den Meisterregeln geformten Lied wird aus dem bloß Naturschönen das Kunstschöne. Walther erreicht es im Preislied. Es ist demnach falsch, Walther von vornherein als den wahrhaften Künstler zu sehen im Gegensatz zu Beckmesser als dem unkünstlerischen Regelfuchser. Walther und Beckmesser sind vielmehr Komplementäre; sie ergänzen sich. Das geschieht allerdings einseitig; denn dem armen Beckmesser wird am Ende nichts von Walthers „Lieb' und Glut" zuteil, wohl aber lernt Walther – wenn auch nicht von Beckmesser, sondern von Sachs – die Regeln oder einige wesentliche Regeln der Meistersingerkunst. Erst am Schluß, nachdem er sich dem Einfluß der Regeln geöffnet hat, ist er ein wahrer Künstler. Der künstlerische Bildungsprozeß läuft mit dem bürgerlichen einher.

Von daher versteht sich, daß die Regeln der Kunst zugleich die des Lebens sind, Leben verstanden selbstverständlich als bürgerliches Leben. Erst die Kunst ermöglicht dieses Leben. Durch ihre Regeln wird die unbändige, als chaotisch beargwöhnte Liebe domestiziert, ein Schutzwall errichtet gegen den blinden Lebenswillen, die schrankenlose Natur. Auf Walthers Frage, warum der zweite Stollen der Barform dem ersten *ganz gleich* sein solle, antwortet Sachs: *Damit man seh', / ihr wähltet euch gleich ein Weib zur Eh'*. Die Meisterregeln haben jedoch nicht nur die Aufgabe, hemmungslose Leidenschaft in eheliche Liebe zu verwandeln; sie erfüllen auch noch eine zweite, bedeutsame Funktion, nämlich die der Bewahrung. Die Meister der Kunst sind diejenigen, die nicht nur im Lenz des Lebens, getrieben von der „süßen Not", der Liebe, ein schönes Lied zu singen vermögen, sondern dies auch noch in den anderen Jahreszeiten, den verbleibenden Lebensaltern zuwege bringen, Phasen des Lebens, in denen die Erinnerung an die Jugend und die Liebe über *Not und Sorg'* leicht verlorengeht. Die Meisterregeln sind es, die diese Erinnerung ermöglichen. *Die Meisterregeln lernt beizeiten* – sagt Sachs zu Walther – *daß sie getreulich euch geleiten / und helfen, wohl bewahren, / was in der Jugend Jahren / mit holdem Triebe / Lenz und Liebe / euch unbewußt ins Herz gelegt, / daß ihr das unverloren hegt*. So bedrohlich Lenz und Liebe sind und so sehr sie durch Regeln und Formen gebändigt werden müssen, um nicht zerstörerisch zu wirken, so notwendig sind sie doch zum Leben. Der Mensch braucht sie. Wie Sachs es darstellt, waren es *hoch-bedürft'ge Meister, / von Lebensmüh' bedrängte Geister*, die die Regeln schufen; *in ihrer Nöten Wildnis* – heißt es weiter – *sie schufen sich ein Bildnis, / daß ihnen bliebe / der Jugendliebe / ein Angedenken, klar und fest, / dran sich der Lenz erkennen läßt*. Lenz, Frühling, Liebe bezeichnen den Beginn neuen Lebens, den Aufbruch, Mut und Wille zum Neuen, zur Veränderung, das Lebensgefühl der Expansion und der Eroberung, das Abenteuer. Etwas davon ist notwendig zu einem erfüllten Leben, zu einem Leben, das seinen Namen verdient. Ohne die lebendige Erinnerung an die Quellen des Lebens versinkt das Leben im grauen Alltag. Die Kunst vermag es – nach Wagner – davor zu bewahren.

Die *Meistersinger* haben eine Struktur, die man als Dramaturgie der Unaufrichtigkeiten bezeichnen könnte. In zentralen Situationen sagen die Hauptpersonen nicht, was sie tatsächlich wollen und was ihre wahren Absichten sind. Das gilt im 1. Akt für Walther von Stolzing, der Pogner – Beginn der 3. Szene – nicht etwa mitteilt, daß er Eva liebt und sie heiraten möchte, sondern statt dessen den Kunstenthusiasten spielt, der sich nichts sehnlicher wünscht als die Aufnahme in die Meistersingerzunft. Walther will oder kann seine Liebe nicht zugeben, sich nicht zu seinen Gefühlen und Wünschen bekennen. Dabei ließe sich denken, daß ein offenes Wort von ihm Pogner bewegen könnte, den Plan, Eva mit dem Sieger im Sängerwettstreit beim Johannisfest zu verheiraten, abzuändern oder gar aufzugeben; die offizielle Bekanntgabe dieses Plans erfolgt ja erst später, nach dem Gespräch zwischen Walther und Pogner. Walther ist freilich zu entschuldigen. Ort und Umgebung sind wenig geeignet für Geständnisse, wie sie hier nötig wären. Vor allem aber gehen derartige Geständnisse in der bürgerlichen Gesellschaft nicht leicht von den Lippen. In der Regel bleiben Gefühle unausgesprochen, unterdrückt oder doch verschwiegen. Angesichts des allgemeinen Gefühlstabus ist Walthers Verhalten durchaus „normal".

Ähnlich verhält es sich mit Eva in der 4. Szene des 2. Aktes, obwohl in diesem Falle die Unaufrichtigkeit noch weniger zu begreifen ist. Hans Sachs steht zu Eva im Verhältnis eines väterlichen Freundes. Man sollte also annehmen, daß Eva Vertrauen zu ihm hat und folglich keine Hemmungen, über ihre Gefühle und Wünsche zu sprechen. Schließlich sucht sie ja Rat und Hilfe bei ihm. Ihre wahren Empfindungen läßt sie jedoch erst am Ende der Szene, im Zorn und daher unfreiwillig, erkennen. Zuvor tut sie so, als gelte ihr ganzes Interesse nur Sachs, den sie sogar auffordert, sich am Wettsingen, deren Preis sie ist, zu beteiligen. Sachs merkt allerdings sehr bald, daß sie ihm nur Avancen macht, weil sie befürchten muß, in eine Ehe mit Beckmesser gezwungen zu werden. Wenn die Verbindung mit Walther außerhalb des Erreichbaren liegt, dann soll wenigstens Sachs, der alte Freund, sie vorm Schlimmsten bewahren. Daß für Sachs darin eine tiefe Kränkung liegt, versteht sich. Sachs freilich verhält sich auch nicht als wohlmeinender Freund, sondern zahlt mit gleicher Münze heim. Er beantwortet Evas Unaufrichtigkeit damit, daß er ebenfalls unehrlich ist. Er spiegelt ihr Solidarität mit den Meistern der Zunft vor und gibt sich als Gegner Walthers aus. Die ausweglose Lage, in der sich Eva nach dem Gespräch mit Sachs sieht, ist das Produkt von Sachs' Unaufrichtigkeit. Daß Eva danach bereit ist, mit Walther zu fliehen, verwundert nicht, und Sachs verhindert schließlich nur eine Flucht, die er selbst provoziert hat. Die „Entführung", die das bürgerliche Ordnungsgefüge bedroht und darum nicht gelingen darf, geht also nicht allein zu Lasten der angeblich so ungezügelten Liebesleidenschaft Walthers und Evas.

Auch Beckmesser ist an der Dramaturgie der Unaufrichtigkeiten beteiligt. Sein Auftritt im 2. Akt gilt dem Ständchen, das er Eva bringen will. Das einzig Richtige, um ungestört singen zu können, wäre demnach, Hans Sachs, der dabei im Wege ist, die Wahrheit zu sagen. Beckmesser verschweigt seine wahre Absicht jedoch und tut so, als wolle er Sachs' Urteil über sein Lied erfahren. Er vermag sein wahres Interesse nicht auszudrücken, sei es, daß er befürchtet, sich lächerlich zu machen und seine Würde als Stadtschreiber aufs Spiel zu setzen, sei es, daß er glaubt, sich mit seinem Ständchen allzu deutlich in die Sphäre des Erotischen zu begeben, die in der bürgerlichen Welt nie zu den Selbstverständlichkeiten des Lebens gehörte, vielmehr stets beargwöhnt wurde. Insbesondere im Ständchen, einer nicht genuin bürgerlichen Form, schwingt etwas mit von Abenteuer und Verführung, das der bürgerlichen Welt suspekt ist, wie Sachs' Kommentar zu Walthers Probelied zeigt. Beckmessers Lied enthält davon zwar nicht die geringste Spur, die Situation aber, in der er es singen will, assoziiert es zwangsläufig.

Im 3. Akt setzt sich die Dramaturgie der Unaufrichtigkeiten einerseits fort. Sachs verheimlicht Beckmesser, wer in Wahrheit der Verfasser des Liedes ist, das Beckmesser auf Sachs' Werktisch gefunden hat. Er lockt Beckmesser bewußt in eine Falle, und das Happy-End für Walther und Eva hängt unmittelbar mit dieser Unaufrichtigkeit zusammen. Andererseits finden sich Walther und Eva bereit, zumindest Sachs gegenüber ihre Gefühle und Wünsche unmißverständlich auszusprechen oder zum Ausdruck zu bringen. Freilich wird die Sperre, die das zuvor verhindert hat, nicht grundsätzlich überwunden. In der Intimität der Schusterstube haben die Geständnisse etwas von einer Beichte, und es ist unverkennbar, daß Sachs im Verlauf des 3. Aktes immer mehr zur gütigen Vaterfigur wird, zuerst für Walther und Eva, dann für David und Magdalene, schließlich für Zunft, Stadt und Volk.

Die Gesellschaft in den *Meistersingern* ist ständisch gegliedert, sie hat eine deutlich ausgeprägte Hierarchie. Im Zentrum stehen die Meister, die das Bürgertum repräsentieren. Deutlich unterhalb angesiedelt ist das, was als Volk bezeichnet wird und worunter man die unteren Gesellschaftsschichten zu verstehen hat, jene, aus denen sich unter anderen die Gesellen und Lehrbuben der Meister rekrutieren. Oberhalb ist der Adel zu finden, der zwar personifiziert allein in Walther von Stolzing erscheint, von dem aber in Sachs' Schlußansprache und vor allem in Pogners Ansprache im 1. Akt nachdrücklich die Rede ist. Pogner spricht nicht gerade freundlich von der Aristokratie, und daß Walther, der Adelige, zum Bürger wird, veranschaulicht, daß das Bürgertum sich anschickt, den Adel in der Führung abzulösen. Nicht der Bürgerliche steigt mehr zum Adel empor, sondern der Aristokrat kommt zum Bürger. Freilich lassen die materiellen Gegebenheiten keine andere Wahl. Bezeichnenderweise ist Pogner, der Bürger, reich, während man sich Walther sehr viel ärmer vorzustellen hat. Nach Wagners ursprünglichen Textentwürfen war er sogar ein verarmter Ritter, ein Motiv, das dann im ausgeführten Libretto allerdings nicht mehr vorkommt.

Pogner spielt die Rolle dessen, der das Bild vom Bürger zurechtzurücken versucht. Er will das allgemein bestehende Urteil, daß der Bürger nur auf *Schacher und Geld* aus sei, revidieren, will zeigen und beweisen, daß dieses Urteil zu Unrecht besteht. Das Mittel dazu sind die Kunst und ihre Pflege, wie sie durch die bürgerliche Meistersingerzunft repräsentiert werden. Die Kunst wird als etwas verstanden, das von der Welt der materiellen Güter geschieden ist, und Pogner glaubt, das allgemeine Urteil über das Bürgertum gerade dadurch widerlegen zu können, daß er sein Hab und Gut als Kunstpreis aussetzt. Sein Erbe soll ein Künstler sein, nicht einer, der bloß das Erbe mehrt im Sinne von *Schacher und Geld*. Pogner möchte den Führungsanspruch des Bürgertums durch seine Tat legitimieren.

Wäre Pogner kinderlos, ließe sich der Plan ohne Schwierigkeit verwirklichen. Pogner hat jedoch eine Tochter, die er folglich zum Preis machen muß. Er gerät dadurch in ein Dilemma. Treibt ihn sein Ehrgeiz dazu, nur einen Künstler, einen Meistersinger, als Erben und Ehemann Evas zu akzeptieren, so mahnen ihn die bürgerlichen Ideale der Freiheit und des Rechtes auf Entfaltung der Persönlichkeit, Eva nicht von der Wahl ihres Ehemannes gänzlich auszuschließen, wie es vormals üblich war. Der fragwürdige Kompromiß, zu dem sich Pogner entschließt, räumt Eva zwar das Recht ein, den im Wettsingen siegreichen Meister abzulehnen, zwingt sie aber für den Fall, daß sie dieses Recht wahrnimmt, dazu, ledig zu bleiben. Eva hat keine freie Wahl. Sie ist das Opfer, das der Aufwertung und Selbstdarstellung des Bürgertums gebracht wird. In ihrer Situation spiegelt sich die Stellung der Frau in dieser Gesellschaft, die weit entfernt ist von dem, was man heute Gleichberechtigung nennt (ohne es wahrhaft zu verwirklichen). Die herablassenden Worte Beckmessers und Sachs' über die Frauen (1. Akt) sind nur eine Bestätigung dessen.

So wie man Pogner verstehen muß, faßt er es jedoch als Fortschritt auf, daß Eva an der Wahl ihres Ehemannes beteiligt wird. Er räumt ihr ein Mitspracherecht ein, das die Frauen zuvor nicht hatten. Etwas Verwandtes hat Sachs im Sinn. Er schlägt vor, das Volk, dem sich die Zunft einmal im Jahr, nämlich am Johannistage, mit einem Wettsingen präsentiert, an diesem Tage aus der Rolle des passiven Zuhörers zu befreien und ihm die Beurteilung der Sänger zu überlassen. Dahinter steht die Idee, die eigene Position durch die Zustimmung der anderen zu legitimieren. Die Zunft würde gezwungen, sich dem Urteil derer zu stellen, die nicht dazugehören, und sie müßte, um glaubhaft zu bleiben, sich dem Votum fügen, sich anpassen. Dieses Mitspracherecht ist jedoch wie dasjenige Evas kein allgemeines, sondern beschränkt: Man kann die Meister der Zunft ablehnen, aber niemanden wählen, der nicht zur Zunft gehört. Die Grenze zwischen Zunft und Volk bleibt undurchlässig. Es ist daher eine Verkennung, wenn Sachs – wie es bisweilen geschieht – als Demokrat interpretiert wird, der das allgemeine Wahlrecht propagiert. Im übrigen wird Sachs' Vorschlag von der Zunft abgelehnt. Das Volk bleibt Zuschauer, ohne Einfluß auf das, was man ihm vorsetzt.

Die *Meistersinger* sind, obwohl im Titel nicht ausdrücklich so genannt, eine komische Oper. Zugrunde liegt eine alte Lustspielkonstellation: das reiche Mädchen zwischen einem jungen und einem älteren Bewerber. Selbstverständlich wird der Alte übertölpelt, und die jungen Leute finden sich. Wagner hat allerdings die Akzente etwas anders gesetzt. Ist es sonst meist so, daß der Alte sich mit Gewalt in den Besitz der Braut bringen will, dabei zunächst sogar Erfolg hat und erst am Ende mit viel Klugheit überlistet wird, so ist es in den *Meistersingern* nicht der Alte, Beckmesser, der Gewalt ausübt, sondern die Zunft, der er angehört, samt dem Vater des Mädchens. Andererseits entziehen sich Walther und Eva dieser Gewalt gar nicht, sondern beugen sich ihr, erkennen sie an. Die Gewalt wird am Ende nicht als solche empfunden, weil sie die Richtigen miteinander verbindet. Übers Ohr gehauen wird dennoch der Alte, Beckmesser, der gar keine Schuld trägt an der Situation, in die das Mädchen gerät, oder doch nur sehr bedingt. Er wird einer Lächerlichkeit preisgegeben, die er – zumindest als Person der Handlung – nicht verdient hat. Allerdings geht sie auch nicht von Walther und Eva, dem Liebespaar, aus, die gar nicht wissen, in welche Falle Beckmesser am Ende läuft. Hans Sachs ist es, der die Fäden zieht – ein Barbier von Sevilla, der sich selbständig gemacht hat und auf eigene Rechnung intrigiert.

Komisch erscheint die Zunft der Meistersinger. Nach dem ursprünglichen Plan[4] waren diese singenden und dichtenden Handwerksmeister als Parodie auf Minnesang und Minnesänger, wie sie im *Tannhäuser* auftreten, gemeint. Die Nachahmung des Sängerwettstreits auf einer gesellschaftlichen Ebene, die weit unter jener der Adeligen des Wartburgkrieges liegt, stellt selbstverständlich die

---

[4] vgl. dazu: *Eine Mitteilung an meine Freunde*, in: SS IV, S. 284

Tannhäuser-Tragödie samt ihren Bedingungen satirisch in Frage. Doch ist dieser Aspekt nur ganz am Rande von Bedeutung, weniger ein Element des Werkes selbst als eines seiner Entstehung. Einen direkten Bezug zum „Sängerkrieg auf Wartburg" gibt es in den *Meistersingern* nicht, und dort, wo von den Minnesängern die Rede ist – Walther von der Vogelweide wird als einziger erwähnt –, geschieht es voller Hochachtung und ohne den geringsten Anflug eines Augenzwinkerns. Die Meistersinger spielen die Distanz zu ihren Vorbildern nicht mit. Sie nehmen sich selbst und ihr Tun ganz ernst und ihre Zeremonien und Bräuche nicht minder wichtig, als es die Gesellschaft der Wartburg tut. Im Unterschied zur Wartburg-Gesellschaft aber ist das, was sie vollziehen, kurios und in seiner behäbig pedantischen Art komisch. Bei einer Versammlung von nicht mehr als einem Dutzend Leuten, die sich gut kennen, ist es unnötig, jeden einzeln aufzurufen und zu fragen, ob er anwesend sei (1. Akt, 3. Szene). Die Meistersingerzunft verfährt jedoch genau so, und der Lehrbube David tut nichts anderes, als dieses absurde Zeremoniell aufs Korn zu nehmen, wenn er beim Aufruf seines Lehrherren Hans Sachs vorlaut in die Versammlung ruft: *Da steht er.* Nicht anders ist es mit der Verlesung der Leges Tabulaturae durch Kothner. Von der Sache her ist sie überflüssig, weil vorausgesetzt werden muß, daß Walther die Bedingungen für die Aufnahme in die Zunft kennt. Auch hat er mit seinen Antworten auf Kothners Fragen nach seiner künstlerischen Herkunft bereits bewiesen, daß er mit der Barform, die im Zentrum der Tabulaturgesetze steht, umzugehen weiß. Aber damit nicht genug. Kothner verliest die Tabulaturgesetze nicht etwa aus einem Buch, das praktikabel und schnell zur Hand wäre, sondern von einer großen Tafel, die an der Wand hängt und eigens zum Zwecke des Verlesens von der Wand genommen wird. Ihren Höhepunkt erreicht diese Glossierung der Zeremonien der Meistersingerzunft bei der durch Beckmesser erzwungenen Unterbrechung von Walthers Probelied, wenn Kothner ganz entrüstet ausruft: *Und gar vom Singstuhl ist er gesprungen!* – als wären alle von Beckmesser aufgezählten Fehler nichts gegen diese Verfehlung. Zu den komischen Absonderlichkeiten der Meistersinger gehören schließlich auch die Meistertöne, deren seltsame Namen Walther in einer nicht endenwollenden Aufzählung über sich ergehen lassen muß. Es ist ein wahres Kuriositätenkabinett, das David da ausbreitet.

Indessen werden die Meistersinger nicht nur bei ihren komischen Zunftzeremonien gezeigt, in einem Rahmen also, in dem engstirnige Unbeholfenheit, Umstandskrämerei und allgemeiner Konservativismus harmlos erscheinen und heiter wirken. Die Meistersinger sind nicht nur komisch, sie sind auch gefährlich. Wie bösartig sie sein können, zeigt das Finale des 1. Aktes. Nicht nur, daß sie Walther sein Lied nicht ungestört zu Ende singen lassen, sie freuen sich auch hämisch darüber, daß sie es dem Ritter, der sein Lied allen Störungen zum Trotz zu Ende zu bringen sucht, durch ihr Verhalten schwer machen. Ihr *Hei! Wie sich der Ritter da quält!* ist nicht nur harmlose Schadenfreude, darin steckt auch eine gehörige Portion Lust am Quälen. Aber nicht nur die Meister im Finale des 1. Aktes handeln so. Magdalenes Reaktion auf Evas Anordnung, während Beckmessers Ständchen an ihrer, Evas Stelle, und in ihren Kleidern am Fenster zu erscheinen, ist unverhohlene Freude über die Eifersucht, die sie mit dieser Aktion bei David, ihrem Geliebten und Bräutigam, bewirkt. Daß Beckmesser schließlich von David verprügelt wird, ist die konsequente Folge. Zu spät merkt Magdalene, was sie angerichtet hat. Sie wird die Geister, die sie rief, nicht mehr los.

Kulminationspunkt der Gefährlichkeit dieser Gesellschaft, in der die Meistersingerzunft den Ton angibt, ist das Finale des 2. Aktes. Eine harmlose nächtliche Ruhestörung – Beckmessers Ständchen – entfacht eine allgemeine Prügelei, in der einer der Feind des anderen ist, und jeder versucht, im Dunkel der Nacht am anderen sein Mütchen zu kühlen. Die Äußerungen der Beteiligten zeigen an, daß es sich nicht um einen Spaß handelt. Man bewegt sich eher in der Nähe von Mord und Totschlag als im Bereich der Knüffe und der blauen Augen. Die Feindseligkeit, die Destruktivität und das Chaos, die in dieser Szene so unberechenbar schnell ausbrechen, sind freilich nichts anderes als die Kehrseite des zeremoniellen Wesens der Meistersingerzunft und der von ihr geprägten Gesellschaft.

Von großer Bedeutung für den Lustspielcharakter der *Meistersinger* ist das Verfahren der Parodie, das Wagner bereits im Vorspiel – für jeden deutlich wahrnehmbar – anwendet. Der dritte Teil nämlich ist zwar von der thematischen Substanz her weitgehend mit dem ersten identisch, verwandelt dessen Charakter jedoch vollständig. An die Stelle pastoser Feierlichkeit tritt der Tonfall des Scherzos. Was zuvor ernst, getragen und in gebührender Klangstärke auftrat, erklingt nun beschleunigt, fast hastig, in kurz abgerissenen Tönen, spitz und dünn, eine Art Miniatur. In dramaturgisch verwandtem Verhältnis stehen große Teile des 2. Aktes zum 1. Akt. Walther bemerkt sehr richtig: *Den Singstuhl, scheint's, verließ ich kaum.* Was sich zwischen Sachs und Beckmesser abspielt, ist nichts anderes als eine Parodie auf Walthers mißlungenes Probesingen vor der Zunft im 1. Akt. Auch Beckmesser versingt, quält sich mit seinem Lied bis zum bitteren Ende, und die Prügelei, in die es mündet, bringt lediglich offen zum Ausbruch, was der Schluß des 1. Aktes bereits an versteckter Feindseligkeit enthält. Daß Sachs als Merker die Fehler des Probesängers, Beckmesser, nicht wie üblich mit Kreide auf einer Tafel festhält, sondern jedes Versehen mit einem lauten Hammerschlag quittiert, ist eine groteske Satire auf die Einrichtung des Merkens überhaupt. Durch seine Art des Merkens, das Schlagen *mit dem Hammer auf den Leisten*, besohlt Sachs überdies ein Paar Schuhe; das Merken bringt etwas hervor. Da es ausschließlich Fehler sind, die gemerkt werden, sind die Schuhe deren Produkt. Sie gehen gleichsam aus lauter Fehlern hervor. Sänge Beckmesser fehlerfrei, so würden die Schuhe gar nicht fertig. Es wird also die Vorstellung vermittelt, als wären einzig die Fehler produktiv, als käme es allein auf die Fehler an, eine Vorstellung, zu der die Meistersingerzunft, allen voran ihr Merker Beckmesser, unverhohlen neigen. Die gleichsam aus Beckmessers Fehlern verfertigten Schuhe, die Sachs *triumphierend* herumschwenkt, sind der Hieb auf die Tendenz, sich nur um das zu kümmern, was einer falsch macht, und alles andere nicht zur Kenntnis zu nehmen. Beckmesser bekommt am eigenen Leibe zu spüren, wie es einem geht, wenn nur die Fehler zählen.

Parodistisch ist auch der Akt der Taufe von Walthers neuem Lied in der 4. Szene des 3. Aktes. Die offenkundig zunftübliche Zeremonie parodiert die christliche Taufe, die als Motiv mehrfach in der Oper vorkommt, so gleich zu Beginn im Choral der Gemeinde. Auf ihn spielt die Musik der späteren Taufszene ständig an, denn sie verwendet als Material die ersten beiden Zeilen des Chorals. Gleichzeitig greift sie auf Kothners Verlesung der Tabulaturgesetze zurück, die nicht anders als die Liedtaufe die kirchliche Liturgie parodiert. Hier wie dort wird der Text wie im Lektionston, gleichsam psalmodierend vorgetragen. Auch der Tonsatz ist archaisierend, insbesondere in den Kadenzen und Schlußformeln. In der Taufszene kommen die erwähnten Choralzeilen noch hinzu. Die Musik suggeriert Vorgänge, die auf der Bühne nur in höchst abgewandelter, vor allem aber profaner Form erscheinen.

Dem ersten Auftreten des Lehrbuben David im 1. Akt geht ein Dialog zwischen Eva und Magdalene voraus, der sich um den Namen David dreht. Eva vergleicht Walther von Stolzing mit David, dem Bezwinger des Riesen Goliath, und beschreibt ein Bild, auf dem er dargestellt ist: *Das Schwert im Gurt, die Schleuder zur Hand, / das Haupt von lichten Locken umstrahlt, / wie ihn uns Meister Dürer gemalt!* Diese heroisch-idealisierende Beschreibung wird sogleich parodiert; denn im unmittelbaren Anschluß an Evas Wort tritt der Lehrbube des Hans Sachs auf, der ja auch den Namen David trägt, versehen mit Requisiten, die unmißverständlich auf diejenigen des von Eva beschriebenen Bildes anspielen. *Ein Lineal im Gürtel, und ein großes Stück weißer Kreide an einer Schnur schwenkend* heißt es in der Regiebemerkung. Lehrbube, Lineal und Kreide ironisieren das heroische Idealbild, das sich Eva von Walther macht, und sie ironisieren selbstverständlich auch Walther selbst, der ja ebenfalls auf der Bühne anwesend ist, wenn David, wie beschrieben, auftritt. Die Parodie scheint jedoch noch weiterzugehen. Verwundert darüber, daß Eva so schnell und so total in Walther verliebt ist, fragt Magdalene: *Sahst ihn doch gestern zum ersten Mal?* Eva antwortet darauf: *Das eben schuf mir so schnelle Qual, / daß ich schon längst ihn im Bilde sah*, eben in dem genannten Gemälde Dürers (das es übrigens in Wirklichkeit gar nicht gibt). Evas Liebe nimmt also ihren Ausgang von einem Bild, darin unmittelbar verwandt mit Sentas Liebe zum Holländer, deren treibende Kraft neben der Ballade ja gleichfalls ein Bild ist. Wagner ironisiert durch den parodistischen Auftritt Davids auch die Faszination, die von den Bildern ausgeht, die „romantische" Schwärmerei, die in Illusionen lebt statt in der Wirklichkeit.

Walther von Stolzing reagiert meist sehr affektiv, er läßt seinen Emotionen fast ausnahmslos spontan freien Lauf. Sein Probelied vor der Zunft im 1. Akt ist dafür ein Beispiel. Beckmessers Feindseligkeit, die sich unüberhörbar in den laut kratzenden Kreidestrichen, mit denen er Walthers Fehler notiert, äußert, wird unmittelbar ins Lied aufgenommen (*In einer Dornenhecken ...*) und prägt dessen Struktur – nicht zum Vorteil Walthers gegenüber der Zunft. Ein noch deutlicheres Beispiel gibt es im 2. Akt. Walther schildert Eva seine Niederlage beim Probesingen und bringt sich selbst dabei derart in Rage, daß er beim Ertönen des Nachtwächterhornes *mit emphatischer Gebärde*, wie es heißt, die Hand ans Schwert legt, und nur Evas besänftigende Geste ihn davor bewahrt, *gradaus tüchtig dreinzuschlagen*. Walther hat in dieser Situation etwas von Don Quichotte, der gegen die Windmühlen kämpft. Wie jener vermag er die Wirklichkeit nicht richtig zu erkennen und handelt dementsprechend unangemessen-übertrieben; seine Reaktion ist grotesk. Im Unterschied zu Don Quichotte ist es jedoch der hemmungslose Ausbruch der Affekte, der Walther den Kopf und damit die Übersicht verlieren läßt. Dieser Eigenschaft Walthers, auf die sich auch Sachs' Kritik am Probelied bezieht (s. o.), gilt die Ironisierung, die im angedeuteten Kampf mit dem Nachtwächterhorn liegt.

Daß die Figur Beckmessers im Zusammenhang mit der Parodie nicht fehlen kann, versteht sich von selbst. Beckmessers Auftritt im 2. Akt als Ständchensänger ist selbstverständlich nichts anderes als eine Parodie. Er, der alternde Mann, der nichts weniger ist als verliebt, singt einer Frau ein Lied, lediglich um zu erfahren, ob es ihr gefalle. Bei einem Ständchen *in stiller Nacht, von ihr nur gehört* geht es nicht um die Kunst, sondern um die Liebe, um den Ausdruck von Gefühlen der Zuneigung und des Begehrens. Eva schickt denn auch in sicherer Einschätzung dessen, was kommt, Magdalene ans Fenster. Zu hören ist ein weitgehend emotionsleerer Gesang, begleitet vom harten und spröden Klang einer „Stahlharfe"; nach Wagners Anweisung spielt Beckmesser keine Laute, sondern ein mit Stahlsaiten bespanntes Harfeninstrument, dessen Klang nicht anders als der Gesang selbst Stimmung und Atmosphäre, wie sie ein Ständchen auszeichnen, parodiert.

Beckmesser ist als komische Figur gedacht, jedoch eine äußerst problematische Gestalt. Seine Widersprüchlichkeit besteht darin, daß er einerseits der reale Gegenspieler Walthers sein soll, andererseits aber so sehr zur Karikatur geraten ist, daß es schwerfällt, ihn als Person der Handlung zu begreifen und zu akzeptieren.

Beckmesser ist Stadtschreiber. Er bekleidet ein hohes, einflußreiches und angesehenes, verantwortungsvolles Amt. Er ist alles andere als ein Irgendwer. Daß er Mitglied der Meistersingerzunft ist, erscheint nur folgerichtig, aber nicht nur das: Er hat auch dort eine

Spitzenposition inne; denn er ist Merker der Zunft, verwaltet deren wichtigstes Amt. Es könnte so scheinen, als sei Beckmesser dennoch ein Außenseiter, da er der einzige unter lauter Handwerkern ist, der kein Handwerk ausübt, sondern eine mehr intellektuelle, »gelehrte« Tätigkeit; indessen weist nichts darauf hin, daß Beckmesser von den übrigen Meistern der Zunft als Außenseiter betrachtet würde, als hätte irgendeiner ein Vorurteil gegen ihn. Er ist integriert. Am Ende freilich kompromittiert er sich derart, daß ihm nichts anderes bleibt, als davonzulaufen. Er *verliert sich unter dem Volke*, wie Wagner schreibt, sucht die Anonymität der unteren Gesellschaftsschichten, um vor der Verachtung und dem Spott der Oberschicht sicher zu sein, der er angehörte und in welcher er seine Karriere zum Gipfel führen wollte.

Daß Beckmesser so schmählich endet, ist die Folge einer Reihe von Fehlern und Mißgriffen, deren Höhepunkt schließlich die Verballhornung von Walthers Preisliedtext ist. Von jeher aber hat es Schwierigkeiten gemacht, diese Kette von Fehlgriffen und Dummheiten in Einklang zu bringen mit dem Amt des Stadtschreibers, der Mitgliedschaft in der Meistersingerzunft und der Funktion des Merkers. Um Ämter und Funktionen dieser Art bekleiden zu können, bedarf es überdurchschnittlicher Intelligenz und Klugheit. Man muß sie auch bei Beckmesser voraussetzen, wie Walther Jens deutlich gemacht hat[5]. Dennoch ist es eben dieser Beckmesser, der Walthers Preisliedtext zu schreiendem Unsinn entstellt, und das, obwohl er, als er das Lied auf Sachs' Werktisch findet – 3. Szene des 3. Aktes –, es doch sogleich als das erkennt, was es ist, nämlich als Werbelied. Er, der an Walthers Probelied im 1. Akt den Schwall der Worte kritisierte, der das Verständnis erschwert, gibt sich auf einmal mit einem Text zufrieden, den nicht einmal er selbst versteht. Aber Beckmesser ist nicht erst an dieser Stelle unglaubwürdig. Schon seine Idee, sein Werbelied in der Form des Ständchens Eva zu präsentieren, ist absurd. Er müßte wissen, daß er mit seinem Lied, das kein Liebeslied ist, am falschen Platz ist. Walter Jens gebührt das Verdienst, darauf entsprechend hingewiesen zu haben. Beckmesser indessen läßt Eva auch noch ausdrücklich erklären, daß er ihr ein Lied vorsinge, um zu

---

[5] Walter Jens, *Ehrenrettung eines Kritikers: Sixtus Beckmesser*, in: *Republikanische Reden*, München 1976, S. 93–100

prüfen, ob es ihr gefalle. Das kommt fast einer Beleidigung gleich; denn als Braut dürfte Eva von ihrem Bräutigam, der Beckmesser als der aussichtsreichste Bewerber fraglos ist, am Vorabend der Hochzeit wohl etwas Persönlicheres, sie selbst Betreffendes erwarten. Daß sie ihr Spiel mit Beckmesser treibt und Magdalene ans Fenster schickt, liegt nur allzu nahe. Doch Beckmesser, von aller Vernunft verlassen, denkt daran nicht. Er ist plötzlich dumm und blind. Darum ist er auch nicht in der Lage zu erkennen, daß nicht Eva, sondern Magdalene am Fenster ist, während doch David beim ersten Blick weiß, wie es sich verhält. Zutiefst unvernünftig ist es selbstverständlich auch, Sachs' brutaler Merkerei mit dem Hammer zuzustimmen. Es ist völlig unverständlich, daß Beckmesser sich darauf einläßt. Er muß total verrannt sein, um zu glauben, er könne unter diesen Umständen und in dieser Form mit seinem Lied Eindruck auf Eva machen. Er merkt nicht, daß er, um das Hämmern zu übertönen, mehr kreischt als singt, und steht schließlich wie unter einem Zwang, sein Lied, koste es, was es wolle, zu Ende zu bringen, gar nicht unähnlich dem Juden im Dorn, der – wie das Grimmsche Märchen erzählt – nicht aufhören konnte zu tanzen, solange die Geige gespielt wurde.

Der Widerspruch zwischen Beckmessers sozialem Rang und seinem Verhalten, das ihn schließlich sogar kompromittiert, ist nicht auflösbar, solange man Beckmesser nur als eine Person der Handlung begreift; denn Beckmesser ist nicht nur Stadtschreiber, Merker der Meistersingerzunft und der Konkurrent Walthers, sondern er ist – und diese Eigenschaft führt aus der Opernhandlung hinaus – auch die Darstellung, genauer: die Karikatur des „bösen Rezensenten", wie ihn Wagner sich vorstellte und zu erleben glaubte: ein leblosphantasieloser Formalist, der kleinlich-pedantisch nach alten, kritiklos übernommenen Maßstäben urteilt und sich prinzipiell gegen alles Neue sperrt, das er boshaft zu unterdrücken sucht. Mit der Figur Beckmessers zielte Wagner ganz konkret auf seinen vermeintlichen Feind Eduard Hanslick, den berühmten und einflußreichen Musikrezensenten der Wiener Zeitung *Neue Freie Presse*, dessen Musikästhetik in deutlichem Gegensatz stand zu Wagners Anschauungen von der Musik. „Veit Hanslich" hatte der Merker darum auch zunächst, im Textentwurf von 1861, heißen sollen. Daß im ausgeführten Libretto dann „Beckmesser" daraus wurde, besagt nicht, daß Wagner seine Intention aufgegeben hätte; denn inhaltlich wurde kaum etwas geändert. Die Namensänderung ist nichts weiter als eine Verallgemeinerung über den individuellen Fall hinaus, und daß man heute von „Beckmesserei" spricht, wenn man pedantisch-kleinliche Kritisiererei meint, zeigt an, daß Wagners Intention, zumindest partiell, verstanden und übernommen worden ist. Man hat Beckmesser weithin als das rezipiert, als das er gedacht war, nämlich als Personifizierung all jener schlechten Eigenschaften, die Wagner – nicht minder boshaft als Beckmesser selbst – seinen Kritikern unterstellte.

Die Rolle, die Beckmesser neben seiner unmittelbaren Funktion in der Handlung der Oper spielt, geht jedoch nicht darin auf, die Inkarnation des bösen Willens feindlicher Kritiker und übelmeinender Rezensenten zu sein. Beckmesser verkörpert auch die traditionelle Oper, der Wagner sein Musikdrama entgegengestellt hatte. Insbesondere in Beckmessers Ständchen wird das deutlich. In den zahllosen falschen Betonungen wollte Wagner nichts anderes treffen als die Gleichgültigkeit gegenüber sinngerechter Deklamation in der herkömmlichen Oper, die nach seinem Verständnis – und dieses Verständnis war nicht so falsch, wie Wagners Kritiker oft meinen – der Musik den Vorrang vor dem Text gab. In der Tat kommt es in der Oper, besonders der italienischen, nicht darauf an, die Worte des Librettos dem Sprachduktus folgend zu vertonen; denn allein Musik und Gesang sind es, die den Ausdruck und die Aussage tragen. Falsche Betonungen und Nachlässigkeiten gegenüber sinngerechter Deklamation fallen nicht ins Gewicht. Allerdings spielen im Italienischen und Französischen die Betonungen auch prinzipiell eine geringere Rolle als im Deutschen. Was im Italienischen tolerabel erscheint, ist darum im Deutschen möglicherweise unerträglich, zumindest dann, wenn man eine Sprachempfindlichkeit voraussetzt, wie sie Richard Wagner besessen zu haben scheint. Dennoch ist die Häufung der falschen und sinnwidrigen Betonungen in Beckmessers Ständchen maßlos übertrieben und nur didaktisch legitim, da sie drastisch veranschaulicht, worauf es Wagner ankam. Nach den ersten Zeilen des Ständchens unterbricht Sachs den Sänger, um einen Verbesserungsvorschlag im Sinne eines genaueren Textvortrages zu machen, den Beckmesser jedoch zurückweist. Sachs antwortet darauf mit dem zentralen Satz: *Mich dünkt, sollt' passen Ton und Wort*. Es ist die Formel für die sinngerechte Deklamation, die Grundmaxime des Musikdramas.

Eine zweite charakteristische Eigenschaft von Beckmessers Ständchen sind zahlreiche Koloraturen, die überdies durch ihre Unbeholfenheit und Schematik auffallen. Auch in ihnen versucht Wagner, ein Merkmal der Oper zu brandmarken, das ihm und seinen Ideen vom Musikdrama zuwider war. Beckmessers Ständchen ist eine Karikatur der Opernarie. Als eine aus Italien stammende Gattung, die auch noch im Deutschland der ersten Hälfte des 19. Jahrhunderts von beherrschendem Rang und Einfluß war, fällt die Oper selbstverständlich in allererster Linie unter jenen *welschen Dunst mit welschem Tand*, vor dem Hans Sachs in seiner Schlußansprache so nachdrücklich warnen zu müssen meint. So betrachtet ist Beckmesser auch als Repräsentant des „welschen" Geistes aufzufassen, der nach Hans Sachs und Richard Wagner dem spezifisch Deutschen nicht nur entgegensteht, sondern sogar feindlich gesinnt ist. Daß Beckmesser seine Verballhornung von Walthers Preisliedtext ungeniert vorträgt, obwohl er sehr genau weiß, daß er den Text nur verständnislos und darum unverständlich vortragen kann, ist nicht minder ein Exempel für *welschen Dunst mit welschem Tand*, im übertragenen Sinne das Anschauungsmodell für jenen Mangel an Verständnis zwischen den sozialen Klassen, auf den Sachs in seiner Schlußansprache eingeht, wenn er sagt: *... in falscher welscher Majestät / kein Fürst bald mehr sein Volk versteht*. Beckmesser gehört nicht zu den deutschen Meistern, die es nach Hans Sachs zu ehren gilt.

Es fällt schwer, in der Verknüpfung von „falsch" mit „welsch" und „echt" mit „deutsch", wie sie Sachs in seiner Schlußansprache vornimmt, keinen Chauvinismus zu sehen. Hätte Wagner die Worte wirklich ganz anders gemeint, dann hätte er sie anders gesetzt, es sei denn, man wollte annehmen, er sei unfähig gewesen, sich geschickter und weniger mißverständlich auszudrücken. Da Wagner selbst sich aber des öfteren massiv chauvinistisch, insbesondere gegenüber Frankreich und den Franzosen, geäußert hat, ist es beim besten Willen nicht möglich, die entsprechenden Passagen in Sachs' Schlußansprache anders aufzufassen. Die Abqualifizierung des „Welschen" als „falsch", als „Dunst" und „Tand" geschieht selbstverständlich nicht aus einem intakten Selbstwertgefühl heraus, sondern ist nichts anderes als Ausdruck der Angst vor dem Anderen, dem Fremden, das als Bedrohung erlebt wird. Der Angriff auf das Andere erfolgt, weil man sich des Eigenen nicht sicher ist. Nicht zufällig bemühte sich Wagner in den Jahren, als er die *Meistersinger* komponierte und jene das „Welsche" zugunsten des Deutschen diffamierenden Verse in Sachs' Schlußansprache einfügte – das geschah am 28. Januar 1867 – intensiv um Definitionen des spezifisch Deutschen, wie die Artikelserie *Deutsche Kunst und deutsche Politik* aus dem Jahre 1867 oder der 1865 begonnene, jedoch abgebrochene und erst 1878 fortgeführte Aufsatz *Was ist deutsch?* belegen. Auch sie sind Zeugnisse der Unsicherheit bezüglich der nationalen Identität. Wagner war – wie besonders Cosima Wagners Tagebücher beweisen – der Meinung, die Deutschen hätten zu wenig Zeit gehabt, ihre spezifische Art und Mentalität zur Entfaltung und zur Stabilität zu bringen. Stets auch hegte er den Argwohn, das Deutsche werde unterdrückt. Dem stellte er die Forderung nach der Pflege spezifisch deutscher Kunst entgegen, worunter er selbstverständlich vor allem auch seine eigenen Werke verstand. Sie sollten der Schutzwall sein gegen die verderblichen fremden Einflüsse. Als Nationaloper sind die *Meistersinger* auch ein Dokument deutschen Minderwertigkeitsgefühls.

So aggressiv sich Sachs gegenüber dem „Welschen" gebärdet, so unmißverständlich ist doch, daß er nicht zur politischen oder gar zur militärischen Aktion aufruft. Bewahrung des spezifisch Deutschen ist in den *Meistersingern* keine Angelegenheit der Politik, sondern eine der Kunst. Sachs' Schlußworte *zerging' in Dunst / das heil'ge röm'sche Reich, / uns bliebe gleich / die heil'ge deutsche Kunst* demonstrieren am Beispiel des Extremfalles, nämlich der Zerstörung von staatlicher Einheit und politischer Ordnung, was gemeint ist. Die Kunst allein, entsprechende Pflege vorausgesetzt, vermag zu bewahren, was es zu bewahren gilt; in ihr allein lebt das spezifisch Deutsche fort; sie allein kann den Deutschen Identität und Selbstwertgefühl vermitteln. Wenn freilich allein die Kunst der Beachtung wert ist, dann erscheint die Politik notwendig unerheblich und schließlich gar entbehrlich. Am Ende steht der unpolitische Deutsche, der die äußere Welt, vor allem die Politik, als ihm nicht gemäß verachtet, weil ihm seine innere Welt viel herrlicher vorkommt. Die berühmte deutsche Innerlichkeit ist der Ersatz für die politische Aktivität, die nicht zum Erfolg geführt hat. So betrachtet sind die *Meistersinger* auch ein Zeugnis der politischen Resignation des deutschen Bürgertums nach der fehlgeschlagenen Revolution von 1848/49.

Auf den ersten Blick mag es so scheinen, als lebte in den *Meistersingern* die Oper wieder auf, die doch längst durch das Musikdrama überwunden schien. Nach dem *Ring des Nibelungen* und dem *Tristan* wirken die *Meistersinger* stellenweise wie ein Zugeständnis an die alte Gattung, deren künstlerische Legitimität – nach Wagner – zwar fraglich ist, an deren allgemeiner Geltung und Wertschätzung jedoch kein Zweifel besteht. Die festeren musikalischen Formen, die sich in den *Meistersingern* finden, haben indessen nichts mit Arien und traditionellen Ensemblesätzen zu tun. Die Finali des 1. und 2. Aktes sind mit ihrer Neigung zu Tumult und Lärm und der Tendenz zur Sprengung des Miteinanders nicht neue Beispiele für die Gestaltung des Opernfinales[6], sondern Parodien auf seine traditionelle Demonstration von Harmonie. Vor allem aber betreffen die Rückgriffe auf Älteres, durch die sich die Musik der *Meistersinger* in erster Linie auszeichnet, weder Formen noch Techniken und Stile, die mit der Oper zu tun haben. Angespielt wird auf eine ältere Zeit, und die Absicht dieser Anspielung ist selbstverständlich, eine Art Alt-Nürnberger Lokalkolorit zu erzeugen und eine Atmosphäre des Altdeutschen überhaupt. Der Hörer assoziiert freilich nicht die Zeit Dürers und Hans Sachs', sondern die Bach-Zeit mit ihren figurativen Themen, ihren Ornamenten und Kadenzen. Es gibt echohafte Orchesternach- und -zwischenspiele, die an die Barockzeit gemahnen, und Passagen, die vom Kontrapunkt nach Art der Bach-Zeit geprägt sind oder doch kontrapunktisch anmuten. Die Rolle des Kontrapunkts in den *Meistersingern* wird jedoch in der Regel überbewertet, wie es auch falsch ist, die Verwendung der Fugentechnik im Finale des 2. Aktes gleichsam als Bändigung des Chaos auf der Bühne durch die strengste aller musikalischen Formen, die Fuge, zu interpretieren. Zum einen ist die Fuge, die Wagner geschrieben hat, nicht so, daß sich von Strenge reden ließe; zum anderen geschieht die Anwendung im Sinne eines

---

[6] vgl. dazu Wagners Aufsatz *Über das Operndichten und Komponieren im besonderen*, wo es heißt: *Endlich aber im „Finale" mußte es zu ziemlich stürmischer Verwirrung kommen, eine Art von musikalischem Taumel war zum befriedigenden Aktschluß erforderlich* [...], in : SS X, S. 166

Topos. Im 19. Jahrhundert nämlich war die Fuge, zumindest diejenige in schnellem Tempo und mit notenreichem Thema, das Mittel, um Kampf und Tumult und natürlich Flucht (lat. „fuga") darzustellen, wie sehr anschaulich der Eingangssatz von Berlioz' dramatischer Symphonie *Roméo et Juliette* zeigt.

Wichtiger als der Bezug zu Fuge, Kontrapunkt und Barockzeit ist etwas anderes. Wagner greift zurück auf den protestantischen Choral und vor allem auf das Volkslied, spezifisch deutsche Formen. Wie ein erhaltener Brief beweist, ließ er sich im Dezember 1861, also noch bevor er das Libretto zur Oper schrieb, die *Deutschen Volkslieder* von Ludwig Erk und eine Sammlung „alter Choräle" besorgen[7]. Wagner hat allerdings darauf verzichtet, ganze Lieder und Choräle aus diesen Sammlungen oder aus anderen Quellen zu übernehmen oder zu zitieren, aber die Elemente, mit denen die Musik der *Meistersinger* arbeitet, sind vielfältig von ihnen geprägt. Die melodische Wendung zu Sachs' Worten im 2. Akt *sein Glück ihm anderswo erblüh'* entstammt ebenso unbezweifelbar einem Volkslied wie Davids *eitel Brot- und Wasserweis'* im 1. Akt oder Beckmessers *den wurden wir Meister doch los* im 3. Akt. In der Regel handelt es sich freilich weniger um bestimmte Wendungen und Phrasen, die aus dem Volkslied übernommen oder abgeleitet sind, als vielmehr darum, daß die Musik insgesamt dem Tonfall von Choral und Volkslied nachgebildet ist. Diese Feststellung gilt selbstverständlich vornehmlich für die lied- und choralhaften Stücke der Oper, speziell für die auch als solche bezeichneten „Lieder". Sie haben eine klare metrische Gliederung, sind in Melodik und Rhythmik einfach-prägnant; jeder kann sie behalten und nachsingen. Sie haben allerdings nicht die Naivität der Musik, auf die sie sich beziehen, ihre Einfachheit ist eine zweiter Natur. Ihre Diatonik ist hindurchgegangen durch die Chromatik des *Tristan*, die auch in den *Meistersingern* nicht verleugnet wird und gegenwärtig ist. Der markanteste und deutlichste Hinweis darauf ist das *Tristan*-Zitat im 3. Akt. Der Rahmen, in dem die „Lieder" und die lied- und choralhaften Stücke stehen, ist ein Musikdrama, ein durchkomponiertes Werk, kein Singspiel mit Musiknummern, und dieser Rahmen rückt die nummernhaften Stücke selbstverständlich in ein anderes Licht. Im übrigen sind auch die *Meistersinger* nach der

---

[7] vgl. dazu den Aufsatz *Es klang so alt* ... in diesem Band, S. 150, Anm. 10

für den mittleren und späten Wagner charakteristischen Methode komponiert, in der sich – im wesentlichen – sinngerechte Deklamation mit einem über den gesamten Satz ausgebreiteten und in all seinen Möglichkeiten entfalteten Recitativo accompagnato und einer zum System erhobenen Leitmotivik verbindet. Vorgegebene musikalische Formen sind prinzipiell ausgeschlossen. Wo sie auftreten, haben sie semantische Bedeutung. Die Vorstellung jedenfalls, die *Meistersinger* seien im großen und im kleinen von der Barform bestimmt, wie der nationalsozialistische Wagner-Ideologe Alfred Lorenz behauptet hat[8], geht an der Wirklichkeit vorbei. Die *Meistersinger* sind vom Prinzip her nicht anders strukturiert als der *Ring* oder *Tristan*, und selbst in den „Liedern" und den lied- und choralhaften Stücken ist die Barform nur eine unter anderen Formen. Die *Meistersinger* enthalten nicht weniger Leitmotive als die anderen Musikdramen. Ihre Handhabung ist allerdings einfacher, vordergründiger, gleichsam naiver als etwa im *Ring*, wo die literarische Bedeutsamkeit der Motive, ihr Verweischarakter sehr viel größer ist.

Die neue Einfachheit der Musik in den *Meistersingern*, eine Einfachheit zweiter Natur, hat zum einen die Aufgabe, dem Werk den Charakter des Volkstümlichen zu geben. Die von Sachs propagierte Öffnung der Zunft zum Volk, die bei den Meistern auf Ablehnung stößt, wird von der Musik, zumindest partiell, vollzogen. Die Musik ist der Handlung gleichsam voraus. Vor allem aber – und das ist der andere Aspekt – vermittelt die neue Einfachheit eine Atmosphäre des Wohl-Bekannten, den Eindruck des von Alters-her-Gewohnten, des Alt-Vertrauten. Choral und Volkslied bedeuten nicht nur Tradition schlechthin. Sie ließe sich auch mit anderen, artifizielleren Mitteln erreichen. Die Tradition, die hier dem Hörer nahegebracht wird, die Tradition des protestantischen Chorals und des Volksliedes, ist nicht abstrakt, dem Leben fern; sie ist vielmehr ein Teil des bürgerlichen Lebens selbst, zumindest war sie es zu Beginn der zweiten Hälfte des 19. Jahrhunderts, als die *Meistersinger* geschrieben wurden. Aber auch heute ragt sie noch ins tägliche Leben des Bürgertums

---

[8] Alfred Lorenz, *Das Geheimnis der Form bei Richard Wagner*, Bd. III: *Der musikalische Aufbau von Richard Wagners „Die Meistersinger von Nürnberg"*, Berlin 1930 (Nachdruck: Tutzing 1966). Vgl. auch den Aufsatz *Noch einmal: Das Geheimnis der Form bei Richard Wagner* in diesem Band, S. 169ff.

hinein. Das ist der Grund dafür, daß die musikalische Atmosphäre der *Meistersinger* so anheimelnd-vertraut erscheint. Dem in bürgerlicher Sphäre Aufgewachsenen fällt es nicht schwer, sich mit dieser Musik zu identifizieren, sich in ihr wiederzufinden und sie als Ausdruck der Welt des deutschen Bürgertums zu empfinden.

Es klang so alt, – und war doch so neu, –
Oder ist es umgekehrt?
Zur Rolle des Überlieferten in den *Meistersingern von Nürnberg*

Opernstoffe wurden und werden in der Regel nicht eigens für die Oper geschaffen. Daß Richard Wagner die Sujets seiner Bühnenwerke fast ausnahmslos nicht selbst erfunden hat, entspricht also durchaus der Konvention, beruht jedoch auch auf Wagners Ästhetik, die im Alten, Althergebrachten ein Unverbildet-Ursprüngliches sah und es als Garanten für höchstmögliche Authentizität betrachtete. Die Konsequenz dessen war die geradezu akribische Bemühung um den Stoff, das Zusammentragen und ausführliche Studieren aller erreichbaren Quellen sowie die bisweilen philologisch anmutende Suche nach der Originalfassung, jener, die die Wahrheit verbürgt. Im Falle der *Meistersinger von Nürnberg* verhält es sich nicht anders, obwohl diese Oper ja insofern die Ausnahme von der oben genannten Regel darstellt, als ihre Handlung Wagners eigener Phantasie entsprang – auch wenn einzelne Motive aus dem Dramatischen Gedicht in 4 Akten *Hans Sachs* von Deinhardstein (Wien 1829) sowie aus der darauf fußenden Oper gleichen Namens von Albert Lortzing übernommen wurden. Eben weil die Handlung neu war, scheint Wagner in ganz besonderem Maße daran gelegen gewesen zu sein, ihren Rahmen – Ort, Zeit und Milieu – historisch so genau wie möglich abzusichern. Zeugnis dessen sind vor allem vier eng beschriebene Seiten mit eigenhändigen Exzerpten[1] aus *Johann Christof Wagenseils Buch Von der Meister-Singer Holdseligen Kunst Anfang/Fortübung/Nutzbarkeiten/und Lehr-Sätzen*, Altdorf [bei Nürnberg] 1697. Ein vergleichbares Dokument ist zu keinem anderen Werk Wagners überliefert. Noch wichtiger aber ist, daß diese Auszüge aus Wagenseils Buch nicht etwa nur Hintergrundinformationen für die Oper darstellen, sondern überwiegend unmittelbar in das Textbuch Eingang fanden.

Wagners Exzerpte beginnen mit der Auflistung von *12 alten Nürnbergischen Meistern*. Von Veit Pogner über Sixtus Beckmesser bis zu Hanns Foltz stimmt diese Reihe mit der der Meister in Wagners

---

[1] WWV 96 TEXT II; gedruckt in: SS XI, S. 371–378

Oper überein, sieht man davon ab, daß einerseits Hans Sachs in der Liste fehlt, andererseits der Meister Niklaus Vogel in Wagners Oper nicht auftritt. Wagner hat ihn jedoch – Zeichen seiner Neigung zu historischer Treue – nicht etwa unterschlagen: Bei der Versammlung der Meister zu Beginn der 3. Szene des 1. Aktes wird er aufgerufen und sein Fehlen mit Krankheit entschuldigt. Besondere Aufmerksamkeit verdient die Tatsache, daß Wagner seine 12 Meister nicht etwa aus einer längeren Liste bei Wagenseil ausgewählt hat, sondern in Wagenseils Buch genau nur diese 12 Meister als Repräsentanten des Nürnberger Meistergesangs genannt sind. Dabei dürfte Wagner vor allem wichtig gewesen sein, daß es über diese zwölf heißt, sie seien *annoch im Beruff*[2], was besagt, daß sie Zeitgenossen waren, ihr gemeinsames Wirken, wie es Wagners Oper vorführt, also historische Realität darstellt. Vor diesem Hintergrund leuchtet sofort ein, warum auch der Merker den Namen eines historischen Nürnberger Meisters erhalten mußte und nicht in Anspielung auf Eduard Hanslick weiterhin Veit Hanslich oder nur Hanslich, wie der Name im 2. und 3. Prosaentwurf[3] lautet, heißen konnte. Durch Hanslich wäre die Einheitlichkeit der historischen Szenerie zerstört, die Glaubwürdigkeit der Darstellung insgesamt aufs Spiel gesetzt worden. So mußte zwangsläufig aus Hanslich Beckmesser werden.

Im 1. Akt ersetzte Wagner, gewissenhaft seinen Exzerpten aus Wagenseils Buch folgend, die ursprünglich, nämlich in den ersten zwei Prosaentwürfen[4], als Ort der Zusammenkünfte der Meistersinger vorgesehene Sebalduskirche durch die Katharinenkirche. Das belegt nachdrücklich, daß es Wagner um historische Treue zu tun war und nicht um Lokalkolorit; denn während St. Sebaldus als wichtigste Kirche (neben St. Lorenz) weit über die Grenzen der Stadt hinaus bekannt war (und ist) und für viele Opernbesucher, vor allem die Kunstkenner unter ihnen, die Möglichkeit der Identifizierung mit Nürnberg bot, war St. Katharina gänzlich unbekannt und viel zu unspezifisch, als daß damit die Assoziation der Stadt Nürnberg wachzurufen gewesen wäre.

---

[2] S. 515
[3] WWV 96 TEXT II und III; gedruckt in: SS XI, S. 356–371/379–394
[4] WWV 96 TEXT I und II; gedruckt in: SS XI, S. 344–355/356–371

Das Textbuch der Oper ist bis in Details hinein in dieser Weise von Wagners Exzerpten aus Wagenseils Buch geprägt. Ob es sich nun um die Fragen handelt, die Walther von Stolzing bei der Aufnahme in die Zunft gestellt werden (1. Akt, 3. Szene), oder das Procedere bei der Taufe einer neuen Weise (3. Akt, 4. Szene), die Stufenleiter vom Schüler bis zum Meister, das „Merken" von Fehlern und die entsprechenden Strafen, die Reimpraktiken usw. usw. – nichts ist freie Erfindung. Davids Aufzählung von *der Meister Tön' und Weisen* in der 2. Szene des 1. Aktes ist nichts anderes als eine in Verse gebrachte Auswahl aus Wagners Wagenseil-Exzerpten, von geringfügigen Veränderungen abgesehen. Wie weit der Einfluß des Wagenseilschen Buches reicht, veranschaulicht die Gegenüberstellung einiger von Wagner exzerpierter Sätze zur Tabulatur und der entsprechenden Verse des Textbuchs der Oper:

Wagenseil (S. 521)

Ein jedes Meister-Gesangs Bar hat sein ordentlich Gemäs

Wagner (1. Akt, 3. Szene, T. 1651f.[5])

Ein' jedes Meistergesanges Bar
stell' ordentlich ein Gemäße dar

Wagenseil (S. 521)

Ein Gesätz bestehet meistentheils aus zweyen Stollen/die gleiche Melodey haben

Wagner (1. Akt, 3. Szene, T. 1658ff.)

Ein Gesätz besteht aus zweenen Stollen,
die gleiche Melodei haben sollen

Wagenseil (S. 521f.)

Darauf folgt das Abgesang/so auch etliche Vers begreifft/welches aber eine besondere und andere Melodey hat/als die Stollen

---

5   Taktzählung gemäß RWSW Bd. 9

Wagner (1. Akt, 3. Szene, T. 1666–1671)

Darauf so folgt der Abgesang,
der sei auch etlich' Verse lang,
und hab' sein' besondre Melodei,
als nicht im Stollen zu finden sei.

Die Verlesung der Tabulaturgesetze in der Oper ist also kein Als-ob. Kothner zitiert, wenn auch in dichterischer Freiheit, was die Form anbelangt, einen jahrhundertealten Text. Auf den Zitatcharakter der Verse hat Wagner im übrigen durch Anführungszeichen im Text ausdrücklich hingewiesen.

Vor dem Hintergrund dieser Neigung zur historischen Treue sollte man nun annehmen, daß der Musik billig sei, was dem Text recht ist. Doch obwohl Wagenseils Buch immerhin vier Meistergesänge vollständig in Noten mitteilt[6], machte Wagner davon kaum Gebrauch. Daß er den Anfang aus Wagenseils erstem Musikbeispiel, dem *langen Ton* Heinrich Müglings, nämlich die Tonfolge f-a-c^1-c^1-d^1-c^1, für das sogenannte König-David-Thema der Oper verwendete, wirkt fast zufällig angesichts der Fülle von Motiven, die sich den Wagenseilschen Beispielen hätten entnehmen lassen. Vermutlich aber war die Musik der historischen Meistersinger, so wie Wagenseil sie mitteilt, Wagner zu fremd, als daß er einen unmittelbaren Zugang zu ihr zu finden vermocht hätte. Ihre Tonalität und damit ihre Harmonik sowie ihre rhythmische Ordnung sind dermaßen anders, daß Wagner keine Möglichkeit gesehen haben dürfte, sie als charakteristisches Spezifikum der historischen Meistersinger, analog zu den textlichen Rückbezügen, in seine Oper einzubringen. Am Beispiel der einen Umformung, die er vorgenommen hat, wird er überdies ganz praktisch-kompositorisch gemerkt haben, daß der Vorgang der Einschmelzung einer solchen Vorlage in die eigene Ausdrucksweise bzw. die des 19. Jahrhunderts nicht möglich war, ohne dem Original gerade dessen Spezifisches zu nehmen. In der Verbindung mit moderner Taktordnung, Periodik und Harmonik ist nämlich gar nicht mehr erkennbar, daß es sich um eine alte Melodie handelt. Der wahre Tatbestand ist hörend nicht erfahrbar.

[6] wiedergegeben in: Curt Mey, *Der Meistergesang in Geschichte und Kunst*, Karlsruhe 1892, S. 56–64

Unüberhörbar sind dagegen die Bezüge einerseits zum protestantischen Kirchenlied und zum Volkslied, andererseits zu barockhaft-figurativer Thematik und dazu passendem Kontrapunkt. Freilich ist der Sinn dieser Bezüge ein anderer. Zwar dienen gewiß auch sie dazu, eine authentische Atmosphäre im Sinne historischer Treue zu erzeugen, aber sie haben darüber hinaus andere und wesentlicher erscheinende Funktionen. Kontrapunkt und figurative Thematik vermitteln den Eindruck des Altehrwürdigen, des Seriösen und Gediegenen, des Zünftigen im wahren und besonders hier treffenden Sinne dieses Wortes. Zugleich – und darin zeigt sich Wagners berühmte Neigung zur Ambivalenz – stehen Kontrapunkt und Figuration für eine antiquierte, formalisierte, nicht mehr wahrhaft lebendige Kunst, eine, die vor allem überwunden wird von einer neuen, derjenigen Walthers von Stolzing alias Richard Wagner. Wagners besondere Raffinesse besteht darin, daß der Hörer durch den Bezug der Musik zu einem barocken oder barock anmutenden Tonfall den Eindruck des Bekannten und Vertrauten erhält. Dieser Eindruck wird in noch viel stärkerem Maße durch die Anspielungen auf Kirchen- und Volkslieder geweckt. Dabei übernimmt Wagner aber nicht etwa vorgegebene Choräle oder Lieder, sondern beschränkt sich auf Zitate einzelner Wendungen wie bei Beckmessers Worten im 3. Akt (3. Szene, T. 1249ff.): *Den wurden wir Meister doch los!*[7], oder den Worten des Hans Sachs im 2. Akt (4. Szene, T. 549f.): *denn wer als Meister geboren*. Aber auch solche Übernahmen aus Volksliedern sind die Ausnahme. In der Regel ist das, was so vertraut und geläufig klingt, lediglich nachempfunden. Wagner macht sich den Tonfall von Volkslied und Choral zu eigen und läßt sich von Kriterien des Liedes[8] – Gestaltprägnanz, pulsierend-periodischer Rhythmus, tonales Gleichgewicht, formale Rundung, Gesanglichkeit – leiten. Beispielsweise ist auffällig, daß Wagner häufig von seiner sonst praktizierten syllabischen Deklamation abrückt, um Sprungintervalle melismatisch auszufüllen. Das angestrebte Ziel ist auch hier weniger die authentische Atmosphäre als vielmehr Volkstümlichkeit. Damit entsprach Wagner dem, was er bei Beginn der Arbeit seinem

---

[7] vgl. auch 1. Akt, T. 797 und 1864f.; 2. Akt, T. 575f.
[8] vgl. dazu: Walter Wiora, *Das deutsche Lied. Zur Geschichte und Ästhetik einer musikalischen Gattung*, Wolfenbüttel/Zürich 1971

Verleger Franz Schott versprochen hatte, nämlich eine *populäre komische Oper* zu schreiben, ein Werk in *leicht populärem* Stil[9].

Es bedurfte ohne Frage besonderer Anstrengungen, dieses „Populäre" zu verwirklichen; denn Wagner war kein Liedkomponist und hatte zur Gattung des Liedes so gut wie keine Beziehung. Die Wesendonck-Lieder sind kein Gegenargument, da sie zwar nach der Besetzung Lieder sind, nach der kompositorischen Struktur aber dem Kunstlied, wie es durch die Lieder Schuberts, Schumanns oder Brahms' repräsentiert wird, gänzlich fernstehen. Wie fern Wagner aber auch das Volkslied war, veranschaulicht nichts deutlicher als seine Unkenntnis hinsichtlich des zeitgenössischen Standes von Volksliedsammlung und -forschung. Im Vorfeld der Arbeit am Textbuch der Oper fragte Wagner in einem Brief nach den ‚*deutschen Volksliedern*' *herausgegeben von Erkel* [sic] *und Dehn*[10]. Sowohl die Verballhornung des Namens von Ludwig Erk, der mit Sicherheit gemeint ist, als auch die Tatsache, daß es eine Ausgabe deutscher Volkslieder von Erk und Dehn nicht gibt[11], offenbaren, daß Wagner nicht orientiert war. Dennoch unterzog er sich der Mühe, Volkslieder und Choräle – auch davon ließ er sich eine Sammlung besorgen[12] – zu studieren und ganz allgemein das Lied ins kompositorische Kalkül zu ziehen. Schließlich kann es sich eine Oper, in deren Textbuch mehrfach als solche bezeichnete Lieder vorkommen und zudem ständig von Liedern die Rede ist, um ihrer Glaubwürdigkeit willen nicht leisten, kompositorisch ganz andere Wege zu gehen, das Lied als musikalische Gattung und Form gleichsam links liegen zu lassen.

Wagner hat dem denn auch entsprochen. Cum grano salis läßt sich sogar behaupten, die Struktur der *Meistersinger von Nürnberg* sei liedgeprägt. Das veranschaulicht schon der Kompositionsprozeß, der etwas anders verlief als sonst bei den Werken nach *Lohengrin*. Zwar schrieb Wagner auch hier zwei Gesamtentwürfe[13], doch gab es

---

[9] Brief vom 30. Oktober 1861, in: Schott-Briefe, S. 23
[10] Brief an Betty Schott vom 10. Dezember 1861, in: Schott-Briefe, S. 31; vgl. auch Wagners Brief an seine Frau Minna vom 21. Dezember 1861, in: An Minna Wagner II, S. 240
[11] Freundliche Auskunft von Barbara James, Deutsches Volksliedarchiv Freiburg, der ich an dieser Stelle für ihre Hilfe herzlich danke.
[12] siehe Anm. 10
[13] WWV 96 MUSIK II und III

neben der Komposition strikt am Text entlang, wie sie den Gesamtentwürfen entspricht, auch den kompositorischen Vorgriff auf Späteres, auf das, was im Gesamtentwurf noch gar nicht an der Reihe war. Wichtig dabei ist, daß diese Vorgriffe nicht allein in der Notation einzelner Themen und Motive bestanden – sie gab es auch bei den anderen Werken –, sondern in der Niederschrift vornehmlich der sogenannten Lieder. Hans Sachs' *Schusterlied* aus dem 2. Akt ist das prominenteste Beispiel. Es wurde sogar vorab instrumentiert[14] und in Konzerten aufgeführt, und zwar mehrere Jahre, bevor Wagner überhaupt mit der Komposition des 2. Aktes begann. Zu den Vorgriffen gehören unter anderem auch der Choral vom Anfang der Oper, Walthers *Am stillen Herd*, das Preislied in der 1. wie der 2. Fassung sowie die Chöre in der 5. Szene des 3. Aktes[15].

Die liedgeprägte Struktur der *Meistersinger* zeigt sich auch an der Eigenart erster Einfälle und deren Wandel auf dem Weg zur endgültigen Fassung. Das sei an zwei Beispielen veranschaulicht:

[14] WWV 96 MUSIK VIII
[15] WWV 96 MUSIK I

Es handelt sich um die früheste erhaltene Niederschrift von Walthers *Am stillen Herd* aus der 3. Szene des 1. Aktes[16], aufgrund der textlichen Abweichungen von der endgültigen Fassung mit Sicherheit bereits vor der Niederschrift der Textpassage im Textbuch notiert, also spätestens Ende Dezember 1861[17]. Diese erste Version veranschaulicht drastisch, wie sehr der ursprüngliche Kompositionsimpuls auf Liedhaftigkeit gerichtet war. Wagners Verfahren bestand nicht darin, Einfälle durch kompositorische Arbeit erst liedhaft werden zu lassen, sondern im Gegenteil – vermutlich mit Blick auf die Tonsprache des Musikdramas – in der partiellen Aufhebung allzu liedhaft geprägter Einfälle. Im vorliegenden Falle geschah dies äußerlich durch den Einschub von neun neuen Takten zwischen Takt 2 und 3. Wichtiger erscheinen jedoch zwei andere Veränderungen, nämlich einerseits die Prägung des Einschubs durch Halbtonfolgen (*wie einst der Lenz so lieblich lacht'*) und einen verminderten Tonschritt (*bald wohl neu*), andererseits die Erweiterung vom 6/8- zum 9/8-Takt. Dieser erlaubt, Ruhepunkte und Pausen einzuschalten. Auf diese Weise entstehen Dehnungen und vor allem Unterbrechungen des metrischen Flusses, deren Entstehen Wagner überdies noch durch Rallentandi, Ritenuti und Fermaten unterstützt. Die Charakteristika der ersten Fassung – Diatonik, fließender Verlauf, Korrespondenz der Teile, Geschlossenheit – klingen nur noch von fern an, ganz abgesehen von der trivialen Schlußwendung, an die in der endgültigen Version nichts mehr erinnert.

---

[16] Notiert in einem Taschenbuch (S. 22), aufbewahrt in NA (B II a 6 = WWV 96 MUSIK I e). Für die Erlaubnis zur Publikation dieser Skizze wie der des *Wach auf*-Chors sei dem Nationalarchiv herzlich gedankt. Zum Vergleich mit der endgültigen Fassung siehe: RWSW Bd. 9, I, S. 211f.

[17] vgl. Wesendonck-Briefe, S. 294 sowie WWV 96 TEXT IV

Das zweite Beispiel betrifft die erste Niederschrift des *Wach auf-*Chors aus der 5. Szene des 3. Aktes[18]:

(Alle nachträglichen Änderungen und Zusätze sind nicht wiedergegeben.)

Auch hier ist deutlich, daß die urspüngliche Version liedhafter ist als die endgültige, in der Wagner die Takte 8 und 16 zu 3/2-Takten gedehnt und durch die Erweiterung der Auftaktnote zu einer Halben unmißverständlich die besondere Breite des Tempos signalisiert hat. So wurde aus dem ursprünglichen Lied eine Hymne. Die Taktdehnungen sind allerdings primär die Konsequenz der Wahl des Textes, der in den Takten 8 und 16 für die Melodie zu lang ist. Auch die Rhythmisierung und Balkung weist darauf hin, daß die Melodie unabhängig vom Text entworfen wurde. Das bedeutet, daß sie früher als das Textbuch entstand, das den Text des Chores schon enthält. Wagner selbst datierte den Entwurf, allerdings nachträglich und sehr wahrscheinlich sehr viel später, mit: *Taverne Anglaise.* [Paris] *Jan: 62.* Vermutlich ist die Entstehung damit aber zu spät angesetzt; denn Federproben zwischen den Notenzeilen, die später als die Noten selbst zu datieren sind, enthalten Textwendungen, die an den spätestens in der zweiten Dezemberhälfte 1861 geschriebenen Beginn der 3. Szene des 1. Aktes erinnern. Zu dieser Zeit also lag die Melodie vermutlich bereits vor.

[18] wie Anm. 16 (Beilage zum Taschenbuch); zum Vergleich mit der endgültigen Fassung siehe: RWSW Bd. 9, III, S. 248ff.

Wagner unterlegte seiner Melodie einen Text von Hans Sachs, die ersten 8 Verse aus dessen auf Martin Luther gemünztem Spruchgedicht *Die Wittenbergisch Nachtigall*. Auch hier war der Impuls die historische Treue. Entsprechend stehen die zitierten Verse in Anführungszeichen. Aller historischen Treue gleichsam zum Trotz ging Wagner dennoch dichterisch frei mit dem Text um. Er läßt das Volk auf der Festwiese nämlich *Wach auf* singen, während es im Sachsschen Original *Wacht auf* heißt, entsprechend der Tatsache, daß sich Hans Sachs' Text, obwohl er äußerlich wie ein Tagelied beginnt, nicht an ein Du richtet, sondern an die Gesamtheit der *liebhaber Ewanngelischer warhait*, wie es in der Vorrede heißt[19]. Wagner hingegen, der ja nur die ersten 8 Verse, den tageliedhaften Anfang zitiert, klammert ganz folgerichtig den theologischen Aspekt aus und führt den Text auf jene Situation zurück, deren er sich bei Sachs nur metaphorisch bedient, nämlich auf das intime Miteinander zweier Liebender am Morgen nach gemeinsamer Nacht. Diese feine Abwandlung des Originals hat den Chor freilich nicht davor bewahrt, immer wieder als „Wacht auf"-Chor bezeichnet und interpretiert zu werden. Insbesondere im Nationalsozialismus nahm man es in dieser Beziehung nicht genau und nutzte den Chor propagandistisch als vermeintlichen Appell Wagners an die Deutschen im Sinne nationalistischer Ideologie.

Wagners Umgang mit dem Überlieferten zeigt auf der Ebene des Textes also neben ausgeprägter Neigung zu historischer Treue, die auf höchstmögliche Authentizität zielt, die dichterische Freiheit, die mit dem Überlieferten in ihrem Sinne umgeht. Auf der Ebene der Musik dagegen läßt sich in dieser Weise von historischer Treue überhaupt nicht reden. Der Fall des *Wach auf*-Chores, in dem einer selbständigen und frei erfundenen Melodie nachträglich ein historischer Text unterlegt wurde, veranschaulicht, daß Wagner Überlieferung in Text und Musik höchst unterschiedlich verstand und handhabte.

---

[19] Hans Sachs, *Die Wittenbergisch Nachtigall*, hg. von Gerald H. Seufert, Stuttgart 1974, S. 13

Eigentlich ein Marsch mit einem Trio
Über das Vorspiel zu den *Meistersingern von Nürnberg*

Bis zum *Lohengrin* verfuhr Wagner bei der Komposition von Opernouvertüren nach Art und Weise der Tradition. Da die Ouvertüre in der Regel inhaltlich auf die Oper selbst bezogen war, entspricht es nur pragmatischer Logik, wenn sie ihrer Entstehung nach gewöhnlich das letzte Stück war, das für die Oper komponiert wurde. In Kenntnis des fertigen Werkes war es ein leichtes, die wichtigsten Themen oder schönsten und spektakulärsten Melodien auszuwählen und aus ihnen eine Ouvertüre zu formen. Die Ouvertüre wurde so nicht selten zur Zusammenfassung der musikalischen Substanz einer Oper.

Der Opernreformator Wagner versuchte auch hinsichtlich der Ouvertüre, neue Wege zu gehen. Beim *Ring des Nibelungen* verzichtete er auf Ouvertüren ganz und gar, bei den anderen drei späteren Werken, *Tristan und Isolde*, *Die Meistersinger von Nürnberg* und *Parsifal* kam er auf sie zurück. Äußerlich-formal entsprechen diese (nun allerdings nicht mehr Ouvertüre, sondern Vorspiel genannten) Stücke der traditionellen Ouvertüre so gut wie gar nicht; doch was den inhaltlichen Bezug anbelangt, scheinen sie sich von der Tradition kaum abzuheben: Sie beziehen ihr thematisches und motivisches Material sämtlich aus der Oper. Es gehört nun aber zu den überraschenden Seltsamkeiten von Wagners Schaffen, daß die Vorspiele dennoch nicht, wie man annehmen sollte, als letzte Stücke, nämlich nach Abschluß der Oper entstanden, sondern im Gegenteil am Anfang der kompositorischen Arbeit. Sieht man von einzelnen Skizzierungen zu diesem und jenem ab, dann waren die Vorspiele zu *Tristan*, den *Meistersingern* und *Parsifal* jeweils das erste, was zu diesen Opern komponiert und ausgeführt wurde. In ihnen entwickelte Wagner Stimmung und Charakter des Werks insgesamt und entsprechend Motive, Themen, Melodien etc., auf die sich im folgenden gut und sinnvoll zurückgreifen ließ: das Vorspiel als Steinbruch gleichsam für den Bau der Oper. Man sollte freilich bei aller Verblüffung nicht übersehen, daß in allen drei Fällen der Komposition des Vorspiels die intensive Beschäftigung mit dem Stoff und die

Abfassung des Textbuchs unmittelbar vorausgingen. Die Stücke entstanden also nicht von ungefähr.

Das Vorspiel zu den *Meistersingern* läßt sich als Stück in Sonatenform deuten. Allerdings muß man wohl zwei Hauptthemen in C-Dur annehmen: das Thema der Meistersinger, mit dem das Stück beginnt, und das König-David-Thema, das etwas später in Blechbläsern und Harfe erklingt. Als Seitenthema fungiert jene abwärts führende Dreiklangsmelodie, auf die u.a. im Preislied des dritten Aktes der Text *Huldreichster Tag...* gesungen wird. Daß diese Wendung hier in E-Dur erscheint, ist für einen Seitensatz zwar ungewöhnlich, doch ist ihre spätere Versetzung nach C-Dur, der Grundtonart, Argument genug für die Richtigkeit der Deutung. Außerdem kann man sich auf Beethoven, Wagners großes Vorbild, berufen, der im ersten Satz der *Waldsteinsonate* ebenso verfuhr. Besonders bemerkenswert ist die Reprise, in der die drei Themen in umgekehrter Reihenfolge auftreten: Seitenthema, König-David-Thema, Meistersinger-Thema. Zu dieser „gewöhnlichen" Reprise der Themen, nämlich im Nacheinander, gesellt sich noch eine zweite: Wenn das Seitenthema in C-Dur ertönt, wird es simultan in den Nebenstimmen mit den beiden anderen Themen kombiniert.

Wagner selbst scheint das Stück anders aufgefaßt zu haben. Nach Cosima Wagners Tagebuch sagte er im November 1879 über die *neue Form dieses Vorspieles*: *[...] es ist eigentlich ein Marsch mit einem Trio, wo das Thema des Trio zuerst flüsternd unterbrochen auftritt, bis es dann in seiner Breite erscheint.*[1] Auch wenn die Ausdrucksweise nicht ganz präzis ist, scheint außer Frage zu stehen, daß Wagner mit dem „Trio" jenen Teil meinte, der mit der E-Dur-Melodie beginnt. Die Wiederkehr dieser Melodie in C-Dur wäre demnach keine Reprise im Sinne der Sonatenform, sondern immer noch Bestandteil des „Trios", das auf diese Weise allerdings von außerordentlichem Umfang wäre, während die Wiederholung des Marsches äußerst knapp ausfiele. Doch sollte man Wagners mehr en passant als offiziell ausgesprochene Auffassung vielleicht nicht ganz wörtlich nehmen.

Das Vorspiel zu den *Meistersingern* geht unmittelbar in die erste Szene der Oper über, wie das bei allen späteren Bühnenwerken Wagners nach *Lohengrin* der Fall ist. Beim *Tannhäuser* hat Wagner die

---

1   CT II, S. 449f. (26. November 1879)

Ouvertüre später sogar um nahezu die Hälfte gekürzt, um sie übergangslos mit dem 1861 für Paris geschriebenen Venusberg-Bacchanal zu verknüpfen. Wagners Verständnis der Ouvertüre als integralem Bestandteil der Oper duldete die Unterbrechung vor dem Aufgehen des Vorhangs nicht, die stets die „Gefahr" des Beifalls birgt und damit der Ernüchterung, der Zerstörung der durch das Vorspiel hervorgebrachten Stimmung. Außerdem hatte Wagner eine Abneigung gegen alle Zäsuren, augenscheinlich in der Furcht, die Aufmerksamkeit der Hörer und Zuschauer könne durch allzu deutlich merkbare Schlußwendungen und entsprechende Schlüsse vorzeitig verlorengehen.

Bei den vier Werken des *Rings* gestaltete Wagner die instrumentalen Vorspiele in so knappen Dimensionen und derart bezogen auf die nachfolgende Szene, daß sich separate Aufführungen von vornherein verbieten. Im Falle von *Tristan* und *Parsifal* schrieb er besondere Konzertschlüsse, die wie die Coda in einem Symphoniesatz das Musikstück zu einem Ganzen runden und ihm die Geschlossenheit geben, die es für eine Aufführung als selbständiges Werk braucht. Auch beim *Meistersinger*-Vorspiel stammt der in Konzerten üblicherweise gespielte Schluß von Wagner. Allerdings besteht er lediglich aus zwei kurzen Akkorden, knappen Orchesterschlägen, die selbstverständlich nicht in der Lage sind, die vorangehende Bewegung und die entstandene Spannung aufzufangen. Das Stück wird nicht geschlossen, sondern kurzerhand abgebrochen. Dieser Eindruck stellt sich erst recht ein, wenn man die spektakuläre Wirkung des abrupten Wechsels vom grandiosen C-Dur-Lärm des vollen Orchesters am Ende des Vorspiels zum nur von der Orgel begleiteten Choralgesang des Chors auf der Bühne zu Beginn der ersten Szene in Erinnerung hat, auf den hin das Ende des Vorspiels selbstverständlich angelegt. ist. Vermutlich machte Wagner den Versuch eines ausführlichen Konzertschlusses hier nicht, weil er sich sicher war, daß es zu diesem genuin theatralischen Effekt kein rein-musikalisches Pendant gibt.

„Kammermusik" in den Musikdramen Richard Wagners

Auf den ersten Blick lassen sich Kammermusik und Wagner nicht auf einen Nenner bringen. Die Musikdramen sind alles andere als Kammeropern, und Kammermusik, jedenfalls traditioneller Art, kommt im Wagnerschen Œuvre nicht vor. Im Unterschied zu Anton Bruckner und Giuseppe Verdi, die es bei ihrer an Wagner erinnernden, fast ausschließlichen Konzentration auf Sinfonie bzw. Oper dennoch zu einem Streichquintett bzw. -quartett gebracht haben, fehlt bei Wagner ein Kammermusikwerk im herkömmlichen Sinne. Zwar hat Wagner, wie aus den Notizen in der sogenannten Roten Brieftasche hervorgeht, 1829 ein nicht erhaltenes *Quartett aus D dur* komponiert[1], doch ist diese Komposition die Arbeit eines auf eigene Faust experimentierenden Schülers und liegt sowohl vor dem eigentlichen Kompositionsunterricht als auch vor den bedeutenden Kompositionen Wagners. Ein im Jahre 1864 während eines Aufenthaltes in Starnberg geplantes und Cosima von Bülow versprochenes Streichquartett ist nicht zur Ausführung gekommen; allerdings kennt man zumindest sein Hauptthema[2].

Wenn es neben den Musikdramen keine Kammermusik gibt, mag der Gedanke naheliegen, daß Züge dieser Gattung in die Musikdramen eingegangen sind; das würde der Idee des Gesamtkunstwerks entsprechen, das als eine Verbindung von Elementen der verschiedenen Kunstgattungen aufgefaßt werden kann. So wie Prinzipien der Beethovenschen Sinfonie in das Musikdrama eingegangen sind, wären auch Eigenschaften der Gattung Kammermusik in ihm aufgehoben. Daß für einzelne Abschnitte der Wagnerschen Musikdramen bestimmte Gattungen, wenn auch vage, den Hintergrund bilden, zeigt sich an Äußerungen, die Wagner während der Proben zum *Parsifal* im Jahre 1882 getan hat. Um den Musikern des Orchesters zu veranschaulichen, wie die Musik auszuführen sei, spricht er davon, daß eine Phrase *wie ein Konzertstück*[3], eine andere *wie eine*

---

[1] SB I, S. 81
[2] vgl. Egon Voss, *Richard Wagner und die Instrumentalmusik. Wagners symphonischer Ehrgeiz*, Wilhelmshaven 1977, S. 98f./183
[3] RWSW Bd. 30, S. 213

Arie[4] vorgetragen werden solle. Es ist denkbar, daß er bei anderer Gelegenheit auch „Kammermusik" oder „Streichquartett" als Anschauungsmodell gewählt hat. Die Vermutung, Wagner, der Komponist von Musikdramen, habe sich nur für die Musik der Bühne interessiert, ist irrig. Wagner achtete Beethovens Streichquartette, vor allem die letzten, sehr hoch. Anders als sein Dresdner Kapellmeisterkollege Reißiger hielt er die späten Quartette nicht *für reinen Unsinn*[5] und setzte sich frühzeitig dafür ein, einen angemessenen Aufführungsstil für diese Werke zu finden. Dazu gehört u. a. die Zürcher *Empfehlung einer Streichquartettvereinigung* aus dem Jahre 1854[6]. Im Winter 1870/71 gab es in Wagners Tribschener Haus regelmäßig Quartettabende, an denen Wagner den Musikern, unter ihnen Hans Richter, vor allem Beethovensche Quartette einstudierte[7]. Im Jahre 1875 besuchte Wagner einen Konzertabend des Hellmesberger-Quartetts in Wien, dessen Programm das Beethovensche Quartett in a-Moll op. 132 enthielt, obwohl im gleichen Konzert der eher verachtete als geschätzte Johannes Brahms eines seiner Klavierquartette aufführte[8]. Das Es-Dur-Quartett op. 127 war *des Meisters besonderer Liebling*[9].

Angesichts der Bedeutung, die Wagner den Beethovenschen Streichquartetten beimaß, ist der Gedanke, daß sein eigenes Werk davon beeinflußt worden ist, nicht abwegig[10]. In der Tat finden sich in den Musikdramen Abschnitte, die wie Sätze für ein Streichquartett anmuten und in einigen Zügen auch an Beethovensche Streichquartette gemahnen, wenngleich sie stets vom Streichertutti ausgeführt werden. Zu denken ist etwa an das Vorspiel zum dritten Akt der *Meistersinger von Nürnberg*. Der Anfang, der eine Art Fugenexposition darstellt, könnte sein Vorbild in Beethovens Quartett cis-Moll op. 131 haben, das gleichfalls wie eine Fuge beginnt und dabei durch

---

[4] ebda., S. 186
[5] *Zum Vortrag der neunten Symphonie Beethovens*, in: SS IX, S. 234
[6] SS XVI, S. 23
[7] u.a. CT I, S. 332/345
[8] CT I, S. 949 (18. November 1875) und Carl Friedrich Glasenapp, *Das Leben Richard Wagners*, Bd. 5, Leipzig ⁵1912, S. 217
[9] Glasenapp (vgl. Anm. 8), Bd. 6, Leipzig 1911, S. 492
[10] vgl. dazu: Klaus Kropfinger, *Wagners Tristan und Beethovens Streichquartett op. 130*, in: *Das Drama Richard Wagners als musikalisches Kunstwerk*, hg. v. Carl Dahlhaus, Regensburg 1970, S. 259–271

übermäßige Intervalle und Chromatik ausgezeichnet ist. Wagners eigene Deutungen des Beethovenschen Quartetts und des Vorspiels zum dritten Akt der *Meistersinger* zeigen die Parallele auf anderer Ebene. In der Schrift *Beethoven* heißt es über das Quartett: *Das einleitende längere Adagio, wohl das Schwermütigste, was je in Tönen ausgesagt worden ist, möchte ich mit dem Erwachen am Morgen des Tages bezeichnen, ‚der in seinem langen Lauf nicht einen Wunsch erfüllen soll, nicht einen!' Doch zugleich ist es ein Bußgebet, eine Beratung mit Gott im Glauben an das ewig Gute.*[11] Die verwandten Ausführungen zum *Meistersinger*-Vorspiel enthält ein Brief an Mathilde Wesendonck vom 22. Mai 1862[12]; Wagner nennt das zugrundeliegende Thema *eine leise, weiche, tief melancholische Passage*, die den Charakter größter Resignation trage, und möchte sie auf den zu Beginn des 3. Aktes *in tiefem Sinnen* dasitzenden Hans Sachs bezogen wissen.

Auch der Mittelteil des Vorspiels trägt Züge des Streichquartetts. Charakteristisch ist hier wie zu Beginn das Fehlen der Kontrabässe sowie vor allem die Gleichrangigkeit und Selbständigkeit der Stimmen. Aber auch die Aufteilung der Melodie auf mehrere Instrumente, das Wandern der Motive von Stimme zu Stimme sind deutliche Merkmale des Streichquartettsatzes.

Diesen Kriterien entspricht zum Teil auch der Beginn des Vorspiels zum dritten Akt des *Parsifal*. Hier gibt es freilich keine Melodieteilung, und die Eigenständigkeit der Stimmen nimmt im Verlauf und im Übergang zum orchestralen Satz ab. Vor allem die Mittelstimmen erscheinen zur Klangfüllung zusammengefaßt, ein Verfahren, das dem Streichquartett nicht fremd ist, aber nicht zu seinen spezifischen Merkmalen zählt. Abschnitte wie der nach Brangänes Worten *Bald entweicht die Nacht* im zweiten Akt von *Tristan und Isolde* sind demgegenüber weniger von der Gattung des Streichquartetts und entsprechenden Werken Beethovens her zu erklären. Ihre kammermusikalische Wirkung steht trotzdem außer Frage. Charakteristisch ist dabei, daß die Streichquartettbesetzung von einem Satz aus zwei Violin- und zwei Cellostimmen abgelöst wird. Daß nicht die Besetzung mit zwei Violinen, Bratsche und Violoncello das Kriterium dafür ist, daß man vom Vorbild des Streichquartetts und

---

[11] SS IX, S. 96; vgl. auch Wagners *Programmatische Erläuterung*, in: SS XII, S. 350
[12] Wesendonck-Briefe, S. 303

von Kammermusik sprechen kann, zeigt sich deutlich an der sogenannten Friedensmelodie im dritten Akt des *Siegfried*, die doch nach Wagners eigenem Zeugnis auf den Plan zu dem erwähnten Starnberger Quartett von 1864[13] zurückgeht und dennoch nicht in Streichquartettbesetzung vorgetragen wird; statt der zweiten Violine wirkt der Kontrabaß mit, und im fünften Takt ergänzt die zweite Violine den Satz zum Quintett. Deutlicher als Streichquartett erscheinen die anschließenden Takte zu Brünnhildes Worten: *O Siegfried, Herrlicher! Hort der Welt!...*, die nach Ernest Newman[14] ebenfalls auf das Starnberger Quartett zurückgehen; doch ist dabei wiederum die Besetzung das Kriterium, nicht die Faktur des musikalischen Satzes.

Es gibt demnach einerseits Abschnitte, die ihrer Besetzung nach einer herkömmlichen Kammermusik-Gattung entsprechen, andererseits Passagen, die ihrer satz- und instrumentationstechnischen Eigenart nach Merkmale der Kammermusik zum Vorbild haben. Diese Merkmale sind Gleichrangigkeit und Selbständigkeit aller oder zumindest mehrerer Stimmen bei der Möglichkeit, jedes Instrument und damit jede Stimme als solche zu hören, Melodieteilung und dadurch subtile Nuancierung des melodischen und thematischen Verlaufs. Melodieteilung ist zwar auch ein Merkmal der Sinfonie, doch entstammt sie dem Streichquartett und steht als ein subtiles Kompositionsprinzip dem mehr zum Al-Fresco neigenden symphonischen Stil entgegen.

Melodieteilung oder durchbrochene Arbeit sind in den Musikdramen sehr häufig und treten oft in so subtiler Form auf, daß schon kammermusikalische Ansprüche an Ausführende wie Hörende gestellt werden müssen, sollen die feinen Nuancen wahrgenommen werden. Das Wechselspiel zwischen Violinen und Oboe zu Sachs' Worten *Glaubt mir, des Menschen wahrster Wahn wird ihm im Traume aufgetan* im dritten Akt der *Meistersinger* ist noch vergleichsweise grob. Feiner zeigen sich die Takte zu den Worten der dritten Norn *Es ragt die Burg, von Riesen gebaut ...* im Vorspiel der *Götterdämmerung*. Die melodisch-thematische Linie beginnt in der Baßtrompete, geht dann zu den Hörnern über und läuft über die Posaunen zu den Trom-

[13] CT I, S. 350 (30. Januar 1871)
[14] Ernest Newman, *The Life of Richard Wagner*, Vol. 3, New York 1960, S. 271–275

peten. Von kammermusikalischer Eigenart läßt sich dabei natürlich auch deshalb sprechen, weil durchgehend Piano vorgeschrieben ist. So wie hier Instrumente der Blechbläsergruppe den melodischen Verlauf differenzieren, sind es in der Szene zwischen Beckmesser und Sachs im dritten Akt der *Meistersinger* die Streichinstrumente, die die Melodie in ihren sie konstituierenden Bestandteilen veranschaulichen. Nach Beckmessers Worten *Daß ihr mit aller Biederkeit der ärgste aller Spitzbuben seid!* wandert die Melodie von den ersten Violinen zu den zweiten, dann zu den Bratschen und danach zu den Celli. Differenzierter noch zeigt sich das Vorspiel zum dritten Akt von *Tristan und Isolde*. Die Melodie der Takte 11 bis 15 wird von einem Solocello gespielt; 1. und 3. Horn verdoppeln sie im Wechsel, so daß das zugrundeliegende Motiv und seine zwei Sequenzen eine jeweils eigene klangliche Prägung erhalten. Freilich ist diese Nuancierung so fein, daß sie bei unachtsamer Ausführung kaum zu hören ist. „Kammermusik" muß daher notwendig zum Vorstellungskreis der Interpreten gehören. Das verdeckte Orchester und die besonderen Gegebenheiten des Orchesterraumes im Bayreuther Festspielhaus tragen wesentlich dazu bei, daß die kammermusikalischen Züge hervortreten.

Die Neigung zur Nuancierung und Differenzierung des Tonsatzes, ein letztlich kammermusikalisches Verfahren, hat Wagner dazu geführt, die Bahnen der herkömmlichen Kammermusik-Gattungen zu verlassen. Das zeigt sich deutlich an Wagners eigenen „Kammermusikwerken", der Orchesterfassung des Liedes *Träume* und dem *Siegfried-Idyll*, die beide nicht ohne Bläser auskommen, sowie an einem Ausspruch, den Cosima Wagner in ihren Tagebüchern festgehalten hat. Es heißt unter dem 19. März 1878: *Von dem Orchester des Idylls aus und der Freude, mit welcher er ähnliches schrieb, geht R. zu den Quartetten über und sagt: ‚Mit den Quartetten ist es ein eigenes Ding; die vier Instrumente müssen öfters eine ähnliche Rolle wie die des Klaviers übernehmen, für andere eintreten; das Violoncell, nachdem es eben tief gespielt, muß ganz hoch oben singen, es nimmt ihm die schöne Ruhe, die Gleichmäßigkeit, es hat etwas Hastiges, Unsicheres; die Themen sondern und scheiden sich nicht. Ich hätte große Lust, z. B. den ersten Teil des Es Dur Quartettes von B[eethoven] für ein Orchester ungefähr wie das des Idylls zu setzen; du würdest sehen, wie die Themen da herauskommen würden, wie einiges, von den Hörnern gegeben, deutlicher würde, während selbst bei der besten Ausführung so vieles verloren ist, alles nicht gesondert ist.*'[15] Nicht, um sinfonische Züge an Beethovens Quartett op. 127 zu betonen, denkt Wagner an eine Orchestrierung, sondern zur Verdeutlichung der melodisch-thematischen Struktur, die die herkömmliche Quartettbesetzung nicht voll zu vermitteln vermag, sei es, daß die Beethovensche Komposition an der Grenze dessen liegt, was ein Quartett verwirklichen kann, sei es, daß Wagner Quartettwiedergabe schlechthin als zu grob, zu wenig differenziert empfand. Fest steht jedenfalls, daß das Quartett Kammermusik bleiben sollte.

Für die Rolle, die „Kammermusik" in den Musikdramen spielt, ist Wagners Vorstellung vom Wesen der Kammermusik bedeutsam. Sie spricht sich zum Teil schon in dem der ersten Pariser Zeit angehörenden Aufsatz *Über deutsches Musikwesen* aus. Diese kleine Abhandlung, die den Franzosen etwas von der Eigenart der deutschen Musik vermitteln sollte, erscheint enthusiastisch-übertreibend, wenn es darin über die Deutschen heißt: *Sie ergreifen lieber ein Handwerk, um sich zu ernähren, und um sich in den Freistunden desto ungestörter mit ihrer Musik beschäftigen zu können, um sich an ihr zu erquicken, zu veredeln, nicht aber durch sie zu glänzen. Und glaubt man etwa, daß sie nur Handwerkmusik machen? O nein! Gehet hin und belauscht sie eines Winterabends im kleinen Stübchen; dort sitzen ein Vater und seine drei Söhne um einen runden Tisch; die einen spielen Violine, der dritte die Bratsche, der Vater das Violoncello; was ihr so tief und innig vortragen hört, ist ein Quartett, [...] gehet hin, und höret an diesem Ort [...] diese Musik aufführen, so werdet ihr bis zu Tränen gerührt werden und die Musik wird euer Innerstes durchdringen [...] Stellt aber diese herrlichen Musiker nun vor ein großes Publikum, in einen glänzenden Salon, – so sind es nicht mehr dieselben; ihre verschämte Schüchternheit wird es ihnen nicht erlauben, die Augen aufzuschlagen; sie werden ängstlich werden* [...][16] Etwas später ist zu lesen: [...] *man spielt eine Sonate, ein Trio oder ein Quartett, oder singt das deutsche vierstimmige Lied. Erweitert sich dieser vertraute Kreis, so wächst die Zahl der Instrumente, und man spielt die Symphonie. – Auf diese Art ist man berechtigt, anzunehmen, daß die Instrumentalmusik aus dem Herzen des deutschen Familienlebens hervorgegangen ist: daß sie eine Kunst ist, die nicht von der Masse eines großen Publikums, sondern nur vom vertrauten Kreise Weniger*

15   CT II, S. 63f.
16   SS I, S. 151f.

verstanden und gewürdigt werden kann.[17] Kammermusik ist also die Musik der Familie, des *vertrauten Kreises*. Daß Wagner später einmal sagte: *Idylle, Quartette, das möchte ich gern noch machen*[18], also eine Kammermusikgattung gleichsetzte mit dem Idyll, hat in dieser Auffassung seinen Grund. Besondere Kennzeichen der Kammermusik sind Innigkeit und Tiefe. Ihre Intimität bedingt, daß sie nicht ohne bedeutenden Verlust einem großen Publikum, der Öffentlichkeit, präsentiert werden kann. Sie ist nicht Mitteilung nach außen, sondern Lauschen nach innen.

In der späten Abhandlung *Über die Anwendung der Musik auf das Drama* nahm Wagner Bezug auf Beethovens Kammermusik und grenzte sie ab gegen das, was die „romantisch-klassische Schule", wie er die Komponisten um Brahms bezeichnete, darunter verstanden: *In die ‚Kammer' hatte man sich nämlich zurückgezogen; leider aber nicht in das traute Stübchen, in welchem Beethoven atemlos lauschenden wenigen Freunden alles das Unsägliche mitteilte, was er hier nur verstanden wissen durfte, nicht aber dort in der weiten Saalhalle, wo er in großen plastischen Zügen zum Volke, zur ganzen Menschheit sprechen zu müssen glaubte: in dieser weihevollen ‚Kammer' war es bald still geworden; denn die sogenannten ‚letzten' Quartette und Sonaten des Meisters mußte man so hören, wie man sie spielte, nämlich schlecht ...*[19]

Die Vorstellung, daß Kammermusik den ganz privaten Bereich des Menschen repräsentiere, bestätigen Wagners eigene „Kammermusiken", die *Träume* und das *Siegfried-Idyll*, ebenso wie das nicht ausgeführte Starnberger Quartett. Die *Träume* spiegeln das Erlebnis mit Mathilde Wesendonck wider, aus dem heraus sie geschrieben wurden[20]. Die Idee des Starnberger Quartetts steht in enger Beziehung zu dem Liebesglück, das Wagner und Cosima von Bülow im Sommer 1864 in Starnberg erfuhren. Und das *Siegfried-Idyll*, das angeblich das erste Thema des Starnberger Quartetts aufgreift[21],

---

[17] ebda., S. 157
[18] CT I, S. 423 (28. Juli 1871)
[19] SS X, S. 183
[20] vgl. WWV 91B sowie den Aufsatz *Besseres, als diese Lieder ...* in diesem Band, S. 105ff.
[21] vgl. dazu Voss (Anm. 2), S. 96ff.; WWV, S. 508f.; John Deathridge/Egon Voss, *Wagnerforschung – „Und weiter nichts?? Weiter nichts??" Zur Einführung in das Wagner-Werk-Verzeichnis*, in: *Wagnerliteratur – Wagnerforschung. Bericht über das Wagner-Symposium München 1983*, hg. v. Carl Dahlhaus und Egon Voss, Mainz 1985, S. 188f.

gehört ebenfalls der familiären Sphäre an; laut Cosimas Tagebüchern sagte Wagner dazu, *nun habe er unbewußt unser ganzes Leben darin verwoben, Fidi's Geburt, meine Genesung, Fidi's Vogel usw.*[22] Ebenfalls in Cosimas Tagebüchern heißt es andererseits: *Viele Dummheiten über das Idyll, der eine findet das Waldweben darin ohne den „Zwiegesang" von Fafner und Siegfried, der andre sagt: Es sei gar kein Motiv aus dem Siegfried darin!*[23] Im gleichen Zusammenhang berichtet Cosima von einer Bemerkung Wagners, während sie das *Idyll* spielte: *Wie ich ihn bemerke, sagt er mir, das erste Thema habe er damals in Starnberg (bei meinem Besuch) aufgeschrieben, „ja ja, wir wissen schon, woher alles kommt".*[24] An diesen Aussprüchen wird deutlich, wie sehr das *Siegfried-Idyll* mit privaten und persönlichen Ereignissen und Phänomenen verknüpft ist. Besonders deutlich wird das an Cosimas Raisonnement über die Interpreten des Stückes; denn die thematischen Bezüge zum *Siegfried* sind ja nicht fortzuleugnen. Der intime Charakter des *Siegfried-Idylls* zeigt sich auch an der Abneigung Cosimas gegen seine Veröffentlichung. Sie schrieb am 21. August 1877 an Dr. Strecker vom Schott-Verlag: *Mein Mann frug kürzlich bei mir an, ob es mir wohl angenehm sein würde, wenn die Composition, welche schon unter dem Namen ‚Idylle' etwas bekannt geworden ist, veröffentlicht werde. Ich gestehe Ihnen, daß ich dringend bat, dieses Werk seinem vertraulichen Charakter nicht zu entziehen ...*[25] So betrachtet erscheint natürlich auch die sogenannte Friedensmelodie im dritten Akt des *Siegfried* in neuem Licht. Daß Wagner sie, die im Starnberger Quartett wie im *Siegfried-Idyll* vertraulichen Charakter hat, hier verwendet, besagt, daß es auch hier Intimität, „Vertrautes" geben muß. Die Regiebemerkung lautet: *Brünnhildes Miene verrät, daß ihr ein anmutiges Bild vor die Seele tritt ...* Brünnhilde schaut nach innen. Dem entspricht die Musik in ihren kammermusikalischen Zügen. Zur Verinnerlichung gesellt sich die Reminiszenz, wie u. a. Brünnhildes Worte *Ewig war ich ... zu deinem Heil* zeigen. Kammermusik als Gattung, für welche Reflexion stets in besonderem Maße charakteristisch war, korrespondiert auch diesem Zug. Zur Kammermusik gehört die tiefere Bewußtseinsschicht.

22	CT I, S. 350 (30. Januar 1871)
23	CT II, S. 50 (26. Februar 1878)
24	CT II, S. 51 (28. Februar 1878)
25	Schott-Briefe, S. 207

Die Suche nach kammermusikalischen Zügen in den Musikdramen kann demnach nicht dort haltmachen, wo es unmöglich wird, Bezüge zu herkömmlichen Kammermusikgattungen und ihren Eigentümlichkeiten herzustellen. Neben der Übernahme von Stilelementen steht die Idee der Kammermusik als Musik „vertrauten Charakters", als des Lauschens nach innen. Einen *ganz intimen Akt* nannte Wagner die Taufe Kundrys im dritten Akt des *Parsifal*[26]. Zum Taufakt selbst erklingt ein Bläsersatz aus drei Flöten und Englischhorn mit der Vortragsanweisung *zart*. Der solistisch ausgeführte und durchsichtige Satz mutet kammermusikalisch an. In diesem Sinne stärker jedoch wirkt die Fortsetzung durch gedämpfte Violinen und Bratschen. Sie begleiten einen Vorgang, den die Regiebemerkung folgendermaßen beschreibt: *Kundry senkt das Haupt tief zur Erde; sie scheint heftig zu weinen.* Der Wechsel vom prägnanten vordergründigen Bläserklang zum verschwebenden und fast irrealen Klang der gedämpften Streichinstrumente korrespondiert dem Übergang von der äußeren Handlung des Taufakts zum inneren Geschehen seines Nachvollzugs in Kundry. Obwohl den solistischen Bläsern ein Tutti von Streichinstrumenten folgt, erscheint der Vorgang als zunehmende Verinnerlichung. Bei diesem Beispiel gemahnen vierstimmiger Satz und das Gegeneinander von Ober- und Unterstimme zumindest entfernt an den Streichquartettsatz, wenngleich in der Ausführung die Celli fehlen. Die Beschränkung auf Violinen und Bratschen bedeutet hinsichtlich der Homogenität des Klangs eine Steigerung gegenüber dem Streichquartett. Diese besondere Homogenität, die im übrigen auch schon von dem aus Flöten und Englischhorn gebildeten Ensemble erreicht wird, korrespondiert zusätzlich der Wendung nach innen, die das Geschehen auf der Bühne nimmt.

Ein eindrucksvolles Beispiel für ein besonders hohes Maß an Homogenität enthält der erste Akt des *Parsifal*. Nach Gurnemanz' an Parsifal gerichteter Frage: *Dein Name denn?* erklingt das Motiv Herzeleides, ausgeführt von vierfach geteilten Celli. Die Teilung bedingt, daß jede Stimme nur von drei oder vier Instrumentalisten gespielt wird, so daß sich ein solistischer Kammermusikbesetzung entsprechender Klang einzustellen vermag. Daß auf Gurnemanz'

[26] RWSW Bd. 30, S. 221

Frage das Motiv Herzeleides und nicht das Parsifals ertönt, veranschaulicht Parsifals starke Bindung an die Mutter, die ihm freilich nicht bewußt ist; denn er antwortet: *Ich hatte viele* [sc. Namen], *doch weiß ich ihrer keinen mehr.* Während er die Namen, die seine Mutter ihm gab, vergessen hat, ist doch die innige Beziehung zu ihr im Unterbewußtsein ungebrochen erhalten geblieben. Unter der Ebene von Frage und Antwort liegt eine Schicht, deren tönende Entsprechung Kammermusik ist.

Kammermusikalisch erscheinen naturgemäß solistische Partien, vor allem solche der Streichinstrumente. Ein Beispiel dafür ist das Cellosolo in der ersten Szene des ersten Aktes der *Walküre*, das sich an Sieglindes Worte *Labung biet' ich dem lechzenden Gaumen: Wasser, wie du gewollt!* anschließt und Siegmund-, Geschwisterliebe- und Liebesmotiv enthält. Der subjektive und kammermusikalische Ton des Einzelspielers verdeutlicht eine Art „inneren Monolog", der sich aus den genannten Motiven zusammensetzt.

Eine verwandte Funktion erfüllt das Solocello in der ersten Szene des ersten Aktes der *Götterdämmerung*. Hagen empfiehlt Gutrune, die Siegfried an sich binden möchte, den Vergessenheitstrank. Wenn es heißt: *daß vor dir ein Weib er ersah, daß je ein Weib ihm genaht, vergessen müßt' er dess' ganz*, erklingt dazu einerseits im Solocello das Motiv der Liebesgöttin Freia, an das sich im fünften und sechsten Takt das Motiv des Vergessenheitstrankes anschließt; dabei wird das Cello von zwei einzelnen Bratschen kontrapunktiert. Der kammermusikalische Aspekt der Musik macht deutlich, daß es Gutrunes heimliche Gedanken und Wünsche sind, die Hagen in den genannten Worten ausspricht. Bezeichnend sind die Regieanweisungen, nach denen Hagen *sich vertraulich zu Gutrune hinneigen* und – etwas später – *heimlicher* zu ihr reden soll.

In den *Meistersingern von Nürnberg* ertönt unmittelbar vor Beginn von Walthers Lied: *Am stillen Herd in Winterszeit ...* ein Bratschensolo. Es nimmt ein Motiv auf, das zuvor in Horn und Oboe erklang. Der Gang vom Horn, das im Forte beginnt, über die Oboe zur einzelnen Bratsche, die im Piano erklingt, ist ein Weg zu größerer „Vertrautheit", ein Weg nach innen. Walther soll die eigentlich ganz unverfängliche Frage beantworten, *welch' Meisters Gesell'* er sei; da er aber niemandes Schüler ist, kann er keine Antwort geben, die dem Reglement der Zunft entspricht, sondern muß von seiner ganz persönlichen und innigen Beziehung zur Kunst sprechen. Er kann nicht auf die äußere Auseinandersetzung mit einem Lehrer verweisen, sondern nur auf die innere mit der Kunst selbst.

Man ist in diesem Zusammenhang geneigt, weite Teile des zweiten Aktes von *Tristan und Isolde* unter dem Aspekt der Kammermusik zu sehen. Der „vertraute Charakter" des Geschehens ist offenkundig. Wenn Tristan Isolde *sanft zur Seite auf eine Blumenbank niederzieht, sich vor ihr auf die Knie senkt und sein Haupt in ihren Arm schmiegt,* erklingt, von Bläsern und Harfe grundiert, ein Zwiegesang von Oboe und Solobratsche. Wagners Verknüpfung von „Idylle" und „Quartett" bestätigt sich. Der sinfonische Elan, musikalische Entsprechung zur leidenschaftlichen Geste, weicht Ruhe und Sanftheit. In der Hingabe an Nacht und Liebe schweigt alle äußere Erregtheit, die der Welt des Tages angehört, der Welt des Außen. Die Kammermusik veranschaulicht den Weg nach innen.

Vielleicht am eindrucksvollsten erscheint Kammermusik am Ende von Brangänes Warngesang *Habet acht! Schon weicht dem Tag die Nacht!* Der weite Klangteppich des Orchestertuttis geht über in transparenten Kammermusiksatz weniger Instrumente. Zunächst folgen zwei einzelne Celli dem Cellotutti, dann erklingen zum Wort *Nacht* nacheinander drei Hörner, sich im Motivspiel im Sinne von Melodieteilung und durchbrochener Arbeit ablösend und dabei von zwei- zu dreifachem Piano zurückweichend. Kammermusikalische Subtilität überlagert den verklingenden sinfonischen Satz. Die Hörner geben dann die Thematik an die Streichinstrumente weiter, und zu der anschließenden Streichquartettmusik im Pianissimo spricht Tristan die bezeichnenden Worte *Soll ich lauschen?*, später: *Muß ich wachen?*

Es versteht sich von selbst, daß dort, wo die Idee der Kammermusik den Hintergrund der erklingenden Musik bildet, die ausführenden Musiker von ausschlaggebender Bedeutung sind. Ohne ein „Aus dem Geist der Kammermusik" kann eine angemessene Interpretation der Wagnerschen Musikdramen nicht auskommen.

Noch einmal: Das Geheimnis der Form bei Richard Wagner
(am Beispiel des *Rings des Nibelungen*)

Der Umfang der Literatur über Wagner ist gewaltig, die Zahl der Bücher über seine Musik dagegen klein. Das mag mit ein Grund sein, warum das vierbändige Werk von Alfred Lorenz *Das Geheimnis der Form bei Richard Wagner* (Berlin 1924–1933, Nachdruck Tutzing 1966) zu so großem Ruhm gelangt ist. Obwohl unverkennbar die Verteidigungsschrift eines empfindlichen Wagnerianers gegen den Vorwurf, Wagners Musik sei formlos, wurde das Werk doch nie als solches aufgefaßt, vielmehr stets als unumstrittenes Standardwerk der Wagnerforschung gewertet. Daran hat auch die jüngere Musikwissenschaft wenig geändert, die seit einigen Jahren an die Stelle bedenkenlosen Glaubens an die Richtigkeit der Lorenzschen Analysen und Analysemethoden deren allerdings viel zu vorsichtige Kritik gesetzt hat. Ob in der Wagnerliteratur oder in Lexika, ob in Programmheften von Opernhäusern oder bei Symposia: nach wie vor erscheint Lorenz als der Entdecker der musikalischen Gestaltungsmethode in Wagners Musikdramen. Es ist dringend notwendig, die Erkenntnisse der Musikwissenschaft einer breiteren Öffentlichkeit zu vermitteln und den Eindruck, die Bücher von Lorenz gäben tatsächlich Aufschluß über Wagners Musikdramen und die Gestalt ihrer Musik, endlich und endgültig zu zerstreuen.

Der Erfolg von Lorenz' Analysen basiert wesentlich auf der Simplizität ihrer Ergebnisse. Einfachheit hat oft den Anschein des Plausiblen, weil sie leicht zu begreifen, zu behalten und weiterzugeben ist. Sie schafft Übersichtlichkeit und gibt Punkte an die Hand, an die man sich halten kann, im Falle von Wagners Musikdramen und ihrer Musik ein besonders wichtiger Gesichtspunkt. Lorenz' Simplifizierung bestand in der ebenso drastischen wie ausschließlichen Reduktion der Form der Musikdramen auf „Formen". Es ist symptomatisch, daß Lorenz fast immer den Plural des Wortes „Form" verwendete. Unter „Formen" aber verstand er nichts anderes als die bekannten Anlageschemata der Formenlehre, insbesondere die einfachen wie Bogen-, Bar- und Rondoform. *Takt für Takt mußte unter-*

sucht und so wirklich nachgewiesen werden, daß in den Musikdramen des
‚Ringes' verschiedene Formtypen sich wiederholen, heißt es in Band 1 von
Lorenz' Werk (S. 289)[1]. Die Reduktion aufs Schema schließt naturgemäß das Besondere, Einmalige, Individuelle aus. Nun kann man
Ignoranz gegenüber dem Individuellen so lange legitim nennen, als
sie auf den Akt der Reduktion beschränkt und als Vorgang drastischer Vereinfachung im Bewußtsein bleibt. Die Rückführung des
Besonderen aufs Allgemeine, sei dieses auch fiktiv, kann ja erhellend
sein für das Besondere, dessen Wesen aber besteht darum nicht in
seinem Partizipieren am Allgemeinen. Für Lorenz jedoch war die
Reduktion aufs Schema nicht eine Methode unter anderen, sondern
das einzige analytische Verfahren, das er anwendete, ihr Ergebnis
folglich nicht ein Element der weiteren Analyse, ein Zwischenergebnis, sondern bereits das Endresultat.

Niemand wird behaupten, etwas vom Wesen der *Eroica* erfaßt zu
haben, wenn er feststellt, daß dem ersten Satz der Symphonie die
Sonatenform zugrunde liegt. Genau diese Behauptung aber – übertragen selbstverständlich auf Wagners Musikdramen – stellte Lorenz
mit seinen Analysen auf.

Charakteristisch für Lorenz' Formbegriff war die strikte Trennung von Form und Inhalt. Es heißt im Einleitungskapitel zum
1. Band: *Eine Untersuchung von Formen ist deshalb berechtigt, weil man nur
durch diese sichtbaren Zeichen wirklich erkennen kann, ob der Geist, der in
ihnen zu uns spricht, Folgerichtigkeit kennt, oder ob er eine verworrene Seele
ist, die nur Mißgeburten hervorbringt* (S. 3). Nach dieser Darstellung stehen also Form und das, was in ihr mitgeteilt wird, unvermittelt
nebeneinander, und nur der ebenso umständliche wie, gelinde ausgedrückt, naive Schluß von der *Folgerichtigkeit* der Formen auf die
Logik dessen, der sich ihrer bedient, soll ein Urteil über das, was in
den Formen ausgesagt wird, möglich machen. Daß mit den Formen
die Schemata, das Allgemeine, die Norm gemeint waren, versteht
sich. Den Hintergrund zu dieser Auffassung bildet die groteske
Behauptung, Formen seien *unbewußte Niederschläge eines dunklen
Schöpferdranges* (S. 2). *Wie die Naturkraft* – heißt es weiter – *ohne zu wissen, was sie tut und ohne Regeln zu kennen, durch ihre Beschaffenheit an sich
Kristalle und Blumensterne schafft, so müssen beim Künstler schöne Formen*

---

[1] Alle Lorenz-Zitate stammen aus Bd. 1 des genannten Werks (Berlin 1924).

entstehen, wenn seine künstlerische Kraft zeugungsfähig ist (S. 2). Die schönen Formen werden demnach nicht mit Bewußtsein gewählt, bewußt gestaltet, sondern mechanisch-automatisch produziert, auf anorganischer Stufe gleichsam. Daß sie als solche der Sache selbst, dem Kunstwerk, völlig äußerlich sind, kümmerte Lorenz nicht, war ihm vermutlich nicht einmal bewußt. Unverkennbar ist aber, daß hinter dem Bild von der ihrer selbst unbewußten Natur, die in *dunklem Schöpferdrang schöne Formen* hervorbringt, nichts anderes steht als die Forderung nach Anpassung ans Allgemeine, an die geläufigen, akzeptierten und nachprüfbaren Normen. Nur wer ihnen entsprach, war ein *zeugungsfähiger* Künstler und keine *verworrene Seele*.

Lorenz ging am Wesen der Wagnerschen Musikdramen aber nicht allein deshalb vorbei, weil er den Formen und nicht der jeweiligen Form, dem Allgemeinen und nicht dem Besonderen, den Schemata und nicht den individuellen Gestalten nachging, sondern auch darum, weil er Schemata suchte und zu finden meinte, wo es so gut wie gar keine gibt. Das bedeutet, daß seine Analysen nicht einmal jenen Wahrheitsgrad erreichen, den die Feststellung, dem ersten Satz der *Eroica* liege die Sonatenform zugrunde, für sich beanspruchen kann. Die Formen, die Lorenz aus Wagners Musikdramen herausanalysierte, gibt es gar nicht. Sie waren Konstruktionen auf dem Papier, willkürliche Aufteilungen und Gruppierungen, die mit der Wirklichkeit der Musikdramen nichts zu tun haben.

Zu diesem Abschnitt aus der 4. Szene des *Rheingold* gab Lorenz die folgende Analyse (S. 91). Allerdings beginnt nach seiner Darstellung der geschlossene Formzusammenhang erst im 7. Takt des Notenbeispiels (*nun*) und endet mit dem 17. (*Folge mir*):

Einleitungstremolo	2 [Takte]	} HS [= Hauptsatz]
Schwertmotiv	2	
So grüß' ich die Burg	3	MS [= Mittelsatz]
Schwertmotiv	2	} HS
Coda (Fluchtmotiv)	2	

Lorenz bezeichnete diese Anlage als „vollkommene Bogenform", weil bei der Wiederholung des sogenannten Hauptsatzes (= HS) angeblich die Reihenfolge seiner Teile umgekehrt ist.

Zunächst fällt auf, daß sich Lorenz nicht an der ja sogar auch in seinem Schema fehlenden Korrespondenz zwischen dem „Einleitungstremolo" und der sogenannten Coda gestoßen hat. Da weder harmonisch noch motivisch noch auch dynamisch eine Entsprechung besteht, ist der äußere Rahmen dieser „vollkommenen Bogenform" rein fiktiv; er besteht in der Analyse, aber nicht in Wagners Musik. Das hat vor allem damit zu tun, daß Lorenz' Großgliederung willkürlich ist. Der Abschnitt beginnt nämlich, wenn man ihn denn schon für sich und als geschlossenen Formzusammenhang auffassen will, bereits vier Takte früher (in Takt 3 des Notenbeispiels), dort nämlich, wo die Leitmotivik aufgegeben und durch einen tremolo ausgeführten verminderten Septakkord ersetzt wird, der – das beweist der einen Takt später eintretende Baßton G – auf das C-Dur des Schwertmotivs bezogen ist. Auch das Ende des Abschnitts liegt in Wahrheit sechs Takte später, dort, wo das Walhall-Thema wiederkehrt (zwei Takte vor Ende des Notenbeispiels). Im übrigen ist das Ganze mehr eine Episode im Zusammenhang von Wotans Monolog über Walhall als ein festgefügter, selbständiger Komplex. Aber Lorenz gab – fixiert aufs Schema und dessen faszinierende Simplizität – auch die Binnengliederung falsch wieder. Wotans Phrase *So grüß' ich die Burg* ist selbstverständlich nicht drei, sondern vier Takte lang. Was Lorenz als ersten Takt des wiederkehrenden „Hauptsatzes" (HS) so strikt und scheinbar klar vom Vorangehenden trennte, ist in Wahrheit der Schlußtakt des sogenannten Mittelsatzes (MS), so daß die Phrasen verschränkt sind, der letzte Takt der einen zugleich der erste der anderen ist. Allein dieser Ambivalenz wegen erscheint es zweifelhaft, ob das in diesem Takt einsetzende Schwertmotiv als Wiederkehr oder Reprise im Sinne der Bogenform aufgefaßt werden kann. Lorenz hat darüber hinaus weder beachtet, daß das Schwertmotiv nicht in C-Dur, der Tonart, in der es vorgestellt wurde, erklingt, sondern über a-Moll, der Zieltonart von Wotans Phrase *So grüß' ich die Burg*, noch, daß dem Schwertmotiv bei seiner Wiederholung die charakteristische Auftaktquarte fehlt, Folge des Modulationsgangs, der nur gis, nicht aber g erlaubt. Beim ersten Erklingen des Schwertmotivs sind sowohl das Motiv als auch die Tonart C-Dur, in der das Motiv erklingt, das Ziel der vorangehenden harmonischen Entwicklung. Bei seinem zweiten Auftritt dagegen steht das Motiv am Anfang einer Kadenz, die erst nach C-Dur führt, und C-Dur selbst tritt erst ein, nachdem das Motiv bereits vorüber ist. Hätten wir es wirklich mit einer Reprise zu tun, dann müßte das Schwertmotiv zugleich mit dem C-Dur wiederkehren. Die Trennung von Motiv und Tonart bei der Wiederholung bedingt eine Unregelmäßigkeit, der mit dem Schema der Formenlehre nicht beizukommen ist. Weder das zweite Auftreten des Motivs noch das der Tonart sind reprisenhaft, und obwohl unzweifelhaft nach C-Dur kadenziert wird (Takt 3–9 und 11–17), sind doch die Unterschiede in der Harmoniefolge, in der motivisch-thematischen Gestaltung, in Dynamik und Instrumentation so gravierend und bestimmend, daß von Identität, die mehr als eine bloß äußerliche ist, nicht die Rede sein kann.

Lorenz' Analyse ist auch symptomatisch für seinen willkürlichen Gebrauch musikalischer Termini. Die beiden Takte, die sich bei der Wiederholung des sogenannten Hauptsatzes an das Schwertmotiv anschließen, als Coda zu bezeichnen, widerspricht dem Sinn und dem üblichen Gebrauch dieses Begriffs. Die Takte bilden zusammen mit den vorangehenden einen zusammenhängenden Kadenzvorgang, der erst mit dem erreichten C-Dur seinen Abschluß findet. Sie sind demnach nicht der Anhang (Coda = Schwanz) eines im wesentlichen abgeschlossenen Geschehens, sondern gehören zu diesem Geschehen selbst. Als Coda ließen sich in unserem Beispiel allenfalls jene Takte bezeichnen, die, am Ende, von C-Dur nach Des-Dur zurückleiten. Niemals aber ist ein Teil einer Kadenz eine Coda.

Das Vorspiel zum *Rheingold* stellte Lorenz dar als Thema mit vier Variationen und Coda (S. 126). Daß die II., III. und IV. Variation (Takt 81–96, 97–112, 113–128), wie er selbst schrieb, miteinander identisch sind, kümmerte ihn ebensowenig wie die Tatsache, daß in seiner Analyse ausgerechnet der Höhepunkt des gesamten Vorspiels zur Coda gemacht wird. Daß es sich bei dem Vorspiel um eine Steigerungsanlage handelt, um ein auskomponiertes Crescendo, in dem die wörtlichen Wiederholungen Steigerungsfunktion haben und die vermeintliche Coda die Bewegung auffängt, deren Höhepunkt sie zugleich ist, wird in Lorenz' Analyse, die gebannt aufs Schema starrt, völlig ignoriert.

Während Lorenz also Wiederholung zur Variation erklärte, wenn es ins Schema paßte, scheute er sich andererseits nicht, Sequenzen von Motiven und Motivkomplexen als Strophen und Stollen, mithin als gewöhnliche Wiederholungen auszugeben, ein Verfahren, zu dem er häufig gezwungen war, weil die Sequenz, die unmittelbare Wiederholung eines Motivs oder Melodieabschnitts auf einer anderen Tonstufe, ein Grundprinzip der Wagnerschen Musik ist. Dem darin zum Ausdruck kommenden dynamischen Charakter von Wagners Musik stülpte Lorenz die statischen Schemata der Formenlehre über, deren Strophen und Stollen sich gerade dadurch auszeichnen, daß sie stets unverändert bleiben.

Lorenz' Analysen sind nicht nur geprägt durch ihre Fixierung aufs Schema, auf die Formen der Formenlehre, sondern auch durch ihr ungetrübtes Vertrauen zu Addition und Vergleich von Taktzahlen. Die Art, wie in der oben mitgeteilten Analyse deren Ergebnis präsentiert wird, zeigt das deutlich. Die „vollkommene Bogenform", die Lorenz in der Musik zu finden glaubte, basiert nicht zuletzt darauf, daß nach Lorenz' Darstellung und Verständnis dem sogenannten Mittelsatz zwei Zweitaktgruppen sowohl vorangehen als auch folgen. Die Beziehung oder gar Identität ist eine von Zahlen. Über der Faszination durch quantitative Ähnlichkeiten und Übereinstimmungen vergaß Lorenz die Qualität dessen, was hinter den Zahlen steht; denn selbstverständlich entscheidet über den Charakter des Verhältnisses eines Kompositionsabschnittes zu einem anderen nicht deren äußere Ausdehnung, wie sie die Anzahl der Takte angibt. Die nach der Zahl der Takte gemessene Länge ist, wenn es sich nicht um identische Musik handelt – die dieses Beweises nicht bedarf –, überhaupt kein Garant für Übereinstimmung und Entsprechung.

Lorenz' Analysen laufen auch deshalb immer wieder auf die Feststellung von Taktzahlen und auf Zahlenvergleiche hinaus, weil Lorenz' Formbegriff von der bildenden Kunst bestimmt war. Lorenz analysierte Kompositionen und Kompositionsteile, als wären sie

Bauten, Anlagen räumlicher Art. Die Taktzahlen gaben deren Maße an. Mit diesem Verständnis stand Lorenz allerdings der Formvorstellung der Formenlehre nicht fern, deren Tendenz, Form tektonisch zu begreifen und darzustellen, unverkennbar ist. Als räumlicher Begriff versteht sich Form von selbst, als musikalischer dagegen erscheint er sehr viel weniger plausibel und gar nicht selbstverständlich, so daß seine Verräumlichung, seine Prägung durch Elemente räumlicher Vorstellung nicht verwunderlich ist. Analyse musikalischer Form, die Raumvorstellungen zu Hilfe nimmt, ist anschaulicher und wirkt darum meist einleuchtender, wenn sie auf diese Weise auch kaum richtiger und wahrer wird. Lorenz' Erfolg beruht auch darauf. Indessen ist Musik Vorgang, Ablauf in der Zeit und der musikalische Formbegriff daher notwendig ein zeitlicher. Besonders die Übertragung des Begriffs der Symmetrie auf die Musik – von Lorenz geradezu exzessiv betrieben und so, als hinge der Kunstcharakter der Musik wesentlich von deren symmetrischer Form ab – ist äußerlich problematisch. Die Spiegelung, nimmt man sie beim Wort, führt in der Musik zum sogenannten Krebs, der totalen Umkehrung des gesamten musikalischen Verlaufs. Die Rückläufigkeit, auf dem Papier der Partitur erkennbar, ist vom Ohr jedoch nicht als solche wahrnehmbar. Im Gegenteil: die vermeintliche Identität des Spiegelbilds mit dem Gespiegelten stellt sich nicht ein, vielmehr erscheint das Spiegelbild als etwas gänzlich Andersartiges, vom Vorhergehenden Geschiedenes; die Identität schlägt um ins bezugslos Neue. Damit widerspricht der Krebs fundamental der Idee der Symmetrie. Freilich verstand Lorenz Symmetrie in der Musik nicht in dieser Weise. Was er als Symmetrie bezeichnete und rühmte – die Analyse des Notenbeispiels 1 hat es gezeigt –, ist lediglich die Umkehrung der *Reihenfolge* von Themen, Taktgruppen oder Abschnitten, die selbst aber nicht umgekehrt werden. Auf diese Weise sind zwar Identitäten als solche erkennbar – im Unterschied zum Krebs –, aber um eine Spiegelung im Sinne der Symmetrie handelt es sich nicht, die Identität ist nicht diejenige von Spiegelbild und Gespiegeltem, sondern lediglich die der Wiederholung, die es in der bildenden Kunst ja auch gibt. Die Wiederholung eines Abschnitts mit rückläufiger Reihenfolge seiner Teile als Symmetrie zu bezeichnen, grenzt daher an Hochstapelei. Es wird eine formale Geschlossenheit und Eigenart der artifiziellen Gestaltung suggeriert, die es in der musikalischen Wirklichkeit gar nicht gibt. Lorenz jedoch, der meinte, *der Vergleich des tönenden Geschehens mit räumlichen Verhältnissen sei durchaus angebracht und belehrend* (S. 121), übertrug auch noch die in der Malerei anzutreffende formale Symmetrie ohne inhaltliche Gleichheit der sich entsprechenden Teile auf die Musik; er erfand das *Prinzip der Stellvertretung*, das es ihm ermöglichte, bei Abschnitten, die keine wie auch immer variierten Wiederholungen bereits einmal dagewesener Partien, sondern gegensätzlich oder einfach nur anders gestaltet sind, von *freier Symmetrie* oder gar von *Gegensatz-Symmetrie* (S. 123) zu sprechen. Die Willkür dieses Verfahrens liegt auf der Hand.

Lorenz' Reduktion der Wagnerschen Musik auf den Raum des Papiers, auf dem sie notiert ist, steht in totalem Widerspruch zu Wagners eigenen Intentionen. Wagner tadelte es, daß *auf die Musik Ansichten übertragen worden seien, welche lediglich der Beurteilung der bildenden Kunst entstammen*, und er bezeichnete es als *Verirrung*, von der Musik das gleiche *wie von den Werken der bildenden Kunst, nämlich die Erregung des G e f a l l e n s a n s c h ö n e n F o r m e n* zu fordern[2]. Lorenz aber stellte nichts anderes fest als *schöne Formen*; er sprach ungeniert von der *Architektonik des ‚Ringes'* (S. V) und von den *Wunderbauten der Wagnerschen Musik*, die er als *musikalische Dome* feierte (S. 9).

Einer der Gründe, warum Lorenz' Analysen so weit an der Wirklichkeit der Wagnerschen Musik vorbeigehen, liegt darin, daß Lorenz die Tragweite von Wagners Abkehr von der Periodik, dem klassischen Verfahren der Melodiebildung, und seine Tendenz zu musikalischer Prosa[3] nicht erkannte. Wagner bildete seine Melodien und Gesangsphrasen nicht mehr nach dem Modell der achttaktigen Periode mit viertaktigem, zur Dominante sich wendendem Vorder- und ebenso langem, in der Tonika schließendem Nachsatz. Wagner beließ es auch nicht bei den Erweiterungen und Modifikationen dieses Modells, und er nahm auch Abstand von dem Verfahren, die Musik aus Taktgruppen nach Potenzen von 2 aufzubauen, wie das vor ihm allgemein üblich war und in aller populär-volkstümlichen

---

[2] *Beethoven*, in: SS IX, S. 77
[3] vgl. dazu: Carl Dahlhaus, *Musikalische Prosa*, in: *Neue Zeitschrift für Musik* 125 (1964), S. 176–182; Hermann Danuser, *Musikalische Prosa*, Regensburg 1975

Musik des Abendlandes bis heute üblich ist. Die Unregelmäßigkeit in der Länge der zusammengehörenden Taktgruppen und in deren Abfolge – ein wesentliches Merkmal der Musikdramen Wagners – ist nicht aufs Schema zu bringen, hat aber deshalb selbstverständlich noch nichts mit Formlosigkeit zu tun. Dennoch hat Lorenz stets die Elle des Schemas angelegt und das Unregelmäßige zur Regelmäßigkeit zurechtgestutzt. Er verkannte dabei völlig, daß die Formen, die er wiederzufinden meinte, als vornehmlich einfache Formen, nämlich Liedformen, eng an die Periodik gebunden sind, die in Wagners Musikdramen nicht mehr gilt. Es ist wesentlich die der Periodik eigentümliche metrische Kontinuität, die in einem Lied wie *Alle Vögel sind schon da* jenen Zusammenhang stiftet, der es erlaubt, von einer A-B-A-Form oder Bogenform zu sprechen. Wird die metrische Kontinuität, also die regelmäßige Wiederkehr der im Takt geordneten Folge von Hebung und Senkung (leicht und schwer) sowie entsprechender übergeordneter Gruppierungen (leichte und schwere Takte und Taktfolgen), außer Kraft gesetzt, dann stehen die Teile unverbunden nebeneinander, und allein eventuelle melodische oder motivisch-thematische Beziehungen stellen eine Verbindung her. Genau das ist in Wagners Musikdramen der Fall und die Regel. Es ist eine der wesentlichen Aufgaben der berühmten Leitmotive, im unverbundenen Nebeneinander der Taktgruppen und Abschnitte Zusammenhang zu stiften. So verstanden wird Zusammenhang allerdings von einem Element der Kompositionstechnik zu einem Mittel der dramatischen Interpretation.

Wo das Fehlen metrischer Kontinuität keinen Zusammenhang mehr verbürgt, wird es problematisch, von Bogen-, Bar- und Rondoformen zu reden. Die Wiederholung eines weiter zurückliegenden Abschnitts macht den unterdessen erklungenen nicht automatisch zum B-Teil einer A-B-A-Form, zum Mittelteil einer Bogenform. Für Lorenz indessen bestand daran kein Zweifel, wie unter anderem seine Analyse des Beginns der 2. Szene im *Rheingold* beweist, den er als Bogenform interpretierte (S. 93f.). Gerade an diesem Beispiel wird die Unangemessenheit eines solchen Formschemas deutlich. Wagner hat durch vorgeschriebene und auskomponierte Fermaten die drei Abschnitte (Walhall-Thema rein instrumental / Wotans erster Monolog / Wotans zweiter Monolog, zum wiederkehrenden Walhall-Thema) sehr deutlich voneinander getrennt, und außerdem hat er dem zweiten und dritten Abschnitt jeweils einen kurzen, dramatisch-dramaturgisch wichtigen Einwurf Frickas, noch dazu in anderer Taktart, vorangestellt, ein weiteres trennendes Element, das zugleich – durch die Taktwechsel – den metrischen Fluß zusätzlich hemmt. Das Nebeneinander der drei Abschnitte bekommt seinen Zusammenhang durch motivisch-thematische Beziehungen, nicht aber durch die Integrationskraft eines Formschemas und liedhaft-periodischen Flusses. Diese Feststellung gilt erst recht für Lorenz' Großformen wie jenes vermeintliche Rondo, als das Lorenz das Waldweben im 2. *Siegfried*-Akt darstellte (S. 270f.).

Lorenz verstand seine Analysen als Anwendung des Wagnerschen Begriffs der „dichterisch-musikalischen Periode", den er als Formbegriff mißverstand. Lorenz hielt sich an das allerdings sehr suggestive Wort „Periode" und vernachlässigte Wagners spezifizierenden Zusatz. Die „dichterisch-musikalische Periode" ist kompositionstechnisch einzig dadurch definiert, daß *sie sich nach einer Haupttonart bestimmt*[4]. Ein weiteres konstitutives Element gibt es nicht, und nicht einmal der Begriff der Haupttonart ist nach Wagners Beschreibung so konkret und eindeutig zu verstehen, wie er klingt und wir ihn heute zu begreifen geneigt sind. Anders als bei der klassischen Periode, wie sie etwa Adolf Bernhard Marx in seiner Kompositionslehre[5] beschrieben hat, fehlen Angaben über die Gliederung und das Verhältnis der Teile zueinander (die klassische Periode gliedert sich in Vorder- und Nachsatz, die gleich lang sind); es fehlen Angaben über die harmonische Differenzierung (in der klassischen Periode geht der Vordersatz zur Dominante, der Nachsatz zur Grundtonart oder Tonika), und es fehlen schließlich Angaben über die Länge, also die Überschaubarkeit, und die Gewichtsabstufung innerhalb der Periode. Als „Form" ist die „dichterisch-musikalische Periode" ein leerer Begriff.

Was Wagner selbst in seiner Erläuterung des Begriffs beschrieb, war nichts anderes als eine theoretische Anweisung zur Modulation, zur Handhabung der Harmonik im Musikdrama, von der sich nicht einmal behaupten läßt, daß Wagner sie in der Praxis genau befolgt

---

[4] *Oper und Drama*, in: SS IV, S. 154
[5] *Die Lehre von der musikalischen Komposition*, 4 Bände, Leipzig 1837–1847

hätte. Danach wird die einmal gewählte Tonart nur gewechselt, wenn der „Empfindungsgehalt" der Worte und Verse ein anderer wird, wie in der von Wagner angeführten Zeile *Liebe bringt Lust und Leid*[6]. „Leid" wäre anders zu harmonisieren als das voraufgehende Wort „Lust". Dementsprechend müßte zurückmoduliert werden, wenn der erste „Empfindungsgehalt" wiederkehrte. Es ist unmißverständlich, daß der Text den Gang des harmonischen Verlaufs bestimmt und nicht ein musikalisches Formmodell. Diese Anweisung zur Handhabung der Harmonik im Musikdrama, als welche man den Begriff der „dichterisch-musikalischen Periode" auffassen muß, war notwendig, nachdem Wagner die klassische Periode aufgegeben hatte, ein musikalisch bestimmtes Kompositionsmodell, das er als einengend und als *Quadratur einer konventionellen Tonsatzkonstruktion* empfand[7]. Die neue Leitlinie beim Gebrauch der Tonarten und ihrer Verbindung fand Wagner im Drama, im Geschehen auf der Bühne, im Text. Was lag näher, als den eingeführten und renommierten Begriff der Periode zu übernehmen und auf das neue Verfahren zu übertragen, auch wenn er, genaugenommen, gar nicht mehr zutraf? Schließlich war die Periode von hohem Ansehen, großem Nimbus. Ihn führte Wagner dem Musikdrama zu, indem er die aus seinem musikdramatischen Modulations- und Harmoniesystem folgenden Anordnungen und Gruppierungen als „dichterisch-musikalische Perioden" klassifizierte. Das Musikdrama als neue Form des Musiktheaters bedurfte der Legitimation. Der Begriff der Periode war eines der Mittel, ihr diese zu verschaffen.

Daß die Formen, die Lorenz aus Wagners Musikdramen herausanalysierte, am Schreibtisch und nicht beim Anhören der Musik gefunden wurden (stummes Hören beim Lesen der Partituren eingeschlossen), zeigen besonders die sogenannten *potenzierten Formen*, Großgebilde – von Lorenz oft mit dem Präfix „Riesen" versehen –, in denen, dem Prinzip der russischen Holzpuppen vergleichbar, jede kleine Form in einer größeren steckt, die wiederum in eine größere aufgeht usw. usw. Eine Barform erscheint als Stollen einer umfangreicheren, übergeordneten Barform, die selbst wieder Stollen einer noch ausgedehnteren Barform ist, und auch diese noch bildet einen

---

[6] *Oper und Drama*, in: SS IV, S. 152
[7] *Über die Bestimmung der Oper*, in: SS IX, S. 149

Stollen in einer abermals größeren Barform – dies der Aufbau der Todverkündigungsszene im 2. Akt der *Walküre*, wie ihn Lorenz zu finden meinte (S. 182f.). Allein die gewaltige Ausdehnung der Formteile weckt Zweifel an der Richtigkeit, ganz abgesehen von der Unangemessenheit der Schemata. Lorenz' *potenzierte Formen* spotten aller Überschaubarkeit, sie sind nicht wahrnehmbar, daher formal, ästhetisch irrelevant. Lorenz freilich blieb, einmal vom Systemdenken infiziert, nicht stehen bei *Großformen*, die ganze Szenen umfassen, sondern erklärte *das ganze Rheingold für einen großen vollkommenen Bogen* (S. 281), die *ganze Siegmundhandlung als einen großen Bar* (S. 281) und *die ganze Siegfriedhandlung für einen potenzierten Bogen* (S. 282). Beim letzten Beispiel reicht der vermeintliche Formzusammenhang vom 3. Akt der *Walküre* bis zum letzten der *Götterdämmerung*, ein Phantom, das sich nur konstruieren läßt, indem man die Partituren der drei Werke leibhaftig nebeneinander legt. Musikalische Form aber kann sich nicht über Stücke erstrecken, die an verschiedenen Abenden aufgeführt werden, und auch Aktschlüsse setzen unmißverständliche Zäsuren.

Der totale Mangel an Sinn für Proportionen in Lorenz' Analysen zeigt sich jedoch nicht nur bei den *potenzierten Formen*, sondern ebenso im kleinen. Den Gesang der Rheintöchter *Wallala!* [...] *Schäme dich, Albe!* in der 1. Szene des *Rheingold* deutete Lorenz als „schlichte Bogenform" (S. 87) mit einem Hauptsatz von sechs, einem Mittelsatz von vierzehn und einer Wiederholung des Hauptsatzes von abermals sechs Takten. Allein die Relation der Taktzahlen hätte Lorenz stutzig machen und ihn darauf bringen müssen, daß ein Mittelsatz wohl kaum mehr als doppelt so lang sein kann wie ein Hauptsatz, sollen die Begriffe nicht ihren Sinn verlieren. Genaueres Hinsehen erbringt denn auch die Erkenntnis, daß der vermeintliche Mittelsatz in Wahrheit der Hauptsatz ist, das, was im Zentrum steht, und der sogenannte Hauptsatz nur die Funktion des Ein- und Ausleitens hat. Wie fixiert aufs Schema und daher äußerlich-oberflächlich Lorenz analysiert hat, zeigt sein Kommentar zu dem angeblichen Mittelsatz, der in Wahrheit die Hauptsache ist. Lorenz behauptete, der Abschnitt werde *aus einem neuen Motiv in punktiertem Rhythmus* gebildet (S. 87), während es sich in Wahrheit um ein Lied in regelmäßig periodischer Form handelt, das sich seiner Intention nach aus viermal vier Takten zusammensetzt. Während der dritte Viertakter den zweiten nahezu unverändert wiederholt, greift der vierte den ersten wieder auf, geht freilich im dritten Takt in die Wiederholung der Einleitung, Lorenz' Hauptsatz, über. Von dieser für das Musikdrama allerdings charakteristischen Durchbrechung der formalen Geschlossenheit abgesehen, hätte Lorenz hier also eine Bogenform feststellen können. Daß er es nicht getan hat, ist jedoch kein Zufall, sondern symptomatisch für sein Analyse-Verfahren, das derart auf die vorgefertigten Formschemata eingeschworen war, daß es für die tatsächlich auftretenden „Formen" blind war.

In Siegmunds Gesang *Winterstürme wichen dem Wonnemond* im 1. Akt der *Walküre* bilden die Takte 13 bis 20, beginnend mit *aus sel'ger Vöglein Sange*, eine ganz regelmäßige achttaktige Periode:

Der Vordersatz ist viertaktig und wendet sich an seinem Ende zur Dominante (F-Dur); der Nachsatz, ebenfalls viertaktig, greift zu Beginn (Takt 5) den entsprechenden Takt des Vordersatzes (Takt 1) auf und schließt in der Grundtonart (B-Dur). Dieses Musterbeispiel einer Periode wurde von Lorenz vollständig ignoriert. Es paßte nicht ins Schema, und so kam es zu der grotesken Analyse, nach der der Vordersatz der dritte Teil einer Bogenform ist (die mit *Winterstürme* beginnt), der Nachsatz aber deren Coda (S. 193). Lorenz verkannte jedoch nicht nur den tatsächlichen formalen Sachverhalt, sondern erst recht dessen Funktion. Da er Wagner unterstellte, ständig nach Schemata zu komponieren, kam ihm selbstverständlich nie der Gedanke, daß Wagner traditionelle Formen und Kompositionsmodelle als Elemente in der Skala seiner Ausdrucksmittel betrachtete und dementsprechend verwendete. Daß Siegmund eine schulgemäße achttaktige Periode, die Rheintöchter ein Lied in Bogenform singen, ist kein Zufall und erst recht kein Zeichen für die generelle Geformtheit von Wagners Musik. Vielmehr ist es eine Aussage über den Charakter derer, die singen, und über die Gefühle und Stimmungen, in denen sie sich befinden. Im Falle der Rheintöchter sind Lied und Reihung von Viertaktern Ausdruck des unkomplizierten Wesens und der vertrauensseligen Unbekümmertheit der Mädchen. Im anderen Falle korrespondiert die Periodik der lyrischen Stimmung der Situation und der lyrischen Haltung des Textes, die mehr liedhaft als dramatisch ist. Bezeichnenderweise nannte Wagner bei den Proben zur ersten Bayreuther Aufführung 1876 diesen Gesang Siegmunds eine *Episode*[8].

Nicht anders als die metrische Kontinuität und der durch sie bedingte Zusammenhang waren für Wagner die Formschemata und Kompositionsmodelle nicht mehr Elemente einer Kompositionstechnik, auf der die Musik durchgehend basiert, sondern Mittel der dramatischen Darstellung und der Interpretation der Szene.

Die Betrachtung der Form in Wagners Musikdramen ist nicht möglich ohne ständigen Rekurs auf Drama, Text und Dramaturgie. Wagner selbst schrieb 1852 an seinen Freund Theodor Uhlig: *Wer in einem urtheil über meine Musik die harmonie von der Instrumentation trennt, thut mir ein eben so großes unrecht, wie der, der meine Musik von meiner Dichtung, meinen gesang vom worte trennt!*[9] Eben dieses Unrechts

---

[8] Klavierauszug mit handschriftlich eingetragenen Probenbemerkungen Wagners in NA (= WWV 86B MUSIK Xc)
[9] Brief vom 31. Mai 1852, in: SB IV, S. 386

machte sich Lorenz schuldig. Seine Analysen *vom musikalischen Standpunkte aus* (S. 9) waren freilich die logische Folge des Prinzips, das Kunstwerk in Form und Inhalt zu zerlegen, jenes Prinzips, das – wie wir sahen – auch Lorenz' Formbegriff bestimmte. Wie stark Lorenz von dieser nicht anders als amusisch zu nennenden Aufteilung geprägt war, darauf wirft ein eigentümlicher Zitierfehler, nicht anders denn als Freudsches Versagen aufzufassen, ein bezeichnendes Licht. Lorenz schrieb in seiner Einleitung, aus Wagners Aufsatz *Über die Anwendung der Musik auf das Drama* zitierend, von den durch Wagners *eigene künstlerische Arbeiten abgewonnenen musikalischen Formen* (S. 9) – als habe Wagner, dem es um eine *gerechte und zugleich nützliche Beurteilung*[10] seiner Werke ging, die Musik absolut, für sich genommen, betrachtet. Indessen ließ Lorenz, bewußt oder unbewußt, in beiden Fällen aber seiner Auffassung und Überzeugung entsprechend, ein sehr wichtiges Detail aus. Wagner sprach nämlich von den durch seine *eigenen künstlerischen Arbeiten d e m D r a m a abgewonnenen musikalischen Formen*[11] (Hervorhebung vom Verfasser), eine Formulierung, die ausdrücklich auf den Zusammenhang von Musik und Drama hinweist und die Abhängigkeit der musikalischen Form vom Drama artikuliert.

Indem Lorenz rigoros auf Schemata setzte, unterschied er sich nur geringfügig von jenen, die Wagners Kunst und insbesondere seine Musik formlos nannten. Auch sie legten die Maßstäbe von Schemata an, auch wenn es vielleicht nicht die Lorenzschen waren. Nur verfuhr Lorenz nicht als Kritiker, sondern als Apologet. Seine Verteidigung war jedoch nicht nur ein Anachronismus – sie kam zwei Generationen zu spät –, sondern schlug ihres verfehlten Ansatzes wegen sogar ins Gegenteil um: Lorenz bewies mit seinen Analysen nicht, daß und wie Wagners Musik geformt ist, sondern bestätigte den Vorwurf, daß sie formlos sei. Das Geheimnis der Form, das Lorenz zu entdecken meinte, offenbare sich als prinzipielle Formenlosigkeit. Wagners Musikdrama ist spezifisch musikalischer Form gegenüber gleichgültig, in diesem Sinne in der Tat formlos.

---

[10] SS X, S. 185
[11] ebda.

Süßeste Rache sühnte dann alles
Zum ersten Akt der *Walküre*

Wagner verstand sein Musiktheater als Gegenentwurf zur herkömmlichen Oper, und er ist nicht müde geworden, gegen diese zu polemisieren. Der Siegeszug seiner Werke durch die Opernhäuser war ihm, so sehr er ihn einerseits gewiß freute und angesichts des so verdienten Geldes auch freuen mußte, andererseits stets auch ein Dorn im Auge, da er immer argwöhnte, daß seine Werke, mit denen er doch gerade die Oper zu überwinden suchte, in den Opernhäusern doch wieder nur zu Opern gemacht würden. Das eigene Theater, wie Wagner es schließlich in Bayreuth verwirklichte, hatte vor allem die Aufgabe, die Wagnerschen Werke vor dem Einfluß der Oper zu schützen und – was von ganz besonderer Bedeutung dabei ist – sie vor deren Aufführungspraxis zu bewahren. Wagner sah nicht einmal den sich zumindest äußerlich so sehr aller Konvention verweigernden *Ring des Nibelungen* dagegen gefeit.

Die *Walküre* ist, wie die Aufführungszahlen belegen, das beliebteste Werk aus dem *Ring*, und diese unübersehbare Bevorzugung durch das Publikum setzte bereits zu Wagners Lebzeiten ein. Wagner, der das Stück selbstverständlich als Teil des übergeordneten Ganzen sah und daher auf vollständige Aufführungen des *Rings* aus war, wehrte sich vergebens gegen die Herauslösung der *Walküre* aus der Tetralogie.

Die allgemeine Vorliebe hat selbstverständlich ihre Gründe. Kein anderes Werk im *Ring* ist so sehr von Liebes-Emotionalität geprägt wie die *Walküre*. Nicht einmal jene Passagen im *Siegfried* und in der *Götterdämmerung*, die von der Liebe zwischen Brünnhilde und Siegfried handeln, haben auch nur annähernd den spezifischen Gefühlston der *Walküre*, diese besondere Art und Intensität des lyrischen Überschwangs und der Wärme im Ausdruck, deren musikalisches Pendant eine im *Ring* sonst kaum anzutreffende Kantabilität ist. Nicht zufällig findet jener gewaltige Gefühlsausbruch, dessen melodisch-musikalischer Entsprechung am Schluß der *Götterdämmerung* die Funktion des „Erlösungs-Motivs" zufällt, in der *Walküre* statt (wenn Sieglinde im 3. Akt erfährt, daß sie schwanger ist), und nicht zufällig hat diese „Erlösungs"-Melodie am Ende der *Götter-*

dämmerung kaum noch etwas von jener überwältigenden Exaltiertheit, mit der sie in der *Walküre* exponiert wird. Sie ist in der *Götterdämmerung* nur noch Erinnerung an jenen großen Augenblick.

Die besondere Emotionalität in der *Walküre* hat, wie könnte es anders sein, mit den Personen dieses Stücks zu tun, die in besonderem Maß oder gar ausschließlich von Emotionen, vornehmlich Liebesempfindungen, bestimmt sind, und dies gilt nicht nur für Siegmund und Sieglinde, sondern ebenso für die Beziehungen zwischen Brünnhilde und Siegmund, Sieglinde und Brünnhilde, Brünnhilde und Wotan. Andere Emotionen spielen demgegenüber eine deutlich geringere Rolle, vor allem im Vergleich mit den anderen Werken des *Rings*. Reflexion, wie sie sonst im *Ring* konstitutiv ist, erscheint über weite Strecken ausgespart, wenn sie auch selbstverständlich nicht insgesamt fehlt, wie insbesondere die 3. Szene des 2. Aktes mit Wotans großem Monolog zeigt.

Der 1. Akt ist in ganz besonderem Maße, wenn nicht ausschließlich von der Emotionalität des Liebespaars Siegmund und Sieglinde geprägt, und diese Ausschließlichkeit, die die Personen so ganz unter die Herrschaft ihrer Affekte stellt, erinnert überdeutlich an die Oper. Hier wie dort bestimmen nur die Gefühle das Tun, und der Gegenstand des musikalischen Ausdrucks ist die ebenso ungenierte wie hemmungslose Hingabe an die Emotionen. Vor der Gesanglichkeit, in der die Personen sich unmittelbar ausdrücken, tritt das System der erinnernden Leitmotive, das eher reflexiv, zumindest nur indirekter Ausdruck ist, in den Hintergrund. Die Erklärung der Vorliebe des Publikums für die *Walküre* und besonders deren 1. Akt liegt also vielleicht – Ironie der Geschichte – gerade in den opernhaften Zügen des Werks.

Innerhalb des *Ring*-Ganzen wirkt der 1. Akt der *Walküre* in mancher Hinsicht wie eine zweite Exposition, als würde noch einmal von einer ganz anderen Ebene aus neu begonnen. Während *Siegfried* und *Götterdämmerung* jeweils ziemlich genau dort anknüpfen, wo das vorangehende Werk aufgehört hat – wenn auch im *Siegfried* mit beträchtlichem zeitlichem Abstand –, beginnt die *Walküre* so, als gäbe es das *Rheingold* gar nicht. Erst der 2. Akt schließt mit dem Aufgreifen der Götterhandlung an das *Rheingold* an. Man hat es mit neuen Personen zu tun, noch dazu von einer neuen Spezies. Erstmals treten nicht Nixen, Zwerge, Riesen und Götter auf, sondern die Menschen. Auf sie wurde zuvor nicht einmal hingewiesen, so wie im 2. Akt der *Walküre* auf Hagen, im 3. Akt auf Siegfried hingewiesen wird. Die Verbindung zwischen Siegmund und Sieglinde, dem Wälsungenpaar, und Wotan wird in der Handlung selbst nicht deutlich, sie kommt erst im 2. Akt zur Sprache. Daß Wagner dies bewußt so anlegte, beweist die Tatsache, daß der ursprünglich vorgesehene und in den Entwürfen sogar auch ausgeführte Auftritt Wotans in Hundings Behausung[1] wieder gestrichen wurde. Für den Zusammenhang der Wälsungen mit Wotan gibt es nur den Hinweis durch den Komponisten auf der Ebene des Autoren-Kommentars (Vertrags-Motiv nach *Wie gleicht er dem Weibe* ... / Walhall-Motiv nach *den Vater fand ich nicht* usw.). Hundings Herkunft bleibt völlig im dunkeln. Dabei wäre es ein leichtes gewesen, den Gegenspieler Siegmunds, in Analogie zu Hagen, dem Gegenspieler Siegfrieds, in eine Verwandtschaft zu den Nibelungen zu stellen und auf diese Weise direkt an das *Rheingold* anzuknüpfen. Das hätte zudem ermöglicht, auch musikalisch auf bereits vorhandene Motivik zurückzugreifen. Es hat den Anschein, als habe Wagner die Welt der Menschen unmißverständlich als eine ganz andere eben dadurch auszeichnen wollen, daß er sie von den zuvor exponierten strikt trennte.

Zur neuen Welt mit ihren neuen Personen gesellen sich selbstverständlich auch neue Handlungsmotive. Die Ungastlichkeit Hundings weist voraus auf diejenige Mimes im 1. Akt des *Siegfried*. Mit *Froh nicht grüßt dich der Mann, dem fremd als Gast du nahst* entlarvt Hunding seine eigene zuvor ausgesprochene Gastlichkeitsformel *Heilig ist mein Herd: heilig sei dir mein Haus*, da er beides auf dieselbe Melodie singt. Der Trank, den Sieglinde Siegmund reicht, aber auch jener, der Hunding in Schlaf versenkt, ist ein Vorläufer jener Tränke, die Siegfried offeriert werden, im *Siegfried* durch Mime erfolglos, in der *Götterdämmerung* durch Gutrune mit Erfolg, aber auch mit katastrophalen Folgen. Katastrophal ist die Wirkung der Tränke jedoch auch schon im 1. Akt der *Walküre*. Sie sind die Kuppler des jungen Paares. Zu den neuen Motiven gehört schließlich, was sich zwischen Siegmund und Sieglinde abspielt: Ehebruch und Inzest. Insbesondere durch sie wird der 1. Akt der *Walküre* zum Auslöser neuer Handlung.

---

[1] vgl. Richard Wagner, *Skizzen und Entwürfe zur Ring-Dichtung*, hg. v. Otto Strobel, München 1930, S. 204/211f./235

Der 1. Akt der *Walküre* fällt durch seine dramaturgische Geschlossenheit auf. Seine Handlung läßt sich als eine Geschichte auffassen, in der es nur um die drei Personen geht, die auftreten. Alles, was man für das Verständnis der unmittelbaren Vorgänge benötigt, wird innerhalb der Handlung mitgeteilt. Charakteristisch ist dabei, daß auch die Vorgeschichte, die selbstverständlich nicht fehlt, sich gleichfalls ausschließlich auf die drei Personen, die auftreten, beziehen läßt und nicht, wie sonst, von der *Ring*-Handlung dominiert wird, die gleichwohl auch hier den Hintergrund bildet. Davon aber ahnen die Personen nicht einmal etwas. Ihr Gegenwartsbezug, der die Quelle ihrer Spontaneität ist, steht in markantem Gegensatz zu dem Belastetsein durch Vergangenheit, das so überaus kennzeichnend für die meisten Personen im *Ring* ist. Hier erzählt auch niemand von Zwergen, Riesen oder Göttern; die Macht des Goldes und die Herrschaft über die Welt spielen keine Rolle. Demgemäß treten auch deren musikalische Embleme, die entsprechenden Leitmotive, entweder gar nicht oder nur gleichsam am Rande auf, oder sie haben einen gewandelten Sinn.

Insgesamt sechs der im *Rheingold* exponierten Motive lassen sich im 1. Akt der *Walküre* antreffen: Entsagungs-, Geschwisterliebe-, Gewitter-, Schwert-, Vertrags- und Walhall-Motiv. Von keinem wird auch nur annähernd reicher Gebrauch gemacht, im Gegenteil: Vertrags- und Entsagungs-Motiv treten nur je einmal auf, das Vertrags-Motiv zudem so unmerklich, daß man als Hörer seiner kaum gewahr wird. Das Gewitter-Motiv ist auf die instrumentale Einleitung beschränkt, verknüpft also musikalisch den Anfang der *Walküre* direkt mit dem Schluß des *Rheingolds*; doch daß dieses Motiv dort mit Donner, dem Gewittergott, zu tun hat, ist hier völlig unerheblich, die Verweisfunktion des Motivs folglich äußerst gering. Der Zusammenhang mit dem *Rheingold* bleibt äußerlich.

Ähnlich verhält es sich mit dem Schwert-Motiv, das ja nicht erst im 1. Akt der *Walküre* zum ersten Mal auftritt. Die stete Bindung an das als Requisit ständig auf der Bühne präsente Schwert läßt sogleich vergessen, daß bei der Exposition des Motivs am Ende vom *Rheingold* nicht von einem Schwert die Rede ist, sondern ein, wie es heißt, *großer Gedanke* Wotans Ausdruck und Darstellung findet, jener Gedanke nämlich, der das Konzept zur Rückgewinnung des Rings von den Riesen und seine Rückgabe an die Rheintöchter entwirft.

Davon teilt sich im 1. Akt der *Walküre* nicht das geringste mit; das Über-sich-Hinausweisen wie im *Rheingold*, wo die Bedeutung des Motivs sogar in nichts anderem besteht, ist eliminiert; denn Siegmund und Sieglinde verstehen das Schwert naiv und vordergründig als das, was es zunächst einmal ist, nämlich eine Waffe, und erst der 2. Akt bringt Aufklärung über seinen tieferen Sinn und Zweck. Das Motiv spiegelt also im 1. Akt der *Walküre* notwendig reine Gegenwart; es trägt den Namen *Schwert-Motiv* darum hier völlig zu Recht.

Anders verhält es sich mit dem Entsagungs-Motiv, das am Ende zu Siegmunds Worten *Heiligster Minne höchste Not, sehnender Liebe sehrende Not* erklingt, in einer Situation, in der es um alles andere geht als um Entsagung. Hier scheint, nimmt man die Benennung des Motivs beim Wort, der Sinn geradezu in sein Gegenteil verkehrt. Es ist einerseits ein anschauliches Beispiel dafür, wie unorthodox und flexibel-phantasievoll Wagner mit seinen Motiven umgeht und wie uneindeutig ihr semantischer Gehalt ist. Andererseits zeigt sich an diesem Fall die außerordentliche Problematik der Leitmotiv-Namen, die bekanntlich nicht von Wagner stammen. Sie allzu wörtlich zu nehmen, führt zwangsläufig in die Irre. Ginge man bei der Benennung des Entsagungs-Motivs nicht von der textlichen Konnotation aus, sondern vom Charakter der Musik, so würde man von dem Motiv sagen müssen, daß es mehr Ausdruck jener unwiderstehlichen und Not bereitenden Macht der Minne sei, der es um der Macht der Welt willen zu entsagen gilt, als der Entsagung.

Der Einsatz des Walhall-Motivs zeigt eine wiederum andere Art der Verwendung der Motive. An den Stellen nämlich, an denen es auftritt, ist von Walhall gar nicht die Rede (Walhall kommt im 1. Akt der *Walküre*, wie schon gesagt, nicht vor); die Rede ist vielmehr stets von Wolfe alias Wälse, dem Vater Siegmunds und Sieglindes. Das Motiv schlägt einen Bogen von Wälse zur Welt der Götter und teilt so dem Hörer mit, daß hinter Wälse alias Wolfe kein anderer steckt als Wotan. Siegmund und Sieglinde wissen dies nicht. Die Mitteilung geschieht gleichsam hinter ihrem Rücken. Das Leitmotiv kommentiert das Geschehen aus der Sicht des Autors.

Um sich nicht der Vielfalt der Verwendungsmöglichkeiten zu berauben, hält Wagner die Semantik seiner Motive bewußt allgemein. Sie sind gleichsam offen, so daß neue Bedeutungen, neuer

Sinn in sie einfließen können. So zeigt es das Geschwisterliebe-Motiv,

das mit einem aus dem Flucht-Motiv entwickelten Thema aus dem *Rheingold* (Überleitung zur 3. Szene) nahezu identisch ist:

Auch hier erscheint der Motivname irreführend, es sei denn, man verstehe ihn als Bezeichnung für etwas Verhängnisvolles, Schmerz und Leiden Bereitendes. Damit käme man dem gemeinsamen Nenner des Motiv-Charakters und der dramatischen Situationen, in denen das Motiv erklingt, näher.

Gerade angesichts von Motiv-Übernahmen wie der des Geschwisterliebe-Motivs verwundert, daß nicht mehr Motive aus dem *Rheingold* den Weg in den 1. Akt der *Walküre* gefunden haben. Selbstverständlich aber ist der weitreichende Verzicht auf die Nutzung des im *Rheingold* exponierten Motiv-Fundus die logische Folge der Handlung, die eben nicht dort anknüpft, wo das *Rheingold* aufhört, und angesichts ganz anderer Personen, Orte und Geschehnisse dazu zwingt, neue Motive einzuführen. Andererseits sind eine ganze Reihe der im *Rheingold* verwendeten Motive so gehalten, daß sie auch im 1. Akt der *Walküre* hätten Verwendung finden können, wie beispielsweise das Freia-Motiv, das im *Rheingold* zugleich das Motiv der Liebe ist. Um einen solch allgemeinen Bezug scheint es Wagner jedoch nicht gegangen zu sein. Die Liebe zwischen Siegmund und Sieglinde sollte nicht als abgeleitete erscheinen, sondern eigenständig sein, weshalb sie ihr eigenes Motiv erhielt. Es gilt, wie auch alle anderen im 1. Akt der *Walküre* neuen Motive, ganz den auf der Bühne gegenwärtigen Personen, Dingen und Vorgängen. Keines weist darüber hinaus, weder auf etwas außerhalb der Szene Befindliches noch auf etwas Zukünftiges. Wagner verzichtete sogar darauf, innerhalb des Geschehens vorauszuverweisen. So wäre es ein leichtes gewesen, das Motiv Hundings schon in der 1. Szene einzuführen, nämlich bei Sieglindes erster Erwähnung des Namens gleich zu Beginn. Statt dessen tritt es erst auf, wenn Hunding selbst erscheint, beim Übergang zur 2. Szene. Die Geschlossenheit des 1. Aktes der *Walküre* ist eine Folge des strikten Gegenwartsbezuges.

Daneben wird Geschlossenheit aber auch durch inhaltliche Elemente hervorgerufen. So ist Siegmunds Erzählung von der *Maid*, die er gegen die gewaltsame Verheiratung zu verteidigen suchte, nichts anderes als eine Variante von Sieglindes Geschichte. Die erzählte Vergangenheit hat gleichsam ihr lebendes Pendant auf der Szene. Auch der Schluß sorgt für den Eindruck der Geschlossenheit. Glücklich ausgehende Liebesgeschichten pflegen mit der Vereinigung der Liebenden zu enden. Nicht anders geschieht es hier (nimmt man nur den 1. Akt), und auch, wenn Siegmund und Sieglinde nach bürgerlichem Recht eine Straftat begehen – die Sympathien des Publikums sind ihnen gewiß.

Neben anderen Gesten spielen Blicke in Wagners Bühnenwerken eine große Rolle. Nirgends sind sie so zahlreich und vor allem so ausladend auskomponiert wie im 1. Akt der *Walküre*. Es sind ganze Dialoge, die hier mit den Augen geführt werden. Anfangs, wenn Siegmund und Sieglinde noch ganz von ihren neuen Gefühlen überrascht sind, erscheinen diese Blick-Dialoge als sinnfälliger Ausdruck von Sprachlosigkeit; dann, wenn die äußeren Umstände – Hundings Gegenwart – dazu zwingen, sind sie das einzige Mittel, sich bei äußerer Verschwiegenheit dennoch zu verständigen. Besonders an solchen Stellen erweist sich die grundlegende Differenz des Musikdramas gegenüber der Gattung der Oper, in der solcher Realismus undenkbar ist. Hatte die aristokratische Oper den Blick als Mittel, zugleich etwas zu sagen und zu verschweigen, nicht nötig, und ist der Blick daher als Kennzeichen des Musikdramas ein Merkmal der bürgerlichen Welt? Auf jeden Fall zeigt er, zumal als musikalisch komponierter, Wagners Vorliebe für das Unausgesprochene.

Der 1. Akt der *Walküre* ist der einzige im *Ring*, der in einem völlig geschlossenen Innenraum spielt. Solch ein Raum bietet nach herkömmlichem Verständnis Schutz, und in diesem Sinne wird er auch von Siegmund verstanden, der nicht zufällig gerade hier sich vor seinen Verfolgern verbergen und ausruhen will. Doch Siegmund irrt sich ebenso wie der Zuschauer. Hundings Wohnraum ist eher eine

Falle, bedeutet Enge und Begrenztheit. Er ist das äußere Zeichen der Fesselung und Unterdrückung elementarer Lebensbedürfnisse in der Gesellschaft, in der Hunding lebt. Wie anders sonst wäre zu erklären, daß genau in dem Augenblick, in dem sich die aufgestauten Gefühle Sieglindes erstmals Luft machen, die Tür aufspringt. Es ist nicht nur der Frühling, der ins Haus drängt, sondern auch eine Explosion der Empfindungen; sie sind es, die den Raum sprengen. Freilich kommt der zündende Funke in Gestalt Siegmunds von außen, und im Aufspringen der Tür wiederholt sich gleichsam nur Siegmunds Eindringen in Hundings streng gehütete Welt. So sehr aber deren Enge der Entfaltung wahren Lebens im Wege steht, so anarchisch-zerstörerisch erweist sich die rückhaltlose Entfesselung der Gefühle, Sehnsüchte und Bedürfnisse. Der Lenz, der da *in den Saal lacht*, ist kein harmloser Frühling, und ihn nur als jene Natur zu verstehen, zu der Rousseau zurückwollte, hieße verkennen, was tatsächlich vor sich geht. Siegmund und Sieglinde sind nicht nur in ihrer gegenseitigen Liebe miteinander verbunden, sondern auch und vielleicht noch viel mehr in ihrer gemeinsamen Frontstellung gegenüber der Welt. Sie verstehen sich als Außenseiter, als Outcasts, sie empfinden sich als von den anderen *geächtet* (Siegmund) und *entehrt* (Sieglinde); eine, wenn nicht *die* Triebfeder ihres Tuns ist daher der Affekt der Rache. Sie sind Outlaws, – pointiert formuliert – bewußt kriminell; denn nur im Verstoß gegen die Gesetze glauben sie, der Gesellschaft heimzahlen zu können, was diese ihnen angetan hat. *Süßeste Rache sühnte dann alles* lautet das Motto, und nach dem berühmten letzten Satz Siegmunds *So blühe denn Wälsungenblut*, der ja keine andere Funktion hat als die, die Vorsätzlichkeit des Inzests unter Beweis zu stellen, wird noch ausdrücklich angefügt: *Er zieht sie mit w ü t e n d e r Glut an sich* (Hervorhebung E.V.). Daß die Konsequenzen nur fürchterlich sein können und von nachhaltiger Wirkung sein müssen, versteht sich; die gesamte weitere *Ring*-Handlung ist davon betroffen.

Siegfrieds Musik

Von Siegfried ist die Rede, lange bevor er selbst auf der Bühne erscheint, noch ehe er geboren ist. Und das nicht nur den Worten nach, sondern auch musikalisch. Im 3. Akt der *Walküre* verkündet Brünnhilde der entmutigten, todbereiten Sieglinde: ... *den hehrsten Helden der Welt hegst du, o Weib, im schirmenden Schoß!* Die Worte werden auf eine Phrase gesungen, die später – im *Siegfried* und in der *Götterdämmerung* – zum Leitmotiv Siegfrieds wird:

Das Thema ist allerdings nicht direkt mit Namen und Person Siegfrieds verbunden. Es meint *den hehrsten Helden der Welt*, den ersehnten und erwarteten Erlöser und Befreier, bezeichnet also primär eine Funktion und weniger die Person und Individualität Siegfrieds (dessen eigentliches Leitmotiv darum auch der Hornruf ist). Der Name des Helden, den Brünnhilde im 3. Akt der *Walküre* ebenfalls schon mitteilt (*Siegfried erfreu' sich des Siegs!*), ist bezeichnenderweise von dem exponierten Thema unabhängig (s. u.). Dieses Thema – in der Literatur dennoch von jeher „Siegfried-Motiv" genannt – hat unverkennbaren Marschcharakter, wenngleich es bei seiner Exposition und auch später immer wieder im Sechsachteltakt auftritt. Die weitaus häufigere Notationsweise ist jedoch diejenige im Viervierteltakt, und bisweilen ist das Thema noch durch Doppelpunktierung rhythmisch geschärft. Der Held, dem es gilt, ist ein kriegerischer Heros. Nicht umsonst besteht eine deutliche Verwandtschaft zum Schwert-Motiv, dessen punktierter Rhythmus im Thema Siegfrieds ebenso wiederkehrt wie die Auftakt-Quarte. Die Zusammengehörigkeit dokumentiert sich unmißverständlich, da dem Siegfried-Motiv sogleich das Schwert-Motiv folgt. Siegfried ist gleichsam ohne das Schwert nicht denkbar. Darum erfolgt auch die Wiederholung des Siegfried-Motivs wie selbstverständlich zu den Worten *der neugefügt das Schwert einst schwingt*; und die Namensgebung selbst erfolgt sogar zu den Tönen des geringfügig modifizierten Schwert-Motivs:

Siegfried ist der Schwertschwinger, der Sieger. Das besagt das ihm zugeordnete Motiv. Nicht von ungefähr ertönt es im 1. Akt des *Siegfried* zum ersten Mal, wenn Siegfried übermütig das gerade von Mime fertiggestellte Schwert prüft und zerschlägt. Und wenn Siegfried sich im 3. Akt der *Götterdämmerung* gegen seinen Mörder zur Wehr zu setzen versucht, dann ist es abermals dieses Motiv, das die Aktion begleitet. Vom Frieden, der gleichermaßen im Namen Siegfrieds anklingt, ist im Zusammenhang dieses Motivs nie die Rede.

Melodisch tendiert das Siegfried-Motiv durch die Verwendung der Töne es und as nach c-Moll, harmonisch beginnt es nichtsdestoweniger in C-Dur (1. Takt) – auch dies ein gemeinsames Merkmal mit dem Schwert-Motiv –, und auch am Ende steht eine Dur-Tonart, zunächst Es-Dur – in der Sequenz gar H-Dur –, später G-Dur. Der Zug zur Aufhellung ist unüberhörbar. Siege feiert man musikalisch in Dur, nicht in Moll. Bezeichnend darum auch, daß Brünnhildes Verkündung sich von c-Moll (*den hehrsten Helden der Welt* bzw. *der neugefügt das Schwert*) nach G-Dur (*Siegfried erfreu' sich des Siegs*), noch dazu in die zweigestrichene Oktave, wendet. Siegfried erscheint als Überwinder des Dunkels, für das mindestens seit der zweiten Hälfte des 18. Jahrhunderts in der Musik das Mollgeschlecht zu stehen pflegt. Andererseits verweist das latent vorhandene c-Moll unmißverständlich auf das Scheitern des Helden. Es blickt voraus auf den sogenannten Trauermarsch nach Siegfrieds Tod am Ende der Tetralogie im 3. Akt der *Götterdämmerung*, dessen Tonart c-Moll ist[1], eine der klassischen Tonarten für Trauermusik und Trauermarsch. Schon bei der Prophezeiung des Helden ist also zumindest angedeutet, daß dieser untergehen wird.

Der Molleinschlag ist charakteristisch für das Siegfried-Motiv. Dennoch gibt es eine Stelle, an der gerade er aufgegeben wird. Dies geschieht nach der Erweckung Brünnhildes im 3. Akt des *Siegfried*. Brünnhilde singt ihre Frage *wer ist der Held, der mich erweckt?* noch zu den Molltönen des Siegfried-Motivs, und auch Siegfrieds erste Worte, das Durchschreiten des Feuers und die Lösung des Helms betreffend, werden noch von der gewohnten Fassung begleitet; seinen Namen aber nennt Siegfried zur aufgelichteten Form. In dieser ins helle Dur gewendeten Gestalt ertönt das Motiv während der gesamten Schlußszene des *Siegfried*, jenen Augenblick ausgenommen, in dem vom Fürchten und mehr von der Vergangenheit als der Gegenwart die Rede ist. Die Durgestalt des Siegfried-Motivs zeigt den Helden im Glück, im Glück der Liebe. Das wird unter anderem am Schluß deutlich, wo nach der Bemerkung *Brünnhilde stürzt sich in Siegfrieds Arme* das Motiv in der neuen Form in den tiefen Instrumenten erklingt.

---

[1] c-Moll-Beginn bei „Feierlich" (c-Moll-Vorzeichnung) – Ende bei „Allmählich etwas bewegter", im 3. Takt vor Gutrunes Einsatz (c-Moll als erwartete Tonika wird übergangen)

Vorausgewiesen wird auf die Durgestalt des Siegfried-Motivs wiederum bereits im 3. Akt der *Walküre*. Nach Brünnhildes Prophezeiung und Sieglindes überschwänglicher Reaktion darauf lautet der Text: *Für ihn, den wir liebten, rett' ich das Liebste.* Die Worte werden auf Töne gesungen, die die Durgestalt des Siegfried-Motivs ergeben. Die Beteiligung der Hörner, die kurz zuvor erst die Exposition des Siegfried-Motivs trugen, bekräftigt den Zusammenhang. Hier wie am Schluß des *Siegfried* gilt die Durgestalt nicht dem *hehrsten Helden der Welt*, nicht dem, der *das Fürchten nicht gelernt* hat, sondern einer geliebten Person. Solange Brünnhilde in der Schlußszene des *Siegfried* noch nicht weiß, wer sie erweckt hat, erscheint das Siegfried-Motiv in seiner originalen Mollversion angemessen; es gilt dem Helden, der das Feuer zu durchschreiten vermochte. Mit dem Namen aber rücken Heldentum und Furchtlosigkeit in den Hintergrund, und die Person tritt hervor, jene Person, für die Brünnhilde gegen Wotans Gebot verstieß, und der ihre Liebe schon galt, als diese noch gar nicht geboren war.

Noch im 3. Akt der *Walküre* wächst dem Siegfried-Motiv neue und spezifizierende Bedeutung zu. Brünnhildes Wunsch nach einer Milderung ihrer Strafe (*daß nur ein furchtlos freiester Held hier auf dem Felsen einst mich fänd'*) wird auf die Töne des Siegfried-Motivs gesungen; denn selbstverständlich ist Siegfried der ersehnte Held. Auch wenn Brünnhilde nicht ausspricht, daß sie ihn im Sinn hat (oder es ihr vielleicht gar nicht einmal ganz bewußt ist, daß sie Siegfried ersehnt) – die Musik teilt es unüberhörbar mit. Daß mit dem Siegfried-Motiv in der Tat Siegfrieds Furchtlosigkeit und die daraus erwachsende Freiheit gemeint sind, bestätigt sich wenig später. Das Thema erklingt einerseits zu Wotans resigniertem Spruch *denn einer nur freie die Braut, der freier als ich, der Gott!*, andererseits zu den beschwörenden Worten *Wer meines Speeres Spitze fürchtet, durchschreite das Feuer nie!*, beides musikalisch deutliche Vorahnungen dessen, der den Speer zerschlagen, das Feuer durchschreiten und die Braut freien wird. Am Ende der Szene zwischen dem Wanderer und Mime im 1. Akt des *Siegfried* ertönt das Siegfried-Motiv zu des Wanderers Worten *verfallen laß' ich es* [nämlich Mimes Haupt] *dem, der das Fürchten nicht gelernt!* Und wenn Mime in der anschließenden 3. Szene des 1. *Siegfried*-Aktes Siegfried das Fürchten eindringlich zu machen sucht, Siegfried aber ratlos antwortet: *Sonderlich seltsam muß das sein!*

Hart und fest, fühl' ich, steht mir das Herz, so ist – zum zweiten der zitierten Antwortsätze – wiederum das Siegfried-Motiv zu hören. Die Bedeutung der Furchtlosigkeit wächst dem Siegfried-Motiv zwangsläufig zu. Sie bleibt ihm aber äußerlich. Wagner hat nicht den Versuch gemacht, die Furchtlosigkeit, eine der wesentlichsten Eigenschaften des neuen Menschen, als welchen er sich Siegfried vorstellte, wenn nicht die wesentlichste überhaupt, musikalisch darzustellen. Das Siegfried-Motiv porträtiert den *hehrsten Helden der Welt* nur insoweit, als es dazu angetan ist, durch seinen Marschcharakter beim Hörer Vorstellungen wie Mut und Tapferkeit zu assoziieren. Im Vergleich jedenfalls zur Darstellung der Angst, die Mime im Anschluß an die Wanderer-Szene im 1. Akt des *Siegfried* befällt, erscheint das Siegfried-Motiv im Charakter fast neutral, musikalisch-technisch konventionell. Harmonisch wie instrumentatorisch ist die musikalische Veranschaulichung von Mimes Furcht sehr viel avancierter als das Siegfried-Motiv, das in seiner Vier- bzw. Achttaktigkeit klassischer Periodik entspricht.

Siegfried ist naiv, ein Tor wie Parsifal, ein Märchenheld. Er ist der Drachentöter, der die Sprache der Vögel versteht. Er ist überdies der Dumme, der auszieht, das Fürchten zu lernen. Wagner selbst hat auf die Identität seines Helden mit der Gestalt des Grimmschen Märchens aufmerksam gemacht. Im Brief an Theodor Uhlig vom 10. Mai 1851 teilte er dem Freunde mit: *Habe ich Dir nicht früher schon einmal von einem heitren stoffe geschrieben? Es war dieß der bursche der auszieht ‚um das fürchten zu lernen' und so dumm ist, es nie lernen zu wollen. Denke Dir meinen schreck, als ich plötzlich erkenne, daß dieser bursche niemand anders ist, als – der junge Siegfried, der den hort gewinnt und Brünnhilde erweckt!*[2] Siegfried ist schließlich auch der Königssohn, der Dornröschen wachküßt. Es liegt daher auf der Hand, daß das dritte Stück der *Ring*-Tetralogie, *Siegfried* – ursprünglich treffender *Der junge Siegfried* genannt –, im Unterschied zu *Walküre* und *Götterdämmerung* eine Märchenoper ist. Wie Carl Dahlhaus[3] gezeigt hat, versuchte Wagner der Zeitlosigkeit, welche das Märchen charakterisiert, durch die Bevorzugung primär tektonisch bestimmter musikalischer

---

[2] SB IV, S. 43
[3] Carl Dahlhaus, *Richard Wagners Musikdramen*, Velber 1971, S. 125f.

Formen (wie der in sich ruhenden und nicht auf Entwicklung zielenden Lied- und Rondoformen) sowie durch Statik in harmonischer Hinsicht, wie sie zum Beispiel das sogenannte Waldweben zeigt, zu entsprechen. Insofern die Lied- und Rondoformen jedoch mehr Hintergrund bilden als Schemata sind, die genau befolgt werden, erscheint die Naivität, die ihnen anhaftet, nicht ungetrübt. Siegfrieds Gesang von der Liebe im Lenz in der 1. Szene des 1. *Siegfried*-Aktes (*Es sangen die Vöglein so selig im Lenz*) ist zwar als Strophenlied deutbar, drängt sich dem Hörer jedoch nicht als Lied auf, weder formal noch im Tonfall. Das läßt die Chromatik der gleichzeitig ertönenden Orchestermotive, die zudem sinfonisch-durchführungsartig gehandhabt werden, nicht zu. Und erst recht steht die dem Motiv eigene und auf Entfaltung und Steigerung drängende Expression statischer Liedform und naivem Liedton entgegen. Solche Differenziertheit findet sich freilich nicht überall. Siegfrieds Gesang *Aus dem Wald fort in die Welt ziehn*, ebenfalls aus dem 1. Akt des *Siegfried*, läßt dem Volkstümlich-Liedhaften derart unbekümmert freien Lauf, daß Banalität (etwa *Wie der Fisch froh in der Flut schwimmt*) die Folge ist und die dargestellte Einfachheit aufgesetzt wirkt. Ähnliches gilt für die so mächtig auftrumpfenden Schmiedelieder.

Nichtsdestoweniger sollen die elementaren musikalischen Mittel die Naivität des Märchenhelden darstellen. Es ist bezeichnend, daß Siegfried vor allem durch eine Musik charakterisiert wird, deren er selbst fähig ist. Der Hornruf, der ihn begleitet – und zwar ungleich mehr als das in der *Walküre* exponierte Siegfried-Motiv –, spiegelt gleichsam Siegfrieds musikalischen Bewußtseinsstand wider. Dieser Hornruf ist mehr ungeformtes musikalisches Material, · nämlich Dreiklang und Tonleiter, als prägnant artikuliertes Thema, nicht spezifisch gestaltetes Symbol für einen individuellen Charakter, sondern eine über- oder vorindividuelle Formel, wie der Jagdruf der Gibichungen, der – Absicht oder Zufall – im Grunde nichts anderes ist als eine modifizierte Umkehrung von Siegfrieds Hornruf, deutlich hörbar vor allem zu Beginn des 3. Aktes der *Götterdämmerung*. Beide Hornrufe sind als Bühnenmusik Requisiten, die – entsprechend Wagners Neigung zu einer realistischen Bühnendarstellung – mehr aus der Wirklichkeit in die Kunst hineinragen, als daß sie selbst im vollen Sinne zur Kunst gehören.

Siegfrieds Naivität ist keine solche zweiter Natur, höherer Ordnung. Die Musik, die ihn charakterisiert, zeigt sich nicht als eine von neugewonnener Einfachheit, in der Komplexeres, Differenzierteres überwunden und zugleich – im Hegelschen Sinne – aufgehoben wäre. Ihre Einfachheit ist erster Ordnung und weist zurück in die Vergangenheit. Der neue Mensch, als den sich Wagner seinen Siegfried vorstellte – *im Siegfried habe ich vielmehr den mir begreiflichen vollkommensten Menschen darzustellen gesucht*[4] –, erscheint so nicht als „aufhebende" Überwindung des alten. Vielmehr kehrt der neue Mensch zu einer freilich als paradiesisch vorgestellten vergangenen Zeit zurück. Siegfrieds Hornruf ist ein „Zurück zur Natur", kein Symbol neuer Ufer. Er entspricht darin Wagners Revolutionsgedicht *Die Not* aus dem Jahre 1849, in welchem es heißt: *Denn über allen Trümmerstätten / blüht auf des Lebens Glück: / es blieb die M e n s c h h e i t, frei von Ketten, / und die N a t u r zurück. / Natur und Mensch – e i n Elemente! / Vernichtet ist, was je sie trennte!*[5]

Der Hornruf hat selbstverständlich vor allem die Funktion, Siegfrieds besondere Verbundenheit mit der Natur zu veranschaulichen. Das Ungeformt-Elementare entspricht dem ebenso wie die Wahl des Horns, das zumindest seit Webers *Freischütz* das Klangsymbol für Wald und Natur ist. Darüber hinaus gemahnen der Sechsachteltakt und die Tonart F-Dur, wenn auch nur entfernt, an die Tradition des Pastorale. Siegfried selbst nennt seinen Hornruf eine *Waldweise*, und er berichtet, daß er – hier ganz archaischer Jäger – Wolf und Bär mit ihr angelockt habe. Weil Siegfrieds Musik selbst Natur ist, spricht die Natur auf sie an. So wie die Tiere Siegfrieds Töne „verstehen", so vermag Siegfried – nach der Tötung des Drachens, die eine Art Befreiung der Natur ist – die Sprache der Natur, den Gesang der Waldvögel, zu begreifen. Diese Sprache erscheint in ihrer Beschränkung auf Pentatonik noch elementarer als Siegfrieds Hornruf, der immerhin über die pentatonische Tonreihe hinaus zur vollen Dur-Skala vordringt. Daß Siegfried zu dem Vermögen findet, den Gesang der Vögel zu verstehen, besagt abermals – da es archaische bzw. als archaisch vorgestellte Hirtenmelodik ist, die er zu begreifen lernt –, daß er nicht zu etwas Neuem findet, sondern zu etwas Altem

---

[4] Brief an Röckel vom 25./26. Januar 1854, in: SB VI, S. 69
[5] SS XII, S. 364f.

zurückkehrt. Freilich ertönt die Weise des Waldvogels zu einer Orchesterbegleitung, die nichts weniger ist als simpel. Harmonisch einfach, erweist sie sich klanglich-instrumentatorisch durch die „Nebentöne" und die aus der vielfältigen Streicherteilung sich ergebenden Klangnuancen als äußerst subtil, artifiziell. Zum Elementaren gesellt sich das Raffinement. So karg-elementar wie Siegfrieds Hornruf ist des Waldvogels Weise nicht; denn etwas von der Differenziertheit der Musik des „Waldwebens" – nichts anderes ja als dieses erscheint als Begleitung des Waldvogels – geht auf die Elementarmelodik des Waldvogels über, die – im Unterschied zu Siegfrieds Hornruf – doch so etwas wie eine zweite Naivität widerspiegelt.

Siegfried durchschreitet das Feuer des Walkürenfelsens furchtlos – Siegfried-Motiv und Hornruf, die immer wieder in die Feuerzauber-Musik hineintönen, machen es deutlich –, doch die schlafende Frau, Brünnhilde, weckt in ihm die Angst, die er zuvor nicht kannte. Der Angst entspricht eine Musik, die im Gegensatz zu Siegfried-Motiv und Hornruf durch Chromatik und Synkopen geprägt ist (z. B. *Mit banger Furcht fesselst du mich*). Dem sich fürchtenden Siegfried korrespondiert eine ungleich entwickeltere, „modernere" Musik als dem furchtlosen. Der mehrfach unüberhörbar an den *Tristan* gemahnende Stil dieser Musik wird jedoch wieder überwunden; denn Siegfried gewinnt seine Furchtlosigkeit zurück. Wagner hat das musikalisch dadurch unmißverständlich deutlich gemacht, daß Siegfrieds Worte *das Fürchten, mich dünkt, ich Dummer vergaß es nun ganz* auf Töne aus der Weise des Waldvogels gesungen werden, deren Pentatonik sich von der Chromatik und differenzierteren Harmonik zuvor besonders markant abhebt. Genau besehen handelt es sich sogar um eine fast tongetreue Übernahme aus dem 2. Akt, nämlich um die Takte zu Siegfrieds Worten *Der dumme Knabe, der das Fürchten nicht kennt, mein Vöglein, der bin ja ich!* Siegfried hat die Erfahrung der Angst, so unbezweifelbar er sie in der Szene zuvor gemacht hat, in der Tat „ganz vergessen"; sie wird nicht als überwundene, aufgehobene bewahrt.

Erscheint Siegfried hier so, wie er aus dem Walde fortzog, um den Walkürenfelsen zu erobern, als einer also, der keine Entwicklung durchmacht, so weckt der Schluß des *Siegfried* – vor allem die Musik des *Sie ist mir ewig, ist mir immer* – den Eindruck, als werde mit Brünnhildes Entschluß zur Absage an die Götter und zur Hingabe an die

Liebe doch eine neue Ebene erreicht, an der auch Siegfried teilhat. Die Diatonik des Hornthemas (*Sie ist mir ewig*) ist im Gegensatz zum Hornruf nicht die des bloßen Materials. Die Töne der diatonischen Skala folgen sich vielmehr so, daß das Thema weder der üblichen Kadenzharmonik noch älteren einfachen Formen der Melodik und der Tonalität zur Gänze verfällt, wenngleich man dem Thema andererseits Archaisieren nicht absprechen kann. Seine Nähe zum Stil der *Meistersinger* unterstreicht das ebenso wie die Geschichte seiner Entstehung. Bekanntlich komponierte Wagner es während der Arbeit am sogenannten lustigen Hirtenreigen für den 3. Akt des *Tristan* und zog zunächst in Erwägung, es für den *Tristan* zu verwenden. Wie es scheint – und wie der Vergleich mit dem endgültigen „lustigen Hirtenreigen" im *Tristan* zeigt –, war Wagner der Einfall zu artifiziell für einen Hirtenreigen. Der Naivität der Liebe Siegfrieds und Brünnhildes hingegen, die zumindest für Brünnhilde keine „erste" Naivität ist, mochte er ihm angemessen erscheinen.

Im Brief an August Röckel vom 23. August 1856 sprach Wagner – unter dem Einfluß der Philosophie Schopenhauers – davon, daß die Liebe, welche Brünnhilde am Schluß der Tetralogie – in der Fassung von 1852/53 – preise, *im Verlaufe des Mythos eigentlich doch als recht gründlich verheerend* auftrete[6]. Von diesem Standpunkt aus war der Schluß des *Siegfried*, der zu diesem Zeitpunkt ja noch nicht abgeschlossen war, *nicht komponierbar* (Dahlhaus)[7], es sei denn, Wagner hätte die Liebe Siegfrieds und Brünnhildes als *gründlich verheerend*, also gleichsam negativ darstellen wollen. Zwei Jahre später war, wie Wagners Tagebuch für Mathilde Wesendonck zeigt, eine Wandlung eingetreten. Wagner schrieb am 1. Dezember 1858: *Es handelt sich nämlich darum, den von keinem Philosophen, namentlich auch von Sch*[*openhauer*] *nicht, erkannten Heilsweg zur vollkommenen Beruhigung des Willens durch die Liebe, und zwar nicht einer abstracten Menschenliebe, sondern der wirklich, aus dem Grunde der Geschlechtsliebe, d.h. der Neigung zwischen Mann und Weib keimenden Liebe, nachzuweisen.*[8] Der *Tristan* vermochte diesen Beweis noch nicht zu erbringen. Siegfried und Brünnhilde aber erschienen so frei und unbelastet, daß ihre Liebe zum Paradigma

---

[6] SB VIII, S. 153
[7] Carl Dahlhaus, *Über den Schluß der Götterdämmerung*, in: *Richard Wagner – Werk und Wirkung*, hg. v. Carl Dahlhaus, Regensburg 1971, S. 111
[8] Wesendonck-Briefe, S. 79

der neuen Auffassung werden konnte. Es ist darum möglicherweise kein Zufall, daß Wagner die Weise des *Sie ist mir ewig* über der Komposition des *Tristan* fand, wenige Monate nach der im Tagebuch für Mathilde Wesendonck festgehaltenen neuen Anschauung von der Liebe. Als eine den Schopenhauerschen Willen zum Leben beruhigende mußte sich ihre musikalische Darstellung vom erregten *Tristan*-Stil deutlich abheben, und als *aus dem Grunde der Geschlechtsliebe keimend* hatte sie naiv, unbefangen, elementar zu sein. Dem entspricht die „neue" Diatonik.

Wagner hat Brünnhildes Schlußworte *selig in Lust und Leid / läßt – die Liebe nur sein* (Fassung von 1852/53) im Rahmen der Tetralogie nicht vertont. Es scheint jedoch, als verwirklichte der Schluß des *Siegfried* musikalisch, was die gestrichenen Worte besagen. Freilich ist die gepriesene Seligkeit ganz und gar nicht überschwänglich, sondern eigentümlich maßvoll.

In der *Götterdämmerung* tritt Siegfrieds Hornruf in einer bedeutsamen und gewichtigen Variation auf, umgeformt nämlich zu einem Thema, das in der Literatur allgemein als „Helden-Motiv Siegfrieds" figuriert:

Dieser Name scheint von der gleichsam blechgepanzerten Instrumentation abgeleitet zu sein, deren Glanz und Klangfülle zweifellos etwa Heroisches spiegeln. In der rhythmischen Differenzierung des ursprünglich so einfachen Hornrufs drückt sich ein exaltierter Überschwang aus, der die Fesseln von Takt und Metrum sprengen zu wollen scheint. In der aus den Synkopierungen und dem Wechsel zwischen Zweier- und Dreierbewegung erwachsenden Tendenz zur Aufhebung und Verunklärung der Schwerpunkte büßt der Hornruf zugleich aber auch seinen natürlich-gleichmäßigen Fluß und seine selbstverständliche Sicherheit ein; die neue Gestalt steht gleichsam auf schwankendem Boden, als habe der Held, den sie beschreibt, etwas von seiner ursprünglichen Selbstgewißheit verloren.

Bemerkenswert ist nun, daß diese neue Gestalt beschränkt bleibt auf die Szene Siegfrieds und Brünnhildes im Vorspiel und den sogenannten Trauermarsch im 3. Akt, der indessen nichts anderes ist als Erinnerung an diese Szene, Rückblende gleichsam. Die gesamte übrige Handlung spart das neue Thema aus; „Siegfrieds Rheinfahrt" bereits kehrt wie demonstrativ zur ursprünglichen Form des einfachen Hornrufs zurück, und neben diesem spielt im weiteren Verlauf nur mehr das Siegfried-Motiv eine Rolle. Das kann nur heißen, daß jener durch das veränderte Thema bezeichnete gewandelte Siegfried von seiner Wandlung nichts mit hinübernimmt in die Welt, in die er sich vom Walkürenfelsen aus begibt. Oder anders ausgedrückt: Das gewandelte Thema beschreibt einen Zustand, der nur auf dem Walkürenfelsen bei Brünnhilde und auch nur einen Augenblick lang besteht. Da er im sogenannten Trauermarsch als Höhe- und Zielpunkt der Entwicklung gefeiert wird, muß man annehmen, daß er als Höhe- und Zielpunkt von Siegfrieds Existenz gemeint ist: die Begegnung mit Brünnhilde, die Erfahrung der Liebe als Gipfel. Hier und nur hier kommt Siegfried zu sich selbst. Das läßt sich unmittelbar mit Äußerungen Wagners in Briefen an August Röckel in Verbindung bringen. Am 24. August 1851, lange also vor der Vollendung des *Rings*, schrieb Wagner: *Siegfried durchdringt das Feuer und erweckt Brünnhilde – das W e i b zur wonnigsten Liebesumarmung. – Ich kann Dir hier nicht mehr andeuten [...] Nur noch Eines: – in unseren feurigen Gesprächen geriethen wir schon darauf: – nicht eher sind wir das, was wir sein können und sollen, bis – das W e i b nicht e r w e c k t ist.*[9] Und einige Zeit später (25./26. Januar 1854) bemerkte er: *[...] nur in der*

---

[9] SB IV, S. 95

Vereinigung von Mann und Weib existirt erst der wirkliche Mensch, erst durch die Liebe wird daher der Mann wie das Weib – Mensch.[10] Im gleichen Brief heißt es weiter: *Auch Siegfried allein (der Mann allein) ist nicht der vollkommene ‚Mensch': er ist nur die Hälfte, erst mit* B r ü n n h i l d e *wird er zum Erlöser; nicht* E i n e r *kann Alles.*[11] Der gewandelte Hornruf als musikalisches Pendant zu dieser Auffassung scheint übrigens nicht allein zu stehen. Auch die gerade im 3. Akt des *Siegfried* so auffällige Dur-Version des Siegfried-Motivs, von der die Rede war (s. o.), dürfte in diesen Zusammenhang gehören. An sie wird im übrigen im Vorspiel der *Götterdämmerung* noch einmal erinnert (*gedenk des wilden Feuers*).

Daß der zum neuen Thema gewandelte Hornruf auf die Szene auf dem Walkürenfelsen beschränkt bleibt (rein musikalisch betrachtet eine seltsame Ökonomie), besagt, daß Siegfried, als er an den Hof der Gibichungen zieht, auf eine ältere Stufe seiner Entwicklung zurückfällt. Man könnte auch sagen, er sei in der Welt, in die er zieht, seinem neuen, gerade erst erreichten Wesen entfremdet. Es ist darum nur folgerichtig, daß sein Tod (*Brünnhilde! Heilige Braut!*) als Erwachen komponiert ist. Genauer gesagt: Wagner verzichtete hier auf die Neukomposition, die ja völlig außerstande gewesen wäre, dieses Erwachen derart präzise zu formulieren, wie es der Rückgriff auf den Moment von Brünnhildes Erwachen in der Schlußszene des *Siegfried* vermag. Der Verzicht auf Neukomposition besagt, daß Siegfried im Tode keine neue Stufe erreicht, sondern allenfalls zu jener zurückfindet, die er mit dem Verlassen des Walkürenfelsens aufgab. Nichts anderes beschreibt der sogenannte Trauermarsch. Auch er ist Reminiszenz. Erinnert wird an die Geschichte der Wälsungen, an deren Ende Siegfried steht; als Höhepunkt erscheint der gewandelte Hornruf, Feier der höchsten Stufe, die in der Geschichte der Wälsungen erreicht wurde. Auf den Tod Siegfrieds wird nur am Schluß und auch nur kurz Bezug genommen, wenn nämlich der gewandelte Hornruf ins Moll gewendet erscheint, in die Trauertonart c-Moll, in der er wenig später – zu Hagens *Der starke Held, er kehret heim!* – noch einmal ertönt, als böser Kommentar gleichsam.

---

[10] SB VI, S. 63
[11] ebda., S. 68

Die Siegfried-Handlung wird äußerlich umrahmt vom sogenannten Erlösungs-Motiv, das bekanntlich nur an zwei Stellen im gesamten *Ring* auftritt. Es erklingt zum ersten Mal im 3. Akt der *Walküre*, wenn Sieglinde von Brünnhilde erfährt, daß sie schwanger ist und einen Sohn, nämlich Siegfried, zur Welt bringen wird. Es kehrt wieder im Schlußmonolog Brünnhildes am Ende der *Götterdämmerung*, und zwar zuerst zu den an Grane gerichteten Worten *Im Feuer leuchtend liegt dort dein Herr*, dann zu den Worten von *Fühl' meine Brust auch, wie sie entbrennt* bis zum Schluß des Monologs und schließlich, mit unverkennbar verklärender Wirkung, im rein instrumentalen Schlußteil. Man könnte also der Meinung sein, das Motiv beziehe sich auf Siegfried. Das ist jedoch, zumindest der Wagnerschen Intention nach, nicht der Fall. Nach Cosimas Tagebuch sagte Wagner am 23. Juli 1872, einen Tag nach Fertigstellung des zweiten Gesamtentwurfs der *Götterdämmerung*[12]: *Ich bin froh, daß ich Sieglinden's Lob-Thema auf Brünnhilde mir reservirt habe, gleichsam als Chorgesang auf die Heldin.*[13] Dem korrespondiert ein Brief Cosimas an Edmund von Lippmann vom 6. September 1875, in dem es heißt: *Ausser Stande Ihnen persönlich zu antworten trägt mir mein Mann auf Ihnen zu sagen, dass das Motiv welches Sieglinde der Brünnhilde zusingt die Verherrlichung Brünnhilden's ist, welche am Schluss des Werkes, gleichsam von der Gesamtheit aufgenommen wird.*[14] Nicht Siegfried wird demnach am Ende musikalisch gefeiert, sondern Brünnhilde, von der Cosima am 9. Juli 1870 in ihrem Tagebuch festhielt: *die barmherzige liebende Walküre Brünnhilde — die eigentliche Schöpfung R.s* im Gegensatz zur *Rachebrütenden, die ebensogut die Geibel'sche oder Hebbel'sche sein könnte*[15].

---

[12] WWV, S. 398 (MUSIK IV)
[13] CT I, S. 552. Hier jedoch nach dem Original in RWG zitiert, da die Edition den Text falsch („Helden" statt „Heldin") wiedergibt (Hinweis von Stewart Spencer, dem ich dafür herzlich danke).
[14] zit. nach Faksimile in: *Proszenium. Theater- und Film-Fachantiquariat*, Kemnath, Katalog 1000, Nr. 1208
[15] CT I, S. 255

Huldigung Wagners an Cosima

*Kinder-Katechismus / zu / Kosel's / Geburtstag: / 1873. /
Am 25 Dezember in der Frühe.*

Die hier wiedergegebene Liedkomposition (WWV 106) schrieb Wagner – vermutlich im Dezember 1873 –, um sie Cosima, seiner zweiten Frau, zu ihrem 36. Geburtstag am 25. Dezember 1873 als Ständchen vorzutragen. Ausführende waren Cosimas Kinder aus ihrer Ehe mit Hans von Bülow, Daniela, genannt Lullu, und Blandine, genannt Boni, als Solisten und die Wagner-Kinder Isolde und

Eva (vielleicht auch Siegfried) als Choristen. Wagner selbst begleitete am Klavier. Cosima nannte die Komposition in ihrem Tagebuch das *Kose- und Rosenlied*[1]. Ein Jahr später engagierte Wagner ein kleines Orchester, um Cosima zu ihrem 37. Geburtstag mit dem Vortrag des *Siegfried-Idylls*, das sie besonders liebte, zu überraschen. Die Aussicht, ein Orchester zu seiner Verfügung zu haben, dürfte die äußere Veranlassung für die Instrumentation der Liedkomposition vom Jahr zuvor gewesen sein. Wagner nahm sie im Dezember vor, das Schlußdatum lautet auf den 14. Dezember 1874. Bei der Aufführung am 25. Dezember folgte die Liedkomposition unmittelbar auf das *Siegfried-Idyll*.

Mit Überraschung, ja Verblüffung stellt man fest, daß bei der Entstehung und Aufführung dieses häuslich-privaten Geburtstagsständchens von nur wenigen Takten offensichtlich nichts dem Zufall, dem Augenblick oder gar der Improvisation überlassen wurde. Wagner verfuhr nicht anders als bei seinen Opern und Musikdramen. Zunächst entwarf er den Text, dann skizzierte er, nacheinander, Melodie und Begleitung, und im Anschluß daran schrieb er die Partitur. Mit der zweiten, ein Jahr später verfaßten Partitur für Orchester ergibt das einen Bestand von vier Manuskripten für diese nach Umfang wie Substanz kleine Komposition, die aber auf diese Weise unverkennbaren Werkcharakter erhält. Daß hier kein plötzlicher Einfall festgehalten wurde, die Eingebung eines Augenblicks, mit leichter Hand aufs Papier geworfen, veranschaulichen die Entwürfe, die die Entstehung als Arbeitsprozeß zeigen. Das Stück entstand Schritt für Schritt, Korrekturen und Ergänzungen wurden vorgenommen, und erst die Partitur, vor allem jene von 1873, die freilich als Widmungsexemplar für Cosima eine kalligraphische Reinschrift sein mußte, zeigt einen geschlossenen Zusammenhang[2]. Sie läßt nichts mehr von der wenn auch vielleicht nicht groß zu nennenden Mühe erkennen, die die Herstellung des Werks kostete.

Die Bezeichnung *Kinder-Katechismus* leitet sich äußerlich selbstverständlich von der verwendeten Frage- und Antwortform her,

---

[1] CT I, S. 768
[2] vollständiges Faksimile: *Richard Wagner, Kinder-Katechismus zu Kosel's Geburtstag*, Mainz 1983 (Schott ED 7108)

dürfte jedoch nicht minder im lutherischen Sinne des Leitfadens für die Unterweisung in der christlichen Glaubenslehre gemeint gewesen sein. Der Titel jedenfalls gibt dem Lied etwas Ernst-Verpflichtendes, das der Text selbst gar nicht enthält. Es ist vermutlich auch kein Zufall, daß die Melodie am Ende die Schlußwendung eines protestantischen Weihnachtsliedes aufgreift, nämlich die letzten drei Takte von *O du fröhliche, o du selige*, auf die – gleichsam als Refrain – der Text *freue dich, o Christenheit* gesungen wird. Cosimas Geburtstag am 25. Dezember, zu Weihnachten, erscheint als Besonderheit von tiefer Bedeutung, ist kein Zufall; in Wagners Huldigung schwingt etwas mit, das über die Verehrung der irdischen Mutter und Frau hinausgeht.

Bezeichnenderweise fehlt der Titel *Katechismus* im Manuskript der ein Jahr jüngeren Orchesterversion[3]; denn diese rückt das Stück in ein anderes Licht. In der Orchesterfassung dehnte Wagner die Komposition von 28 auf 43 Takte aus. Die Proportionen wurden dadurch wesentlich verschoben. Das Lied gerät fast an die Peripherie, wird zum Vorspiel, während der Schwerpunkt unmißverständlich auf dem sechzehntaktigen Orchesternachspiel liegt, das zunächst das Anfangsmotiv des Liedes aufgreift, dann aber einen Bogen schlägt zum *Ring des Nibelungen*: den Schluß bildet das sogenannte Erlösungsmotiv, das als Apotheose am Schluß der *Götterdämmerung* erklingt. Das Zitat ist äußerlich gewiß der Reflex dessen, daß Wagner am 21. November 1874, also wenige Wochen vor der Instrumentation und Erweiterung der Liedkomposition, die Partitur der *Götterdämmerung* und damit die gesamte Tetralogie zum Abschluß gebracht hatte. Wagner dokumentierte damit seine des öfteren geäußerte Meinung vom Anteil Cosimas an der Vollendung des *Rings*. Vermutlich war jedoch weniger der Zusammenhang mit der *Götterdämmerung* gemeint als der mit dem 3. Aufzug der *Walküre*, jener zweiten Stelle im *Ring*, an welcher das Erlösungsmotiv auftritt. Sieglinde singt es auf die Worte *O hehrstes Wunder! Herrlichste Maid!*, Worte, die sich zum einen auf das Sieglinde verheißene Mutterglück, also auf Siegfried beziehen, zum anderen aber Brünnhilde meinen, die das „Wunder" bewirkt, indem sie Wotan, der herrschenden

---

[3] vollständiges Faksimile: wie Anm. 2

Macht, kühn zuwiderhandelt. Vor diesem Hintergrund erscheint das *Ring*-Zitat im Nachspiel der Liedkomposition als Wagners Huldigung an den Mut, mit dem Cosima gegen alle Konvention und herrschende Moral verstoßen hatte, als sie ihren Gefühlen, nämlich ihrer Liebe zu Wagner gefolgt war.

Parsifal – das Spiel von der Macht der Schuldgefühle

Im November 1880 dirigierte Wagner in München das Vorspiel zu *Parsifal* in einer Privataufführung für Ludwig II. von Bayern. Aus diesem Anlaß verfaßte er eine Erläuterung zu dem Stück, die überschrieben ist mit *Liebe – Glaube –: Hoffen?* Diese Begriffskonstellation ist – das ist leicht erkennbar – diejenige des 1. Korintherbriefes, 13. Kapitel, Vers 13, welcher lautet: *Nun aber bleibt Glaube, Hoffnung, Liebe, diese drei; aber die Liebe ist die größte unter ihnen.* Johannes Brahms vertonte diese Zeilen innerhalb des letzten seiner *Vier ernsten Gesänge* op. 121 – auch sie ein Alterswerk wie *Parsifal*. Brahms ließ in seiner Komposition den Bibeltext unangetastet und pries mit dem Apostel Paulus die Liebe als die größte Kraft und Fähigkeit auf Erden. Wagner dagegen mochte es bei der Auffassung des Korintherbriefes nicht belassen; er nahm eine Uminterpretation vor. In seiner Erläuterung des *Parsifal*-Vorspiels ist nicht mehr die Liebe das größte der drei Phänomene, sondern die Hoffnung, und auch der Glaube scheint danach noch über der Liebe zu stehen.

Dennoch ist das Hauptthema nahezu aller Opern, nämlich die Liebe, auch im *Parsifal* von zentraler Bedeutung. Im Gegensatz aber zu Wagners anderen Opern wird nicht die Liebe zwischen einem bestimmten Mann und einer bestimmten Frau dargestellt: ein Paar, dessen Liebesgeschichte Gegenstand der Handlung wäre, gibt es im *Parsifal* nicht[1]. Daß in Hans-Jürgen Syberbergs *Parsifal*-Film am Ende Kundry als Gralskönigin neben Amfortas aufgebahrt erscheint, ist als Rehabilitierungsversuch für Kundry aller Ehren wert und als Regieeinfall selbstverständlich legitim, stellt jedoch eine Deutung dar, für die es in Wagners Text nicht den geringsten Anhaltspunkt gibt. Von einer Beziehung zwischen Kundry und Amfortas, die über erotische Anziehung und das gemeinsame Erlebnis sexuellen Glücks hinausginge, kann überhaupt nicht die Rede sein. Indem Wagner darauf verzichtete, die Liebe eines Paares darzustellen, klammerte er alle Eigenschaften, Züge und Aspekte aus, die für die Beziehung eines

---

[1] Wagner veränderte damit – bezeichnenderweise – seine Vorlage, Wolframs von Eschenbach Epos *Parzival*, in dessen Verlauf eine ganze Reihe von Paaren, Liebes- wie Ehepaaren, auftritt, unter ihnen auch der Titelheld.

Paares neben und jenseits von Erotik und Sexualität charakteristisch und wichtig sind, wie zum Beispiel allgemeine Sympathie füreinander, gegenseitiges Verständnis, Solidarität, Anerkennung und Bewunderung oder – was nicht eben selten ist – symbiotisches Aufeinander-angewiesen-Sein. Durch den Verzicht auf diese häufig zentralen Elemente der Beziehung eines Paares ist ausgeschlossen, daß der Zuschauer (oder der Leser des Textbuches) die dargestellten Beziehungen zwischen Mann und Frau – Kundry und Parsifal auf der einen, Kundry und Amfortas auf der anderen Seite – im Sinne der Liebe eines Paares mißversteht. Im *Parsifal* erscheinen die Beziehungen zwischen Mann und Frau reduziert – oder auch konzentriert – auf Erotik und Sexualität.

Diese Reduktion und Konzentration geschieht nun freilich nicht, um zu demonstrieren, daß die Erfüllung sexueller Wünsche ein großes Glück bedeuten kann und daß Sinnenlust, gelebte Erotik ein selbstverständlicher und notwendiger Bestandteil eines erfüllten glücklichen Lebens ist[2]. Das Glück der Liebe in diesem Sinne spielt im *Parsifal* kaum eine Rolle, und derjenige, der es wenigstens einen Augenblick lang erfuhr, Amfortas, muß bitter dafür büßen. Im *Parsifal* erscheint die Liebe vielmehr als Qual. Nach Kundrys Kuß ruft Parsifal aus (zweiter Aufzug): *Hier! Hier, im Herzen der Brand! Das Sehnen, das furchtbare Sehnen, das alle Sinne mir faßt und zwingt! Oh! Qual der Liebe!* Ob Parsifal, Amfortas, Klingsor oder Kundry – alle sind von diesem *furchtbaren Sehnen* ergriffen und leiden darunter, wie ihre Äußerungen belegen. Die Liebe erscheint als Menschheitsgeißel, die nicht einmal vor denen haltmacht, die sich von vornherein von ihr abgewandt haben. Nichts anderes hat es zu bedeuten, daß die Geschichte, die im *Parsifal* erzählt wird, in einer Gesellschaft keuscher Männer spielt. Gezeigt werden soll, daß auch diese Charakterfesten, Auserkorenen nicht gefeit sind gegen die sinnlichen Begierden, gegen den Wunsch nach Körperlichkeit, Sinnenlust, Sexualität. Parsifal, die Titelfigur, beschreibt den täglich neuen qualvollen Umgang der Gralsritter mit der Sinnlichkeit sehr anschaulich und eindringlich, wenn er sagt, er *sah die Brüder dort, in grausen Nöten, den*

---

[2] Auch in diesem Punkt weicht Wagner von Wolfram von Eschenbach ab, der in seinem Epos stets aufs neue beschreibt, welch großes Glück Männer wie Frauen in der Sexualität finden.

*Leib sich quälen und ertöten*³. Aber nicht nur der einfache Knappe und der namenlose Ritter sind der ständigen Bedrohung durch die Sinnlichkeit ausgesetzt; den Königen und denen, die es werden wollen, geht es nicht anders. Parsifals Ausruf nach Kundrys Kuß, der ein Beleg dafür ist, wurde schon zitiert; Klingsor glaubt die Lösung darin zu finden, daß er sich selbst entmannt⁴; Amfortas vermag schließlich sogar nicht zu widerstehen und gibt sich hin: Selbst der Gralskönig, der ausgezeichnetste der Menschen (in des Wortes ursprünglicher Bedeutung), verfällt der Liebe.

Gurnemanz – wie es scheint, Zeuge von Amfortas' Liebesabenteuer⁵ mit Kundry – beschreibt die Szene unmißverständlich: *ein furchtbar schönes Weib hat ihn entzückt; in seinen Armen liegt er trunken.* Dem unvoreingenommenen Betrachter bezeichnen diese Worte nichts anderes als einen Zustand des Glücks. Amfortas' Verhalten erscheint normal-kreatürlich, human als dem Menschen angemessen, der nicht nur Geist und Seele hat, sondern auch einen Körper. Nicht so im *Parsifal.* Hier sind sich alle einig, die Mitglieder der Gralsgesellschaft ebenso wie Kundry, Klingsor und Parsifal, daß die Sinnlichkeit verwerflich sei. Die Lust ist böse. Wenn Gurnemanz von der *bösen Lust* spricht, zu der Klingsors Blumenmädchen die Gralsritter erwarten, dann mag die Formulierung im ersten Augenblick suggerieren, als gäbe es auch eine gute Lust, doch von der ist an keiner Stelle die Rede; das Attribut „böse" dient nicht der Unterscheidung, sondern der Verstärkung. In der Welt des *Parsifal* wird nicht zwischen guter und böser Sinnlichkeit unterschieden; die Sinnlichkeit ist unteilbar, und es duldet keinen Zweifel, daß sie des Teufels ist. Nicht zufällig erscheinen Gurnemanz die Mädchen aus Klingsors Zaubergarten als *teuflisch holde Frauen*, und ebenso bewußt

---

3   Auch in Wolframs von Eschenbach Epos wird von den Mitgliedern der Gralsgesellschaft Keuschheit gefordert, aber niemand leidet darunter. Wer nicht auf die Liebe verzichten möchte, gerät dadurch nicht in Konflikte; er muß lediglich den Gral verlassen. Dem Gralskönig ist sogar innerhalb des Grals zu heiraten gestattet.
4   Eine der tiefgreifendsten und aufschlußreichsten Veränderungen Wagners gegenüber der Vorlage: Bei Wolfram von Eschenbach wird Klingsor vom Ehemann der Frau, mit der er ein Liebesverhältnis hat, entmannt, gewaltsam und gegen seinen Willen.
5   Im Prosaentwurf von 1865 bezeichnet Wagner Amfortas' Begegnung mit Kundry als „Liebesabenteuer" (vgl. RWSW Bd. 30, S. 68).

gewählt sind die Namen und Charakterisierungen, mit denen Klingsor Kundry anruft, nämlich *Urteufelin, Höllenrose, des Teufels Braut*. Die Frau ist im *Parsifal* ganz in der Rolle der alttestamentarischen Verführerin, selbst verführt vom Teufel und, ohne sich dessen recht bewußt zu sein, des Teufels Werkzeug. Es leuchtet ein, daß gerade sie der Erlösung bedarf, und es versteht sich fast von selbst, daß nur ein Mann, der der Verführung durch die Frau widersteht, der Erlöser sein kann. In Parsifals Worten gegenüber Kundry ausgedrückt: *Auch dir bin ich zum Heil gesandt, bleibst du dem Sehnen abgewandt. Die Labung, die dein Leiden endet, beut nicht der Quell, aus dem es fließt; das Heil wird nimmer dir gespendet, eh' jener Quell sich dir nicht schließt.* Das Paradies wird durch jenen Adam zurückgewonnen, der Evas Verführung nicht zum Opfer fällt. So gesehen ist Wagners *Parsifal* ein Spiel von der Aufhebung des Sündenfalls.

Es sind jedoch gar nicht so sehr die Frauen, von denen die Bedrohung durch die Sinnlichkeit ausgeht. Das zentrale Problem der Männer im *Parsifal* ist ihr Umgang mit der eigenen Sexualität, ganz unabhängig von den Frauen, ihren Reizen und der Verführung, die von ihnen ausgeht. Das Verlangen nach Sinnlichkeit, nach sexueller Lust wird buchstäblich am eigenen Leib erfahren. Klingsor spricht von *ungebändigten Sehnens Pein, schrecklichster Triebe Höllendrang*. Die Formulierungen zeigen, wie heftig und überwältigend dieses Verlangen nach Sinnlichkeit ist, wie selbstverständlich strikt aber auch die Überzeugung von seiner Verwerflichkeit, und wie quälend, ja existenzbedrohend es in Konsequenz dessen erlebt wird. Die Sehnsucht nach Ausleben der Sinnlichkeit, nach Befriedigung der sexuellen Bedürfnisse und Wünsche kann ja nur dann als Hölle erlebt werden, wenn diese Sehnsucht für böse und verwerflich gehalten wird.

Parsifal, der die eigene Sexualität zum ersten- und vermutlich auch zum einzigenmal bewußt nach Kundrys Kuß zu spüren bekommt, charakterisiert das Verlangen nach Sinnlichkeit noch treffender, wenn er feststellt: *Wie Alles schauert, bebt und zuckt – in sündigem Verlangen!* Analog heißt es von Klingsor, der sich entmannte, weil er aus dem Zwiespalt zwischen Sinnlichkeit und Schuldgefühl keinen anderen Ausweg wußte, er sei unfähig gewesen, *in sich selbst die Sünde zu ertöten*. Der Sinnlichkeit nachzugeben, ist also nicht nur ein Vergehen im Sinne einer strafbaren oder zumindest für unmoralisch geltenden Handlung, die denjenigen, der sie begeht, gesellschaftlich in Mißkredit bringt, sondern es ist eine *Sünde*, eine Schuld von religiöser, existentieller Bedeutung. Folgerichtig werden diejenigen, die sich von Klingsors *teuflisch holden Frauen* haben verführen lassen, als *verdorben* bezeichnet, und von Amfortas, dem Musterbeispiel des Sünders, heißt es in bezug auf Kundrys Kuß: *das Heil der Seele entküßte ihm der Mund*. Die Verknüpfung von Lust und Verworfenheit ist kaum anschaulicher auszusprechen. Bezeichnenderweise ist es Parsifal, der diese Formel prägt. An späterer Stelle geht er noch einen Schritt weiter, indem er der Hingabe an Sinnlichkeit und Sexualität eine geradezu apokalyptische Dimension verleiht. Die Sehnsucht nach der Erfüllung der sexuellen Wünsche nennt er *der Verdammnis Quell*. Im Zusammenhang lautet die Stelle: *Doch, wer erkennt ihn klar und hell, des einz'gen Heiles wahren Quell? Oh, Elend, aller Rettung Flucht! Oh, Weltenwahns Umnachten: in höchsten Heiles heißer Sucht nach der Verdammnis Quell zu schmachten!*[6]

Der Begriff der Sünde erscheint im *Parsifal* nahezu reduziert auf die Hingabe an die Sexualität. Es duldet jedenfalls keinen Zweifel, daß einzig und allein die Keuschheit die Voraussetzung für die Mitgliedschaft in der Gralsgesellschaft bildet. Wer nicht keusch ist, findet den Weg zum Gral nicht; zu ihm gelangt man nur *auf Pfaden, die kein Sünder findet*. Andere Vergehen dagegen hindern nicht daran, Knappe, Ritter oder gar König des Grals zu werden. Wagner hat an einer ganzen Reihe von Verfehlungen, die im Verlaufe der Handlung vorgeführt oder erzählt werden, deutlich gezeigt, daß allein der Verstoß gegen das Gebot der Keuschheit von Gewicht ist. Die müden Knappen zu Beginn des ersten Aufzugs, die, statt Wache zu halten, die Nacht verschlafen und sich kaum vom Weckruf der Posaunen aus dem Schlaf holen lassen, sind alles andere als Muster an Unermüdlichkeit und Pflichterfüllung, und der Ritter Gawan kommt und geht, so hat man den Eindruck, wann und wie es ihm gefällt. Amfortas tadelt ihn zwar – wie Gurnemanz zuvor die verschlafenen Knappen –, daß er die Gralsgebote schlecht halte, aber andere Konsequenzen als den mündlich ausgesprochenen Tadel gibt

---

[6] Auch wenn in Wolframs von Eschenbach Epos die Keuschheit Voraussetzung für die Mitgliedschaft in der Gralsgesellschaft ist (der Gralskönig, der heiraten darf, ausgenommen), so enthält Wolframs Werk doch nicht ein einziges Wort, mit dem Sinnlichkeit und Sexualität abqualifiziert oder gar verdammt würden. Im *Parzival* ist Liebe keine Sünde.

es nicht. Auch Parsifal, dessen Vergehen ungleich gewichtiger sind, kommt ungeschoren davon. Weder daß er von zu Hause fortgelaufen ist und auf diese Weise den Tod seiner Mutter zumindest mitverschuldet hat, noch seine Tötung des Schwans im heiligen Bezirk des Grals stellen Schuld dar, die ihn von der Gralswelt ausschließt. Nicht einmal, daß er Kundry nach der Nachricht vom Tode seiner Mutter kurzerhand an die Kehle springt, hat irgendwelche Konsequenzen. Gurnemanz läßt an der Verwerflichkeit dieser Taten zwar keinen Zweifel und führt Parsifal seine Schuld eindringlich zum Bewußtsein, aber es sind Taten, die derjenige, der sie begangen hat, durch Einsicht in seine Schuld und durch Reue unmittelbar und restlos zu sühnen vermag. Einmal bereut, sind sie schnell vergeben und vergessen. Gegenüber der Sünde der Hingabe an Sinnlichkeit und Sexualität jedenfalls erscheinen sie wie Kavaliersdelikte. Gegen ihre Harmlosigkeit sticht das Vergehen der Unkeuschheit ab wie ein Schwerverbrechen, wie die Todsünde gegen einen leichten Fehltritt.

Die Schuld des Amfortas, erwachsen aus seiner Hingabe an die Liebe[7], ist das zentrale Motiv im *Parsifal*. Sie ist verantwortlich für die Situation der Gralsgesellschaft zu Beginn und während des in der Oper gezeigten Geschehens. Wie an der für die Handlung selbst gänzlich peripheren Figur des Gurnemanz deutlich wird, kreisen die Gedanken der Gralsritterschaft beständig um diese Schuld. Aber auch jene Personen der Handlung, die nicht zur Gralsgesellschaft gehören, nämlich Klingsor, Kundry und auch Parsifal (jedenfalls anfangs), sind auf sie bezogen: Klingsor und Kundry als ihre äußeren Urheber, Klingsor darüber hinaus als derjenige, der auf sie seine Hoffnung auf die Erringung der Herrschaft über den Gral setzt, Kundry wiederum in ihrer Rolle als Gralsbotin, in der sie, wenn auch vergeblich, ihre dunkel geahnte Mitschuld zu büßen sucht, und schließlich Parsifal, dessen Funktion es ist, die Schuld des Amfortas zu sühnen.

Wie wichtig diese Schuld ist, wird daran ersichtlich, daß sie nicht nur im Bewußtsein der handelnden Personen existiert, als nur mora-

---

[7] In Wolframs von Eschenbach Epos, Wagners Vorlage, besteht die Schuld des Amfortas nicht in der Hingabe an die Liebe, die ihm als Gralskönig im übrigen erlaubt ist, sondern in seiner Widersetzlichkeit und mangelnden Demut: Er streitet für eine andere als die ihm vom Gral bestimmte Frau.

lische Größe, sondern daß es eine leibhaftige Entsprechung dazu gibt, für alle sichtbar und für den unmittelbar Betroffenen, den Schuldigen, schmerzlich fühlbar: die Wunde, die nicht heilen will. Es gehört zu den besonders gelungenen Verdeutlichungen des *Parsifal*-Films von Hans-Jürgen Syberberg, daß die Wunde als etwas vom Körper des Amfortas Losgelöstes gezeigt wird, als etwas, das nicht nur mit dem Leib zu tun hat, sondern auch und vor allem mit der Seele, dem Bewußtsein.

Ausgerechnet Amfortas, der Sohn und Erbe Titurels, jenes Mannes, dem sich die Engel, *des Heilands selige Boten*, einst neigten, ist verstrickt in die schlimmste aller Sünden. Amfortas ist daher nicht nur ein gewöhnlicher Sünder, sondern er hat etwas von einem gefallenen Engel. Seine Schuld betrifft nicht nur ihn selbst, sondern die gesamte Gralswelt, und da die Gralsgesellschaft Verantwortung für die ganze Menschheit trägt, stellt die Sünde des Amfortas nicht nur das Heil einiger, sondern aller Menschen in Frage. Der Gral, in die Welt herabgekommen als Hilfe gegen Unglauben und Ungerechtigkeit, ist ein Garant für die Wirksamkeit der Erlösung durch den Heiland. Er kam in einer Situation besonderer Gefährdung als Gnade zu den Menschen, gewährt in Anerkennung der außergewöhnlichen Frömmigkeit Titurels – die Keuschheit eingeschlossen haben dürfte[8]. Diese Gnade hat Amfortas durch sein Liebesabenteuer mit Kundry verspielt. Äußeres Zeichen dessen ist der Verlust des heiligen Speers, dessen dramaturgische Funktion es ist, Verfall und Renaissance der Gralswelt zu versinnbildlichen. Amfortas verliert den Speer im Kampf gegen Klingsor und bringt diesen so in den Besitz einer Waffe, die, gegen die Gralsgesellschaft geführt, deren Ende bedeuten würde. Die innere Sühnung der Schuld des Amfortas und damit die Wiedergeburt der Gralswelt geschieht zwar durch Parsifals Standhaftigkeit gegenüber Kundrys Verführung und gegenüber den eigenen Begierden, doch das äußere Zeichen der Gralsrenaissance ist das Zurückbringen des Speers in den Bezirk des Grals.

Amfortas verliert den Speer aber nicht nur, er entweiht ihn darüber hinaus auch, und dieses Faktum ist von noch größerer Trag-

---

[8] Da Amfortas als Sohn Titurels bezeichnet wird, kann Titurel allerdings kaum gänzlich keusch gewesen sein.

weite. Wie Parsifals Worte *nicht ihn selber durft' ich führen im Streite* zeigen, ist der Speer eine Reliquie, keine Waffe. Der Speer, durch den die Wunde des Heilands geschlagen wurde, kann nur Gegenstand der Verehrung sein. Jede andere Verwendung ist notwendig ein Sakrileg, ganz gleich, wer derjenige ist, gegen den der Speer als Waffe geführt wird. Die Entweihung des Speers durch Amfortas hat jedoch besonderes Ausmaß. Die Waffe, die den sündelosen Heiland verwundete, traf den Gralskönig genau in dem Augenblick, als er sich der Sünde hingab. Der Speer, ein Symbol der Sündelosigkeit und der Unschuld, wurde gleichsam in die Sünde eingetaucht, der sündelose Heiland durch den sündigen Amfortas um seine Reinheit gebracht. Sein Opfer, die Erlösung der Menschheit, ist in Frage gestellt, der Heiland bedarf selbst der Erlösung. Gewaltiger und schwerer kann eine Schuld nicht vorgestellt werden: Amfortas begeht eine Sünde, die den Heilsbringer in die Lage versetzt, selbst einen Retter zu brauchen. Dies ist die Erkenntnis, zu der Parsifal nach Kundrys Kuß gelangt. Nicht das Mitleid mit Amfortas und auch nicht das Erlebnis der eigenen, als „Qual der Liebe" apostrophierten Sexualität bringen Parsifal zu Bewußtsein, was seine Aufgabe ist. Was ihn zutiefst bewegt, drückt er in den Worten aus: *Des Heilands Klage da vernehm' ich, die Klage, ach die Klage um das entweihte Heiligtum: „Erlöse, rette mich aus schuldbefleckten Händen!" So rief die Gottesklage furchtbar laut mir in die Seele.* Aus dieser Einsicht und Erfahrung leitet Parsifal sein Handeln ab, sie bildet den Hintergrund für das so häufig mißdeutete Schlußwort *Erlösung dem Erlöser*, das eben nichts anderes meint, als die Sühnung der Schuld des Amfortas, die Befreiung des Heilands vom Makel der Sünde, damit sein Erlösungswerk seine Wirksamkeit entfalten kann.

Das unfaßbare Ausmaß der Schuld, die die Hingabe an Sinnlichkeit und Sexualität darstellt, wird schließlich daran ablesbar, daß derjenige, der sie auf sich geladen hat, Amfortas, völlig außerstande ist, selbst etwas zur Sühne zu tun. Ein anderer muß kommen, um ihn zu befreien, dieser andere aber ist kein hilfsbereiter Gralsritter, kein barmherziger Samariter, wie man ihn, wenn auch vielleicht nicht häufig, immer wieder einmal findet. Das Ausmaß dieser Schuld, die das Opfer des Heilands in Frage stellt, ist angewiesen auf einen neuen Heiland, einen Messias, jenen *Einen*, von dem Wagner nach Cosimas Tagebuch vom 2. März 1878 glaubte oder hoffte, daß es ihn *durch die*

Äonen doch ein Mal gebe[9]. Wie schwer muß eine Schuld wiegen, deren Sühne man sich nur als Utopie vorstellen kann!

Wer den *Parsifal* als christliches Bühnenwerk interpretiert, müßte sich vor allem daran stoßen, daß Wagner darin in auffälliger Weise Anklänge an die traditionelle Kirchenmusik vermeidet. Ob *Rienzi*, *Lohengrin* oder *Meistersinger* – in jedem dieser Stücke erklingen Passagen, die aus der abendländischen Kirchenmusik stammen: bestimmte Schlußformeln und Kadenzen, Anklänge an Rezitation, Psalmodie und Choral. Der *Parsifal* enthält davon wenig. Die Verwendung des sogenannten Dresdner Amens als „Gralmotiv" ist deshalb eher die Ausnahme, die die Regel bestätigt, als Beleg für die Verwendung von vorgegebener Kirchenmusik im *Parsifal*. Wie es scheint, ging es Wagner nicht darum, allgemein eine Atmosphäre von Kirche und Christlichkeit zu erzeugen. Mit dem Dresdner Amen hat es denn auch seine besondere Bewandtnis. Es handelt sich dabei nicht um ein in Wagners Werken zum erstenmal auftretendes Motiv, sondern gleichsam um ein Leitmotiv innerhalb von Wagners Gesamtwerk, um ein altes Erinnerungsstück. Wagner verwendete das Dresdner Amen bereits im *Liebesverbot* von 1835, dann im *Tannhäuser*, der rund zehn Jahre später entstand. Im ersten Fall wird die Melodie von einem Nonnenchor in einem Kloster gesungen, auf den Text *Salve Regina coeli*, im anderen erscheint sie ohne Text, einmal im Vorspiel zum dritten Akt, dann in der sogenannten Romerzählung, hier wie dort als musikalisches Emblem des Papstes und der römischen Kirche. Die Bedeutung der Melodie reicht weiter. Im *Liebesverbot* steht sie unmißverständlich für das Kloster als Zufluchtsort vor den Wirrnissen der Liebe, für ein aller Sinnenfreude abgewandtes Leben; der Text *Salve Regina coeli* bezieht die Melodie auf Maria, die Gottesmutter, die Inkarnation der Keuschheit. Im *Tannhäuser* ist die Bedeutung der Melodie weiter spezifiziert; hier erscheint sie als musikalischer Ausdruck der Gnade, die der Papst den Sündern gewährt, Tannhäuser jedoch verweigert: die Gnade wird nur den Keuschen zuteil, nicht aber jenen, die sich der Sinnenlust hingegeben haben. Vor diesem Hintergrund verwundert es nicht,

---

[9] CT II, S. 52

daß das Dresdner Amen im *Parsifal*, auch wenn es darin in abgewandelter Form[10] auftritt, einen ganz ähnlichen Sinn hat.

Als Motiv, das dem Gral zugeordnet ist, steht es für eine Welt, die nur den Reinen, den Keuschen zugänglich ist. Keuschheit ist, wie erwähnt, das oberste Gebot und die wichtigste Bedingung für die Mitgliedschaft in der Gralsgesellschaft. Der Zusammenhang wird gleich zu Beginn der ersten Szene angedeutet. Das Gralmotiv ertönt von der Gralsburg her, und Gurnemanz wendet sich an die Knappen mit den Worten: *Hört ihr den Ruf? Nun danket Gott, daß ihr berufen, ihn zu hören!* Hinter dem Gralmotiv steht das Gebot der Keuschheit oder – anders ausgedrückt – die Abqualifizierung der Sinnlichkeit als Sünde. Daß Wagner ausgerechnet für dieses Motiv eine präexistente Musik aus einer alten Tradition verwendet, besagt nichts anderes, als daß die Diffamierung der Sexualität, aus der sich das Keuschheitsgebot ableitet, von außen in das Werk hineinragt, als Voraussetzung, die außerhalb seiner selbst liegt, als Bedingung, die vorab gestellt ist. Das Stück selbst zeigt nur die Konsequenzen, die aus dieser Bedingung erwachsen, führt vor, wie die dargestellten Figuren damit umgehen. Daß die ausgewählte präexistente Melodie aber aus der Kirchenmusik stammt, heißt selbstverständlich, daß der Urheber des Keuschheitsgebots, unter dem die Personen des Stücks allesamt leiden, die christliche Kirche ist[11].

Man mag *Parsifal* vor diesem Hintergrund als zumindest versteckte Anklage verstehen; Wagner selbst verstand das Werk gewiß nicht als solche. Wie Cosimas Tagebücher zeigen, vertrat er auch privat die Moral des *Parsifal*. Hans Richter, dem ersten Bayreuther *Ring*-Dirigenten, versuchte er beispielsweise *zu erklären, daß einzig Mönchs-*

---

[10] Wagner verwendet das Dresdner Amen im *Parsifal* genauso wie Felix Mendelssohn Bartholdy in der sogenannten Reformationssinfonie (1. Satz). Wagner hörte dieses Werk am 8. Februar 1876 in einem Konzert in Bayreuth (vgl. CT I, S. 969). Möglicherweise war er der Meinung – und seine Hochachtung vor dem Komponisten Mendelssohn spricht dafür –, daß die Gestalt, in der Mendelssohn das Dresdner Amen in seiner Sinfonie verwendet hatte, authentischer sei als jene, in der er selbst es im *Liebesverbot* und im *Tannhäuser* hatte auftreten lassen.

[11] Daß Wagner das Dresdner Amen ganz bewußt als eine alte Melodie verwendete, bezeugt Cosimas Tagebuch vom 3. September 1882, wo es heißt: *Über das im Parsifal verwendete Amen der Dresdner Messe, welche eine Musik-Zeitung dem K[apell]meister Naumann zuschreibt, meinen wir, R. und ich, daß es viel älter sei* (CT II, S. 998).

orden mit dem Gelübde der Armut und jeglicher Entsagung dem Elend Abhülfe tun könnten (9. Juni 1874)[12]. Dem korrespondiert Wagners Beschäftigung mit dem Templerorden, die in Form der Anweisung *die Tracht der Gralsritter und Knappen ähnlich der des Templerordens*[13] bezeichnenderweise in das Textbuch des *Parsifal* einging. Am 12. Juni 1878 notierte Cosima: *Er ist bis zu ‚O Qual der Liebe!' gekommen. Er spricht von seinem jetzt ihn beschäftigenden Thema und sagt, wie mit diesem Gott in sich in den Entwickelungsjahren Wesen wie Jungfrau von Orléans und Parsifal der Sinnenlust auf ewig durch einen großen Eindruck entrissen sei[en]. Er glaube, daß das Christentum in dieser Weise noch einmal rein und wahr der Welt gepredigt werden könne.*[14]

Parsifal, das Bühnenweihfestspiel dieser reinen und wahren Form des Christentums, erscheint als Versuch, die eigenen zutiefst verinnerlichten Schuldgefühle zu verklären. Maxime könnte dabei jener indische Spruch gewesen sein, den Cosima am 28. Januar 1876 in ihrem Tagebuch notierte: *Wer sein Leben [hin]durch schöne Werke hervorbringt, hat die Sinnlichkeit überwunden.*[15] Die Musik des *Parsifal* ist allerdings, auch wenn sie selbstverständlich – vor allem am Ende – auch dazu dient, die Überwindung von Sinnlichkeit und Sexualität zu preisen, wesentlich Ausdruck jener „Qual der Liebe", von der Parsifal im zweiten Aufzug spricht, Ausdruck vor allem von Schmerz und Leid, wie sie die aus der Überzeugung von der Verwerflichkeit der Sinnenlust folgenden Schuldgefühle hervorrufen. Es duldet überdies keinen Zweifel, daß Wagner die Darstellung von Qual und Leid – wie so häufig in seinen Werken – viel überzeugender und eindringlicher gelungen ist als diejenige von Glück und Erlösung von aller Qual. Insofern ist *Parsifal*, dessen Musik zudem heute gewiß allgemein mehr interessiert als sein Text, weniger eine Festschreibung oder Verherrlichung christlich-bürgerlicher Sexualmoral als vielmehr ein erschütterndes Zeugnis für deren Konsequenzen. *Parsifal* ist eine Tragödie.

---

[12] CT I, S. 827
[13] RWSW Bd. 30, S. 90
[14] CT II, S. 115
[15] CT I, S. 967

Die Möglichkeit der Klage in der Wonne
Skizze zur Charakterisierung der *Parsifal*-Musik

So unwiderlegbar *Parsifal* Richard Wagners letztes Werk ist, geschrieben am Ende eines Lebens, das fast siebzig Jahre währte, so problematisch-klischeehaft ist es, diesem Werk die Charakteristika eines Altersstils zu unterstellen, etwa mit Zügen des Asketisch-Reduzierten oder neuer, geläuterter Einfachheit. Adornos Behauptung beispielsweise, die Zahl der musikalischen Motive sei *geringer als in den anderen Werken der reifen Zeit*[1], ist eine Übertreibung, wenn nicht falsch. Zum einen läßt die Eigenart von Wagners Umgang mit Motiven gar keine eindeutige Definition dessen zu, was als Motiv gelten kann und was nicht; und zum anderen lehrt ein Blick auf die früher so beliebten Motiv-Tafeln in Klavierauszügen und Textbüchern, daß findige Motivjäger auch im *Parsifal* nicht weniger Motive fanden als in den *Meistersingern* oder im *Tristan*. Das Zurückgenommene der *Parsifal*-Musik, das wie abgeklärte Einfachheit aussieht, ihre über weite Strecken aller Wagnerschen Üppigkeit wie abhold anmutende Kargheit täuschen. Die *Parsifal*-Musik ist von ausgesucht-raffinierter Sinnlichkeit, und sie ist nichts weniger als einfach, eine Aussage, die sich nicht allein auf die äußere Struktur bezieht, sondern gleichermaßen, wenn nicht noch stärker auf ihren inneren Gehalt, auf Charakter und Ausdruck, Sinn und Bedeutung. Wenn man Wagners Kunst die der Ambivalenz und der Mehrdeutigkeit genannt hat, dann ist *Parsifal* deren höchste Erscheinungsform. Hier erscheint alles mit allem verknüpft, der *Beziehungszauber* (Thomas Mann) ins Extrem geführt und damit in eine Rätselhaftigkeit überführt, die von äußerster Komplexität ist, schier unauflösbar – und gerade darum zu zahllosen Lösungen fähig. Man nehme allein die enigmatischen Generalpausen, die zwar auch einen strukturellen Sinn haben, darin aber nicht aufgehen. Die motivischen Beziehungen zwischen der Musik Kundrys und jener Herzeleides haben Kurt Overhoff vermuten lassen, auch Herzeleide sei eine Inkarnation Kundrys[2]. Und was

---

[1] Theodor W. Adorno, *Zur Partitur des "Parsifal"*, in: *Moments musicaux. Neue gedruckte Aufsätze 1928–1962*, Frankfurt a.M. 1964, S. 53
[2] Kurt Overhoff, *Richard Wagners Parsifal*, Lindau 1951, S. 33

bedeutet es, daß beim Öffnen von Titurels Sarg im 3. Akt ausgerechnet die abstürzende Figur aus dem Kundry-Motiv erklingt? Die Reihe der Beispiele läßt sich beliebig fortsetzen. Stets erhält dem äußeren Schein nach Nichtzusammengehöriges eine Verbindung, oftmals paradox anmutend, entsprechend Wagners gerade an der *Parsifal*-Musik entwickeltem Wort von der *Möglichkeit der Klage in der Wonne*[3].

Das wohl bemerkenswerteste Kennzeichen der *Parsifal*-Musik ist ihre von der Tradition oder – vorsichtiger ausgedrückt – vom Üblichen abweichende musikalische Dramaturgie, deren wichtigstes Merkmal das veränderte Verhältnis zur Zeit ist. Dies zeigt sich vor allem am Bewegungsduktus der Musik, der langsam ist, Langsamkeit suggeriert. Adorno sprach sehr richtig davon, daß die Musik im *Parsifal* meist auf das für Wagner sonst so charakteristische *Moment des in Schwung Kommens* verzichte[4]. Sie vermeidet aber nicht nur die energisch-elanvoll vorantreibende Bewegung – den Zug voran – und den daran geknüpften großen dynamischen Bogen – so als sei das unbekümmerte Vorangehen, das doch im Wesen der Musik zu liegen scheint, ein Tabu –, sondern sie schaltet meist sogar auch den bloß kontinuierlichen Fluß aus, als komme die Musik immer wieder zum Stillstand oder verlasse den Zustand der Bewegungslosigkeit gar nicht. Die Verfahrensweisen, mit denen sie das erreicht, sind vielfältig. Besonders ins Auge fallen die zahlreichen Pausen, die die Bewegung hemmen oder unterbrechen. Besonders ganztaktige Generalpausen, gesetzt an Stellen, an denen man sie vor allem dramaturgisch nicht erwartet (wie etwa beim ersten Auftritt von Amfortas nach *Ohn' Urlaub!*), wecken den Eindruck, als müsse die Musik sich immer wieder auf sich selbst besinnen. Jedenfalls handelt es sich bei den langen Pausen nicht um Momente des bloßen Schweigens, die Wagner – wie Titurels Anrede an Amfortas im 1. Akt deutlich zeigt – vielmehr auszukomponieren pflegt. Gleichfalls den Eindruck des Stillstands der Bewegung vermitteln Fermaten, die Töne und Klänge ungemessen verlängern, ein Eindruck, der freilich meist schon da-

---

[3] CT II, S. 841 (5. Dezember 1881). Das Zitat lautet vollständig: *Der Morgen ist hübsch, und bei Tisch erzählt R., daß er* [an der Instrumentation des ‚Parsifal'] *gearbeitet hat, ‚o die Musik!' ruft er aus, ‚man wird erst hier sehen, was für eine Möglichkeit der Klage in der Wonne sie enthält!'*

[4] Adorno (Anm. 1), S. 54

durch zustandekommt, daß viele Töne und Klänge ohnehin von langer Dauer sind. In ähnlicher Weise wirkt die immer wieder zu beobachtende Tendenz zur Aufhebung oder zumindest Verschleierung des Metrums durch synkopische Notationen. Das beste Beispiel dafür bietet der Anfang des Vorspiels mit dem einstimmig vorgetragenen Abendmahl-Motiv. Es wäre völlig verfehlt, die notierten Synkopen als solche zu spielen; denn damit entstünde ein Zeitverlauf, der in zählbaren metrischen Einheiten erfaßbar wäre. Ein solcher ist nicht gemeint. Auch hier geht es darum, eine andere, rational weniger greifbare Form von Zeit und Bewegung zu vermitteln, die Zeit, wie wir sie gewöhnlich erleben, aufzuheben. Ein drittes wesentliches Mittel, das in diese Richtung zielt, sind Klangflächen, in sich bewegte oder gar kreisende Klänge, wie in Amfortas' Waldesmorgenpracht-Musik, und Ostinati wie das Glocken-Motiv und seine Handhabung. Die ständig gleiche Bewegung hebt am Ende die Bewegung auf; es entsteht das Paradox einer bewegten Unbewegtheit oder bewegungslosen Bewegung.

Zu den rhythmischen Verfahrensweisen, die dem Zeitfluß und dem „In Schwung Kommen" entgegenwirken, gesellen sich die harmonischen. Der Eindruck des Voranschreitens oder gar Vorantreibens der Musik wird ja, insbesondere bei Wagner, durch eine Harmonik geweckt, die Spannungen erzeugt, auf deren Lösung der Hörer wartet. Im *Parsifal* wird dieser kausal-logische oder dramatisch-dramaturgisch-konsequente Zusammenhang, der das Nacheinander der Ereignisse hervorhebt, häufig in ein gleichsam neutrales Nebeneinander verwandelt. Wagner erzielt diese Wirkung vor allem durch das Vermeiden dominantischer Verbindungen, die im Sinne traditionellen Kadenzierens und Modulierens logisch und dynamisch-vorangehend erscheinen. An die Stelle dessen setzt er mit Vorliebe subdominantische Folgen. Sie prägen Motive wie das Gral- und das Glaubens-Motiv, Motivsequenzen – siehe den Schlußchor – und Schlußwendungen. Vielfach werden auch entfernte Tonarten unvermittelt-übergangslos nebeneinandergestellt, oder es wird anstelle von Modulation mit Rückungen gearbeitet wie in der Verwandlungsmusik des 1. Aktes. Besonders im 3. Akt treten zudem noch Folgen reiner Dreiklänge in Grundstellung auf, deren archaisierender Effekt in die gleiche Richtung zielt. Das gleichsam unverbundene Nebeneinander der Akkorde weckt die Assoziation des

Raums und läßt sich in Analogie setzen zu Gurnemanz' berühmtem Wort *zum Raum wird hier die Zeit*. Es geht im *Parsifal*, wie die Musik es darstellt, nicht um das traditionell lineare Erzählen einer Geschichte, so sehr das Textbuch diesen Eindruck, zumindest äußerlich, auch vermitteln mag. Man bedenke jedoch: Die Personen der Handlung stehen sämtlich außerhalb der menschengewohnten Zeitlichkeit; Endlichkeit, wie sie sich im Tod manifestiert, tritt lediglich als Ausnahme, als Abweichung von der Norm in Erscheinung; und Kundry, die weibliche Hauptperson, vor allem aber der Stachel im Fleisch der Gralswelt, ist gar ein Wesen, das expressis verbis Jahrtausende durchlebt hat, in immer neuen Gestalten, identisch im Nichtidentischen und jenseits von Ort und Zeit. Kausalität und Diskursivität gelten da nicht oder nur sehr eingeschränkt; es sind die nichtrationalen oder gar irrationalen Züge der Geschichte, die den Komponisten interessieren und zu deren Anwalt er die Musik macht.

Der langsame Bewegungsduktus der *Parsifal*-Musik hat die Musiker nun aber von jeher dazu verführt, ihren Aufführungen besonders langsame Tempi zugrundezulegen, als bedinge das eine das andere mit Notwendigkeit. Es ist allerdings einzugestehen, daß im *Parsifal* mehr langsame Tempoanweisungen stehen als in Wagners anderen Werken. Der Untertitel des Werks schließlich scheint die unwiderlegliche Rechtfertigung langsamer Zeitmaße zu liefern. Jedenfalls verstand man das *Bühnenweihfestspiel* vornehmlich als ein der Weihe verpflichtetes, von Weihe geprägtes Theaterstück, und die Weihe verstand man, ausgehend von der nicht zu leugnenden Ähnlichkeit von Handlungsteilen des 1. und 3. Aktes mit christlichkirchlicher Liturgie, selbstverständlich als religiöses, mystisch-erhabenes Phänomen, dem in der Wiedergabe zeremonielles Wesen zu entsprechen habe. Dieser Auffassung, die zur Tradition geworden ist, steht Wagners eigenes Verständnis entgegen. Wagner selbst nämlich hatte einen eher nüchternen Begriff von Weihe, wie zumindest sein Aufsatz *Das Bühnenweihfestspiel in Bayreuth 1882*, ein Rückblick auf die Festspiele des Jahres 1882 mit den ersten *Parsifal*-Aufführungen, ausweist[5]. Weihe ist darin identisch mit der Begeisterung, die

---

5   Zuerst publiziert im November-Dezember-Heft der *Bayreuther Blätter* 1882 (S. 321–329); danach in Band 10 sowohl der *Gesammelten Schriften und Dichtungen* als auch der *Sämtlichen Schriften und Dichtungen* wiedergegeben; siehe auch RWSW Bd. 30, S. 63–67.

die ausführenden Musiker, Sänger und Darsteller und das gesamte Ensemble der Mitwirkenden bei der künstlerischen Arbeit beseelte und einte; Weihe beschreibt darin den eigentümlichen Geist der Aufführungen, deren Besonderheit Wagner in der Ferne zum gewohnten Operntheater und -betrieb sah und zur Alltäglichkeit von Welt und Leben überhaupt. In diesem Sinne ist die *Weihe der Weltentrückung*[6] zu begreifen, von der Wagner in dem Aufsatz spricht. Jedenfalls duldet es keinen Zweifel, daß Weihe im Verständnis von Wagners Aufsatz nichts Religiöses, Mystisch-Erhabenes, Kirchlich-Zeremonielles oder dergleichen meint. Langsame Tempi zur Erreichung einer dieser Art verstandenen Weihe sind also nicht gefordert. Wagners Aufsatz gibt jedoch darüber hinaus, wenn auch nur indirekt, Auskunft über die Tempi, wie er sie sich vorstellte. Die Maxime beim Singen nämlich war, *lange melodische Linien undurchbrochen einzuhalten*[7], und zwar durch das Singen auf einen Atem: *Einigung der ganzen Phrase vermöge der gleichen Respiration*, wie Wagner es formulierte[8]. Besonders langsame Tempi sind angesichts solcher Vorstellungen gar nicht realisierbar. Im übrigen war Wagner mit den Tempi, die bei den ersten Aufführungen 1882 gewählt wurden, mehrfach unzufrieden, wie die Tagebücher Cosima Wagners belegen. Sie erschienen ihm vor allem *verschleppt*[9]. Das bestätigen zudem auch die Notate, die von einigen Assistenten und Mitwirkenden während der Proben 1882 gemacht worden sind. Immer wieder begegnet darin die Forderung, nicht zu schleppen. Wagners Probenbemerkungen, die zwar seit 1970 innerhalb der Richard Wagner-Gesamtausgabe vorliegen[10] und also jedermann zugänglich sind, aber bis heute kaum einmal für eine Aufführung herangezogen wurden, zeigen auch, daß so manche Vorschrift in Wagners Partitur, die wie eine Tempoangabe aussieht, doch eher als Angabe über den Charakter als über das Tempo aufzufassen und dementsprechend auszuführen ist. So wollte Wagner beispielsweise die Forderung

---

[6] *Bayreuther Blätter* 1882, S. 329; RWSW Bd. 30, S. 67
[7] *Bayreuther Blätter* 1882, S. 324; RWSW Bd. 30, S. 64
[8] ebda.
[9] CT II, S. 983, 985 (auch 991)
[10] RWSW Bd. 30, S. 165–229

„Breit" *mehr im Ausdruck als im Tempo*[11] verstanden wissen. Diverse Angaben, die als solche unpräzis anmuten und leicht in den Sog der Neigung zu den traditionell langsamen *Parsifal*-Tempi geraten, gewinnen eine deutlichere Kontur, wenn man sich die Mühe macht, sie im Zusammenhang der übrigen Angaben und Vorschriften zu sehen, in der Relation nämlich, aus der Tempi ohnehin in der Regel ihren Sinn beziehen. Die häufige Bezeichnung „Mäßig" etwa erweist sich vor diesem Hintergrund durchaus nicht als Forderung nach einem langsamen Tempo, als die sie allzu oft verstanden wird, sondern als mittleres Zeitmaß im Sinne von Allegretto. Die Langsamkeit der Musik des *Parsifal* hat mit langsamen Tempi also wenig oder gar nichts zu tun, oder – um es paradox auszudrücken –: die Langsamkeit der *Parsifal*-Musik wird durch langsame Tempi eher verdeckt als verwirklicht; denn die langsamen Tempi vermitteln lediglich eine äußerliche Feierlichkeit, die nicht gemeint ist, und verhindern die Erfahrung der veränderten musikalischen Zeit im *Parsifal*, um die es in Wahrheit geht.

Betrachtet man die Entstehungsgeschichte des Wagnerschen *Parsifal*, so könnte man die Hypothese wagen, Wagner habe die Musik des Werks von der Musik der Blumenmädchen her konzipiert und entwickelt. Am 9. Februar 1876, also fast ein Jahr vor Beginn der Arbeit am *Parsifal*, notierte Wagner – völlig unabhängig vom *Parsifal* und daher auch noch ohne allen Text – Melodie und Satz des späteren *Komm! Holder Knabe!*, das er – und das erscheint besonders bemerkenswert – schon eine Woche später (16. Februar 1876) dem *Parsifal* und zwar den Blumenmädchen zuordnete. Daß diese Musik in der Tat eine Keimzelle war, wird zum einen daran ersichtlich, daß ihre Tonart As-Dur ist, die Tonart nicht nur des gesamten Werkes, in der es nämlich beginnt und schließt, sondern auch die Tonart der Gralswelt, die Tonart der drei zentralen Gralsmotive: Abendmahl-, Gral- und Glaubens-Motiv. Damit aber nicht genug: Das *Komm! Holder Knabe!* enthält auch den aufsteigenden Sekundgang von der Quinte zur Oktave in parallelen Sexten aus dem Dresdner Amen, das konstitutiv ist für das Gral-Motiv.

---

[11] ebda., S. 209 (bezieht sich auf 2. Akt, T. 1364: *Schuf dich zum Gott die Stunde*)

a) Skizze vom 9. Februar 1876 (Anfang)

b) Gral-Motiv

In diesen Zusammenhängen deutet sich an, was über das *Komm! Holder Knabe!* hinaus durchgeführt ist, daß nämlich Grals- und Klingsorwelt, vom Sujet und Textbuch her Gegenwelten, musikalisch sehr nahe beieinanderliegen, um nicht zu sagen, identisch sind[12]. Die Blumenmädchenszene beginnt im Orchester mit dem aufsteigenden Dreiklang mit anschließender Sexte, als hebe eine Variation des Abendmahl-Motivs an; vor allem erfolgt anschließend eine Sequenz von der Terz aus, ganz wie beim Abendmahl-Motiv, das ja gleichfalls zuerst von as, dann von c aus erklingt:

[12] vgl. dazu: Wolfgang Wagner, *„Parsifal"-Aspekte*, aufgezeichnet von Oswald Georg Bauer, 1975, in: Dietrich Mack, *Der Bayreuther Inszenierungsstil* (100 Jahre Bayreuther Festspiele, Bd. 7), München 1976, S. 124f.

a) 2. Akt, 2. Szene, Anfang

b) Abendmahl-Motiv (Vorspiel)

Des weiteren variiert die vom as^2 zum es^2 sich senkende Melodie der ersten Soloblume das Glaubens-Motiv:

a) 2. Akt, 2. Szene

b) Glaubens-Motiv

und das *Was zankest du* ... schließlich ist abgeleitet vom ersten Orchesterzwischenspiel des Chors *Zum letzten Liebesmahle* aus dem 1. Akt:

a) 2. Akt, 2. Szene

b) 1. Akt

In diesen Zusammenhang gehört auch, daß der für das Motiv Kundrys konstitutive Akkord – im Kern lesbar als Molldreiklang mit großer Sexte, die meist im Baß liegt – in zahlreichen Wendungen auftritt, die die Gralswelt betreffen, die vermeintlich intakte Welt des Heils.

Der allein schon durch das Sujet gegebene Bezug zum *Lohengrin*, exemplarisch vorgeführt im unüberhörbaren Zitat des Schwan-Motivs, ruft den Gedanken an das A-Dur des Grals dort herauf. Es hat den Anschein, als sei auch im *Parsifal* A-Dur die allerdings nur heimliche, verborgene Gralstonart, das gesamte Stück hindurch beinahe ängstlich gemieden und nur ein einziges Mal ausgeprägt auftretend, nämlich unmittelbar, bevor Gurnemanz die vom Gral gegebene Prophezeiung über die Erlösung des Amfortas, den Torenspruch, preisgibt. Vor dem Hintergrund dieses Gedankens erscheint As-Dur, die Gralstonart im *Parsifal*, als getrübtes, eingedunkeltes, vom Eigentlichen abgelenktes A-Dur, Indiz dafür, daß die Gralswelt im *Parsifal* nicht mehr so heil und makellos ist wie im *Lohengrin* und es – das ist besonders bemerkenswert – allem Anschein nach auch nicht wieder wird.

Die Abdunkelung der Klänge ist überhaupt eines der ganz wesentlichen Charakteristika der *Parsifal*-Musik. Reiner Violinklang in hoher Lage, wie man ihn gerade aus der anderen Gralsoper, dem *Lohengrin*, kennt und auch hier erwarten würde, ist auf wenige kurze Stellen beschränkt, die wie ferne Erinnerung an das ältere Werk wirken. Im Karfreitagszauber wird die hochgeführte Geigenkantilene, die im übrigen im gesamten Werk ausgespart ist, bevor sie sich noch aussingen kann, abgebrochen (3. Akt, Takt 742). Die Instrumentation ist von Mischklängen geprägt, an denen meist Instrumente mittlerer und tiefer Lage beteiligt sind. Die Tendenz ist deutlich ablesbar an der Forderung nach einer Alt-Oboe anstelle des üblichen Englischhorns, einem Instrument, das neben mehr Sonorität vor allem einen dunkleren Klang hat (im übrigen aber bis heute nicht verwendet wird). Auch die vergleichsweise häufige solistische Führung des Fagotts, das Wagner als Soloinstrument gar nicht sonderlich schätzte[13], zeigt die Vorliebe für abschattierte Klänge an. Das Musterbeispiel für den abgedunkelten Klang aber ist die Instrumentation des Parsifal-Motivs beim Auftreten der Titelfigur im 3. Akt, bei der Trompete und Posaunen im Pianissimo mit Hörnern gemischt spielen[14].

Die Abdunkelung betrifft auch die verwendeten Lagen und Tonarten. Die Neigung zu den B-Tonarten ist unverkennbar, Tonarten, denen zumindest im 19. Jahrhundert eine dunklere Färbung zugesprochen wurde, eher der Nacht- als der Lichtseite von Welt und Leben zugeordnet. Ob B-Tonarten objektiv dunkler sind, bleibe dahingestellt; fest steht aber, daß man im 19. Jahrhundert im festen Glauben an den Charakter der Tonarten Musik mit B-Vorzeichnung anders gespielt hat als jene mit Kreuztonarten. Die Vorzeichen sind als Spielanweisung, als Charakterbezeichnung zu werten. Die Abdunkelungstendenz setzt sich fort in der Harmonik, in der bereits genannten Vorliebe für subdominantische Verbindungen, in der Neigung zu harmonischen Nebenstufen, insbesondere jenen in Moll, in der Verwendung archaisch-altertümlicher Akkordfolgen. Deren Musterbeispiel ist die Folge reiner Dreiklänge bei *Wirkte dies der heilige Tag?* im 3. Akt (T. 151), die danach noch einige Male auftritt, im übrigen ein nur geringfügig verändertes Zitat des Anfangs von Palestrinas *Stabat mater*[15] (es war im Sommer 1878 in der Bearbeitung Richard Wagners im Druck erschienen[16]):

---

[13] CT II, S. 842 (6. Dezember 1881)
[14] ebda., S. 853 (18. Dezember 1881)
[15] zuerst entdeckt von Wilhelm Tappert in seinem Beitrag *Flüchtige Blicke in Wagner's Parsifal*, in: *Neue Zeitschrift für Musik* 1882, Nr. 28 (7. Juli), S. 301f.
[16] vgl. dazu: WWV, S. 336f. (WWV 79)

a) 3. Akt

b) Palestrina, Stabat Mater (Anfang)

Das Prinzip der Abdunkelung, des Im-Dunkel-Lassens oder In-Dunkel-Tauchens trifft sich mit der erwähnten Neigung zu Ambivalenz und Mehrdeutigkeit. So finden sich in den Orchestertakten nach Parsifals *der Rettung letzter Pfad mir schwindet!* im 3. Akt zwei allerdings versteckte Zitate aus anderen Opern Wagners: zunächst erklingt in der Klarinette eine Anspielung auf die Venus-Melodie *Geliebter komm! Sieh dort die Grotte* (T. 448ff.) aus *Tannhäuser*, dann ertönen der Tristan-Akkord und seine Auflösung, und zwar gleich drei Mal hintereinander, einmal sogar in der gleichen Tonart und Lage wie in *Tristan und Isolde* (T. 456, 458, 460). Zu dem, was gleichzeitig auf der Bühne geschieht – Kundry holt Wasser für den ohnmächtigen Parsifal –, will das nicht passen, aber wer wollte andererseits genau bestimmen, was es besagt? Sicher ist nur, daß die Beziehung zwischen Parsifal und Kundry auch noch im 3. Akt von Erotik oder Sehnsucht danach geprägt ist. Dunkel erscheint auch, warum das Leidens-Motiv des Amfortas – jene absteigende Baßfigur, die erstmals bei *Zeit ist's, des Königs dort zu harren* im 1. Akt auftritt – bis zum Ende der Oper unverändert bleibt:

1. Akt

Der übermäßige Dreiklang, der dieses Motiv prägt und wohl sein markantestes Kennzeichen ist (g-h-dis[1] auf der 2. und 3. Zählzeit), ist zumindest nach dem Verständnis des 19. Jahrhunderts eine scharfe Dissonanz, als solche sinnvoller Ausdruck für das Leiden des Amfortas. Dessen Leiden aber endet, so wie das Textbuch die Geschichte erzählt, mit Parsifals Einzug in den Gral und mit der Berührung der Wunde durch die Lanze, den Speer. Dennoch verharrt das Amfortas-Motiv in seiner Dissonanz, die selbst noch dort erklingt, wo es im Text heißt: *Sei heil, entsündigt und gesühnt!* Hätte hier nicht, landläufigem Verständnis gemäß, die Dissonanz aufgelöst und das Motiv entsprechend dem Geschehen auf der Bühne geändert werden müssen? Es ist oftmals, als stelle die Musik im *Parsifal* den Text in Frage, der so bestimmt und zielstrebig scheint, so entschieden-eindeutig in seinen Lösungen und Antworten. Der Komponist Wagner fällt dem Textautor Wagner gleichsam in den Arm und beläßt es – darin ganz ein Autor der Moderne – beim Formulieren von Fragen, vermutlich weil er sich der Antworten nicht mehr sicher ist.

Philologie und Aufführungspraxis

Von Notwendigkeit und Nutzen der Wagnerforschung
Ein Abriß über das Wagner-Werk-Verzeichnis und die Wagner-Gesamtausgaben

Heroen gegenüber und insbesondere gegenüber jenen der Kunst- und Kulturgeschichte hat es Forschung, die diesen Namen wirklich verdient, naturgemäß schwer; denn Forschung setzt den landläufigen Meinungen und vor allem den Mythen, die sich um die hehren Gestalten und ihre Werke zu ranken pflegen, Zweifel und prinzipiellen Unglauben entgegen, die vorbehaltlose Kritik an der Überlieferung. Ihr geht es nicht um das Bild, das man sich im Laufe der Geschichte gemacht hat, sondern um das, was tatsächlich geschehen ist: um die historische Wahrheit (daß man ihrer stets nur annäherungsweise habhaft wird, ist eine Binsenweisheit, die keinen Forscher von dem Versuch abhalten kann, der Wahrheit so nahe wie möglich zu kommen). Forschung ist also geeignet, altvertraute und vor allem liebgewordene Bilder in Frage zu stellen oder gar zu zerstören. Daran haben viele, wenn nicht die meisten, die sich für Kunst interessieren, wenig Interesse. Wie weit die Ignoranz gegenüber der Forschung reicht, zeigt das Beispiel jenes Rezensenten der Bayreuther *Holländer*-Aufführungen von 1979, der abermals die alte Geschichte von Sentas Ballade als dem Keim des gesamten Werks auftischte, obwohl Isolde Vetter im begleitenden Programmheft zweifelsfrei belegt hatte, daß die Ballade diese Funktion gar nicht gehabt haben kann, vielmehr eine von Wagner im Nachhinein und auch nur zeitweilig in das Werk hineinprojizierte Idee war. Zugegebenermaßen ist die Wahrheit, die die Forschung an die Stelle der Mythen setzt, selten schön und einfach, idealistischen Weltbildern oder dem allgemeinen Harmoniebedürfnis entsprechend.

Im Falle Wagners hat es die Forschung auch deshalb besonders schwer, weil Wagner selbst sein Schaffen und sein Leben mit Mythen umgab und seine Gemeinde später am Teppich der Legenden und Halbwahrheiten fleißig weiterwob. Die Schwärzungen in Cosimas Tagebüchern, von Eva Chamberlain vorgenommen und bis heute die Lesbarkeit einiger Stellen verhindernd, sprechen eine deutliche Sprache. Das bestehende Bild sollte nicht ins Wanken geraten. Forschung verbot sich jedoch auch angesichts der unverkennbaren Tendenz zur Kunstreligion, die das Wagnersche Werk auszeichnet und in Bayreuth als Gralsstätte gepflegt wurde. Aufklärung schadet dem Glauben; Forschung mußte also zwangsläufig als Instrument der Profanisierung oder gar als Turmbau zu Babel erscheinen. Auch das vehemente Pro und Kontra von Wagnerianern und Antiwagnerianern half der Forschung nicht; denn hüben wie drüben ging es allemal nur um das, was der eigenen Position zunutze war, immer also nur um einen Teil, nie um die ganze Wahrheit. So nimmt es nicht wunder, daß die Wagnerforschung nicht eine von alters her etablierte und allgemein anerkannte Einrichtung ist. So unglaublich es klingt, aber die Wagnerforschung steckt noch in den Anfängen; es geht um simple Grundlagenforschung, nämlich die Sammlung und Erforschung der primären Quellen, also alles dessen, was Wagner hinterlassen hat an eigenhändigen Partituren, Schriften, Briefen und dergleichen mehr; denn es kann keine Rede davon sein, daß diese Arbeit bereits geleistet sei. Die folgenden Abschnitte sind der Versuch einer Situationsschilderung.

Wagner-Werk-Verzeichnis

Im November 1986 konnte nach nahezu zwanzigjähriger Arbeit das erste umfassende und auf wissenschaftlicher Grundlage erarbeitete Verzeichnis der musikalischen Werke Wagners der Öffentlichkeit vorgestellt werden, das Wagner-Werk-Verzeichnis (WWV). An der Tatsache, daß mehr als hundert Jahre seit Wagners Tod vergehen mußten, ehe ein solches Verzeichnis Wirklichkeit wurde, ist ablesbar, welchen Nachholbedarf die Wagnerforschung hat. Es bedeutet zugleich, daß die bisherige Wagnerliteratur, auch die wissenschaftliche, auf unsicherem Boden stand. Erst jetzt nämlich – anhand dieses Verzeichnisses – ist ein genauer Überblick über Wagners musikalisches Schaffen möglich. Der Begriff des musikalischen Schaffens ist dabei, da Wagner sein eigener Textdichter war, auf die Textbücher seiner Opern ausgedehnt, und zwar nicht nur auf jene der zum Abschluß gebrachten Werke, sondern auch auf die unvollendeten und abgebrochenen. Auf diese Weise ist Wagners gesamtes Bühnenschaffen vom *Leubald* bis zum *Parsifal* dokumentiert.

Das Wagner-Werk-Verzeichnis folgt der Tradition der großen Komponistenverzeichnisse; es ist gleichsam Wagners Köchel. Sein primärer Zweck ist eine vollständige und genaue Liste der Werke, deren Anordnung sich aus der Chronologie der Entstehung der Werke ergibt. Im Zentrum steht die Verzeichnung aller nachweisbaren Handschriften und Druckausgaben; daneben werden alle verfügbaren Daten und Informationen zum Umfang der Werke, zu Besetzung, Entstehung, erster Aufführung, Publikation usw. mitgeteilt, und auch das traditionelle Incipit, die Wiedergabe des jeweiligen Kompositionsbeginns in Noten, fehlt nicht. Das Verzeichnis informiert also nicht allein über die nominelle Existenz der Werke, sondern teilt dem Benutzer auch mit, ob die Werke erhalten und überliefert sind, in welcher Form sie vorliegen und wo er sie gegebenenfalls finden kann. Das Verzeichnis ist ein Schlüssel zu den Werken; denn es öffnet den Zugang zu ihnen, was selbstverständlich vorab für die bislang unbekannten und schwer zugänglichen Stücke gilt, jedoch auch auf die geläufigen Werke zutrifft. Wer beispielsweise den *Tannhäuser*-Klavierauszug, den er selbst besitzt, datieren möchte, kann das anhand des Verzeichnisses ebenso tun, wie jener, der wissen möchte, welche Fassung des *Tannhäuser* in seinem Klavierauszug wiedergegeben ist. Die Informationen, die das Verzeichnis bereithält, bilden einen umfassenden Datenkatalog zur Geschichte der Werke von der Entstehung bis zur Aufführung und Veröffentlichung, bisweilen auch darüber hinaus; denn an einer ganzen Reihe von Werken hat Wagner im Laufe der Zeit mehr oder weniger gewichtige Umarbeitungen vorgenommen – erinnert sei an den *Fliegenden Holländer* und vor allem an *Tannhäuser*.

Als umfassender Datenkatalog ist das Verzeichnis das bestmögliche Meßinstrument gegenüber Meinungen und Vorstellungen, die über Wagner und seine Werke im Umlauf sind. Das Verzeichnis hält dem herrschenden Bewußtsein den Spiegel vor. Eine ganze Reihe verbreiteter Ansichten sind danach zu revidieren, betreffe dies nun die Datierung bestimmter Werke oder die Einschätzung gewisser Handschriften, die Deutung von Entstehungsprozessen oder die Interpretation bestimmter Stücke. Daß die geläufigen Vorstellungen insbesondere im Detail der Kritik durch das Verzeichnis häufig nicht standhalten, versteht sich von selbst.

Wagner selbst hat kein Verzeichnis seiner Werke angelegt. Immerhin aber korrigierte und ergänzte er im Jahre 1875 bereitwillig eine allerdings nur wenige Seiten umfassende handschriftliche Werkliste des Wagner-Biographen Wilhelm Tappert (sie und Wagners Ergänzungen sind im Vorwort des Wagner-Werk-Verzeichnisses wiedergegeben)[1]. 1878 erschien Emerich Kastners *Wagner-Catalog*[2], und 1882, als Festgabe zu den zweiten Bayreuther Festspielen, kam der erste Band von Nikolaus Oesterleins *Katalog einer Richard Wagner-Bibliothek*[3] heraus. Wie Eintragungen Cosimas in ihrem Tagebuch belegen, stand Wagner diesen Versuchen, sein Schaffen bibliographisch zu erfassen, – gelinde gesagt – äußerst skeptisch gegenüber[4]. Undeutlich ist dabei, ob seine Kritik der Sache als solcher galt oder nur der Unzulänglichkeit, mit der sie betrieben wurde. Jedenfalls muß man nach allem, was bekannt ist, annehmen, daß Wagner nicht alle Werke, die aus seiner Feder geflossen waren, in gleicher Weise oder gar überhaupt anzuerkennen bereit war. Hätte er selbst ein Verzeichnis seiner Werke angelegt, so wäre mit Sicherheit einiges unter den Tisch gefallen, anderes, wie zum Beispiel die große biblische Szene *Das Liebesmahl der Apostel* von 1843, hätte er in einer *Rubrik der Gelegenheitskompositionen*[5] untergebracht und auf diese Weise vom übrigen, dem „eigentlichen" Werk, getrennt. Diese nach ästhetischen Gesichtspunkten getroffene Einteilung, deren Konsequenz eine Hierarchie der Werke wäre, hätte zwar vermutlich Wagners Beifall, ist jedoch unhistorisch. Das Wagner-Werk-Verzeichnis, wie es jetzt vorliegt, stellt Wagners Werke, handele es sich nun um den *Züricher Vielliebchen-Walzer* oder den *Ring des Nibelungen*, den *Wahlspruch für die deutsche Feuerwehr* oder *Parsifal*, ohne Wertung

---

[1] WWV, S. 11f.
[2] Emerich Kastner, *Wagner-Catalog. Chronologisches Verzeichniss der von und über Richard Wagner erschienenen Schriften, Musikwerke etc.*, Offenbach 1878 (Nachdruck: Hilversum 1966)
[3] Nikolaus Oesterlein, *Katalog einer Richard Wagner-Bibliothek. Nach den vorliegenden Originalien systematisch-chronologisch geordnetes und mit Zitaten und Anmerkungen versehenes authentisches Nachschlagebuch durch die gesamte Wagner-Literatur*, 4 Bde., Leipzig 1882, 1886, 1891, 1895
[4] CT II, S. 79 (4. April 1878)/977 (11. Juli1882)
[5] ML, S. 271

nebeneinander und referiert über jedes dieser Werke in gleicher Weise und Ausführlichkeit. Da ästhetische Wertungen geschichtlichem Wandel unterliegen, erscheint es doppelt geraten, das Urteil über die Qualität jenen zu überlassen, die sich mit den Werken selbst auseinandersetzen.

Durch die chronologische Abfolge der Werke innerhalb des Verzeichnisses wird der Charakter des Heterogenen noch verstärkt, was sich zwar bisweilen kurios genug ausnimmt, jedoch für Wagner und sein Werk charakteristisch ist; denn Wagner komponierte nicht mehr einem traditionellen Gattungskanon gemäß, sondern löste zumindest tendenziell die herkömmlichen Gattungen auf. Das Prinzip der Einmaligkeit, das jenes der Gattung aufhob, brachte einerseits eine kleine Zahl äußerst ambitionierter Kunstwerke hervor, produzierte aber andererseits, gleichsam als Kehrseite der Medaille, zahlreiche recht ungewichtige Werke. Künstlerisch – wenigstens für uns heute – kaum von Rang (wenngleich man sie auch nicht unterschätzen sollte), zeigen sie sehr anschaulich, welche Probleme sich ergeben, wenn an die Stelle von Gattungstraditionen, die stets ein gewisses technisches wie künstlerisches Niveau garantieren, das Prinzip der Einmaligkeit des einzelnen Kunstwerks tritt.

Wagner war mehr als der Bayreuther Meister. So sehr er sich – vor allem später, als er kein musikalisches Amt mehr ausübte – gegen Traditionen und Gewohnheiten des Musik- und Theaterbetriebs sperrte, so unbezweifelbar ist doch, daß er ihnen, zumindest in seinen Kapellmeisterjahren, seinen Tribut zollte. In den Jahren in Magdeburg, Königsberg, Riga und Dresden schrieb er manches, was er später nicht mehr so recht wahrhaben wollte. Als 1877 in einem Zeitungsartikel mit dem provozierenden Titel *Richard Wagner als Possenkomponist*[6] behauptet wurde, er habe in seiner Magdeburger Zeit (1834–1836) die Musik zu dem komischen Zauberspiel *Der Berggeist*, einer Wiener Posse von Joseph Alois Gleich, geschrieben, ließ er umgehend ein entschiedenes Dementi ergehen. Die Nachforschungen, die im Zusammenhang mit der Erarbeitung des Wagner-Werk-Verzeichnisses unternommen wurden, ergaben nun zwar, daß Wagner diese Musik aller Wahrscheinlichkeit nach tatsächlich nicht

---

[6] u. a. *Oberfränkische Zeitung und Bayreuther Anzeiger* X (1877) Nr. 1, Bayreuth 1. Januar 1877; vgl. auch WWV, S. 563

geschrieben hat, aber das Dementi dürfte dennoch nicht nur dem konkreten Fall gegolten haben. Wagner scheint es auch oder sogar vor allem darum gegangen zu sein, das Exemplarische seines „eigentlichen" Schaffens nicht durch die Belanglosigkeit einer alltäglichen Theatermusik, die Aura des Bayreuther Meisters nicht durch die Trivialität eines Possenkomponisten trüben zu lassen; denn wie das Wagner-Werk-Verzeichnis zu belegen vermag, hatte Wagner während seiner Kapellmeisterjahre, mit Ausnahme vielleicht der Dresdner Zeit, regelmäßig mit Stücken wie dem *Berggeist* zu tun.

Im 19. Jahrhundert ging so gut wie kein Sprechtheaterstück ohne Musik über die Bühne. Verantwortlich für diese Musik aber war der Musikdirektor, der sie, sofern keine einschlägige vorhanden war, selbst zu schreiben oder wenigstens zusammenzustellen hatte. Besonders diese zweite Tätigkeit übte Wagner in Riga mehrfach aus. Die Quellen belegen, daß er vor allem für die Musik zu den Stücken seines Theaterdirektors Karl von Holtei sorgen mußte[7]. Wagner war aber nicht nur in dieser Hinsicht in die Theaterpraxis des 19. Jahrhunderts verwoben. Das Werk-Verzeichnis zeigt zahlreiche Spuren des Kapellmeisters Wagner auf, vor allem auch solche, die dem späteren Bayreuther Meister nicht lieb waren und die er darum herunterzuspielen geneigt war. Als Kapellmeister komponierte Wagner damaliger Praxis entsprechend Einlegearien und -chöre zu erfolgreichen Opern und Theaterstücken, etwa zu Heinrich Marschners *Der Vampyr* (Würzburg 1833), zu Joseph Weigls *Die Schweizerfamilie* (Riga 1837) und zu Vincenzo Bellinis *Norma* (Paris 1839); oder er richtete Stücke, die er aufführen wollte oder mußte, den jeweiligen Gegebenheiten entsprechend ein, beispielsweise eine Arie aus Giacomo Meyerbeers *Robert le diable* (Riga 1838), einen Chor aus Carl Maria von Webers *Euryanthe* (Riga 1839), die gesamte Partitur der *Norma* (Riga 1837), Glucks *Iphigenie in Aulis* (Dresden 1846/47) und Mozarts *Don Giovanni* (Zürich 1850). Er instrumentierte Arien und Duette von Bellini und Rossini, die original nur mit Klavierbegleitung versehen oder nur im Klavierauszug zugänglich waren, und er richtete Palestrinas *Stabat mater* für eine Konzertaufführung ein. Bei all dem verfuhr er gewiß vornehmlich im Sinne der üblichen Praxis des 19. Jahrhunderts, die sich also an seinem Beispiel exem-

---

[7] vgl. dazu: WWV, S. 164 (WWV 48)

plarisch studieren läßt. Ebenso selbstverständlich aber ist, daß er bei diesen Tätigkeiten seine eigenen kompositorischen Ambitionen kaum gänzlich verleugnet haben dürfte. Pointiert gesagt: auch in diesen Bearbeitungen und Einlagestücken ist der Bayreuther Meister vorhanden, und sein Bild wird erst vollständig, wenn auch diese Werke mit ins Blickfeld gerückt und wahrgenommen werden.

Gemessen an Bach oder Mozart hinterließ Wagner ein schmales Werk; dennoch umfaßt das Wagner-Werk-Verzeichnis 113 Werke, was vermutlich nicht nur diejenigen überraschen dürfte, die sich unter Wagners Werk wenig mehr als die berühmten Opern, also 10 Werke, das *Siegfried-Idyll* und die *Wesendonck-Lieder* vorstellen. Dabei sind verschiedene Komplexe wie die genannten *Wesendonck-Lieder*, die in Paris und Dresden zwischen 1840 und 1842 angefertigten Arrangements von Opern Aubers, Donizettis und Halévys und der *Ring des Nibelungen* jeweils nur als eine einzige Nummer gezählt. Erstaunlich ist die Vielfalt der Werke. Es gibt Klavier- und Kammermusik, Lieder und Chorwerke, Sinfonien und andere Orchesterstücke. Der Anteil der absoluten Musik ist – bezogen auf die 113 Werknummern, nicht auf den Umfang des Gesamtwerks –, mit mehr als einem Drittel erstaunlich hoch, was zumal bei einem Komponisten überrascht, der so ausschließlich als Bühnenkomponist gilt wie Wagner. Dieser hohe Anteil an absoluter Musik stellt im übrigen das Verdikt des Bayreuther Meisters gegen die absolute Musik nachdrücklich in Frage, das freilich für den Komponisten Wagner nie so streng galt wie für den Musikdramatiker und vor allem den Theoretiker und Propagandisten. Wie das Werk-Verzeichnis vor Augen führt, beschäftigte sich Wagner zeit seines Lebens immer wieder mit der Komposition von Sinfonien, in der Zeit der Komposition des *Lohengrin* ebenso wie in den Bayreuther Jahren. Wer die Quellen studiert, die im Werk-Verzeichnis beschrieben und erläutert sind, stellt fest, daß Wagner das *Siegfried-Idyll* in der Widmungshandschrift für Cosima mit *Symphonie* überschrieb. Der Titel *Siegfried-Idyll* kam erst später auf.

Ähnlich bedeutsam wie der Komplex der Instrumentalkompositionen ist jener der unvollendeten Opern, die das Wagner-Werk-Verzeichnis – wie bereits gesagt – ebenfalls erfaßt. Da Wagner sein eigener Librettist war, gehören die Textbücher seiner Opern selbstverständlich in den Bereich der musikalischen Werke und damit auch ins Werk-Verzeichnis. Die Konsequenz dieser unumgänglichen Verfahrensweise ist aber die Aufnahme auch der unvollendeten Opern, auch dann, wenn es gar nicht zur Komposition kam. Die Zahl dieser Werke oder Werkfragmente ist ebenso groß wie die der vollendeten Opern oder sogar größer, je nach dem, ob man einige von Wagner mehr beiläufig erwähnte Projekte mitrechnet oder nicht. Daß es sich bei diesen Fragmenten um einen gewichtigen Komplex handelt, leuchtet allein schon von der Menge her ein. Inhaltlich ist seine Bedeutung bis heute kaum vollständig erfaßt worden, obwohl doch auf der Hand liegt, daß die Nachzeichnung des Wechselspiels zwischen den schließlich ausgeführten und den dann doch verworfenen Sujets Licht auf die vollendeten Werke wirft und fraglos ein objektiveres als so manche andere Betrachtungsweise. Das gilt vor allem deshalb, weil es sich bei diesen nicht zuende geführten Projekten nicht um bloße Pläne handelt, die kaum oder gar nicht zu Papier gebracht wurden, sondern nahezu durchgehend um Werke, die zumindest bis zu ausführlichen Textentwürfen in Prosa vorangetrieben wurden, bisweilen auch bis zum Textbuch (in Versen) oder sogar zu erster musikalischer Skizzierung, wie im Falle der komischen Oper *Männerlist größer als Frauenlist oder Die glückliche Bärenfamilie* (nach *Tausendundeine Nacht*) und *Jesus von Nazareth*, eine 1849 zeitweise für Paris geplante Oper. Wagner selbst – und das bestätigt die These von der Wichtigkeit des Wechselspiels zwischen ausgeführten und verworfenen Sujets – waren diese Entwürfe sehr wichtig, wichtig genug jedenfalls, um sie für eine Ausgabe seiner Schriften in Aussicht zu nehmen. Daß Werke wie *Die Sarazenin, Die Bergwerke zu Falun* und *Jesus von Nazareth* schließlich nicht in die *Gesammelten Schriften und Dichtungen*, die in den siebziger Jahren von Wagner selbst veranstaltete Ausgabe, aufgenommen wurden, entsprang keinem Urteil über die Sache, sondern hatte seinen Grund allein darin, daß es Wagner nicht gelungen war, in den Besitz der Handschriften zu gelangen. Dabei bemühte sich insbesondere Cosima intensiv um die Auffindung und Rückgewinnung von Autographen und Dokumenten.

Für die Aufnahme des Entwurfs einer schließlich nicht ausgeführten Oper in die *Gesammelten Schriften* gibt es einen exemplarischen Fall in dem Prosaentwurf zu *Wieland der Schmied*[8]. Wagner veröffentlichte diesen Text in Band 3 mit dem eigentümlichen Zusatz *als Drama entworfen*, was die Assoziation von Sprechdrama weckt, selbstverständlich auch die von Musikdrama. Die Handschriften, deren es drei gibt – was im übrigen allein schon den Rang des Projekts umreißt –, tragen übereinstimmend den Untertitel: *Heldenoper*. Das entspricht exakt der ursprünglichen Intention, die sich deutlich an der Tradition orientierte. Auch die erhaltene Druckvorlage für die *Gesammelten Schriften* weist noch die Überschrift *Heldenoper* auf, die Wagner also erst 1871, unmittelbar vor der Publikation, durch den neuen, von der ursprünglichen Absicht ablenkenden Titel ersetzte. Damit unterschob Wagner dem 1850 geschriebenen Text eine Funktion, die er zunächst gar nicht gehabt hatte. Das entspricht genau dem generellen Verfahren des Bayreuther Meisters, der sein gesamtes Schaffen, zumindest aber die Werke seit dem *Fliegenden Holländer*, als logisch-konsequenten und geschlossen-einheitlichen Weg zum Musikdrama verstanden wissen wollte. Die Quellen allerdings, wie sie das Wagner-Werk-Verzeichnis präsentiert, bestätigen dieses Bild nicht, sondern belegen, daß es Wagner war, der sich dieses Bild erst nachträglich schuf. Sie nämlich zeigen zum Beispiel, daß mit *Siegfrieds Tod*, dem Vorläufer der *Götterdämmerung*, keineswegs die endgültige Entscheidung für das Musikdrama und für den Mythos als den einzig angemessenen Stoff dieser neuen Form des Musiktheaters gefallen war. Die ersten Textniederschriften zu *Siegfrieds Tod* erfolgten im Herbst 1848, aber noch im Frühjahr 1849 beschäftigte sich Wagner mit dem Plan einer Oper über Friedrich I.[9], kehrte also von Mythos und Sage zur Geschichte zurück, die seiner späteren Ansicht nach nicht für das Musikdrama taugt. Auch *Jesus von Nazareth* als Oper für Paris (1849) und die *Heldenoper* über Wieland den Schmied (1850) widersprechen Wagners Darstellung. Zur Stützung seiner Sicht tilgte Wagner beim Abdruck der Textbücher des *Rienzi* und des *Fliegenden Holländer* in den *Gesammelten Schriften* die originale Nummernstruktur dieser Opern, die von den Quellen einhellig bestätigt wird, und ersetzte sie durch eine Gliederung nach Szenen

---

[8] vgl. WWV, S. 341ff. (WWV 82)
[9] WWV, S. 328ff. (WWV 76)

wie in den späteren Musikdramen. Auf diese Weise wurde die genuine Zugehörigkeit zur Gattung der Oper verwischt. Dabei komponierte Wagner sogar noch beim *Tannhäuser*, der in der Partitur von 1845 bereits nach Szenen gegliedert ist, zunächst, wie die im Werk-Verzeichnis aufgelisteten und beschriebenen Skizzen erweisen[10], nach dem Modell der Nummernoper.

Im Unterschied zu den geläufigen Verzeichnissen der Werke etwa Mozarts oder Bachs listet das Wagner-Werk-Verzeichnis grundsätzlich alle erschließbaren und nachgewiesenen Quellen auf, nicht nur die wichtigsten. Es beschränkt sich damit nicht auf jene Quellen, die das fertige Werk wiedergeben, Textbücher und Partituren, sondern erfaßt auch alle Quellen des Entstehungsprozesses von der ersten Skizze an. Eine solche Auflistung erscheint im Falle Wagners allein deshalb sinnvoll und notwendig, weil die Quellen zur Entstehungsgeschichte einen ganz außerordentlichen Umfang haben und weitgehend vollständig überliefert sind. Dazu muß man wissen, daß Wagner in der Regel vor der Partitur zwei vollständige Entwürfe schrieb, Skizzen, die das gesamte Werk, wenn auch auf wenigen Notensystemen, von A bis Z enthalten, dazu stets noch etliche Detailskizzen. Abgesehen davon, daß auf der Grundlage dieser Fülle von Material die Kompositionsprozesse rekonstruierbar und tiefreichende Einblicke in den Werdegang der Kunstwerke möglich sind, bergen diese Quellen noch andere wichtige Informationen. Wagner pflegte seine Handschriften mit zahlreichen und genauen Datierungen zu versehen, so daß ihre bloße Auflistung, gleichsam von selbst, eine nahezu lückenlose Zeittafel zur Genese der Werke ergibt. Das gilt sowohl für die Quellen zur Komposition wie für jene zu den Textbüchern.

Zu den Quellen, die das Wagner-Werk-Verzeichnis erfaßt, gehören selbstverständlich auch die Manuskripte und Dokumente zur Veröffentlichung der Werke, betreffe diese nun die Publikation in einem Verlag oder die Aufführung auf dem Theater. Besonders bei einem Autor wie Wagner, für den das Werk erst in der Wiedergabe – und das heißt, in der Aufführung auf der Bühne – Wirklichkeit erhält, kommt nicht allein der Partitur zentrale Bedeutung zu, sondern auch den Aufführungsmaterialien, seien es die Noten, aus

---

[10] WWV, S. 273 (MUSIK IIIb)

denen gespielt wurde, oder die Anweisungen, die Wagner gab. Das Wagner-Werk-Verzeichnis erfaßt und beschreibt daher auch alle Quellen zu den von Wagner selbst betreuten Aufführungen, die zusammengenommen mit den Partituren erst einen vollständigen Begriff von den Werken geben. Dokumentiert ist also nicht nur die Aufführungspraxis des 19. Jahrhunderts, die als historisches Phänomen den Interpreten von heute nichts angeht, sondern Wagners Umgang mit den eigenen Werken, die – wie sich herausstellt – nicht als sakrosankte Einheiten behandelt wurden, sondern als – in Grenzen selbstverständlich – veränderbare Größen. Der Bayreuther Meister erweist sich als flexibler Theaterpraktiker. Was er an Aufführungsanweisungen und Partiturzusätzen hinterließ (und im Wagner-Werk-Verzeichnis aufgelistet und beschrieben ist), hat unmittelbare Aktualität für den Interpreten von heute.

Neben den zahreichen Datierungen enthalten Wagners Handschriften immer wieder auch Bemerkungen und Eintragungen, die weniger mit den Werken selbst als vielmehr mit ihrem Schöpfer zu tun haben. Die Quellen spiegeln in vielfältiger Form das Leben Richard Wagners wider, so daß das Werk-Verzeichnis, das sie beschreibt, nicht zuletzt auch ein Beitrag zur Biographie Wagners ist.

Mit dem Wagner-Werk-Verzeichnis ist ein erster überaus wichtiger Schritt getan auf dem Wege zu einer umfassenden wissenschaftlichen Ergründung des Phänomens Richard Wagner. Das Werk-Verzeichnis bietet freilich nur einen Katalog der Werke, nicht die Werke selbst. Dazu sind Ausgaben nötig, selbstverständlich solche, die wissenschaftlichen Ansprüchen genügen. Das Wort „wissenschaftlich" meint dabei weniger, daß Wissenschaftler daran ihr Genüge finden, als vielmehr die Zuverlässigkeit der Ausgaben. An ihr ist allen gleichermaßen gelegen, den Interpreten ebenso wie den Besuchern der Aufführungen, die selbstverständlich originale Wagnersche Texte und Töne hören wollen und nicht das, was andere später daraus gemacht haben, sei es auch noch so sehr zur Tradition geworden. Neben der Funktion, einen Wort- und Musiktext der Öffentlichkeit vorzulegen, der kritischer Betrachtung standhält, und damit die Aufführungen auf eine authentische Grundlage zu stellen, erfüllen historisch-kritische Gesamtausgaben auch die Aufgabe, jene Werke eines Autors durch die Edition allgemein zugänglich zu machen, die unbekannt sind, gegebenenfalls sogar unveröffentlicht, oder im gegenwärtigen Musik- und Theaterbetrieb keine Rolle spielen. Aber auch hier dient die Gesamtausgabe nicht nur der Wissenschaft; denn Studium und Betrachtung der selten oder gar nicht gespielten Stücke stehen jedem offen und verhelfen auch dem Laien und Liebhaber zu Einsichten.

Ausgaben I: Musikalische Werke

Die im Jahre 1968 begonnene Gesamtausgabe der Werke Richard Wagners (RWSW) konzentriert ihre Arbeit, der Bedeutung der Sache gemäß, primär auf die musikalischen Werke. Eine Edition der Schriften gehört vorerst nicht zum Editionsplan, ist jedoch für später in Aussicht genommen. Die Ausgabe der musikalischen Werke sieht insgesamt 69 Teilbände vor. In einer Reihe A mit 57 Teilbänden werden die Notentexte der Werke samt Kritischen Berichten vorgelegt, in einer Reihe B Dokumentationen zur Entstehung und Aufführung der Bühnenwerke. Die Gesamtausgabe entspricht damit der bereits im Zusammenhang mit dem Werk-Verzeichnis erwähnten Ansicht Wagners, daß nicht allein die Partitur das Werk repräsentiert. Bislang (bis Ende 1995) konnten 35 Teilbände vorgelegt werden, 32 Notenbände und 3 Dokumentationen. Die Mehrzahl der Notenbände enthält neben den bekannten oder zumindest früher schon einmal edierten Stücken jeweils auch solche, die zum ersten Mal veröffentlicht werden. Das betrifft nicht nur Jugendwerke oder Lieder und Instrumentalkompositionen, sondern auch die bekannten und berühmten Werke. *Rienzi* und auch der *Fliegende Holländer* erscheinen in der Gesamtausgabe zum ersten Mal in ihrer ursprünglichen Instrumentation. Dem kommt besondere Bedeutung zu, einmal, weil die Umarbeitungen, die bislang allein bekannt waren, das Klangbild an Wagners spätere Werke angleichen und damit das ursprüngliche Bild verwischen; zum anderen, weil die Umarbeitungen nicht mit letzter Konsequenz und Gewissenhaftigkeit von Wagner durchgeführt wurden, so daß sich nicht behaupten läßt, sie seien Wagners letztes Wort in der Sache. Ähnlich wie beim *Tannhäuser*, den Wagner nach einem berühmt gewordenen Wort aus

Cosimas Tagebüchern der Welt noch schuldig zu sein meinte[11], wollte er auch den *Fliegenden Holländer* und bezeichnenderweise auch und gerade Sentas Ballade einer gründlichen Revision unterziehen[12]. Die Edition der *Meistersinger* publiziert erstmals die von Wagner selbst stammenden Konzertfassungen der *Versammlung der Meistersingerzunft* (Beginn der 3. Szene des 1. Aktes), der Ansprache Pogners, des Walther-Liedes *Fangt an!* sowie des *Schusterliedes*. Eigentümlicherweise wurden diese Versionen, die Wagner über Jahre hin in seinen eigenen Konzerten aufführte, nie veröffentlicht, während die zahllosen Konzertfassungen, die auf den Markt gebracht wurden, sämtlich nicht auf Wagner selbst zurückgehen. Die Interpreten, die Einzelnummern aus Wagners Opern vortragen, haben also erstmals die Gelegenheit, authentische Versionen vorzuführen. Die Edition der *Meistersinger* ist jedoch auch ohne diese „Zugaben" von Wichtigkeit, da sie geeignet ist, einen weit verbreiteten Irrtum zu korrigieren. Der Dirigent Robert Heger, Mitinitiator der Richard Wagner-Gesamtausgabe und 1964 musikalischer Leiter der Bayreuther *Meistersinger*-Aufführungen, teilte der Editionsleitung der Gesamtausgabe 1972 in einem Brief mit, die gedruckte *Meistersinger*-Partitur sei *ja erfreulicherweise ziemlich fehlerfrei*. Gemeint war die allgemein gebräuchliche Partitur des Schott-Verlages, die auf den Erstdruck von 1868 zurückgeht und auf der alle anderen Ausgaben und damit natürlich auch alle Aufführungen seither fußen. Die neue Edition innerhalb der Gesamtausgabe erweist nun, daß die von Heger als *ziemlich fehlerfrei* bezeichnete Partitur dies mitnichten ist. Allein der 1. Akt weist in der alten Partitur mehr als 200 Fehler auf, die durchgängige Anpassung Wagnerscher Notationseigenheiten an den herrschenden Usus des Notendrucks im 19. Jahrhundert gar nicht gerechnet. Die neue Ausgabe ist also nicht, wie man nach dem Urteil Hegers meinen könnte, überflüssig, sondern im Gegenteil höchst notwendig, damit Wagners Intentionen so gut und umfassend wie möglich erfaßbar und in adäquate Aufführungen umsetzbar werden. Das setzt freilich auch den guten Willen der Dirigenten und der Ausführenden allgemein voraus, vor allem aber den Respekt vor dem Willen des Komponisten. Beides scheint durchaus nicht selbstver-

---

[11] CT II, S. 1098 (23. Januar 1883)
[12] vgl. WWV, S. 239ff.

ständlich zu sein, wie das Beispiel Christoph von Dohnányis lehrt, der bei seiner Frankfurter *Parsifal*-Produktion in den siebziger Jahren die in der neuen Partiturausgabe vorgelegte originale Instrumentation des Vorspielbeginns – nämlich mit ungedämpften Streichern – nach einer Probe kurzerhand wieder durch die gewohnte Praxis mit gedämpften Streichern ersetzte. Wenn man den Begriff der Werktreue jedoch ernst nimmt, dann darf er nicht vor Details wie diesem haltmachen. Jedenfalls scheint der Weg bis zur selbstverständlichen Einsicht der musikalischen Praxis in den Sinn und die Notwendigkeit einer historisch-kritischen Edition einstweilen noch weiter zu sein als der bis zur Vollendung der Richard Wagner-Gesamtausgabe.

Richard Wagner, Sämtliche Werke (RWSW)
Editionsplan

Reihe A: Notenbände

Band	Teilbände	Inhalt
1,	I–III	*Die Feen*
2,	I–II	*Das Liebesverbot oder Die Novize von Palermo*
3,	I–V	*Rienzi, der Letzte der Tribunen*
4,	I–IV	*Der fliegende Holländer* (Urfassung und Fassungen 1846–1864)
5,	I–III	*Tannhäuser und der Sängerkrieg auf Wartburg* (1845–1860)
6,	I–III	*Tannhäuser und der Sängerkrieg auf Wartburg* (1860–1875)
7,	I–III	*Lohengrin*
8,	I–III	*Tristan und Isolde*
9,	I–III	*Die Meistersinger von Nürnberg*
10,	I–II	*Das Rheingold*
11,	I–III	*Die Walküre*
12,	I–III	*Siegfried*
13,	I–III	*Götterdämmerung*
14,	I–III	*Parsifal*
15		Kompositionen für das Theater (*Die Hochzeit*, Einlegearien etc.)

16		Chorwerke
17		Klavierlieder
18,	I–III	Orchesterwerke
19		Klavierwerke
20	I–VI	Bearbeitungen
21		Supplement

Reihe B: Texte und Dokumente

22		*Die Feen/Das Liebesverbot*
23		*Rienzi*
24		*Der fliegende Holländer*
25		*Tannhäuser*
26		*Lohengrin*
27		*Tristan und Isolde*
28		*Die Meistersinger von Nürnberg*
29,	I–III	*Der Ring des Nibelungen*
30		*Parsifal*
31		Nichtvertonte Bühnenwerke

Ausgaben II: Literarische Werke (Schriften)

Eine historisch-kritische Ausgabe der literarischen Werke Richard Wagners ist nicht minder wichtig als eine solche der musikalischen Werke, die aber selbstverständlich Vorrang hat; denn Wagners Schriften sind uns in bezug auf seine Opern und Musikdramen von Bedeutung und nicht umgekehrt (obwohl man mitunter den Eindruck hat, daß die bestehenden Meinungen mehr von Wagners literarischer als seiner künstlerisch-musikalischen Produktion abgeleitet sind). Wer Wagners Bücher und Aufsätze zitiert, tut dies nach einer der verbreiteten Schriftenausgaben, die sämtlich auf Wagners eigener, bereits erwähnter Ausgabe seiner *Gesammelten Schriften und Dichtungen* fußen. Diese erschien zwischen 1871 und 1883 in 10 Bänden und wurde zu Beginn unseres Jahrhunderts um insgesamt 6 weitere Bände ergänzt, in denen all das Platz fand, was Wagner selbst in den 10 Bänden seiner eigenen Ausgabe nicht hatte publizieren wollen oder auch können, da ihm, wie erwähnt, bisweilen ganz einfach die Vorlagen, die Handschriften fehlten. (Die Fürstin Carolyne Wittgenstein beispielsweise weigerte sich, Wagner auch nur eine Kopie des in ihrem Besitz befindlichen Manuskriptes von *Jesus von Nazareth* zukommen zu lassen[13].) Wagner unterzog die Texte, die er in die *Gesammelten Schriften* aufnahm, selbstverständlich einer Revision, und dabei nahm er Änderungen vor, die ebenso selbstverständlich nicht nur äußerlicher Art waren, sondern auch den Inhalt betrafen. Wer also Wagner in herkömmlicher Weise zitiert, muß sich im klaren darüber sein, daß er den Bayreuther Meister zitiert. Er kann jedenfalls nicht sicher sein, daß er *Oper und Drama* oder *Eine Mitteilung an meine Freunde* so wiedergibt, wie Wagner sie Anfang der fünfziger Jahre geschrieben und publiziert hatte. Eine der wichtigsten Aufgaben einer kritischen Ausgabe der literarischen Werke ist daher die genaue Erschließung der Differenzen zwischen den Erstausgaben und den *Gesammelten Schriften*, der sich selbstverständlich der Vergleich der Erstausgaben mit den Handschriften anzuschließen hat. Allerdings ist in bezug auf die Manuskripte die Quellenlage bei weitem nicht so günstig wie bei den musikalischen Werken, die zu bewahren allem Anschein nach stets vordringlicher erschien. Im übrigen geht die Handschrift eines Aufsatzes naturgemäß leichter verloren als eine Partitur. Der Quellenkatalog, den die Redaktion von RWSW mit Blick auf eine zukünftige historisch-kritische Ausgabe erarbeitet, weist jedenfalls hinsichtlich der Manuskripte bedeutende Lücken auf.

Während man über Wagners musikalisches Schaffen ziemlich genau Bescheid weiß, weil Wagner seine Kompositionen, von Ausnahmen abgesehen, sämtlich in seinen autobiographischen Schriften genannt hat, liegen über die literarischen Werke sehr viel weniger derartige Erwähnungen vor. Das bedeutet selbstverständlich nicht, daß man mit der überraschenden Entdeckung von Schriften des Rangs und Ausmaßes von *Oper und Drama* zu rechnen hat, aber es heißt doch, daß man über den genauen Umfang von Wagners literarischem Schaffen im unklaren ist. Das leuchtet vor allem dann ein, wenn man bedenkt, daß der Begriff des literarischen Werks äußerst dehnbar ist und strenggenommen beim gereimten Zweizeiler, angefertigt zum Geburtstag eines Freundes, beginnt. Im übrigen weiß

---

[13] vgl. WWV, S. 339

man aus Briefen Wagners, daß Texte verlorengegangen sind, die es zu suchen gilt.

Ein zentrales Problem bei den literarischen Werken ist die Frage der Echtheit, die es bei den musikalischen Werken nahezu überhaupt nicht gibt. Dabei geht es nicht nur um weniger wichtige oder unerhebliche Texte. Wie selbstverständlich war einem Essay in der Feuilleton-Beilage der *Süddeutschen Zeitung* vom 21./22. März 1987 als Motto ein langes Zitat aus Richard Wagners *Die Revolution* vorangestellt. Bis heute ist jedoch gar nicht bewiesen, daß dieser Text tatsächlich von Wagner stammt. Die Tatsache, daß diverse Wagnerianer ihn für echt hielten und er darum 1911 Aufnahme in die erweiterte Ausgabe von Wagners Schriften fand, reicht als Beweis nicht aus. Eine Handschrift ist nicht überliefert, der Druck in den *Volksblättern* August Röckels erschien anonym, und es fehlt auch jeder Hinweis von Wagner (oder einer ihm nahen Person), daß dieser Text aus seiner Feder stammt. Zweifel sind jedenfalls geboten; denn nach der bislang leider nicht publizierten Dissertation von Jörg Heyne über August Röckel ist *Der Mensch und die bestehende Gesellschaft*, ebenfalls in den *Volksblättern* anonym erschienen und Wagner zugeschrieben, vermutlich ein Werk Röckels. Aber nicht nur die Texte aus den *Volksblättern* – deren es ja noch einen dritten gibt, der als Text Wagners gilt – erschienen ohne Verfasserangabe. Auf die gleiche Situation trifft man bei Texten wie *Die deutsche Oper* und *Pasticcio*[14] aus den dreißiger Jahren.

Daß noch viel zu tun bleibt, wird auch an jüngeren Publikationen deutlich, die auf den ersten Blick dem kritischen Anspruch zu genügen scheinen: *Mein Leben* und Cosima Wagners Tagebücher. Die 1963 erschienene Ausgabe der Autobiographie gibt zwar einen authentischen Text wieder, jedoch nur dessen letzte Stufe. Dabei weiß man, daß Wagner den Text Cosima diktierte, dabei häufig änderte und schließlich auch noch eigenhändig Korrekturen anbrachte. Daß die Wandlungen, die der Text auf diesem Weg durchmachte, nicht nur sprachlich-formaler Art waren, erweist das der Edition beigegebene Faksimile der ersten Seite der Handschrift

---

[14] Daß dieser Text sehr wahrscheinlich unecht ist, hat Ulrich Konrad gezeigt, in: *Robert Schumann und Richard Wagner. Studien und Dokumente*, in: *Augsburger Jahrbuch für Musikwissenschaft* IV (1987), S. 218–223

so schlagend, daß man sich wundert, warum nicht längst eine Ausgabe veranstaltet wurde, die diesen doch allgemein interessierenden Aspekt berücksichtigt. Das gleiche gilt, in abgeschwächter Form, für die Tagebücher Cosima Wagners.

Die Ausgaben von Wagners Schriften in chronologischer Folge:

1. *Richard Wagner, Gesammelte Schriften und Dichtungen*, 10 Bände, Leipzig 1871 (Bd. 1–2), 1872 (Bd. 3–6), 1873 (Bd. 7–9), 1883 (Bd. 10). Verlag: E. W. Fritzsch. Dieser Ausgabe kommt – mit Ausnahme von Bd. 10, der postum erschien – besondere Authentizität zu, da sie von Wagner selbst veranstaltet und betreut wurde. Alle späteren Ausgaben erschienen nach Wagners Tod.
2. dito, zweite Auflage, Leipzig 1887–1888. Verlag: E.W. Fritzsch. Inhaltlich mit Ausgabe 1 identisch, Text jedoch neu gesetzt, so daß Seiten- und Zeilenanordnung nicht übereinstimmen, jedoch mit Konkordanz zu Ausgabe 1.
3. dito, dritte Auflage, Leipzig 1897–1898. Verlag: E.W. Fritzsch. Identisch mit Ausgabe 2.
4. dito, vierte Auflage, Leipzig 1907. Verlag: C.F.W. Siegel's Musikalienhandlung (R. Linnemann). Identisch mit den Ausgaben 2–3.
5. dito, fünfte Auflage, mit dem geänderten Titel: *Sämtliche Schriften und Dichtungen*, 12 Bände, Leipzig o.J. [1911]. Verlag: Breitkopf & Härtel/C.F.W. Siegel (R. Linnemann). In den Bänden 1–10 identisch mit den Ausgaben 2–4. Die Bände 11–12 enthalten Nachträge, Band 12 ist mit Anmerkungen von Richard Sternfeld versehen.
6. dito, sechste Auflage, Volks-Ausgabe, mit dem geänderten Titel: *Sämtliche Schriften und Dichtungen*, 16 Bände, Leipzig o.J. [1912] Bd. 1–12, [1914] Bd. 13–16. Verlag: Breitkopf & Härtel/C.F.W. Siegel (R. Linnemann). In den Bänden 1–10 identisch mit den Ausgaben 2–5, in den Bänden 11–12 mit Ausgabe 5 (Seiten- und Zeilenanordnung stimmen jedoch an einigen Stellen nicht überein). Die Bände 13–16 enthalten weitere Nachträge, Band 12 und 16 sind mit Anmerkungen von Richard Sternfeld versehen, in Band 16 findet sich ein ausführliches Register. Diese Ausgabe

ist bis heute die vollständigste, leider aber mit zahlreichen Druckfehlern behaftet.
7. *Richard Wagners Gesammelte Schriften*, herausgegeben von Julius Kapp, 14 Bände, Leipzig o.J. [1914]. Verlag: Hesse & Becker. Dieser Ausgabe liegt zwar eine neue Anordnung der Schriften zugrunde, sie fußt jedoch, was den Wortlaut der Texte anbetrifft, auf den Ausgaben 1–6, ohne allerdings die Vollständigkeit von Ausgabe 6 zu erreichen.
8. *Richard Wagner, Gesammelte Schriften und Dichtungen*, herausgegeben von Wolfgang Golther, 10 Bände, Berlin/Leipzig/Wien/Stuttgart o.J. [1914]. Verlag: Deutsches Verlagshaus Bong & Co. Diese Ausgabe stimmt inhaltlich wie in der Seiten- und Zeilenanordnung mit den Ausgaben 2–4 überein. Sie weist eine sehr nützliche Zeilenzählung auf und bietet eine Konkordanz zur Ausgabe 1.
9. Faksimiledruck der Ausgabe 2, Moers 1976. Verlag der Buchhandlung Steiger.
10. *Richard Wagner, Dichtungen und Schriften*, Jubiläumsausgabe, 10 Bände, herausgegeben von Dieter Borchmeyer, Frankfurt a. M. 1983. Verlag: Insel. Diese Ausgabe weicht wie Ausgabe 7 von der geläufigen Anordnung der Schriften ab, ist wie jene unvollständiger als Ausgabe 6, bietet dafür jedoch einige Texte, die in allen anderen Ausgaben nicht enthalten sind. Im übrigen fußt der Text auf den Ausgaben 1–6.

Ausgaben III: Briefe

Daß die möglichst weitreichende Erschließung von Wagners Briefen notwendig und nutzbringend ist, zeigt nicht allein die Tatsache, daß ein sehr großer Teil der Briefe bis heute unveröffentlicht ist, sondern mehr noch der Inhalt der Briefe, die als Quellen unmittelbarer Art die Geschichte ungeschminkter zeigen als alle nachträglichen Berichte. Wagners Briefe sind häufig die Korrektur seiner Schriften und offiziellen Verlautbarungen.

Im Unterschied zu den literarischen Werken, die einstweilen noch auf eine historisch-kritische Ausgabe warten, ist eine Edition sämtlicher Briefe Richard Wagners bereits vor mehr als 25 Jahren begonnen worden. Die Ausgabe wurde seinerzeit auf Veranlassung Winifred Wagners, die die Leistungsschutzrechte zu vergeben hatte, von Gertrud Strobel und Werner Wolf herausgegeben. Da sich in der Bundesrepublik kein Verlag bereit fand, die Ausgabe zu verlegen, übernahm der VEB Deutscher Verlag für Musik Leipzig diese Aufgabe. Mit der Gründung der Richard-Wagner-Stiftung gingen die Rechte an diese Institution über. Die Briefausgabe ediert die Briefe in chronologischer Reihenfolge und selbstverständlich auf der Grundlage der jeweils besten erreichbaren Quelle. Oft ist das Original nicht zugänglich, so daß auf Faksimilia, Abschriften, an denen die Bayreuther Archive sehr reich sind, oder Drucke ausgewichen werden muß. Außerdem werden die Briefe selbstverständlich kommentiert. Bislang liegen die Bände 1–8 vor, die Wagners Briefe von 1830 bis zum Juli 1857 wiedergeben. So verdienstvoll die Ausgabe als solche ist, so läßt sich doch nicht verheimlichen, daß sie gravierende Mängel aufweist – beispielsweise ist sie bezüglich des Zeitraums, den sie abdeckt, durchaus nicht vollständig. Die Veränderung der politischen Verhältnisse in Deutschland nach 1989 hat die Fortsetzung dieser Ausgabe in Frage gestellt. Es ist völlig offen, wann der nächste Band erscheinen und ob die Ausgabe überhaupt fortgesetzt wird.

Was für Wagners literarische Werke gilt, hat erst recht für seine Briefe Geltung: man kennt die Zahl der Briefe, die Wagner schrieb, nicht, da Wagner über seine Korrespondenz nie Buch führte. Da er überdies ein sehr reger Briefschreiber war, erscheint der Anspruch einer Ausgabe sämtlicher Briefe von vornherein als uneinlösbare Utopie. Als die Briefausgabe begonnen wurde, war man freilich optimistisch und gab den Bestand an Wagner-Briefen mit *rund 5000* an[15], was sich unterdessen als gewaltige Unterschätzung herausgestellt hat. Wagners Briefe belaufen sich mit Sicherheit auf das Doppelte dieser Zahl, wenn nicht auf mehr. Die Probleme ihrer Erfassung beginnen damit, daß sie nicht wie die musikalischen Werke auf wenige Archive, Bibliotheken und Privatbesitzer in der Welt verteilt, sondern gleichsam in alle Winde verstreut sind. Die Erfassung erstreckt sich jedoch weiter. Zahlreiche Briefe wurden in Zeitschriften und Zeitungen, Büchern und Broschüren, oft an ganz entlegener

---

[15] SB I, S. 11

Stelle, publiziert. Sie gilt es ausfindig zu machen. Weiß man nur durch sporadische Hinweise von Briefen Wagners, so ist die Suche nach den Nachfahren der Adressaten bisweilen ein erfolgreicher Weg zu den Originalen. Selbstverständlich muß auch der Autographenhandel laufend beobachtet und verfolgt werden, der mit sicherer Regelmäßigkeit neue, zuvor unbekannte Briefe Wagners anbietet. Schließlich werfen viele Briefe auch dadurch Probleme auf, daß sie unvollständig überliefert sind, ohne Adressaten, ohne Datum oder gar mit falscher Datierung, von der angemessenen Kommentierung der Briefe ganz zu schweigen. Sie ist häufig nur dann wirklich erschöpfend möglich, wenn man auch die Gegenbriefe kennt, die, vor allem bezüglich jener Personen, mit denen Wagner in regelmäßigem Briefwechsel stand wie Franz Liszt oder Ludwig II. von Bayern, selbstverständlich Teil einer Wagner-Briefausgabe zu sein hätten. Um all diesen vor allem zeitraubenden Aufgaben angemessen Herr zu werden, bedarf es eines umfangreichen Teams von hauptamtlichen wissenschaftlichen Mitarbeitern. Glücklicherweise gibt es seit 1993 ein Forschungsprojekt an der Universität Bochum, das sich die Erstellung eines Katalogs sämtlicher Briefe Wagners zur Aufgabe gestellt hat. Daß man seinerzeit mit der Ausgabe der Briefe begann, ohne zuvor einen solchen Katalog zu erarbeiten, zeigt, wie gering die Kenntnis vom Briefœuvre Wagners war. Die Wagnerforschung hat eben erst begonnen!

„Sämtliche Briefe"?

1975 erschien der III. Band der auf 15 Bände berechneten Ausgabe der „Sämtlichen Briefe" Richard Wagners (Herausgegeben im Auftrage des Richard-Wagner-Familien-Archivs Bayreuth von Gertrud Strobel und Werner Wolf, VEB Deutscher Verlag für Musik Leipzig, 632 Seiten). Er enthält 165 Briefe aus der Zeit des Schweizer Exils, beginnend Ende Mai 1849 und endend Anfang Mai 1851. Insgesamt sind damit nun 669 von den rund 5000 den Herausgebern im Wortlaut vorliegenden Briefen (vgl. das Vorwort zu Band I) ediert. Die drei Bände enthalten 54 Erstveröffentlichungen und teilen 28 Briefe erstmals im vollen Wortlaut mit. Noch wichtiger jedoch als das ist die systematisch-chronologische Zusammenfassung der in zahlreichen Einzeleditionen verstreuten und oft an entlegenen Stellen publizierten Briefe. Die neue Ausgabe hat also ihr unbestreitbares Verdienst, und man muß den Herausgebern dankbar sein für die mühevolle Arbeit, der sie sich unterzogen haben. Es besteht jedoch auch kein Zweifel daran, daß diese Ausgabe dem Anspruch einer Ausgabe „Sämtlicher Briefe" nicht gerecht wird. Das ist um so bedauerlicher, als gerade von einer chronologischen Gesamtausgabe der Briefe Wagners ein wichtiger Beitrag zu einem objektiveren Wagnerbild zu erwarten wäre. Es ist keine Übertreibung, wenn man behauptet, daß eine Gesamtausgabe der Briefe Wagners eine der wichtigsten Aufgaben der Wagnerforschung ist. Bis heute wird das Wagnerbild bestimmt durch Wagners eigene Publikationen, vor allem seine autobiographischen Schriften. Noch jede biographische Darstellung Wagners hat sich an die Autobiographie *Mein Leben* angelehnt, ein Werk, das ebensoviel Dichtung wie Wahrheit enthält, wenn man nicht gar so weit gehen will, es eher ein literarisches Musikdrama, ein Bühnenweihfestspiel ohne Musik zu nennen als einen um sachliche Darstellung bemühten Bericht über ein Künstlerleben. Wagner hat in seiner Autobiographie sein eigenes Leben zum Kunstwerk hochstilisiert, und bis heute wird das Wagnerbild weithin durch das Porträt geprägt, das Wagner selbst von sich entworfen und der Öffentlichkeit präsentiert hat. Wagners Briefe hingegen, die selten oder gar nicht auf Veröffentlichung hin verfaßt wurden, sind der Wirklichkeit sehr viel näher; sie zeigen Wagner ungeschminkter, unmittelbarer, offener und ehrlicher. Sie mystifizieren seltener, wenngleich es angeraten ist, auch dem Wagner der Briefe nicht alles zu glauben, was er schreibt. Die Entmythologisierung, eines der zentralen Ziele der Wagnerforschung, darf also auch vor den Briefen nicht haltmachen. Gleichwohl sind die Briefe eines der wichtigsten Instrumente der Entmythologisierung. Da es sehr viele Briefe gibt – die Zahl 5000 gibt längst nicht den Umfang des gesamten Briefschaffens an –, bildet sich, bei chronologischer Anordnung, ein dichtes Netz von Fakten und Informationen, Hinweisen und Anhaltspunkten, anhand dessen geprüft werden kann, ob das, was Wagner in seinen offiziellen Schriften ausgeführt hat, den Tatsachen entspricht oder nicht.

Eine tatsächlich vollständige Briefausgabe, so notwendig und nutzbringend sie wäre, muß freilich Utopie bleiben. Briefe sind nicht vom gleichen Rang wie Kompositionen, Aufsätze oder Dichtungen. Sie sind, wie es in der Natur der Sache liegt, in alle Winde verstreut, und wenn der Briefschreiber, wie im Falle Wagners, nicht Buch über seine Korrespondenz geführt oder gar ein Kopierbuch angelegt hat, dann läßt sich weder genau feststellen, wie viele Briefe tatsächlich geschrieben worden sind, noch behaupten, man habe alle Briefe erfaßt. Schon allein darum sollte der Titel „Sämtliche Briefe" vermieden werden.

Wer den Autographenhandel verfolgt, wird wissen, daß kaum eine Auktion, kaum ein Autographenkatalog ohne einen Wagnerbrief ist. Die Zahl der Briefe, die sich in Privatbesitz befinden und damit einstweilen unzugänglich sind, dürfte von beträchtlicher Höhe sein. Eine vollständigere Ausgabe, als sie z. Z. möglich ist, hätte die rigorose Anwendung des Denkmalschutzgesetzes auf historisch und künstlerisch wichtige Handschriften zur Voraussetzung. Sie würde es Privatbesitzern unmöglich machen, die in ihrem Besitz befindlichen Autographe permanent der Öffentlichkeit zu entziehen. Was Archäologen, Ur- und Frühgeschichtlern inzwischen möglich ist, sollte auch der Musikwissenschaft zugebilligt werden. Freilich ist der prähistorische Grabhügel ein offen zutage liegendes Faktum, während Wagnerbriefe verborgen im Safe ruhen. Man kann – mit anderen Worten – nur denjenigen dazu verpflichten, seine originalen Wagnerbriefe für die wissenschaftliche Auswertung zur Verfügung zu stellen, von dem man sicher weiß, daß er solche Briefe besitzt.

Welche Mühe es macht, den Autographenhandel genau zu verfolgen, wird kaum jemand wissen, der nicht schon einmal Auktions- und Autographenkataloge zu studieren hatte. Kaum eine Bibliothek besitzt komplette Sammlungen dieser Kataloge, und die Auktionshäuser, Antiquariate und Autographenhändler sind in der Regel nicht bereit, über ihre Verkaufsobjekte Auskunft zu geben. Die Kataloge, sofern man ihrer habhaft wird, teilen zwar bisweilen nur Ort und Datum der Briefe mit, dazu den Adressaten, wenn er bekannt ist; meist aber geben sie eine wenn auch kurze Inhaltsangabe, untermischt mit einzelnen Zitaten des originalen Wortlauts. Manche Kataloge enthalten ausführliche Zitate, manche sogar Faksimilewiedergaben. Daß also die Kataloge zu den wichtigsten Quellen einer Ausgabe sämtlicher Briefe gehören, bedarf keiner weiteren Begründung. Die neue Ausgabe aber hat sie – das ist offenkundig – nur sehr sporadisch benutzt. Auch daß die Inhaltsangaben in den Katalogen oft nur knapp und selbstverständlich von fragwürdiger Authentizität sind, hätte die Herausgeber nicht davon abhalten dürfen, sie mitzuteilen. Das gilt gleichermaßen für jene Briefe, von denen lediglich ein Datum, eine Ortsangabe oder ein Adressat bekannt sind. In dieser Hinsicht war die seinerzeit leider nach dem 2. Band abgebrochene Ausgabe von Julius Kapp und Emerich Kastner (*Richard Wagners Gesammelte Briefe*, Leipzig 1914) vollständiger als die neue, die darum jene auch längst nicht hat überflüssig werden lassen. Wichtig ist die ältere Ausgabe auch darum, weil Kapp und Kastner noch Quellen heranziehen konnten, die heute augenscheinlich nicht mehr zugänglich sind. So korrigierten sie das Datum des Briefes an Louis Spohr vom Dezember 1847, das zuvor irrtümlich stets mit 2.12. angegeben worden war, *nach dem Original* in 27. Dezember. Daß in der neuen Ausgabe dennoch wieder die alte Datierung (2.12.) auftritt, verwundert, da den Herausgebern das Original nicht zur Verfügung stand, sie vielmehr gezwungen waren, eine Druckausgabe heranzuziehen. Sie griffen auf den mittlerweile durch Kapp und Kastner berichtigten Erstdruck von 1884 zurück und ließen die Ausgabe von 1914 unerwähnt.

Eine weitere wichtige Quelle für eine Ausgabe sämtlicher Briefe sind Zeitungen und Zeitschriften. Besonders unmittelbar nach Wagners Tod sind in zahlreichen Zeitungen Briefe Wagners, meist aus Privatbesitz, abgedruckt worden. Ein umfassendes und systematisches Studium aller größeren Zeitungen ist daher eine selbstverständliche und unumgängliche Voraussetzung einer Ausgabe sämtlicher Briefe. Ein Beispiel: Eine Nummer der Leipziger *Illustrirten Zeitung* aus dem Jahre 1913 (15. Mai), ein Heft, das vornehmlich der hundertsten Wiederkehr von Wagners Geburtstag gewidmet war, enthält das Faksimile der ersten Seite eines Briefes an Theodor Apel, Wagners Jugendfreund (12. und 20. Oktober 1832). Die neue Briefausgabe zitiert den Brief jedoch – das Original gilt seit 1945 als verschollen – nach der Erstausgabe, die, wie der Vergleich mit dem Faksimile zeigt, durchaus nicht philologisch genau ist, und läßt das Faksimile unerwähnt. Auch ist offenkundig, daß es nicht zur Überprüfung des Textes herangezogen worden ist.

Die wichtigsten Quellen sind selbstverständlich die Originale, deren Mehrzahl sich glücklicherweise in öffentlichen Bibliotheken und Archiven befindet oder doch in solchen, die allgemein zugänglich sind. Freilich ist nicht von jeder Bibliothek und jedem Archiv allgemein bekannt, daß dort Wagnersche Originalbriefe aufbewahrt werden, und die Zahl der Bibliotheken und Archive, die in Frage kommen, ist sehr groß. Oft sind die Briefe auch gar nicht eigens katalogisiert, wie z. B. im Bayerischen Staatsarchiv, so daß in allerhand Akten und Konvoluten gesucht werden muß. Daß die Pierpont Morgan Library in New York eine Reihe bedeutender Wagnerbriefe besitzt, sowohl solche, deren Originale nach der neuen Ausgabe nicht nachweisbar sind (Bd. III, Nr. 118, 147), als auch bisher unbekannte, war den Herausgebern offensichtlich nicht bekannt. Aber sie haben auch dem Germanischen Nationalmuseum in Nürnberg den Besitz von Originalbriefen nicht zugetraut; denn zu dem Brief vom 4.1.1848 an den Hofrat Teichmann, den das Nürnberger Museum aufbewahrt, heißt es im Quellenverzeichnis von Band II: *Original: nicht mehr nachweisbar.* Von Wagners Brief an Meyerbeer vom 20.11.1841 ist in der Wiener Stadtbibliothek eine Abschrift erhalten, die hätte konsultiert oder zumindest erwähnt werden müssen, da das Original nach Band I *nicht mehr nachweisbar* ist, und man den Brief daher nach einem Entwurf wiedergeben mußte. – Es ist bisweilen hilfreich, bei den Nachfahren und Nachfolgern der Adressaten von einst nach den Originalbriefen zu forschen. Das Archiv des Landestheaters Coburg bewahrt beispielsweise jene Briefe auf, die Wagner 1844/45 an das Oberhofmarschallamt bzw. die Hoftheaterintendanz in Coburg gerichtet hat. In Band II der neuen Ausgabe heißt es indessen, die Originale seien *nicht mehr nachweisbar*.

Ich führe das alles an, um deutlich zu machen, daß für eine Wagner-Briefausgabe mindestens so viel Quellenarbeit zu leisten ist wie für eine Ausgabe musikalischer oder literarischer Werke, und daß darum einer solchen Ausgabe ein Team hauptamtlicher Mitarbeiter, und zwar über mehrere Jahre hin, zur Verfügung stehen muß. Ich führe es zugleich an, um zu veranschaulichen, daß die beiden Herausgeber der neuen Ausgabe überfordert sind. Gertrud Strobel ist Archivarin im Hause Wahnfried, Werner Wolf an eine Professur in Leipzig gebunden. Beide können also nur nebenher an der Briefausgabe arbeiten – eine Voraussetzung, die gänzlich unzulänglich ist. Die Mängel der neuen Ausgabe resultieren darum weniger aus Fehlern der Herausgeber als vielmehr aus dem Mißverhältnis zwischen der zu lösenden Aufgabe und den darauf verwendeten Mitteln.

Nichts vielleicht veranschaulicht die Aufgabe, die sich einer Ausgabe „Sämtlicher Briefe" stellt, besser als die Tatsache, daß in Band III, der – wie erwähnt – 165 Briefe aus einem Zeitraum von zwei Jahren mitteilt, nicht weniger als 104 Briefe fehlen[1]. Auch wenn viele davon nur mit Datum und/oder Adressaten bekannt sind, so gehören sie doch in eine Ausgabe „Sämtlicher Briefe" hinein; denn niemand kann voraussehen, welchen Wert diese zugegeben spärlichen Informationen haben können, ganz abgesehen davon, daß bisweilen schon die pure Tatsache, daß überhaupt ein Brief geschrieben wurde, von Bedeutung ist.

Zum Schluß noch eine Bemerkung zur Textwiedergabe in der neuen Briefausgabe. Gegen die strikte Beibehaltung von Wagners Orthographie läßt sich wenig einwenden, auch wenn – meinem Eindruck nach – dadurch Authentizität mehr vorgespiegelt als tatsächlich vermittelt wird. Behutsame Modernisierung in Verbindung mit einer möglichst großen Anzahl von Faksimile-Wiedergaben wäre ehrlicher und zugleich genauer. Daß aber in Fällen, in denen die Herausgeber mangels anderer Quellen auf Publikationen in moder-

---

[1] Eine ausführliche Liste aller fehlenden Briefe findet sich in der Erstveröffentlichung dieses Textes in: *Melos/Neue Zeitschrift für Musik* IV (1978), Heft 3, S. 221ff.

ner Orthographie angewiesen waren, sie die modernisierten Texte in die Orthographie Wagners und seiner Zeit rückübertragen haben (z. B. Bd. III, Nr. 93 und 95), läuft den Grundsätzen der Philologie zuwider und täuscht eine Authentizität vor, die es in der Tat gar nicht gibt.

Das fragmentarische Orchesterwerk in e-Moll WWV 13[1] – die früheste der erhaltenen Kompositionen?

Im Auktionskatalog Nr. 30 vom 20. Januar 1902 bot das Antiquariat Liepmannssohn ein bis dahin unbekanntes *eigenhändiges Musikmanuskript* aus der *frühesten Zeit* Richard Wagners an: eine unvollständig erhaltene Orchesterkomposition in e-Moll. 1913 unterzog Edgar Istel das Werk, das sich inzwischen beim Antiquariat Rosenthal befand, einer näheren Betrachtung[2]. Obwohl die Handschrift ungezeichnet ist, stellte Istel, der freilich ein guter Kenner war, gar nicht zur Diskussion, ob es sich tatsächlich um ein Manuskript Wagners handelt. Er meinte, die Schrift deute ungefähr auf die Magdeburger Zeit, und hielt das Fragment aufgrund der hohen Blattzahlen, die es aufweist, für den *Schlußsatz eines größeren symphonischen Werkes*[3].

Da die Handschrift inzwischen wieder zugänglich ist – sie befindet sich im NA –, ist eine genaue Betrachtung möglich. Das Manuskript besteht aus 12 doppelseitig beschriebenen Blättern in Querfolio mit den Blattzahlen 182 bis 193. Anfang und Ende fehlen. Die Partitur umfaßt 15 Systeme, die jedoch nicht bezeichnet sind. Einige Blätter sind beschädigt.

Vergleicht man die Handschrift mit derjenigen der mit Sicherheit authentischen Jugendwerke – etwa den Skizzen zum *Entreacte* Nr. 1 D-Dur WWV 25 und zur *König Enzio*-Ouvertüre WWV 24 A, den Kompositionen zu Goethes *Faust* WWV 15, den Konzert-Ouvertüren in d-Moll und C-Dur WWV 20 und 27 –, so zeigen sich deutliche Übereinstimmungen, die freilich weniger die mit ungewohnt spitzer Feder geschriebenen Noten und die insgesamt noch wenig ausgeschriebene Handschrift als vielmehr die recht eigentümlichen Notenschlüssel, die Zeichen für Dynamik und die Tempo-

---

[1] veröffentlicht in: RWSW Bd. 18, I, S. 2–25
[2] Edgar Istel, *Ein unbekanntes Instrumentalwerk Wagners. Auf Grund der handschriftlichen Partitur dargestellt*, in: *Die Musik* XII (1912/13), Heft 15, S. 152–157
[3] ebda., S. 153. In Hans Mayers Wagner-Monographie (Hamburg 1959, Rowohlts Bildmonographien Nr. 29) findet man die Seite 24 des Fragments, wiedergegeben im Faksimile, mit der Istels Einschätzung entsprechenden Überschrift: *Partiturseite aus einer Jugendsymphonie* (S. 12).

vorschriften betreffen. Sehr charakteristisch sind auch die zahlreichen Federproben, die die Entwürfe aus Wagners Jugendjahren fast durchgehend aufweisen und die sich auch auf dem Fragment finden. Kräftigstes Beweismittel sind jedoch einige auf Blatt 185r des Fragments quer über die Systeme geschriebene Zahlen, unter denen eine sehr charakteristische 6 besonders auffällt. Die gleichen Zahlen finden sich auf der letzten Seite der Klavierskizze zur *König Enzio*-Ouvertüre, neben Skizzen zur Konzert-Ouvertüre C-Dur. Hier wie dort erscheinen die Zahlen in Reihen (346, 34678, 34689, 35) und, wie zum spielerischen Ausprobieren der Feder, unregelmäßig über das Papier verteilt. Die mehr gemalten als geschriebenen Zahlen sind so eigentümlich, daß ein Zweifel an der Urheberschaft eines einzigen Schreibers ausgeschlossen ist. Daß es sich bei dem Schreiber um Wagner handelt, zeigt sich daran, daß die Zahlen 3 und 4 der gleichen „gemalten" Form bei Taktvorzeichnungen in Stücken der Leipziger Zeit – etwa der unvollständigen Klavierfassung der Konzert-Ouvertüre C-Dur WWV 27 V – vorkommen, und beispielsweise die von Wagner geschriebenen Orchesterstimmen zur Oper *Die Feen* WWV 32 Musik II c sowie ein Notizblatt aus dem Jahre 1841 (Paris) (Faksimile in: *Die Musik*, III, 1903/04, Heft 20) die genannte charakteristische 6 enthalten. Die beschriebenen Zahlenreihen jedoch kommen nur auf den beiden genannten Blättern vor, was darauf schließen läßt, daß diese zur gleichen Zeit mit den Zahlen versehen worden sind.

Allem Anschein nach stammt die Handschrift aus einem größeren Nachlaß von Wagner-Manuskripten. Bei näherer Untersuchung der Blattzahlen zeigt sich, daß die Blätter 186 und 188 erst nach der Beschädigung beziffert worden sind, was dagegen spricht, daß die Numerierung sich auf das Werk bezieht und von Wagner herrührt. Darüber hinaus weist die dem Fragment nahestehende *Enzio*-Skizze die Blattzählung 195–196 auf, und die vier Blätter der Klavierfassung der *Polonia*-Ouvertüre WWV 39 VI tragen die Zahlen 178–181 neben der offenbar von Wagner stammenden Seitenzählung 1–8. Die Numerierung bezieht sich demnach nicht auf eine einzige Komposition, sondern offenbar auf eine Art Handschriftenkonvolut, das von einem Nachlaßverwalter, Verkäufer oder Käufer flüchtig, jedenfalls nicht sachkundig numeriert und bei einem späteren Verkauf offenbar verstreut worden ist.

Es lassen sich zahlreiche Wagner-Manuskripte namhaft machen, die augenscheinlich zu dem Konvolut gehört haben[4]. Darunter ist auch die fragmentarische Partitur des *Entreactes* Nr. 1, deren erste drei Blätter die Nummern 57–59 tragen, während der schon genannte Entwurf die Nummer 60 aufweist. Wie wenig sachkundig man bei der Numerierung vorgegangen ist, zeigt aber nicht nur diese inkonsequente Abfolge – Partitur vor der Skizze –, sondern auch die falsche Reihenfolge einiger Blätter. So ist die Klavierfassung der *Polonia*-Ouvertüre mit der Zählung 180, 181, 178, 179 versehen. Diese Beobachtung führt zu der Vermutung, daß auch bei dem e-Moll-Fragment Blätter aus Unkenntnis oder Flüchtigkeit vertauscht worden sind. Während nämlich die Partie der Blätter 182r–185v eindeutig als ein Zusammenhang anzusehen ist, schließt sich Blatt 186r nicht bruchlos an. Auf Blatt 185v beginnt, attacca ans Voraufgehende sich anschließend, eine *Marcia funebre*, die jedoch nur bis zum Ende der Seite reicht. Der Trauermarsch bricht ab. Blatt 186r dagegen scheint auf den ersten Blick eine Abschrift von Blatt 185v zu sein, ohne *Marcia funebre*, dafür mit neuer Fortsetzung. Wäre das richtig und stellte Blatt 186r nur eine Alternative zu Blatt 185v dar, dann müßte Blatt 186r direkt und bruchlos an Blatt 185r sich anschließen. Das aber ist nicht der Fall. Beim Übergang von Blatt 185r zu Blatt 186r fehlt ein Takt (Takt 1 auf Blatt 185 v). Überdies ist nicht einzusehen, warum Wagner Blatt 185v nicht seinen sonstigen Gewohnheiten gemäß ausgestrichen hat, wenn er es durch Blatt 186r ersetzen wollte. Immerhin ist das Fragment ja keine Reinschrift. Da Blatt 186r weder an Blatt 185v noch an Blatt 185r direkt anschließt, andererseits aber der letzte Takt von Blatt 193v, der letzten Seite des Fragments, genau jenen General-Auftakt des Orchesters enthält, der auf Blatt 182r, der ersten Seite, überraschenderweise fehlt, ist sehr wahrscheinlich, daß die überlieferte Reihenfolge der Blätter nicht dem tatsächlichen Verlauf der Komposition entspricht. Es scheint vielmehr, daß das Fragment mit Blatt 186r beginnt und die Blätter 182r bis 185v sich an Blatt 193v anschließen. Dies vorausgesetzt ist man freilich zu der Annahme gezwungen, daß ein erster Teil, der das

---

[4] Eine unterdessen allerdings zu erweiternde Liste der zu diesem Konvolut gehörenden Handschriften findet sich in der Erstveröffentlichung dieses Textes in: *Die Musikforschung* 23 (1970), Heft 1, S. 51f.

erste Motiv (a) exponiert, bis auf die letzten Takte (Blatt 186r, Takt 1–10) verlorengegangen ist. Eine solche Annahme ist durchaus gerechtfertigt, da man ja auch dann, wenn man die überlieferte Reihenfolge zugrundelegt, wegen des fehlenden General-Auftakts auf Blatt 182r den Verlust zumindest einer Seite anzunehmen hätte. Ab Takt 11 auf Blatt 186r träte nach der neuen Ordnung ein zweites Motiv (b), ebenfalls in e-Moll, auf. Blatt 189v würde das „zweite Thema" in G-Dur (übrigens allem Anschein nach mit Solo-Violoncello) bringen, dann folgte, als Überleitung zur „Reprise", ein „Allegro assai" im 6/8-Takt und schließlich als „Reprise" Motiv a. In dieser Abfolge erschiene die Kombination von Motiv a und b, wie sie auf Blatt 182v und 183r zu finden ist, sinnvoller als in der überlieferten Ordnung, in der die Steigerungswirkung völlig ausbliebe. Schließlich wäre anzumerken, daß der Trauermarsch, der in der neuen Folge am Schluß steht, eine Melodiewendung zugrundelegt, die auf Blatt 193r (Takt 12ff.), also in der Überleitung zur „Reprise", ganz kurz anklingt. Auch hier erschiene die vorgeschlagene Abfolge sinngemäßer.

Denkbar ist, daß der Trauermarsch weiter ausgeführt war und bis auf die sieben Takte auf Blatt 185v verlorengegangen ist. Andererseits besteht eigentlich kein Grund zu der Annahme, daß das e-Moll-Fragment ursprünglich eine vollendete Komposition gewesen ist. Die Tatsache, daß der Trauermarsch attacca sich anschließt (mit „Adagio"-Überleitung), läßt vermuten, daß es sich bei dem Fragment um eine Ouvertüre handelt, ähnlich den Konzert-Ouvertüren[5] und der Ouvertüre zu *König Enzio*. Ob es freilich eine jener Kompositionen ist, von denen Wagners autobiographische Schriften sprechen, ist kaum zu erweisen. Es mag ein Hinweis auf die von Wagner genannte Ouvertüre zu Schillers *Braut von Messina* in der Tatsache liegen, daß der Trauermarsch des Fragments einer Regieanmerkung nach Vers 2251 in Schillers „Trauerspiel" korrespondiert, die lautet: *Ein Trauermarsch läßt sich in der Ferne hören*. Dieser Zusammenhang muß freilich einstweilen Hypothese bleiben.

Aufgrund des Handschriftenbefundes könnte das Werk durchaus im Jahre 1830, in dem Wagner nach seiner Erinnerung in *Mein*

---

[5] Die Konzert-Ouvertüre d-Moll – veröffentlicht in: RWSW Bd. 18, I, S. 27–93 – enthält einen „Andante maestoso"-Abschnitt.

Leben[6] die Ouvertüre zur *Braut von Messina* „vorrätig" hatte, entstanden sein. Denn während die erwähnten Zahlenreihen auf der Schlußseite der *Enzio*-Skizze erst hinter dem Schlußtakt erscheinen und zum Teil von Schriftzeichen überdeckt werden, die zu den genannten sporadischen Skizzen zur Konzert-Ouvertüre C-Dur gehören, sind sie im e-Moll-Fragment in die bereits fertige Partitur eingetragen worden. Das Fragment diente also vielleicht als „Schreibunterlage", als Wagner an der Ouvertüre zu *König Enzio*[7] und der Konzert-Ouvertüre C-Dur – zu Beginn des Jahres 1832 – arbeitete, was freilich vor allem dann wahrscheinlich ist, wenn die e-Moll-Komposition noch unvollständig war. Daß in der Zählung des Konvoluts das Fragment und die *Enzio*-Ouvertüre aufeinander folgen, besagt nicht viel, da die Reihenfolge, wie bereits erwähnt, unzuverlässig ist.

Wenn die Datierung zutrifft, ist das e-Moll-Fragment das früheste erhaltene Werk Wagners überhaupt. Dafür würden auch die unausgeschriebene Handschrift und die kompositionstechnische Unreife[8] sprechen. Der Vergleich mit den erhaltenen Konzert-Ouvertüren in d-Moll[9] und C-Dur[10] zeigt eine so deutliche Divergenz, daß eine gleichzeitige Entstehung höchst unwahrscheinlich ist. Der kompositorische Befund weist auf eine Zeit vor dem Unterricht Theodor Weinligs, der auf die Konzert-Ouvertüren bereits positiv sich auswirkte.

---

[6] ML, S. 61
[7] Die Originalpartitur (WWV 24A II) ist am Schluß mit 3. Februar 1832 datiert.
[8] Auf sie wies schon Istel (vgl. Anm. 2) hin.
[9] Die Originalpartitur (WWV 20 II) ist in der 1. Fassung am Schluß mit 26. September 1831 datiert.
[10] Die Originalpartitur (WWV 27 III) ist am Schluß mit 17. März 1832 datiert.

Der unvollendete *Tannhäuser*

Tannhäuser gehört zu den unvollendeten Opern, aber anders als bei *Hoffmanns Erzählungen*, *Turandot* oder *Lulu* besteht das Unvollendete nicht äußerlich-materiell, in einer vom Komponisten unfertig hinterlassenen Partitur, sondern es liegt gleichsam im Innern des Werks, in einer nicht zum endgültigen Abschluß gelangten Definition dessen nämlich, was der Komponist theatralisch wie musikalisch intendierte. Man kann das deshalb so leichthin behaupten, weil Wagner selber dieser Ansicht war. Nach Cosima Wagners Tagebuch äußerte er am 23. Januar 1883, also wenige Wochen vor seinem Tode, *er sei der Welt noch den Tannhäuser schuldig*[1]. Wie grundsätzlich und radikal das gemeint war, wird daran deutlich, daß die Worte fielen, nachdem Wagner Hirtengesang und Pilgerchor aus dem 1. Akt am Klavier gespielt hatte. Die Äußerung ging also ausgerechnet von solchen Stücken aus, von denen jeder annehmen würde, daß sie gerade nicht zu jenen gehörten, die Wagner für revisionsbedürftig hielt. Doch sollte man nicht an Wagners Absicht zweifeln, sich vielmehr in Erinnerung rufen, daß Wagner im Zusammenhang mit der Münchner *Holländer*-Aufführung im Dezember 1864 eine Neufassung der Ballade skizzierte[2], ausgerechnet jenes Stücks also, von dem er selbst behauptet hatte, es bilde Kern und Substanz des Werks. Man darf sich also ungehemmt den Spekulationen darüber hingeben, wie der *Tannhäuser* denn wohl endgültig ausgesehen bzw. sich angehört haben würde.

Was Wagner, der in mancher, auch ästhetischer Hinsicht bisweilen geradezu ein Klassizist war, vor allem gestört haben dürfte, ist der stilistische Bruch zwischen dem Hauptcorpus des Werks, wie es in Dresden in den 1840er Jahren als *romantische Oper* entstanden war, und den Pariser Ergänzungen von 1860/61, insbesondere den Neufassungen der ersten zwei Szenen, die ganz und gar vom *Tristan*-Stil geprägt sind. Es ist die Divergenz zwischen Dresdner und Pariser Fassung, um es im allgemeinen Sprachgebrauch zu sagen, der freilich kaum der wirklichen Sachlage gerecht wird.

---

[1] CT II, S. 1098
[2] vgl. WWV, S. 229/240

Die Geschichte von Wagners *Tannhäuser* ist, pointiert gesagt, die der Bearbeitung in Permanenz[3]. Der Dynamik dieser Bearbeitungsgeschichte, die an die Vorstellung des work in progress gemahnt, kommt man mit der starren Reduktion auf eine Dresdner Fassung hier und eine Pariser Fassung dort nicht im geringsten bei. Es gibt, kurz gesagt, weder *die* Dresdner, noch *die* Pariser Fassung. Außerdem ist das, was gemeinhin „Pariser Fassung" heißt, viel eher eine Münchener oder Wiener Fassung, abgeleitet nämlich von den Einrichtungen des Werks für die Aufführungen 1867 in München und 1875 in Wien. Diese nämlich sind es, auf denen die geläufigen Druckausgaben und dementsprechend die Aufführungen bis heute fußen, während eine Pariser Version nie in Partitur und Aufführungsmaterial, in Deutschland sogar nicht einmal im Klavierauszug, veröffentlicht wurde. Eine tatsächliche „Pariser Fassung" wäre, um nur ein einziges Charakteristikum zu nennen, eine Version in französischer Sprache, was nicht unerheblich ist; denn Wagner war an der Übersetzung des Textes maßgeblich beteiligt, und – was noch wichtiger ist – er paßte die Singstimmen melodisch und rhythmisch dem französischen Text an, so daß eine neue Diktion, ein anderer rhythmisch-melodischer Fluß entstanden. In dieser heute völlig unbekannten Fassung dürfte Wagners *Tannhäuser* ein Werk mit spezifisch anderem Charakter, anderer Aura sein.

Der Begriff der Bearbeitung ist, zugegebenermaßen, weit gefaßt, wenn die Geschichte des *Tannhäuser* die der Bearbeitung in Permanenz genannt wird. Gemeint ist nicht nur die Neukomposition ganzer Szenen und all das, was die Substanz der Musik verändert oder von dramaturgischer Konsequenz ist. Gemeint sind auch alle Detailveränderungen, mögen sie auch noch so unauffällig sein oder aufführungspraktische Maßnahmen darstellen, die weder in die musikalische Substanz noch in die Dramaturgie eingreifen. Man würde kommentarlos über sie hinwegsehen, wären nicht auch sie ungewöhnlich im Werk Wagners. Bei keiner seiner anderen Opern hat Wagner dergleichen in solchem Ausmaß und über einen derart langen Zeitraum hinweg vorgenommen. Die Bearbeitungsgeschichte des *Tannhäuser* ist ein Unikum.

---

[3] zu den Änderungen bis 1860 vgl. RWSW Bd. 5, III, Anhang

In der Zeit von der Fertigstellung der Partitur im April 1845 bis etwa Mitte 1846 nahm Wagner rund fünfzig Veränderungen vor, darunter als wesentlichste Innovation eine Verkürzung des Schlusses der Ouvertüre. Diese Änderungen sind heute sämtlich geläufig, da sie in alle späteren Partiturausgaben übernommen wurden. Eine besondere Eigenheit der ersten Aufführungen wurde jedoch spätestens nach der 3. Aufführung wieder aufgegeben und blieb daher unbekannt. Das Solo der Hirtenschalmei zu Beginn der 3. Szene des 1. Aktes, ursprünglich nur drei Takte lang, hatte Wagner für den offenkundig sehr versierten Dresdner Englischhornspieler Hiebendahl auf achtzehn Takte ausgedehnt, auf ein anspruchsvolles Solo mit zahlreichen Fermaten, das nach Umfang und Habitus wie ein Vorgriff auf die Instrumentalsoli im *Tristan* (traurige Weise) oder *Siegfried* (Hornruf) wirkt. Jedoch schien die Zeit für die epische Breite und die Zeitverlorenheit solch ausgedehnter Soli noch nicht reif; Wagner verkürzte, wohl schon für die 2. oder 3. Aufführung, das Solo auf etwa die Hälfte seines Umfangs und machte es leichter spielbar. In dieser Version ist es heute bekannt. Auch für die Pariser Aufführung ließ Wagner es unangetastet, dafür aber änderte er das anschließende Lied des Hirten durch den Einschub eines Zwischenspiels der Schalmei. Es hat die Funktion, die so überraschende Wendung der G-Dur-Melodie des Hirten nach Fis-Dur (T. 8 des Liedes) nachträglich zu stützen, ist also Vermittler im Sinne der am *Tristan* entwickelten *Kunst des Überganges*. Zugleich aber wird das Lied durch das instrumentale Intermezzo, das noch dazu mit einer Fermate endet, gleichsam episch gedehnt und so seine formale Geschlossenheit aufgebrochen, ganz im Sinne der späteren Wagnerschen Musikdramatik, der alle vorgegebene musikalische Form suspekt ist.

In die Zeit unmittelbar nach der Uraufführung fällt auch der Beginn des Experimentierens mit verschiedenen Fassungen der Einleitung zum 3. Akt, *Tannhäusers Pilgerfahrt*. Bei der Uraufführung wurde sie in einer Version gespielt, die um mehr als die Hälfte länger war als die heute geläufige. Dem Untertitel entsprechend geht sie in noch stärkerem Maße als die uns bekannte Version auf die *Romerzählung* ein, die passagenweise nahezu tongetreu zitiert wird. Andererseits greift sie auch noch mehr auf Motivik der vorangehenden Akte zurück. Sie kann als frühes Musterbeispiel Wagnerscher musikalischer Erzähltechnik gelten, kompositorisch vielleicht anfechtbar, ästhetisch jedoch konsequent und stimmig. Die uns heute geläufige Version wirkt demgegenüber fast als Verwässerung der ursprünglichen Idee. Wagner scheint hier einen Kompromiß zwischen zwei widerstreitenden Konzepten versucht zu haben. Das eine, das der ursprünglichen Fassung, versteht die Einleitung als ausführliche Darstellung einer ganzen Geschichte, dramaturgisch als Schilderung der Zeit zwischen dem Ende von Akt 2 (Frühling) und dem Beginn von Akt 3 (Herbst). Das andere sieht von diesen Funktionen ab und beschränkt sich auf die bloße Einstimmung ins Folgende. Wagner komponierte die dem zweiten Konzept entsprechende 2. Fassung allerdings nicht neu, sondern arrangierte sie lediglich aus Teilen der 1. Version. Diese 2. Fassung, die kaum ein Drittel der ursprünglichen umfaßt, wurde schon unmittelbar nach der Uraufführung erstmals gespielt. Zu einer endgültigen Lösung des angedeuteten Widerstreites scheint es nicht gekommen zu sein. Zunächst kehrte Wagner zum ersten Konzept zurück, indem er die ursprüngliche Fassung durch Kürzung um ein Drittel und Reduktion ihrer Erzählstruktur dem zweiten Konzept annäherte; diese 3. Fassung ließ er dann in Kopien und durch den Druck allgemein verbreiten, so daß es so aussieht, als sei sie sein letztes Wort in der Sache gewesen. Doch ein Notenmanuskript aus der Zeit der Pariser Aufführungen überliefert wiederum eine Version nach Maßgabe des zweiten Konzeptes, noch drastischer gekürzt als die entsprechende Dresdner Fassung, andererseits neu und nicht ohne Raffinement instrumentiert, was belegt, daß es sich nicht um ein reines Zugeständnis an die widrigen Umstände in Paris 1861 gehandelt haben kann.

 Die äußerlich tiefgreifendste Änderung nahm Wagner im Frühjahr 1847 vor: Er schrieb eine neue Schlußszene. Nach seiner eigenen Darstellung korrigierte er damit nur einen dramaturgischen Fehler. In Wahrheit änderte er die Konzeption. Die ursprüngliche Schlußszene war ohne Auftritt der Venus, und auch der Tod Elisabeths war darin nur von ferne angedeutet; weder wurde ihr Sarg auf die Bühne getragen, noch erschien überhaupt jemand aus dem Kreise der Wartburggesellschaft auf der Szene. Tannhäuser und Wolfram blieben allein; einzig die jüngeren Pilger traten am Ende noch auf. Keine der späteren Fassungen stellt das Ausgestoßensein Tannhäusers aus der Gesellschaft, seine tiefe Einsamkeit, die wie notwendig zum Tode führt, so eindrücklich dar wie die ursprüngliche.

Bezeichnenderweise kehren Tannhäusers vergebliche Worte an Venus: *Ach! kaum erkennst den Buhlen du wohl wieder, – der Ärmste! Sieh, was sie aus ihm gemacht!* in keiner späteren Version wieder. Die Fassung von 1847 hebt diese radikale Darstellung eines von der Gesellschaft zerstörten Menschen auf, sie läßt das Stück versöhnlich enden. Zum einen öffnet sich der Venusberg Tannhäusers Wünschen erneut, und Venus erscheint, so daß der Venusberg nicht nur, nach Wagners Worten, ein *visionärer Vorgang des in Wahnsinn ausbrechenden Tannhäuser*[4] bleibt wie in der 1. Version. Zum anderen macht die Wartburggesellschaft unmißverständlich ihren Frieden mit Tannhäuser, indem sie ihm erlaubt, in ihrer Gegenwart am Sarge Elisabeths zu sterben, deren Opfer sie anerkennt; alle singen den Schlußchoral *Der Gnade Heil ward dem Büßer beschieden, nun geht er ein in der Seligen Frieden!*, der in der ursprünglichen Version nur im Orchester erklang, gleichsam demonstrativ mit.

Ausgelassen ist in dieser Version der Gesang der jüngeren Pilger, was bedeutet, daß das Wunder des ergrünten Priesterstabes, das Zeichen der Gnade Gottes, eliminiert ist; denn die ausdrückliche Szenen-Anweisung, daß die jüngeren Pilger *einen mit grünem Laub geschmückten Priesterstab hoch in ihrer Mitte tragen sollen*, führte Wagner erst 1853 ein. Zuvor war von dem Stabwunder nur in dem genannten Gesang die Rede, so daß, sofern dieser nicht erklingt, auch das Stabwunder entfällt. Wagner stellte es zwar später so dar, als seien für diese Maßnahme lediglich aufführungspraktische Gründe maßgebend gewesen, doch kann ihm die inhaltliche Konsequenz kaum verborgen geblieben sein. Vermutlich verbirgt sich hinter dem Strich des Gesangs der jüngeren Pilger auch der Versuch zur Lösung eines dramaturgischen Problems: der Frage nämlich, ob sich die szenische Darstellung mehr auf das Opfer Elisabeths oder die Gnade Gottes als Auslöser von Tannhäusers Erlösung zu konzentrieren habe. 1847 hatte Wagner den Akzent ganz auf das Opfer der Elisabeth legen wollen. 1851 hob er diese Akzentsetzung auf, indem er den Gesang der jüngeren Pilger wieder einführte und damit eine Lösung des Sowohl-als-Auch schuf. Zufrieden war er damit nicht; denn schon 1853 änderte er abermals. Jetzt wurde der Schwerpunkt ganz auf die Darstellung des Stabwunders gelegt, nicht nur durch die erwähnte

[4] ML, S. 324

Anweisung, leibhaftig einen ergrünten Priesterstab auf die Bühne zu bringen, sondern auch durch den Verzicht auf das Hereintragen von Elisabeths Sarg, so daß das szenische Zeichen für Elisabeths Opfer entfiel. Konsequenterweise wurde dabei auch der Auftritt der Wartburggesellschaft gestrichen, so daß auch die 1847 eingeführte Versöhnungs-Geste der Gesellschaft gegenüber Tannhäuser entfiel. Es muß also nicht verwundern, wenn Wagner in der Fassung, die er 1860 zum Druck brachte und die auch 1861 in Paris aufgeführt wurde, zur Version von 1851 zurückkehrte, bereichert allerdings um das 1853 eingeführte Zeichen des ergrünten Priesterstabes. Ob diese Fassung, in der sich Elisabeth-Opfer und Gottesgnade nun fast ideal die Waage halten, Wagners letztes Wort war, erscheint jedoch nicht sicher.

Möglicherweise rückte Wagner von der 1. Version auch deshalb ab, weil darin Tannhäusers Einsamkeit keine totale ist, sondern durch die Anwesenheit Wolframs ohnehin szenisch gebrochen erscheint, und darüber hinaus auch die Versöhnung mit der Gesellschaft durch Wolframs offenkundige Anteilnahme am Schicksal Tannhäusers bereits angedeutet wird. Der Hauptgrund war freilich, nach Wagners eigener Darstellung, ein anderer. Es ging um eine dramaturgische Verdeutlichung, die Wagner mit dem Auftritt der Venus zu erreichen vermeinte. Äußerlich die bloße Aufwertung einer Rolle, hat diese Veränderung inhaltliche Konsequenzen sowohl bezüglich der Handlung allgemein als auch hinsichtlich der Figur der Venus und ihrer Beziehung zur Welt und zu Tannhäuser. Konnte es nach der 1. Version noch so aussehen, als sei der Venusberg lediglich Phantasmagorie, Wunschvorstellung, Traumgebilde oder bloßer Ausdruck einer Sehnsucht, als sei also alles, was in den ersten zwei Szenen der Oper vor sich geht, nur ein Produkt von Kopf und Herz Tannhäusers, so gewinnt der Venusberg nun, da er sich auch vor Augen und Ohren Wolframs auftut, unmißverständlich Realität. Er ist konkrete Gegenwelt zur Gesellschaft der Wartburg, insbesondere zu deren Religiosität und christlicher Moral. Was sich jetzt in der Schlußszene abspielt – und das unterscheidet die neue Fassung fundamental von der ersten –, ist der Kampf zwischen Himmel und Hölle um die Seele Tannhäusers.

Es wäre allerdings zu kurz gegriffen, in Venus die Verkörperung des Teufels zu sehen. Venus ist und bleibt die Liebesgöttin, ausgestattet noch dazu mit individuellen, menschlichen Zügen. Sie hat eine ganz besondere Beziehung zu Tannhäuser, wie schon die 2. Szene der Oper veranschaulicht, und daß Tannhäuser sie verläßt, trifft sie nicht anders als jede Frau, die von ihrem Geliebten verlassen wird. Wie stark ihre Bindung an Tannhäuser ist, zeigt die neue Schlußszene: Venus ist verblüffend schnell bereit zu verzeihen und Tannhäuser wieder aufzunehmen, und das *Weh! Mir verloren!* am Schluß ihres Auftritts ist Ausdruck eines ganz eigenen Schmerzes.

Selbstverständlich steckt hinter der Faszination der Venus durch Tannhäuser zunächst das romantische Motiv der Sehnsucht von Geistern und Dämonen nach den Menschen, doch treibt Wagner dieses Motiv gleichsam ins Extrem: die Sehnsucht tendiert zur Sehnsucht nach Erlösung. Es scheint vor allem dieser Gedanke gewesen zu sein, der Wagner veranlaßte, für die Aufführung in Paris 1861 die 2. Szene der Oper umzuarbeiten. Abermals handelt es sich bei dieser Neufassung um eine Erweiterung der Rolle der Venus, deren Anteil am Geschehen also gleichsam stetig zunimmt im Laufe der Bearbeitungsgeschichte des *Tannhäuser*, und man kann darüber spekulieren, was Wagner der Rolle wohl noch hinzugefügt hätte, wäre es zu einer endgültigen letzten Bearbeitung gekommen. Venus trägt in der für Paris geschriebenen Neufassung, die übrigens so gut wie nie gespielt wird, deutlich Züge der Kundry aus dem späteren *Parsifal*, und das betrifft nicht nur den Text, sondern verblüffenderweise auch den Tonfall der Musik. Es ist denn auch kein Zufall, daß Wagner seine ersten ausführlichen Gedanken über Kundry im August 1860 entwickelte, mitten in der Arbeit an der Neufassung der 2. Szene des *Tannhäuser*[5]. Bei aller Affinität der neuen Venus zu Kundry ist freilich nicht zu übersehen, daß die Konstellation dennoch zugleich eine deutlich andere ist. Zwar sucht die heidnische Göttin Trost und Erlösung bei Tannhäuser, doch lastet weder ein Fluch auf ihr, noch sind es Verführung und gelebte Sexualität, die ihre Erlösung, wie bei Kundry, verhindern. Im übrigen ist Tannhäuser eher Amfortas als Parsifal vergleichbar.

Auch hinsichtlich des im 19. Jahrhundert allgemeinen Usus, Opern nicht vollständig, sondern gekürzt aufzuführen, nimmt *Tannhäuser* eine Sonderstellung ein. Es ist der einzige Fall, in dem Wagner

---

[5] vgl. Wesendonck-Briefe, S. 243

selbst definitiv Kürzungen angegeben hat. Sie betreffen je zwei Abschnitte in jedem der drei Akte. Selbstverständlich sollten sie zunächst nur eine Hilfe sein, um die Oper überhaupt auf die Bühne zu bringen, und entsprechend wurden sie vor allem nach Wagners Tod von Cosima Wagner, die Kürzungen kategorisch ablehnte, als Zugeständnisse an die Umstände gewertet. Daß es sich möglicherweise aber anders verhielt, wird dadurch nahegelegt, daß Wagner im Falle der Streichung der 2. Strophe des Venusliedes in der 2. Szene die für die Kürzung notwendige neue Überleitung in die Aufführungspartituren so einkleben ließ, daß die ursprüngliche Fassung gänzlich überdeckt und damit gar nicht mehr spielbar ist. Das deutet darauf hin, daß zumindest zeitweise die Kürzung für definitiv galt. Bestätigt wird diese Deutung dadurch, daß Wagner bei der Pariser Aufführung 1861, die auch auf die 2. Strophe des Venusliedes verzichtete, es nicht bei der alten, Dresdner Überleitung beließ, sondern sich die Mühe machte, eine neue zu komponieren.

Die wohl bekannteste Änderung, die Wagner am *Tannhäuser* vornahm, betrifft das sogenannte Bacchanal, die 1. Szene der Oper. Mit deren Neufassung für Paris schuf Wagner das avancierteste Stück Musik der gesamten *Tannhäuser*-Partitur, und obwohl die Schwierigkeiten, es szenisch zu realisieren, so groß sind, daß das Mißlingen die Regel ist, erfreut es sich größter Beliebtheit. Wer aber glaubt, hier sei eine Komposition aus einem Guß entstanden, an der auch der Komponist nichts mehr zu beanstanden hatte, irrt. Schon während der Arbeit reduzierte Wagner die Fülle der mythologischen Bezüge, die ihm anfangs vorgeschwebt hatte[6], und die Partitur selbst wurde bereits vor den Pariser Aufführungen gekürzt[7], bezeichnenderweise um eine Passage, die in unübersehbarer Symmetrie zu einer vorangehenden Stelle steht und Wagner vielleicht gerade darum schließlich mißfiel.

Daß diese Neufassung des Bacchanals durchaus nicht als Maßstab zu werten ist für Art und Stil, in denen Wagner den *Tannhäuser*, den er der Welt noch schuldig zu sein meinte, ausgeführt hätte, macht eine Tagebucheintragung Cosima Wagners deutlich. Es heißt unter dem 6. November 1877: *Abends der erste Akt von Tannhäuser mit Herrn*

---

[6] vgl. SS XI, S. 414–419
[7] vgl. WWV, S. 274 (MUSIK IXc)

Seidl[8] *durchgenommen; R. sagt, er nähme sich vor, die erste neue Scene bedeutend zu kürzen, sie drücke auf das übrige, es sei da ein Mangel in den Verhältnissen, diese Szene ging*[e] *über den Stil des Tannhäuser hinaus.*[9]

[8] Anton Seidl (1850–1898), Dirigent, 1872–1878 Assistent Wagners und Hauspianist in Wahnfried
[9] CT I, S. 1083

Die Entstehung der *Meistersinger von Nürnberg*
Geschichten und Geschichte

In seinen autobiographischen Schriften setzte Wagner mehrere seiner Werke in eine unmittelbare Beziehung zu bestimmten Ereignissen seines Lebens. Er wollte die Werke nicht als künstliche, abseits des realen Lebens hergestellte Produkte verstanden wissen, sondern als lebendige Organismen, aus der Wirklichkeit empfangen und geboren, und damit dem Wesen von Welt und Sein näher. So deutete er in seiner 1843 veröffentlichten *Autobiographischen Skizze* den *Fliegenden Holländer* als künstlerischen Reflex seiner abenteuerlichen Seereise von Ostpreußen nach England, und um seinem Publikum diesen autobiographischen Bezug seiner Oper sinnfällig vor Augen zu führen, verlegte er – erst wenige Wochen vor der Uraufführung[1] – den Schauplatz der Handlung von Schottland nach Norwegen, einem Land also, das er auf seiner Reise tatsächlich erlebt hatte und in der *Autobiographischen Skizze* entsprechend schilderte. Gedichtet und komponiert hatte er den *Fliegenden Holländer* jedoch als eine Geschichte, die an der schottischen Küste und unter schottischen Seeleuten spielt, so wie er sie bei Heinrich Heine in dessen *Memoiren des Herren von Schnabelewopski* vorgefunden hatte. Eine ähnliche Konstruktion erfand Wagner später für die Entstehung des *Parsifal*. Ein Frühlingserlebnis wurde in der Autobiographie *Mein Leben* in das Erlebnis einer Karfreitagsstimmung umgewandelt, wie sie im 3. Aufzug des Bühnenweihfestspiels herrscht. Daß es sich bei diesem Bezug um eine Erfindung, eine Mystifikation handelt, gestand Wagner selbst später ein[2].

Auch in bezug auf die *Meistersinger von Nürnberg* stellt die Autobiographie Verbindungen zu persönlichen Erlebnissen her. So will Wagner bei seinem ersten Besuch in Nürnberg im Sommer 1835 Eindrücke empfangen haben, die – wie er schrieb – *späterhin, in eigen-*

---

[1] Vgl. Isolde Vetter, Der „Ahasverus des Ozeans" – musikalisch unerlöst? Der fliegende Holländer und seine Revisionen, in: Bayreuther Festspiele 1979, Programmheft II, S. 72. Nachdruck des Aufsatzes in: *Richard Wagner, Der fliegende Holländer. Texte, Materialien, Kommentare*, Reinbek 1982, S. 116–129
[2] CT II, S. 335 (22. April 1879)

tümlich erneuter Gestalt, in mir wiederauflebten[3]. Wagner vermied es allerdings, den Zusammenhang, auf den die zitierten Worte anspielen, deutlich auszusprechen, und überließ es dem Leser, den Bezug anhand der Merkmale des geschilderten Erlebnisses selbst herzustellen. Die Hauptrolle in Wagners Nürnberger Erlebnis 1835 spielte ein Sonderling, ein Tischlermeister, der sich einbildete, ein vortrefflicher Sänger zu sein, obwohl er offenkundig ganz ohne Stimmbegabung und Gesangstalent war. Dieser *Meistersänger*, wie Wagner ihn ironisch nennt, ließ sich, durch seinen schrankenlosen Ehrgeiz dazu verleitet, immer aufs neue herausfordern, seine vermeintliche Gesangskunst darzubieten, die ihm am Ende jedesmal Hohn und Spott einbrachte. Der Bezug zu den *Meistersingern von Nürnberg*, äußerlich durch den Titel *Meistersänger* und im Zusammenhang damit durch den Ort des Geschehens – Nürnberg – hergestellt, besteht selbstverständlich in der Identifizierung des Nürnberger Sonderlings mit der Gestalt Beckmessers. Daß Wagner es dem Leser überläßt, diese Verbindung zu ziehen, ist nicht nur Raffinesse, sondern auch Ausdruck einer Unentschiedenheit; denn so gern Wagner in der Gestalt Beckmessers all jenen, die er in ihr verkörpert sah, also seinen Kritikern und Widersachern, vor allem Eduard Hanslick, am Zeuge flickte, so offenkundig ist doch, daß Beckmesser seine Glaubwürdigkeit einbüßt, wenn man ihn für talentlos erklärt und einfach mit jenem einfältigen Nürnberger Tischlermeister gleichsetzt. Beckmesser ist kein Nichtskönner oder Scharlatan, sondern lediglich der Vertreter einer bestimmten Kunstauffassung, und es wäre eine Verkennung der Intention von Wagners Oper, wenn aus der Tatsache, daß Wagner selbst Beckmessers Kunstverständnis offensichtlich ablehnte, auf Beckmessers Talentlosigkeit geschlossen würde. Bezeichnenderweise ist davon im Text der Oper auch nicht die Rede. In Wirklichkeit hat Beckmesser mit jenem Nürnberger Tischlermeister gar nichts zu tun; der Bezug ist allenfalls äußerlich. Vor allem aber ist er spätere Zutat und gehört nicht zum Prozeß der Entstehung; denn die Entwürfe sprechen dem Merker (er heißt erst im Verslibretto Beckmesser) an keiner Stelle Stimme und Gesangstalent ab und schreiben ihm in keiner Phase Eigenschaften zu, wie sie jener Tischlermeister in Nürnberg 1835 besaß.

---

[3] ML, S. 114

Der späteren Oper auf den ersten Blick näher erscheint eine andere Einzelheit von Wagners Nürnberger Erlebnissen im Sommer 1835. Eine nächtliche Menschenansammlung vor einem Wirtshaus drohte zur tätlichen Auseinandersetzung und – wie Wagner es erlebte – zum Aufruhr der ganzen Stadt zu werden. Wagner empfand den Vorgang, der sich seinem Eindruck nach völlig grundlos vollzog und dabei jeglicher Kontrolle entglitt, als *dämonisch*. Ebenso eindrucksvoll war das Ende des Ereignisses. Die Menschenmenge löste sich nämlich nicht allmählich auf, sondern stob beim ersten ausgeteilten Faustschlag *wie durch Zauber* auseinander, so daß die Straßen von einem Moment zum anderen leer waren[4]. Nach Wagner blieb es bei diesem einen Hieb; eine Prügelei wie in den späteren *Meistersingern* fand nicht statt. Die Assoziation der Prügelszene vom Ende des 2. Aufzuges der Oper stellt sich dennoch zwangsläufig ein. Dazu trägt nicht zuletzt die Tatsache bei, daß Wagner es so darstellt, als hätte er die bedrohliche Situation mit der streitenden Menschenmenge vor dem Nürnberger Wirtshaus im unmittelbaren Anschluß an die Begegnung mit dem singenden Tischlermeister erlebt. So unmißverständlich in Wagners Schilderung die beiden Ereignisse ohne kausalen Zusammenhang gelassen werden, so naheliegend (und wohl auch beabsichtigt) ist aufgrund des angedeuteten Zusammenhangs mit der Oper, daß der Leser diese Verbindung, zumindest unterbewußt, herstellt. Der Bezug zwischen dem Ereignis und der Oper ist weniger eine Tatsache als vielmehr das Ergebnis einer literarischen Darstellungsweise.

Liest man aufmerksam Wagners ersten Textentwurf aus dem Jahre 1845, dann wird man feststellen, daß die in Nürnberg zehn Jahre zuvor erlebte Situation in der Tat von Einfluß war auf die Konzeption der Oper; denn in diesem ersten Entwurf endet der 2. Aufzug zwar mit *allgemeinem Aufruhr: Fragen und Toben*, nicht jedoch mit einer allgemeinen Prügelei. Lediglich zwischen David und dem Merker kommt es zur tätlichen Auseinandersetzung, alle anderen sind verwirrte Zuschauer in einer angespannten, bedrohlichen Situation. Daß diese ausgenutzt wird, um aufgestaute Aggressionen gegen Nachbarn, Mitbürger, Konkurrenten und andere im Schutze der Dunkelheit in Schläge umzusetzen, ist erst eine Erfindung der Ent-

---

[4] ebda., S. 116

würfe von 1861. Während also der erste Einfall dem tatsächlich Erlebten nahe ist, entfernt sich die spätere Ausarbeitung davon. Daß der autobiographische Bezug in den Hintergrund trat, veranschaulicht sehr prägnant Wagners 1851 geschriebener autobiographischer Bericht *Eine Mitteilung an meine Freunde*. In der Inhaltsangabe, die Wagner darin von seinem *Meistersinger*-Entwurf von 1845 gibt, fehlt die gesamte Schlußdisposition des 2. Aufzuges; es gibt weder die Prügelei zwischen David und dem Merker noch die angespannte Situation mit einer tobenden, in Aufruhr begriffenen Menschenmenge, die ihr beiwohnt. Dieses Detail scheint Wagner 1851 nicht mehr interessiert zu haben. Als er dann zehn Jahre später den Stoff wieder aufgriff, war das Ziel seiner Darstellung nicht mehr die bedrohlich anwachsende Spannung in einer aggressiven Menschenmenge *vor* dem Ausbruch von handfesten Tätlichkeiten, sondern eine Prügelei aus heiterem Himmel. Es wird kein Vorgang gezeigt, der zu Streit und über die Auseinandersetzung mit Worten in immer weiter ausgreifender Eskalation am Ende zur Schlägerei führt, sondern eine Prügelei aus Gelegenheit. Die Aggressionen, die sie auslösen, haben lang zurückliegende Ursachen; sie sind kein Produkt der Situation, die gezeigt wird. Es geht am Schluß des 2. Aufzuges der *Meistersinger* um das Austragen von Feindseligkeiten, die zwar ein Produkt der Gesellschaft und ihrer Normen, gleichwohl aber nicht zugelassen sind und sich daher nur versteckt, im Schutze der Nacht artikulieren können. Der Vorgang ist also, bei aller Verwandtschaft im Äußeren, im Kern ganz anders als jener, den Wagner 1835 in Nürnberg erlebte und in *Mein Leben* schilderte.

Wagner suggeriert dem Leser in seiner Autobiographie noch einen dritten Zusammenhang zwischen Leben und Werk in bezug auf seine *Meistersinger von Nürnberg*. Anfang November 1861 reiste er nach Venedig, um sich dort mit Otto und Mathilde Wesendonck zu treffen. Zwar vermochte er den von Venedigs Kunstdenkmälern entfachten Enthusiasmus der Freunde nicht zu teilen, blieb davon jedoch, wie er in *Mein Leben* schrieb, nicht unbeeinflußt. Es heißt in der Autobiographie[5]: *Bei aller Teilnahmslosigkeit meinerseits muß ich jedoch bekennen, daß Tizians Himmelfahrt der Maria im großen Dogensaale eine Wirkung von erhabenster Art auf mich ausübte, so daß ich seit dieser*

5   ebda., S. 684

Empfängnis in mir meine alte Kraft fast wie urplötzlich wieder belebt fühlte. An dieser Stelle machte Wagner einen Absatz und schloß dann lapidar an: *Ich beschloß die Ausführung der „Meistersinger".* Wieder wird es dem Leser überlassen, die Verbindung selbst herzustellen; denn Wagner vermied es zu behaupten, der Eindruck von Tizians Gemälde – gemeint ist die berühmte Himmelfahrt Mariä (*L'Assunta*), die heute in der Kirche *Santa Maria dei Frari* hängt – habe geradeswegs zur Entstehung der *Meistersinger* geführt. Wagner selbst stellte durch das Stilmittel des Absatzes Distanz zwischen den Ereignissen her, obwohl unverkennbar ist, daß Begriffe wie *Empfängnis* und *Wiederbelebung* der *alten Kraft* keine andere Funktion haben als die, einen Bogen zu schlagen zum Satz vom Entschluß, die *Meistersinger* auszuführen. Wagners Darstellungsweise ist also wie so häufig raffiniertzweideutig. Sie stammt allerdings aus einer Zeit, die durch mehr als ein Jahrzehnt von jener des beschriebenen Ereignisses getrennt ist. Die unmittelbaren Zeugnisse, jene vom November-Dezember 1861 und vom Jahresbeginn 1862, belegen den Zusammenhang zwischen dem Eindruck von Tizians Gemälde und der Entstehung der *Meistersinger* nicht. Er fehlt auch im Brief vom 21. Dezember 1861, in dem Wagner Mathilde Wesendonck den Beginn der Arbeit an den *Meistersingern* mitteilte. Was hätte näher gelegen, als auf diesen Zusammenhang einzugehen, hätte dieser in der Tat bestanden? Statt dessen ist in dem Brief zu lesen: [...] *meinen Blick fesselt gar nichts, und alles Lokale, so wie Alles was dran haftet oder haften kann, und wären's die grössten Meisterbilder der Welt, zerstreut mich nicht, ist mir gleichgültig.*[6] Was Wagner mit diesem Satz aussprach, war nichts anderes als eine Entschuldigung für die eigene Teilnahmslosigkeit vor den Kunstwerken, die er in Venedig mit den Freunden betrachtet hatte. Offenkundig hatte auch das Tizianische Bild dabei keine Ausnahme gemacht, und auch die Nachwirkung des Bildeindrucks war augenscheinlich nicht so stark, daß Wagner sich gedrängt gefühlt hätte, darüber an Mathilde Wesendonck zu schreiben. Immerhin ist aber das Tizianische Bild in den 1868 geschriebenen autobiographischen *Annalen*, einer Art Stichwortsammlung, die als Vorlage für *Mein Leben* verfaßt wurde, genannt[7], ohne daß aber deutlich würde, was

---

[6] Wesendonck-Briefe, S. 289
[7] Braunes Buch, S. 134

der Eintrag konkret bedeutet und in welchem Zusammenhang er steht. Nicht auszuschließen ist der Gedanke, daß die Passage über das Tiziansche Gemälde in *Mein Leben* eine Verbeugung vor Cosima darstellt, der Wagner die Autobiographie diktierte: Sie war eine Tizian-Verehrerin.

Peter Wapnewski hat hinter diesem durch die Art der Darstellung suggerierten Zusammenhang zwischen Tizians Himmelfahrt Mariä und der Entstehung der *Meistersinger* einen verschlüsselten Hinweis auf ein biographisches Ereignis gesehen, das Wagner in der Cosima in die Feder diktieren Autobiographie mit Rücksicht auf die Schreiberin nicht habe offen darlegen können. Nach Wapnewski machte Wagner bei seinem Venedigaufenthalt Anfang November 1861 einen *verzweifelten und lebenbedrohenden Entsagungsprozeß*[8] durch, bedingt durch die Tatsache, daß Mathilde Wesendonck sich mit ihrem Ehemann ausgesöhnt hatte und offenkundig wieder in glücklichem Einvernehmen mit ihm lebte. Wagner blieb – so Wapnewski – nur *eine Rettung: Entsagung*[9], und das Bild der entsagenden Liebe fand er – wiederum laut Wapnewski – in Tizians zum Himmel fahrender Maria, in der Gottesmutter[10], die ihm begreiflich machte, daß Hans Sachs *kein Recht hat auf Eva*[11]. Die Deutung, so phantasievoll und zugleich schlüssig sie erscheint, läßt einige wesentliche Fakten und Gesichtspunkte außer acht.

Wagner scheint Tizians Gemälde, sofern er es Anfang November 1861 tatsächlich eindringlicher hat auf sich wirken lassen, durchaus nicht religiös-weltabgewandt, als Darstellung einer Heiligen erlebt und verstanden zu haben. Cosima jedenfalls notierte, wenn auch fast zwanzig Jahre später (damit der Niederschrift in *Mein Leben* aber näher als diese dem Jahr 1861!), eine Charakterisierung des Bildes durch Wagner, die es geradezu von seinem Sujet trennt; denn Wagner sagte über die auffahrende Maria, *in dem Ausdruck sei der Schmerz der gebärenden Mutter und des Liebes-Entzückens gemischt*[12].

---

[8] Peter Wapnewski, *Der traurige Gott. Richard Wagner in seinen Helden*, München 1978, S. 102
[9] ebda., S. 94
[10] ebda., S. 96
[11] ebda., S. 94
[12] CT II, S. 634 (8. Dezember 1880)

Daß Wagner von der neuen Konstellation zwischen Mathilde und Otto Wesendonck zutiefst betroffen war, duldet keinen Zweifel. Isolde hatte sich gleichsam mit König Marke arrangiert, noch dazu, wie es schien, glücklich. Das mußte für Tristan/Wagner Verrat bedeuten. Vor allem aber konnte Wagner nicht den geringsten Einfluß nehmen. Ihm blieb einzig, sich in das Unabänderbare zu fügen. Es ist darum nicht ganz richtig, von einem *Entsagungsprozeß* zu sprechen; denn der Begriff der Entsagung ist an Entscheidungsfreiheit und Freiwilligkeit gebunden, an Voraussetzungen also, über die Wagner in seiner Beziehung zu Mathilde Wesendonck im Herbst 1861 gar nicht (mehr) verfügte. Hans Sachs in den *Meistersingern* dagegen handelt gegenüber Eva tatsächlich als Entsagender; denn ihm steht die Möglichkeit zur offiziellen Werbung um Eva offen (im Unterschied zu Walther von Stolzing, seinem Rivalen), und zudem ist noch die Wahrscheinlichkeit, daß er Erfolg hat, sehr groß. Er verzichtet in aussichtsreicher Position. Hans Sachs ist also nicht mit Richard Wagner in dessen Beziehung zu Mathilde Wesendonck im Jahre 1861 vergleichbar. Das bedeutet aber, daß sich Sachs' Haltung gegenüber Eva nicht als künstlerische Umsetzung der Haltung Wagners gegenüber Mathilde Wesendonck auffassen läßt. Der entsagende Sachs ist eher das Gegenbild zur schlechten Realität, in der es Wagner versagt war, Entsagung zu üben.

In seinem Brief an Mathilde Wesendonck vom 21. Dezember 1861 stellte es Wagner so dar, als habe ihn die Niederschrift eines neuen *Meistersinger*-Entwurfs unmittelbar nach der Venedigreise (seine Reinschrift trägt das Schlußdatum des 18. November 1861) von einer schwierigen, geradezu existenzbedrohenden Situation befreit. *Es war eben eine Rettung,* heißt es da, *wie eintretender Wahnsinn ja auch das Leben retten kann!*[13] Nicht zuletzt von dieser Formulierung hat Peter Wapnewski seine These von Wagners Rettung durch die *Metamorphose aus Tristan in Hans Sachs*[14] abgeleitet. Sie beruht allerdings auf einer Voraussetzung, die dieser Textentwurf nicht erfüllt, auf der Voraussetzung nämlich, daß das Motiv des entsagenden Sachs darin schon enthalten sei. Das jedoch ist nicht der Fall. Keiner der drei Prosaentwürfe weist das Motiv der erotischen Beziehung

---

13   Wesendonck-Briefe, S. 290
14   Wapnewski (Anm. 8), S. 94

zwischen Sachs und Eva auf. Dementsprechend fehlt darin die Szene zwischen Sachs und Eva im 2. Aufzug, und analog hat die 4. Szene des 3. Aufzuges einen anderen, von Pathos und Resignation freien Charakter, ist ohne Quintett und *Tristan*-Zitat. Die Beziehung zwischen Sachs und Eva sowie Sachs' Entsagung wurden wahrscheinlich sogar erst während der Niederschrift des Verslibrettos in das Werk aufgenommen, also erst zu Beginn des Jahres 1862. Noch am 15. Dezember teilte Wagner seiner Frau Minna[15] innerhalb einiger Textproben aus dem neuen Werk Details aus der 3. Szene des 2. und aus der 4. Szene des 3. Aufzuges mit, die ziemlich genau den Prosaentwürfen vom November 1861 entsprechen und noch nicht dem Verslibretto. Mit der *Rettung*, von der Wagner am 21. Dezember 1861 im erwähnten Brief an Mathilde Wesendonck sprach, dürfte daher lediglich gemeint gewesen sein, daß die künstlerische Arbeit allgemein, unabhängig von Inhalt und Gegenstand, einen Ausweg aus der depressiven Stimmung bot. Diese aber war gewiß nicht allein das Ergebnis der Erfahrung, daß Mathilde Wesendonck zu ihrem Mann zurückgefunden oder zumindest sich mit ihm passabel arrangiert hatte, ging vielmehr zurück auf Wagners allgemeine Lebenssituation, auf seine ständige Geldnot und seine zerrüttete Ehe (wie man heute sagen würde), auf sein zielloses Umherwandern ohne festen Wohnsitz, ohne Asyl (mit Richard Wagner zu reden) und vor allem darauf, daß sich die Aussicht, diese Lage mit einer erfolgreichen Aufführung von *Tristan und Isolde* im Winter 1861/62 in Wien wenigstens ein wenig zu bessern, mehr und mehr zerschlug. Die *Meistersinger von Nürnberg* bildeten in dieser Situation so etwas wie einen Hoffnungsschimmer, sie waren der Strohhalm, an den sich Wagner klammerte. Immerhin brauchte er das Sujet nicht völlig neu zu entwickeln; denn das hatte er ja 1845 schon einmal in einem ausführlichen Entwurf getan.

Wagner bot die neue Oper bereits in einem Brief vom 30. Oktober 1861 – also vor der Reise nach Venedig – seinem Verleger Franz Schott an[16] und entwickelte, als dieser auf das Angebot einging, ganz ungewöhnliche Aktivitäten. Er fertigte eigens für den Verleger eine

---

[15] An Minna Wagner II, S. 238f.
[16] Schott-Briefe, S. 23f.

Abschrift seines neuen unmittelbar nach der Venedigreise geschriebenen Prosaentwurfs an, so daß Schott noch im November das Sujet kennenlernte. Anfang Dezember reiste Wagner dann selbst von Wien aus zu Schott nach Mainz, um den Entwurf im kleinen Kreise vorzulesen; und kaum mit dem Verslibretto fertig, fuhr er Ende Januar 1862 wieder nach Mainz zur Vorlesung im Hause Schott. Der Sinn dieser Aktivitäten ist leicht zu erraten: Es ging darum, das Interesse des Verlegers zu wecken und möglichst umgehend in einen Vertragsabschluß münden zu lassen. Wagner brauchte eine vertragliche Vereinbarung, um durch Vorschüsse des Verlegers seiner akuten Geldnot abzuhelfen und um ganz allgemein Aussicht auf Besserung seiner Lebenssituation zu haben. Darum versprach er, schon in dem erwähnten Brief vom 30. Oktober 1861, die *Meistersinger* binnen eines Jahres zu vollenden und das Werk *leicht populär*[17] zu halten. Er schrieb: [...] *für seine schnellste Verbreitung über alle Theater soll mir namentlich auch der Umstand bürgen, daß ich diesmal weder eines sogenannten ersten Tenors noch einer großen tragischen Sängerin bedarf.*[18] Auf diese *schnellste Verbreitung über alle Theater* war es in der Tat abgesehen, Wagner warf mit der Formulierung nicht nur einen Köder aus. Vermutlich glaubte er auch deshalb an eine schnelle Fertigstellung des Werks, weil es eine *große komische Oper* werden sollte, wie er an Franz Schott schrieb[19], und er der Meinung war, in diesem Genre komponiere es sich leichter. In dem zitierten Brief an Schott nannte er es eine *minder angreifende und somit schneller zu beendende Arbeit*[20]. Darin freilich täuschte er sich, nicht zuletzt deshalb, weil er im Schreiben komischer Opern kaum Erfahrung besaß. Das Stück wurde unter seinen Händen denn auch zu einem Werk ganz eigenen Genres, so daß er den ursprünglichen Untertitel *komische Oper* fallenließ. So sehr er der *schnellsten Verbreitung über alle Theater* bedurft hätte, so unfähig war er, die dazu nötigen Zugeständnisse ans Leichte und Populäre zu machen. Das Werk wurde vielmehr zum schmerzlich-heiteren Nachspiel von *Tristan und Isolde*. In Eva und Walther sind die unglücklichen Protagonisten des älteren Werks wiederverkörpert, nun

[17] ebda., S. 23
[18] ebda.
[19] ebda., S. 24. Auch in den beiden Prosaentwürfen vom November 1861 ist das Werk als „komische Oper" bezeichnet.
[20] ebda., S. 23

aber vom Glück gesegnet und in eine Welt gestellt, in der es neben Leidenschaft und Blindheit auch noch Umsicht und Wohlwollen gibt. Hans Sachs – das macht das berühmte Zitat aus dem *Tristan* deutlich – ist ein gewandelter König Marke.

Eigentümlicherweise steckt hinter dem 1845 geschriebenen ersten Prosaentwurf zu den *Meistersingern* eine ganz ähnliche Absicht wie hinter der Entstehung der Entwürfe und des Verslibrettos von 1861/62. Auch 1845 ging es um eine Oper *leichteren Genres*, weil diese – wie es in *Eine Mitteilung an meine Freunde* heißt – *mir den Zutritt zu den deutschen Theatern verschaffen, und so für meine äußeren Verhältnisse einen Erfolg herbeiführen sollte*[21]. Auch 1845 brauchte Wagner diesen Erfolg, um seine Lebenssituation freundlicher zu gestalten, die auch zu jener Zeit schon geprägt war vom Druck einer großen, ständig zunehmenden Schuldenlast.

Tat sich Wagner 1861 und in der Zeit danach schwer mit dem Populären und Leichten, so scheint er 1845 sich auf das beabsichtigte *leichtere Genre* gar nicht erst ernsthaft eingelassen zu haben; denn kaum hatte er den Prosaentwurf zu den *Meistersingern* beendet, da wandte er sich dem *Lohengrin* zu und ließ die *Meistersinger* und das Terrain der komischen Oper liegen. Möglicherweise schreckte er vor den Schwierigkeiten dieser Gattung zurück. 1838 hatte er schon einmal die Komposition einer komischen Oper abgebrochen, das nach *Tausendundeinenacht* verfaßte Stück *Männerlist größer als Frauenlist oder Die glückliche Bärenfamilie*[22]. Auf Opéra comique und Vaudeville wollte er sich gewiß nicht wieder einlassen, andererseits ist kaum anzunehmen, daß ihm deutsches Singspiel oder Lortzings Ausprägung einer deutschen komischen Oper als Vorbilder oder Basis für das eigene Werk genügten. Es gab so gut wie keinen Anknüpfungspunkt; eine komische Oper schreiben hieß daher, ein neues Genre ins Leben rufen. 1845 dürfte Wagner diese Aufgabe gescheut haben.

In der *Mitteilung an meine Freunde* von 1851 gab Wagner jedoch eine andere Begründung, warum er die *Meistersinger* wieder aufgegeben hatte. Danach war ihm nach der Niederschrift des Prosaentwurfs zu Bewußtsein gekommen, daß man in einer Gesellschaft, die ein wahrhaft heiteres Leben gar nicht zulasse, keine heitere Oper schrei-

---

[21] SS IV, S. 284
[22] wiedergegeben in: SS XI, S. 178–229

ben könne. Der notwendige und zwangsläufige Widerstand gegen die schlechte Realität konnte sich nur *als Sehnsucht, und endlich als Empörung, somit in tragischen Zügen, kundgeben*[23]. In dieser Situation war *Lohengrin* der angemessene Ausdruck, der Entwurf zu den *Meistersingern* aber fast so etwas wie Verrat. Wagner meinte darum auch entschuldigend, er müsse den Gedanken des Jahres 1845, eine komische Oper zu schreiben, *als die letzte Äußerung des genußsüchtigen Verlangens betrachten, das mit einer Umgebung der Trivialität sich aussöhnen wollte*[24]. Es gilt allerdings zu bedenken, daß diese Darstellung aus der Sicht des im Exil lebenden Revolutionsteilnehmers von 1849 stammt, der gerade 1851, als er *Eine Mitteilung an meine Freunde* schrieb, noch intensiv auf grundlegende Änderungen der gesellschaftlichen Verhältnisse hoffte.

Unabhängig von der Frage, was Wagner bewog, die *Meistersinger* 1845 nicht weiter auszuführen, steht außer Frage, daß er sich ernsthaft mit dem Projekt befaßt hatte. Was er im Juli 1845 niederschrieb, war ein ausführlicher Entwurf, nicht bloß eine schnell hingeworfene Skizze. Man muß annehmen, daß es Vorarbeiten dazu gegeben hat, wenn auch vermutlich nicht solche, die aufgeschrieben wurden. Aus dem Entwurf hätte unmittelbar das Verslibretto entwickelt werden können. Das bedeutet, daß Wagner keinen Plan für eine Ausführung in ferner Zukunft festhielt, sondern ganz konkret seine nächste Oper vorbereitete. Es dürfte darum auch richtig sein, daß die *Meistersinger von Nürnberg als beziehungsvolles Satyrspiel* zu *Tannhäuser und der Sängerkrieg auf Wartburg* gedacht waren, wie Wagner in der *Mitteilung* schrieb[25]. In seiner Autobiographie dagegen stellte er es später so dar, als hätte der *Meistersinger*-Entwurf von 1845 nur ein Intermezzo im Entstehungsprozeß des *Lohengrin* gebildet, als sei dabei gar nicht ernsthaft an weitere Ausführung oder gar Komposition gedacht gewesen[26]. Nach dieser Darstellung schrieb Wagner den *Meistersinger*-Entwurf lediglich, um sich von der intensiven Beschäftigung mit dem *Lohengrin*, die sich angeblich gesundheitsschädigend auswirkte, wenigstens zeitweise abzulenken. In seiner den Ereignissen zeitlich näheren *Mitteilung* behauptete Wagner demgegenüber, zuerst

---

[23] SS IV, S. 287
[24] ebda.
[25] ebda., S. 284
[26] ML, S. 315f.

die *Meistersinger* als nächste Oper nach dem *Tannhäuser* geplant, sie dann aber nach Einsicht in die Unangemessenheit des heiteren Sujets an die herrschenden gesellschaftlichen Verhältnisse zugunsten des *Lohengrin* aufgegeben zu haben. In der Tat wurde der Prosaentwurf zum *Lohengrin* im Anschluß an jenen zu den *Meistersingern* geschrieben; dieser trägt das Schlußdatum des 16. Juli, jener das des 3. August 1845.

Wagner nahm es in seiner Autobiographie nicht immer genau mit den Tatsachen, sei es, daß er sich nicht recht erinnerte, sei es, daß ihm an einer anderen Sicht gelegen war. In seiner Autobiographie verstand Wagner sein Leben als Kunstwerk, zumindest in der Tendenz. Glaubt man der Autobiographie, beispielsweise in bezug auf die Entstehung der *Meistersinger von Nürnberg*, dann enthielt schon der Entwurf von 1845 *Alarm und Straßenprügelei als Schluß eines zweiten Aktes*[27]. In Wahrheit enthält dieser Entwurf, wie bereits erwähnt, die allgemeine Prügelei noch nicht.

Laut *Mein Leben* will Wagner seine Kenntnisse über die historischen Meistersinger aus *wenigen Notizen in Gervinus' ‚Geschichte der deutschen Literatur'* bezogen haben[28]. Das weckt den Eindruck, als habe er kaum über Anregungen verfügen können, sondern alles aus sich selbst entwickeln müssen. In Wirklichkeit widmet Georg Gottfried Gervinus in seiner *Geschichte der poetischen National-Literatur der Deutschen*[29], die Wagner meint, sowohl den historischen Meistersingern als auch Hans Sachs je ein eigenes umfangreiches Kapitel, so daß Wagner ausführlich und detailliert informiert sein konnte, aufmerksame Lektüre vorausgesetzt. Wagner konnte bei Gervinus vieles von dem finden, was er später der Abhandlung von Wagenseil[30] entnahm, nicht zuletzt den Hinweis auf Wagenseil selbst und dessen Darstellung der historischen Meistersinger. Gervinus erwähnt die Meistersinger Hans Folz und Kunz Zorn, die den zwölf Aposteln nachgebildete Anzahl von zwölf Meistern bei der Zunftversammlung

---

[27] ebda., S. 316
[28] ebda., S. 315
[29] Georg Gottfried Gervinus, *Geschichte der poetischen National-Literatur der Deutschen,* 5 Bände, Leipzig 1840–1844. Diese Ausgabe hatte Wagner in seiner Dresdner Bibliothek (vgl. Westernhagen, S. 89, Nr. 33).
[30] *Johann Christof Wagenseils Buch Von der Meister-Singer Holdseligen Kunst* ..., Altdorf (bei Nürnberg) 1697

und die Forderung an eine Meisterweise, daß sie *nicht in den Ton anderer Meister eingreifen dürfe*[31]. Bei Gervinus fand Wagner auch ein Gedicht Adam Puschmanns auf Hans Sachs erwähnt und beschrieben, in welchem dieser als alter Mann von Büchern umgeben an einem Tisch sitzend und in einem Buch lesend dargestellt wird. Dieses Bild erinnert unmittelbar an die 1. Szene des 3. Aufzuges, über die es im Prosaentwurf von 1845 heißt: [...] *die Sonne strahlt hell über Sachs herein, welcher vor der müßig gelassenen Arbeit im Schemel zurückgelehnt sitzt; große Bücher um ihn herum, ein Buch auf dem Schoß*.[32] Es ist anzunehmen, daß sich Wagner vom Bild in Puschmanns Gedicht hat leiten lassen.

Wagner entnahm der Darstellung von Gervinus mehr, als er in seiner Autobiographie später wahrhaben wollte. Zugleich veränderte er das, was er bei Gervinus gelesen hatte. Gervinus spricht stets von mehreren, nämlich drei Merkern, die bei den historischen Meistersingern das Merkeramt ausübten (die Dreizahl übrigens in Anlehnung an die drei Erzengel), während Wagner aus dem Kollektiv einen einzigen Merker machte, eine Veränderung, die historisch willkürlich erscheint, dramaturgisch jedoch ohne Zweifel notwendig war. Auch nach Jakob Grimms Schrift *Über den altdeutschen Meistergesang* (Göttingen 1811), die der Grimm-Verehrer Wagner sehr wahrscheinlich im Jahre 1845 ebenfalls bereits kannte[33], wurde das Merkeramt immer von mehreren Meistern ausgeübt.

In einem zentralen Punkt ist Wagners Darstellung in *Mein Leben* Recht zu geben: in der Tat dürften die 3. Szene des 1. und die 6. Szene des 2. Aufzuges der Ausgangspunkt für das Stück gewesen sein, also jene Szene, in der der junge Mann, wie Walther im Entwurf von 1845 heißt, vor der Zunft versingt sowie – als ihre Parodie – jene, in der der Merker (später Beckmesser) mit seinem Gesang vor Hans Sachs, dem Merker mit dem Schusterhammer, scheitert. Liegt darin die Gemeinsamkeit und Übereinstimmung mit dem späteren Libretto, so zeichnet sich der Entwurf von 1845 aber im übrigen vornehmlich durch eine Reihe charakteristischer Unterschiede zum komponierten Text aus. Der junge Mann, *Sohn eines verarmten Rit-*

---

[31] zit. nach der 3. Auflage, Leipzig 1846, Band 2, S. 286
[32] SS XI, S. 351
[33] Das Buch befand sich in Wagners Dresdner Bibliothek (vgl. Westernhagen, S. 91, Nr. 46).

ters[34], ist nicht nach Nürnberg gekommen, um ein Gut zu verkaufen wie später Walther von Stolzing, sondern aus Liebe zur Dichtkunst: Er will sich in die Zunft der Meistersinger aufnehmen lassen. Walther von Stolzing hat diese Ambition nicht. Er bewirbt sich einzig und allein deshalb um die Aufnahme, weil er keinen anderen legalen Weg zur Heirat mit Eva sieht. Ihn treibt die Liebe. Darum singt er vor der Zunft auch ein Liebeslied, während der junge Mann im Entwurf von 1845 einen *Gesang auf das Lob der Dichtkunst*[35] anstimmt. Daß Walther versingt, ist unmittelbar plausibel. Er scheitert weniger an der pedantischen Regelauslegung des Merkers und der Meister als vielmehr an seiner eigenen Kenntnislosigkeit. Der junge Mann im Entwurf von 1845 hat es demgegenüber mit Gegnern seiner Ästhetik zu tun, die seine Begeisterung für das Heldenbuch, für Wolfram von Eschenbach und für das Nibelungenlied nicht teilen und ihn darum nicht in die Zunft aufnehmen wollen. Daß der junge Mann ein Rivale des Merkers in bezug auf das junge Mädchen, den Preis des Wettsingens, ist, spielt im Gegensatz zum späteren Libretto keine Rolle. Die Liebe des jungen Mannes zu dem Mädchen und seine Begeisterung für die Poesie stehen gänzlich unverbunden nebeneinander, während das spätere Opernbuch Walthers Liebe und sein Dichtertum in einen unmittelbaren Zusammenhang stellt: Allein seine Liebe zu Eva läßt Walther zum Dichter werden, erst die Liebe weckt die poetischen Kräfte.

Ein anderer wichtiger Unterschied zum späteren Libretto ist der, daß beim Wettsingen um das Mädchen das Volk die erste Stimme hat, also direkten Einfluß auf den Ausgang nimmt. Diese Öffnung zu den unteren Gesellschaftsschichten erscheint später im Opernbuch nur noch als Vorschlag oder Forderung, vorgetragen von Hans Sachs, der damit aber auf Ablehnung stößt. Das Libretto macht in diesem Punkt einen Schritt zurück, entspricht damit allerdings der gesellschaftlichen Wirklichkeit seiner Zeit; an die Stelle von Utopie tritt Realismus. Ähnlich verhält es sich mit der Rolle des jungen Mädchens bei der Preisvergabe. Im Entwurf von 1845 ist es ausdrücklich sie, die erwirkt, daß ihre Stimme den Ausschlag gibt. Im späteren Opernbuch ist davon nicht mehr die Rede. Eva kümmert

---

[34] SS XI, S. 344
[35] ebda., S. 346

sich nicht in solcher Weise um ihre Belange, und wenn ihr ein Recht mitzuentscheiden eingeräumt wird, so geschieht es aufgrund der Liberalität ihres Vaters, nicht aber durch ihre eigene Initiative.

Wie in den beiden im November 1861 geschriebenen Prosaentwürfen, so fehlt auch im Entwurf von 1845 die erotische Beziehung zwischen Sachs und Eva. Sachs ist ganz der alte Mann, für den die Liebe keine Bedeutung mehr hat, und das junge Mädchen (die spätere Eva) begegnet ihm vornehmlich mit Mißtrauen, darin ganz im Fahrwasser der Meistersinger, unter denen Hans Sachs der ständig beargwöhnte Außenseiter ist. Er selbst scheint der Zunft äußerst skeptisch gegenüberzustehen, und daß er am Schluß, wenn der junge Mann es ablehnt, in die Zunft aufgenommen zu werden, *das Lob der Meistersingerzunft*[36] anstimmt, erscheint nicht recht überzeugend. Das spätere Textbuch ist in diesem Punkt dramaturgisch schlüssiger.

Sachs' Selbstverständnis zeigt sich im Gespräch mit dem jungen Mann zu Beginn des 3. Aktes, in dem es heißt: *Glaubt mir: lange, lange Zeit wird man vom Dichten nichts mehr wissen. Mit anderen Waffen als mit Liedern wird man kämpfen: mit Vernunft, mit Philosophie gegen Dummheit und Aberglauben, ja mit dem Schwerte wird man wiederum diese neuen Waffen verteidigen: in solchem Kampf sollt ihr, der ihr so schöne edle Gesinnungen habt, mitkämpfen, so vermögt ihr mehr, als durch die Ausbeutung einer Gabe, die keiner heutzutage mehr anerkennt. Wenn dann Jahrhunderte vergangen und eine neue Welt begonnen, so wendet man sich wohl einmal wieder um, und sieht nach dem, was man hatte: da fallen sie wohl wieder auf den Hans Sachs, und dieser deutet wieder weiter zurück und weist sie bis auf Walter, Wolfram und die Heldenlieder.*[37] Die Gegenwart erscheint also als poesielose Zeit, der indessen nicht mit den Mitteln der Kunst zu begegnen ist. Die unmittelbar anstehenden Aufgaben sind nicht poetischer, sondern politisch-aufklärerischer Art. Erst in einer veränderten Welt hat Poesie wieder Raum. Wagner verzichtet darauf, diese Gedanken über den Rahmen des privaten Gesprächs zwischen Sachs und dem jungen Mann hinausgehen zu lassen. Andere Szenen, vor allem die Schlußszene der Oper, enthalten davon nichts. Allerdings fügte Wagner nachträglich das berühmte, in leichter Abwandlung dann auch in die Oper übernommene Verspaar an *Zerging' das*

---

[36] ebda., S. 355
[37] ebda., S. 352

heil'ge römische Reich in Dunst, / *uns bliebe doch die heil'ge deutsche Kunst,* Hinweis darauf, daß er es schließlich doch nicht bei dem „unpolitischen" Schluß lassen wollte. Unklar ist, wann Wagner die Verse angefügt hat. Ein mögliches Indiz für die Datierung ist die deutsche Schrift, in der sie geschrieben sind; denn Wagner gab die deutsche Schrift zugunsten der lateinischen im Dezember 1848 auf. Daß er die Verse nur deshalb in deutscher Schrift seinem Entwurf angefügt hätte, weil dieser deutsch geschrieben war, erscheint wenig wahrscheinlich. Die Ergänzung dürfte daher wohl vor Dezember 1848 gemacht worden sein. Reinhold Brinkmann ist demgegenüber der Meinung, daß die Verse ein Reflex der gescheiterten Revolutionen von 1848/49 seien und darum erst nach 1849 geschrieben worden sein könnten[38]. Diese Deutung erscheint durchaus schlüssig. Betrachtet man die Verse jedoch vor dem Hintergrund der zitierten Sätze aus dem Gespräch zwischen Sachs und dem jungen Mann, dann lassen sie sich auch aus dem Entwurf von 1845 verstehen. Das *heil'ge römische Reich* ist dann nicht nur staatliche Ordnung, die Politik, die der Kunst gegenüber- und entgegensteht, sondern der Inbegriff des antiquierten, überkommenen Systems, das verantwortlich ist für die schlechte Gegenwart, die es zu überwinden gilt. Das Epitheton *heilig* erscheint ironisch-abschätzig-verächtlich, bezeichnet etwas, das eben nicht heilig ist und darum auch nicht wert, erhalten zu werden. Der zweite Vers aber meint, daß die Kunst unzerstörbar sei und daher bewahre, was bewahrenswert ist – ein Gedanke, den das spätere Libretto noch weiter ausführt[39]. Es soll vermittelt werden, daß die Furcht, mit der politischen Ordnung gehe auch die kulturelle in die Brüche oder gar verloren, unbegründet sei und die Änderung der politischen Verhältnisse daher gewagt werden könne. Im späteren Textbuch erscheinen demgegenüber die nahezu gleichen Verse im Sinne einer Absage an Politik und politisches Handeln; denn dort ist der politische oder gar revolutionäre Impuls, durch den Hans Sachs im Entwurf von 1845 sich auszeichnet, eliminiert.

---

[38] Reinhold Brinkmann, *Über das Kern- und Schlußwort der „Meistersinger"*, in: *Bayerische Staatsoper. Die Meistersinger von Nürnberg. Programmheft zur Neuinszenierung 1979*, S. 84

[39] vgl. *Die Meistersinger von Nürnberg als Oper des deutschen Bürgertums* in diesem Band, S. 118ff.

Wagner beendete die Erstschrift des *Meistersinger*-Textbuchs am 25. Januar 1862. Im unmittelbaren Anschluß daran, zwischen dem 25. und 31. Januar, fertigte er eine Reinschrift davon an, die zugleich eine Überarbeitung darstellt. Sie war sein Manuskript bei seinen Vorlesungen des Textbuches am 5. Februar im Hause Schott in Mainz und am 9. März beim Großherzog von Baden in Karlsruhe. Am 29. September des gleichen Jahres gab Wagner sie zum Verlag B. Schott's Söhne nach Mainz, dem sie als Vorlage für den Druck diente. Zuvor muß Wagner noch eine Abschrift davon gemacht haben, oder – was wahrscheinlicher ist – sie von jemand anderem haben anfertigen lassen; denn bei seiner Vorlesung im Hause des Wiener Arztes Josef Standthartner am 23. November 1862 war eine Vorlage ebenso nötig wie für den Teilabdruck des Librettos in der Wiener Zeitung *Der Botschafter*, in der am 4. und 5. Dezember 1862 der 1. Aufzug erschien. Diese Abschrift ist verschollen. Der Vorlesung bei Standthartner wohnte übrigens auch der bereits genannte Eduard Hanslick bei, der bedeutende Kritiker Wagners, auf den die Figur des Beckmesser gemünzt war (ursprünglich sollte der Merker sogar Hanslich heißen!). Der Erstdruck des gesamten Textbuchs erschien, mit der Jahreszahl 1862 auf der Titelseite, im Frühjahr 1863 im Verlag B. Schott's Söhne. Die Vorlage, Wagners Reinschrift, ging jedoch nicht in Wagners Besitz zurück, sondern blieb im Hause Schott. 1893 wurde sie faksimiliert veröffentlicht. Später gelangte sie dann in den Besitz der Stadt Mainz und von dieser an den deutschen Kaiser Wilhelm II. Heute befindet sich das Manuskript in der Pierpont Morgan Library in New York.

Der Text, wie ihn die Reinschrift wiedergibt, war zwar die Vorlage für die erste Veröffentlichung, was besagt, daß Wagner ihn – zumindest zu jener Zeit – als fertig und abgeschlossen betrachtete, er weicht jedoch in überraschendem Maße von jenem Text ab, der dann komponiert wurde. Wagner änderte zwar weder an der äußeren Struktur noch in dramaturgischer Hinsicht, aber er tauschte Texte aus, schrieb Ergänzungen und ließ anderes weg, so daß eine Reihe bedeutsamer neuer Akzente gesetzt wurde. Sowohl der sogenannte Wahnmonolog als auch Sachs' Schlußansprache, vor allem aber Walthers Preislied bilden in der Fassung der Reinschrift von 1862 weniger Vorstufen, unvollkommene Annäherungen an die beabsichtigte Gestalt, als vielmehr eigenständige Ausführungen, die zeigen, daß die Konzeption des Werks nicht von vornherein feststand und als gleichsam geschlossenes System bis zum Abschluß der Partitur durchgehalten wurde. Um einen Eindruck von den teilweise gravierenden Unterschieden, insbesondere im Preislied, zu geben, sind im Anhang I einige Texte in der Version von 1862 und derjenigen der Partitur nebeneinandergestellt.

Viele Änderungen betreffen Details, von denen die meisten unbedeutend sind. Wagner paßte den Wortlaut der Komposition an, oder er wählte andere Worte, weil er sie möglicherweise für treffender hielt. Die meisten dieser Änderungen machen jedoch den Eindruck, als habe Wagner sich auf sein Gedächtnis verlassen, den Text aber oft nur ungenau im Gedächtnis gehabt. Im Fliedermonolog wurde so aus *Wie duftet doch der Flieder* die sprachlich gewiß anfechtbare Formulierung *Was duftet doch der Flieder*. Es steht jedoch außer Frage, daß die zweite Version ausdrucksstärker ist und spontaner wirkt. An einer anderen Stelle des Fliedermonologs heißt es: *Doch wie auch wollt' ich's fassen, / was unermesslich mir schien?* Das Wort *fassen* fungiert dabei als Reimwort zu *passen* im folgenden Vers. In der Partitur setzte Wagner *messen* für *fassen*, benutzte also dasselbe Reimwort wie am Ende des vorangehenden Verses, so daß zwei unmittelbar aufeinander folgende Verse auf *messen* enden, literarisch-stilistisch ein Fehler, der aber in der Vertonung kaum auffällt, weil die Komposition die Verse als solche ignoriert und den Reimen entsprechende Korrespondenzen meidet. Da sie den Text behandelt, als sei er Prosa, erscheint die Wiederholung nicht als Mangel, sondern wirkt verstärkend, steigernd, als Mittler und Zwischenstufe zu dem Wort *unermesslich* im folgenden Vers. Die Änderung zeigt anschaulich, daß Wagner die Reime lediglich in seinem Selbstverständnis als „Dichter" wichtig waren. Darum auch nahm er in seine *Gesammelten Schriften und Dichtungen* die Operntextbücher im Wortlaut der Textniederschriften auf und nicht in demjenigen der Partituren, was bis heute zu mannigfachen Verwirrungen führt.

Wagner verwendete bei der Komposition ein Exemplar des Erstdrucks des Librettos von 1863, in das er aber, wie die Mehrzahl der kleinen Änderungen zeigt, nur ab und zu hineinschaute (wie schon erwähnt, scheint er meist aus dem Gedächtnis gearbeitet zu haben). Das Sichvergewissern über den genauen Wortlaut geschah bisweilen ganz mechanisch. Nicht anders ist erklärbar, daß Wagner einen Druckfehler des Erstdrucks vertonte. Bei der Herstellung des Erstdrucks war aus Evas Ausruf *Ach, neue Not! –* 2. Aufzug, 6. Szene – *Ach, meine Not!* geworden, und diese zwar mögliche und tiefsinnig anmutende, aber ungenaue und die ursprüngliche Absicht verfälschende Version übernahm Wagner in seine Komposition: alle Entwürfe und ebenso die Partitur enthalten sie!

Die auffälligste Änderung betrifft das Preislied, das Wagner für die Komposition ganz neu schrieb. Entsprechend mußte auch die Verballhornung durch Beckmesser neu gefaßt werden. Hatte sich Wagner bereits im März 1862 eine Melodie für den Anfang des Preisliedes einfallen lassen, wie ein erhaltenes Skizzenblatt und ein Brief beweisen[40], so scheint ihm später, als der 3. Aufzug und damit das Lied an seinem szenischen Ort zu komponieren war, der ursprüngliche Einfall nicht mehr zugesagt zu haben. Wagner entwarf im September 1866 eine neue Melodie, für die er dann gegen Ende desselben Jahres einen neuen, den heute bekannten Text erfand. Dabei wurde nicht etwa der alte Text den veränderten metrischen Gegebenheiten der neuen Melodie angepaßt, sondern ein gänzlich anderer Text geschrieben, wie die Gegenüberstellung zeigt (vgl. Anhang I). Daß Wagner bereit war, nur um einer Melodie willen, seinen ursprünglichen Text aufzugeben, mag verwundern, nicht zuletzt vor dem Hintergrund von Wagners Operntheorie, nach der jede nicht aus dem Text entwickelte Melodie als absolut und künstlich zu verwerfen ist[41]. Denkbar erscheint selbstverständlich, daß der ursprüngliche Text Wagners Intentionen nicht mehr entsprach; für diesen Fall müßte man jedoch annehmen, daß Wagner zunächst einen neuen Text verfaßt hätte, wie er es gewöhnlich tat (etwa im *Ring*), und im Anschluß daran die Musik. Vermutlich ging es ihm aber darum, das Preislied als ganz besonderes Ereignis innerhalb der Handlung der Oper musikalisch entsprechend herauszuheben, ihm durch melodische Schönheit und formale Geschlossenheit bei der Bewahrung des nötigen Ausdrucks jene volkstümliche Einprägsamkeit zu geben, die das Volk und die Meister auf der Nürnberger Festwiese, aber auch das Publikum im Opernhaus in Bann zieht und

---

[40] Wesendonck-Briefe, S. 302
[41] vgl. *Oper und Drama*, Teil 1, in: SS III

davon zu überzeugen vermag, daß Walther von Stolzing der Richtige ist, für Eva wie für die Meisterzunft. Diese Absicht vor Augen war es gewiß einfacher, bei der Komposition ganz frei zu verfahren und sich nicht durch einen vorgegebenen Text an einen bestimmten Rhythmus etc. zu binden. Daß der nachträglich unterlegte Text in bezug auf sinngerechte Deklamation gewisse Mängel aufweist, zeigt, daß Wagner an der Melodie mehr gelegen war als an der sonst mit so großer Sensibilität praktizierten Kunst der sinn- und sprachgerechten Vertonung.

Übrigens vergaß Wagner, als er den alten Preisliedtext durch den neuen ersetzte, eine Zeile zu ändern, in der sich Hans Sachs auf den Inhalt des Preisliedes bezieht. Der Vers *ein Täubchen zeigt' ihm wohl das Nest* ist eine Anspielung auf das ursprüngliche Preislied, als solche leicht und unmittelbar verständlich, und nicht etwa eine mystifizierende poetische Wendung, wie man ohne die Kenntnis des ursprünglichen Preisliedtextes meinen könnte.

Während das Preislied einen völlig neuen Wortlaut erhielt und in Sachs' Schlußansprache 23 alte durch 9 neue Verse ersetzt wurden, bestand beim Wahnmonolog die Änderung neben einer Kürzung um 12 Zeilen lediglich in einer Umstellung und neuen Kombination einiger Verse. Hier erscheint der ursprüngliche Text wie ein Reservoir, aus dem der Komponist auswählt, was seiner musikalischen Intention entspricht. Sofern man annimmt, daß bereits die Konzeption des Textes von der Vorstellung eines musikalischen Formverlaufs begleitet war, so muß man konstatieren, daß Wagner diese Vorstellung später revidierte. Die ursprüngliche Anlage des Textes hätte im zweiten Teil einen zweifachen Wechsel zwischen lyrischen und bewegten, aggressiv-draufgängerischen Musikpassagen nötig gemacht, entsprechend der Tatsache, daß in den die Atmosphäre der Johannisnacht mit Flieder, Glühwurm und Kobold betreffenden Textteil ein Abschnitt eingelassen ist, der die bereits zuvor angesprochene Prügelei noch einmal zum Thema macht.

Kürzungen nahm Wagner nicht nur im Wahnmonolog vor. Auch an anderen Stellen verzichtete Wagner darauf, seine Verse sämtlich zu komponieren, Zeichen dafür, daß die Vorstellung von der Komposition, die Wagner während der Konzeption des Textbuchs hatte, mehr ein Ungefähr war als ein genauer Plan. Möglicherweise schrieb Wagner gleichsam prophylaktisch ein Mehr an

Versen, um bei der Komposition nicht zu Textwiederholungen gezwungen zu werden, die seiner Ästhetik widersprachen. Musik braucht zu ihrer Entfaltung mehr Zeit als die Sprache, ein Überschuß an Text ist also Voraussetzung für ein uneingeschränktes Komponieren. Beim Finale des 2. Aufzuges machte Wagner dennoch die Erfahrung, daß er zu wenig Text geschrieben hatte. Hier behalf er sich zwar auch in alter Operntradition mit zahlreichen Wiederholungen, aber er verfaßte auch neuen Text und zwar für die Lehrbuben, die Gesellen und die Nachbarinnen[42]. Im übrigen aber hielt Wagner – darin freilich nicht anders verfahrend als bei seinen anderen Opern – an dem einmal geschriebenen Text fest.

Durch Nebeneinanderstellen der entsprechenden Verse und vor allem durch Klammern gab Wagner an, welche Textstellen simultan, also als Ensemblesätze gesungen werden sollten. Auch dabei zeigt sich, daß Wagners Vorstellung von der Komposition zur Zeit der Textkonzeption nur vage Umrisse hatte. Zum einen sind in der Reinschrift (wie auch in dem darauf fußenden Erstdruck) nicht alle Ensemblestellen – z. B. das kurze Duett am Ende der 1. Szene des 1. Aufzuges – vermerkt, was besagt, daß sich Wagner Anfang 1862 diese Passagen noch im Nacheinander, als Dialog vorstellte. Zum anderen stimmen die Klammern nicht immer mit der späteren Komposition überein. Sowohl das Quintett als auch die Chöre der Schneider und Bäcker oder der Schluß von Walthers Preislied auf der Festwiese haben eine Ensemblestruktur, die von derjenigen der Partitur unterschieden ist. Die Text-Reinschrift bildet in dieser Hinsicht also eine Stufe im Entstehungsprozeß der Komposition. Darauf verweist auch die Erstschrift des Textbuches, die unmittelbare Vorlage der Reinschrift, in deren Urschicht z. B. das Quintett noch fehlt.

Die Verwendung von Ensemblesätzen bedeutete für Wagner die Wiedereinführung einer Spezies, die in seinem musikdramatischen Konzept, wie er es in seinen Zürcher Schriften entwickelt hatte, nicht mehr vorgesehen war. Dieses Konzept war allerdings auf tragische Sujets ausgerichtet, nicht auf eine komische Oper. Es muß unklar bleiben, ob Wagner bei der Konzeption des Textes mit dem Rückgriff auf die traditionelle Ensembletechnik lediglich Zuge-

---

[42] vgl. RWSW Bd. 9, II

ständnisse an die Gattung und an seinen Verleger Franz Schott machte (in der Hoffnung, damit zu einem schnell reüssierenden und bald verlegten Werk zu kommen), oder ob er dabei von vornherein an eine eigene Art der Ensemblekunst dachte, wie er sie dann in seiner Partitur entfaltete. Ausgeschlossen ist jedenfalls, daß Wagner die zu komponierende Musik während der Niederschrift des Textbuchs bereits im Ohr (oder vor Augen) hatte, wie die Verfechter der These von der gleichzeitigen Entstehung von Text und Musik oder gar der Entwicklung des Textes aus der Musik gern behaupten. Ein sehr anschauliches Beispiel gegen diese These steht auf Seite 3 der Reinschrift. Wagner trug den Text des Chorals, mit dem die 1. Szene des 1. Aufzuges beginnt, erst nachträglich ein, und zwar vermutlich erst, als er die Reinschrift als Vorlage für den Erstdruck noch einmal durchsah (die ersten musikalischen Skizzen zum Choral weisen noch einen abweichenden Text auf). Wagner hatte seinen Operntext an dieser Stelle also wie ein Schauspieldichter verfaßt, der die Gestaltung der Bühnenmusik dem Regisseur und der jeweiligen Aufführung überläßt. Daß in einer Oper selbstverständlich auch dieser Choral vom Komponisten geschrieben werden muß und er dafür einen Text braucht, fiel Wagner allem Anschein nach erst auf, als es konkret ans Komponieren ging. Denkbar wäre zwar auch, daß er ursprünglich einen bekannten protestantischen Choral verwenden wollte, doch hätte er dessen Text gleichfalls ins Libretto aufnehmen müssen. Bei der Konzeption des *Meistersinger*-Textes dachte Wagner nur wenig oder gar nicht an die Musik, die dazu zu schreiben wäre. Im Dezember 1861 mietete er im Pariser Hotel Voltaire ein Zimmer, und zwar ohne Klavier, und gab dazu die Begründung, er brauche keinen Flügel, da er *zuerst nicht zu componiren, sondern die Verse zu machen habe*[43].

Anhang I

Gegenüberstellung von Wahnmonolog, Preislied und Sachs' Schlußansprache in der Fassung der Reinschrift des Textbuchs von 1862 und derjenigen der 1867 beendeten Partitur (Orthographie modernisiert):

---

[43] Brief vom 8. Dezember 1861, in: An Minna Wagner II, S. 234

a) Wahnmonolog

Reinschrift

Wahn und Wahn!
Allüberall Wahn!
Wohin ich forschend blick',
in Stadt- und Welt-Chronik,
den Grund mir aufzufinden,
warum gar bis aufs Blut
die Leut' sich quälen und schinden
in unnütz toller Wut!
Hat keiner Lohn
noch Dank davon:
in Flucht geschlagen
meint er zu jagen;
hört nicht sein eigen
Schmerz-Gekreisch,
wenn er sich wühlt ins eigne Fleisch,
wähnt Lust sich zu erzeigen.
Wer gibt den Namen an?
's bleibt halt der alte Wahn,
ohn' den nichts mag geschehen,
's mag gehen oder stehen:
steht's wo im Lauf,
er schläft nur neue Kraft sich an;
gleich wacht er auf,
dann schaut wer ihn bemeistern kann! –
Wie friedsam treuer Sitten,
getrost in Tat und Werk,
liegt nicht in Deutschlands Mitten
mein liebes Nüremberg!
Doch eines Abends spat,
ein Unglück zu verhüten
bei jugend-heißen Gemüten,
ein Mann weiß sich nicht Rat;
ein Schuster in seinem Laden
zieht an des Wahnes Faden:
wie bald auf Gassen und Straßen
fängt der da an zu rasen;
Mann, Weib, Gesell und Kind,
fällt sich an wie toll und blind! –
Gott weiß, wie das geschah?
Ein Kobold half wohl da?
Der Flieder war's: Johannisnacht,
drob ist der Wahn so leicht erwacht.
Ein Glühwurm fand sein Weibchen
                         nicht;

Partitur

Wahn! Wahn!
Überall Wahn!
Wohin ich forschend blick'
in Stadt- und Weltchronik,
den Grund mir aufzufinden,
warum gar bis aufs Blut
die Leut' sich quälen und schinden
in unnütz toller Wut?
Hat keiner Lohn
noch Dank davon:
in Flucht geschlagen,
wähnt er zu jagen;
hört nicht sein eigen
Schmerzgekreisch,
wenn er sich wühlt ins eigne Fleisch,
wähnt Lust sich zu erzeigen! –
Wer gibt den Namen an? –
's ist halt der alte Wahn,
ohn' den nichts mag geschehen,
's mag gehen oder stehen!
Steht's wo im Lauf,
er schläft nur neue Kraft sich an:
gleich wacht er auf, –
dann schaut, wer ihn bemeistern kann!…
Wie friedsam treuer Sitten,
getrost in Tat und Werk,
liegt nicht in Deutschlands Mitten
mein liebes Nürenberg! –
Doch eines Abends spat,
ein Unglück zu verhüten
bei jugendheißen Gemüten,
ein Mann weiß sich nicht Rat;
ein Schuster in seinem Laden
zieht an des Wahnes Faden:
wie bald auf Gassen und Straßen
fängt der da an zu rasen!
Mann, Weib, Gesell' und Kind
fällt sich da an wie toll und blind;
und will's der Wahn gesegnen,
nun muß es Prügel regnen,
mit Hieben, Stoß' und Dreschen
den Wutesbrand zu löschen. –
Gott weiß, wie das geschah? –

der hat den Schaden angericht':
ängstlich suchend flog er dahin

durch manches müde Menschenhirn;
dem knistert's nun wie Funk' und
　　　　　　　　　　　　Feuer,
die Welt steht dem in Brand;
das Herz erwacht dem Ungeheuer,

und weckt mit Pochen die Hand;
die ballt sich schnell zur Faust,
den Knüppel die gern umspannt;
mit Faust und Knüppel da zaust,
wer gern als tapfer bekannt:
und will's der Wahn gesegnen,
nun muß es Prügel regnen,
mit Hieben, Stoß' und Dreschen
den Weltenbrand zu löschen! –
Ein Koboldswahn! – Johannisnacht! –
Nun aber kam Johannis-Tag: –
jetzt schaun wir, wie Hans Sachs es
　　　　　　　　　　　　macht,
daß er den Wahn fein lenken kann,
ein edler Werk zu tun;
denn läßt er uns nicht ruhn,
selbst hier in Nüremberg,
so sei's um solche Werk',
die selten vor gemeinen Dingen,
und nie ohn' ein'gen Wahn gelingen.

– Ein Kobold half wohl da: –
ein Glühwurm fand sein Weibchen
　　　　　　　　　　　　nicht; –
der hat den Schaden angericht'. –
Der Flieder war's: – Johannisnacht! – –

Nun aber kam Johannistag! –
Jetzt schaun wir, wie Hans Sachs es
　　　　　　　　　　　　macht,
daß er den Wahn fein lenken kann,
ein edler Werk zu tun:
denn läßt er uns nicht ruhn,
selbst hier in Nürenberg,
so sei's um solche Werk',
die selten vor gemeinen Dingen,
und nie ohn' ein'gen Wahn gelingen.

b) Preislied, Version der Schusterstube (Vers 1 und 2)

Reinschrift

Fern
meiner Jugend gold'nen Toren
zog ich einst aus,
in Betrachtung ganz verloren:
väterlich Haus,
kindliche Wiege,
lebet wohl! ich eil', ich fliege
einer neuen Welt nun zu.

Stern
meiner einsam trauten Nächte
leuchte mir klar,
daß mein Pfad zum Glück mich brächte,
mütterlich wahr

Partitur

Morgenlich
leuchtend in rosigem Schein,
von Blüt' und Duft
geschwellt die Luft,
voll aller Wonnen
nie ersonnen,
ein Garten lud mich ein,
Gast ihm zu sein.

Wonnig
entragend dem seligen Raum,
bot gold'ner Frucht
heilsaft'ge Wucht,
mit holdem Prangen

helle mein Auge,
daß es treu zu finden tauge,
was mein Herz erfüll' mit Ruh'.

Abendlich
sank die Sonne nieder:
goldene Wogen
auf den Bergen reihten sich;
Türme und Bogen,
Häuser, Straßen, breiten sich:
durch die Tore zog ich ein,
dünkte mich
ich erkenn' sie wieder:
auch der alte Flieder
lud mich ein sein Gast zu sein;
auf die müden Lider
labendlich
goß er Schlaf mir aus, –
gleich wie im Vaterhaus.
Ob ich die Nacht
dort wohl geträumt hab', ob gewacht?

Traum
meiner törig gold'nen Jugend,
wurdest du wach
durch der Mutter zarte Tugend?
Winkt sie mir nach,
folg' ich und fliege
über Stadt und Länder heim zur Wiege,
wo mein' die Traute harrt.

Kaum
daß ich nah zu sein ihr glaube,
blendend und weiß
schwebt sie auf als zarte Taube,
pflückt dort ein Reis,
ob meinem Haupte
hält sie's kreisend, daß ich's raubte,
in holder Gegenwart.

Morgenlicht
dämmerte da wieder:
scherzend und spielend
Täubchen immer ferner wich;
fliegend und zielend
zu den Türmen lockt' es mich;
flattert' über Häuser hin,
setzte sich
auf dem Haus, dem Flieder
gegenüber, nieder,
daß ich dort das Reis gewinn',

dem Verlangen,
an duft'ger Zweige Saum,
herrlich ein Baum.

Sei euch vertraut,
welch hehres Wunder mir geschehn:
an meiner Seite stand ein Weib,
so hold und schön ich nie gesehn:
gleich einer Braut
umfaßte sie sanft meinen Leib;
mit Augen winkend,
die Hand wies blinkend,
was ich verlangend begehrt,
die Frucht so hold und wert
vom Lebensbaum.

Abendlich
glühend in himmlischer Pracht
verschied der Tag,
wie dort ich lag:
aus ihren Augen
Wonne saugen,
Verlangen einz'ger Macht
in mir nur wacht'.

Nächtlich
umdämmert, der Blick mir sich bricht:
wie weit so nah,
beschienen da
zwei lichte Sterne
aus der Ferne,
durch schlanker Zweige Licht,
hehr mein Gesicht.

Lieblich ein Quell
auf stiller Höhe dort mir rauscht;
jetzt schwellt er an sein hold Getön',
so stark und süß ich's nie erlauscht:
leuchtend und hell,
wie strahlten die Sterne da schön!
Zu Tanz und Reigen
in Laub und Zweigen,
der gold'nen sammeln sich mehr,
statt Frucht ein Sternenheer
im Lorbeerbaum.

und den Preis der Lieder.
Morgenlich
hab' ich das geträumt:
nun sagt mir ungesäumt,
was wohl am Tag
der holde Traum bedeuten mag?

c) Hans Sachs' Schlußansprache

Reinschrift

Verachtet mir die Meister nicht,
und ehrt mir ihre Kunst!
...
Verliebt und Sangesvoll, wie ihr,
kommen nicht oft uns Junker hier
von ihren Burgen und Staufen
nach Nürnberg her gelaufen:
vor ihrer Lieb' und Fang-Begier

das Volk oft mußten scharen wir;
und findet sich das in Haufen,

gewöhnt sich's leicht ans Raufen:
Gewerke, Gilden und Zünfte
hatten üble Zusammenkünfte
(wie sich's auf gewissen Gassen
noch neulich hat merken lassen!)
In der Meister-Singer trauten Zunft
kamen die Zünft' immer wieder zur
                                Vernunft.
Dicht und fest,
an ihr so leicht sich nicht rütteln läßt;
aufgespart
ist euren Enkeln, was sie bewahrt.
Welkt manche Sitt' und mancher
                                Brauch,
zerfällt in Schutt, vergeht in Rauch, –
Laßt ab vom Kampf!
nicht Donnerbüchs' noch Pulverdampf
macht wieder dicht, was nur noch
                                Hauch!
Ehrt eure deutschen Meister:
dann bannt ihr gute Geister!
Und gebt ihr ihrem Wirken Gunst,
zerging' in Dunst
das heil'ge röm'sche Reich,
uns bliebe gleich
die heil'ge deutsche Kunst!

Partitur

Verachtet mir die Meister nicht,
und ehrt mir ihre Kunst!
...
Habt acht! Uns dräuen üble Streich':
zerfällt erst deutsches Volk und Reich,
in falscher welscher Majestät
kein Fürst bald mehr sein Volk versteht,
und welschen Dunst mit welschem
                                Tand
sie pflanzen uns in deutsches Land;
was deutsch und echt, wüßt' keiner
                                mehr,
lebt's nicht in deutscher Meister Ehr'.

Drum sag' ich euch:
ehrt eure deutschen Meister!
Dann bannt ihr gute Geister;
und gebt ihr ihrem Wirken Gunst,
zerging' in Dunst
das heil'ge röm'sche Reich,
uns bliebe gleich
die heil'ge deutsche Kunst!

Anhang II

Daten zur Entstehung der *Meistersinger von Nürnberg*

1845 Mitte Juli: Prosaentwurf, am Ende datiert: *Marienbad, 16 Juli 1845.*

1851 In *Eine Mitteilung an meine Freunde* teilt Wagner eine Inhaltsangabe des Prosaentwurfs von 1845 mit und begründet, warum er das Werk nicht weiter ausführte.

1861 30. Oktober: Wagner schlägt seinem Verleger Franz Schott die *Meistersinger* als *große komische Oper* vor.
13./14.–18. November: Neuer Prosaentwurf in einer Erstschrift und einer Kopie bzw. Reinschrift für Franz Schott. Die Reinschrift am Ende datiert: *Wien. 18 Nov. 61.* Der Merker heißt Hanslich (Erstschrift) bzw. Veit Hanslich.
2. Dezember: Wagner liest im Hause Schott in Mainz den neuen Prosaentwurf vor und trifft mit dem Verleger eine vertragliche Vereinbarung über die neue Oper.
Dezember: Wagner beginnt in Paris die Niederschrift des Textbuchs und notiert die Melodie des *Wach auf*-Chores.

1862 5. Januar: Schlußdatum des 1. Aufzuges im Textbuch.
16. Januar: Schlußdatum des 2. Aufzuges im Textbuch.
25. Januar: Schlußdatum des 3. Aufzuges im Textbuch.
25.–31. Januar: Wagner fertigt eine Reinschrift des Textbuchs an.
31. Januar: Wagner schickt die Erstschrift des Textbuchs an Mathilde Wesendonck.
5. Februar: Im Hause Schott in Mainz liest Wagner das Textbuch (nach der Reinschrift) vor.
Anfang März: Wagner skizziert den Anfang der Melodie des ursprünglichen Preisliedes *Fern meiner Jugend gold'nen Toren ...*
13.–20. April: Entstehung des Vorspiels in der sogenannten Orchesterskizze, dem zweiten, ausführlicheren Gesamtentwurf der Komposition.
22. Mai: An seinem 49. Geburtstag notiert Wagner die erste Skizze zum Vorspiel zum 3. Aufzug.
25. Mai: Schlußdatum der 2. Szene des 1. Aufzuges in der sogenannten Orchesterskizze.

2. Juni: Anfangsdatum der 3. Szene des 1. Aufzuges in der sogenannten Kompositionsskizze, dem ersten, umrißhaften Gesamtentwurf der Komposition.
3. Juni: Anfangsdatum der Partitur des Vorspiels.
Juni–Juli: Wagner beendet die Partitur des Vorspiels.
29. September: Wagner gibt das Textbuch (in Reinschrift) zum Druck an B. Schott's Söhne in Mainz.
Herbst: Wagner unterbricht die Komposition, um Konzerte mit eigenen Werken vorzubereiten. Bereits im Sommer hatte er wegen einer Verletzung an der Hand nicht an den *Meistersingern* komponieren können.
1. November: Wagner dirigiert im Leipziger Gewandhaus die erste Aufführung des Vorspiels.
4.–5. Dezember: Der Text des 1. Aufzuges erscheint in der Wiener Zeitung *Der Botschafter*.
26. Dezember: Im ersten von drei Wiener Konzerten dirigiert Wagner zum ersten Mal die vorab instrumentierte Ansprache Pogners aus der 3. Szene des 1. Aufzuges und als Einleitung dazu den Beginn der Szene als Orchesterstück mit dem Titel *Versammlung der Meistersingerzunft*.

1863 Ende Januar/Anfang Februar: Wagner skizziert das Schusterlied aus dem 2. Aufzug.
Februar: Das Textbuch erscheint im Druck bei B. Schott's Söhne mit der Jahreszahl 1862(!).
Anfang Juni: In Penzing bei Wien setzt Wagner die Arbeit an den Gesamtentwürfen fort.
Sommer oder Herbst: Wagner schreibt die Partitur des Schusterliedes.
5. November: Erste Aufführung des *Schusterliedes* in einem Konzert in Prag.

1863 Häufige und langdauernde Unterbrechungen der Komposi-
–1866 tion.

1865 12. Juli: In einem Konzert in München vor Ludwig II. von Bayern führt Wagner einen Teil der 3. Szene des 1. Aufzuges auf mit einem besonderen Konzertschluß zu Walthers Lied *Fanget an!*

1866 Januar: Wagner setzt die Arbeit an den Gesamtentwürfen und der Partitur fort.

Februar: Die Partitur des Vorspiels erscheint im Druck bei B. Schott's Söhne.
23. März: In Genf beendet Wagner die Partitur des 1. Aufzuges.
15. Mai: In Tribschen bei Luzern Beginn des 2. Aufzuges in der Kompositionsskizze.
6. September: Schlußdatum des 2. Aufzuges in der Kompositionsskizze.
28. September: Wagner entwirft eine neue Melodie für das Preislied.
2. Oktober: Beginn der Arbeit an der Kompositionsskizze des 3. Aufzuges.
24. Dezember: Entwurf des Textes zur neuen Preislied-Melodie.

1867 28. Januar: Wagner notiert die Neufassung von Sachs' Schlußansprache *Habt acht! Uns drohen* [sic] *üble Streich'*...
7. Februar: Beendigung des 3. Aufzuges in der Kompositionsskizze.
5. März: Wagner schließt die Orchesterskizze des 3. Aufzuges ab.
22. März: Anfangsdatum der Partitur des 2. Aufzuges.
22. Juni: Wagner beendet die Partitur des 2. Aufzuges.
26. Juni: Anfangsdatum der Partitur des 3. Aufzuges.
24. Oktober: Wagner beendet die Partitur des 3. Aufzuges und damit das gesamte Werk.

1868 Januar: Bei B. Schott's Söhne erscheint der Klavierauszug von Carl Tausig.
4. April: Erste Aufführung von Sachs' Schlußansprache und des Schlußchors der Oper in Linz unter Anton Bruckner.
21. Juni: Erste Aufführung des gesamten Werks im Hof- und Nationaltheater München unter Hans von Bülow.
Anfang Juli: Die Partitur erscheint im Druck bei B. Schott's Söhne.

Keine *schwitzende* Musik
Die Meistersinger von Nürnberg nach der kritischen Ausgabe der Richard Wagner-Gesamtausgabe

Wer die *Meistersinger* spielt, hat den Ehrgeiz, sie so zu spielen, wie Wagner sie geschrieben hat, und entsprechend verhält es sich mit dem Anspruch des Hörers. Absurd die Vorstellung, es existierte auch nur ein einziger, dem es gleichgültig wäre, ob die Töne, die er hört, von Wagner stammen oder auf einen Kopisten, Notenstecher, Korrektor oder noch einen anderen am Vermittlungsprozeß zwischen Autor und Publikum Beteiligten zurückgehen. Im Falle der *Meistersinger* beteiligte sich Wagner nachweislich nur sporadisch und sehr oberflächlich an diesem Vermittlungsprozeß; er überließ nämlich die Drucklegung der Partitur so gut wie ganz dem musikalischen Leiter der Uraufführung Hans von Bülow und vor allem seinem damaligen musikalischen Assistenten Hans Richter, dem nachmaligen ersten Bayreuther *Ring*-Dirigenten. Auf diesem also von Wagner selbst kaum überprüften Partiturdruck aber basierten bis heute die *Meistersinger*-Aufführungen – notwendigerweise: denn die beiden weiteren Partiturausgaben, 1904 und 1914 erschienen, sind reine Übernahmen der ersten Ausgabe von 1868. Wagner scheint eine ausgeprägte Abneigung gegen das Überprüfen und Korrigieren gehabt zu haben; nicht anders ist es zu erklären, daß er sich mit Druckausgaben abfand, die seine Intentionen nicht in vollem Umfange, häufig sogar verfälscht wiedergeben. Er hatte großes Vertrauen zu Bülow und Richter, das gewiß auch im großen und ganzen gerechtfertigt war, aber selbstverständlich machten beide Fehler, vor allem solche, die dem Autor selber vermutlich nicht unterlaufen wären, und selbstverständlich verstanden sie so manches falsch. Sie korrigierten, und zwar offenkundig stillschweigend, was sie für Fehler oder Ungenauigkeiten Wagners hielten, kraft der Autorität ihrer Profession – schließlich waren sie erfahrene Musiker von Rang –, und selbstverständlich kraft ihrer Überzeugung, mit dem Wagnerschen Idiom vertraut zu sein. Hinzu kam der Einfluß der Notenstecher, die seit jeher dazu neigen, Eigenheiten der Notation an die Gepflogenheiten des Notenstichs anzugleichen, das Besondere durch das Übliche, die Konvention zu ersetzen. Die kritische Ausgabe der Partitur innerhalb der Richard Wagner-Gesamtausgabe (RWSW Bd. 9, I–III), 1987 zum Abschluß gekommen und 1991 in Wiesbaden zum ersten Mal Grundlage einer Aufführung, klammert alle Veränderungen und Zutaten von fremder Hand aus, so daß das Werk zum ersten Mal in der Gestalt im Druck vorliegt, die Wagner tatsächlich geschaffen hat.

Die Unterschiede zu den alten Partituren liegen ausschließlich im Detail. Die kritische Ausgabe enthält keinen Takt mehr und keinen weniger als die alten Ausgaben, und kein Takt ist völlig anders, als man ihn bislang kannte. Aber bekanntlich macht der Ton die Musik, und dieses Wort meint ja weniger Tonhöhe und Tondauer als vielmehr die Art und Weise, wie der Ton ausgeführt wird, betrifft also Dynamik, Phrasierung, Artikulation. Was diese Bereiche anbetrifft, bietet die kritische Ausgabe ein völlig neues Bild, geeignet, das bisher herrschende Bewußtsein zu wandeln. Die *Meistersinger* werden gern mit Gründerzeit und Deutschem Reich in Zusammenhang gebracht, entsprechend als Manifestation von Pomp und Pathos aufgefaßt und aufgeführt. Friedrich Nietzsche hat in seinem berühmten Text über das Vorspiel der *Meistersinger*, im achten Hauptstück von *Jenseits von Gut und Böse*, die einschlägigen Vokabeln geliefert. Da ist von *prachtvoller, überladner, schwerer Kunst* die Rede; die Musik wird *derb und grob* genannt, *etwas auf deutsche Art Vielfaches, Unförmliches*; es heißt, sie habe *nichts von südlicher feiner Helligkeit des Himmels, nichts von Grazie, kein Tanz [...] eine gewisse Plumpheit sogar [...] eine schwerfällige Gewandung, etwas Willkürlich-Barbarisches und Feierliches*. Dieses Bild von der Musik der *Meistersinger*, zweifellos parteiisch und bewußt provokant, dennoch aber bis heute als zutreffend und genau beobachtet gerühmt, dürfte seine Wurzel nicht zuletzt im ersten Partiturdruck haben. Dessen Unterschlagungen und Einebnungen haben zu jenem Eindruck geführt, den Nietzsche, der selbstverständlich nur Aufführungen nach dieser Partitur erlebt haben kann, formuliert hat. Die kritische Ausgabe weist die *Meistersinger* als eine sehr viel differenziertere Partitur aus, geprägt von ungleich mehr Feinheit und Vielfalt des Charakters. Zwei Beispiele[1]: Zahlreiche Stakkato-

---

[1] Eine ausführliche Darstellung findet sich in: Egon Voss, *Annäherung ans Original. Zur Neu-Edition der „Meistersinger von Nürnberg" innerhalb der Richard Wagner-Gesamtausgabe*, in: *Das Orchester* 36 (1988) Heft 12, S. 1224–1227

anweisungen, die in den alten Partituren ausgelassen sind, heben die Schwere des Klangs auf und geben der Musik die von Nietzsche ersehnte Leichtigkeit; den gleichen Effekt erzielen unterschiedliche Dynamikvorschriften für die verschiedenen an einem Akkord beteiligten Instrumente, die in den alten Partituren einander angeglichen sind. Nimmt man diese Details, deren Anzahl Legion ist, ernst, dann kann Nietzsches Bild kaum länger Bestand haben. Die Musik der *Meistersinger* ist nicht ohne Grazie, sie muß nicht *schwitzen* (um eine andere Charakterisierung Nietzsches zu zitieren). Andererseits ist sie, wie die kritische Ausgabe ausweist, an vielen Stellen deutlich aggressiver, als man sie bisher kannte. Durch das Auslassen von dynamischen Bezeichnungen oder deren Vereinfachung, aber auch durch das Eliminieren von dissonanten Tönen erscheint der Klang in den alten Partituren entschärft und geglättet, zugleich opulent. Wagners Intention entspricht das nicht. Die Musik der *Meistersinger* ist viel spröder, als man meint, wie überhaupt ihre Farbigkeit und die Vielfalt ihrer klanglichen Charaktere noch zu entdecken sind; denn bis dato waren diese das herkömmliche Bild verändernden Eigenschaften nur mit den Augen wahrzunehmen, aus den Bänden der kritischen Ausgabe nämlich. Es ist das besondere Verdienst des Dirigenten David Kram und des Hessischen Staatstheaters Wiesbaden, erstmals den Versuch unternommen zu haben, sie auch dem Ohr vernehmlich zu machen und damit jener Lebendigkeit zuzuführen, die der Zweck aller Bemühungen um eine kritische Ausgabe ist.

Wagners Striche im *Tristan*
[Erster Versuch, 1971]

Es gehört heute zu den Selbstverständlichkeiten, den *Tristan* ungekürzt aufzuführen. Diese Tatsache geht nicht zuletzt auf die Bayreuther Festspiele zurück, die das Werk stets strichlos gespielt haben. Wagner selbst dagegen hat es im unklaren gelassen, ob die Fassung, in der man das Werk heute aufzuführen pflegt, tatsächlich diejenige ist, mit der er sich stets identifizierte und die er einer jeden Aufführung zugrunde gelegt wünschte. Das soll nicht heißen, daß mehrere gleichwertige Fassungen des *Tristan* vorhanden sind. Die von Wagner angegebenen Striche sind einerseits in ihrer Authentizität umstritten, andererseits erscheinen sie nicht so sinnvoll, daß man ihnen vorbehaltlos zuzustimmen geneigt ist, und schließlich hat Wagner mehr von Kürzungen gesprochen als tatsächlich gekürzt.

Der für die erste *Tristan*-Aufführung vorgesehene Wiener Tenor Ander war seiner Aufgabe so wenig gewachsen, daß Wagner mehrere Striche konzedieren mußte, wollte er das Unternehmen nicht total scheitern lassen. Wir sind über diese Striche durch einen Aufsatz Julius Kapps[1] unterrichtet, dem der *beim Studium mit Ander benutzte Klavierauszug*[2] vorgelegen hat. Danach gab es im 2. Akt zwei Kürzungen. Die erste umfaßte 19 Takte und den Text von *Dem Neid, den mir der Tag erweckt ... bis ...nach Irland ich zu fahren...* Der zweite betraf die Worte von *In deiner Hand den süßen Trank... bis Wie ertrag' ich's noch?* und war 103 1/2 Takte lang. Im 3. Akt waren naturgemäß die meisten Kürzungen notwendig. Zunächst wurde der Text nach *Sie zu sehen, welch' Verlangen!* von *Krachend hört' ich ... in des Todes Tor sprang wieder mir auf* umgeändert; die daran anschließenden 12 Takte wurden gestrichen, so daß es mit *sie zu suchen, sie zu sehen* weiterging. Die zweite Kürzung schloß sich unmittelbar an. Wagner verzichtete auf die Worte *Weh', nun wächst, bleich und bang ... bis Brennt sie ewig diese Leuchte, die selbst Nachts von ihr mich scheuchte?*, d. h. auf 26 Takte. Der 3. Strich schließlich war der umfangreichste; er betraf den Fluch.

1 Kapp
2 ebda., S. 31

Wagner kürzte von *Nein! ach nein! So heißt sie nicht!* bis ... *verflucht sei, furchtbarer Trank! Verflucht, wer dich gebraut!*, d. h. er gab 142 Takte auf.

Daß diese Striche der Rücksichtnahme auf die stimmlichen und darstellerischen Mängel des Tristan-Sängers entsprangen, steht außer Zweifel. Hier sollte unter allen Umständen, auch mit einem völlig unzulänglichen Tenor, eine Aufführung zustande kommen. Die Maxime war, alle Partien der Partitur, die sich als momentan unausführbar erwiesen, zu eliminieren. Es ist das gewöhnliche Verfahren, das Wagner in einem Brief an den Wiener Kapellmeister Adolf Müller vom 20. November 1869 folgendermaßen beschrieb: *Für die „Striche" in den Meistersingern kann ich Ihnen aber durchaus keinen Rath ertheilen. Ich habe es jedem Theater überlassen müssen, sich mit meiner Partitur nach den gebotenen Umständen einzurichten, da ich principiell gar keine Kürzungen zugeben kann, dagegen aber, um der Verbreitung meines Werkes nicht hinderlich zu sein, nichts dagegen einwende, wenn solche Aufgaben, für deren richtige Lösung man keine genügenden Mittel hat, lieber ganz ausläßt, als daß sie ungenügend gelöst werden. Dagegen gebe ich Ihnen den einzigen Rath, ebenfalls nicht principiell auf Kürzungen auszugehen, sondern dafür nur der Nothwendigkeit zu folgen: dies wird dann aber relativ sein, und kann nur an Ort und Stelle vom Dirigenten beurtheilt werden.*[3] Daß Wagner im Falle des *Tristan* so viele Striche akzeptierte, geschah, um dem Ruf der totalen Unaufführbarkeit des Werks, der sich inzwischen verbreitet hatte, durch eine, wenn auch stark gekürzte und im übrigen unzulängliche Aufführung den Boden zu entziehen.

Neben der Rücksichtnahme auf die Ausführenden gibt es andere Gründe für Kürzungen. Besonders im Falle des *Tristan* sind sie von Bedeutung. Sind im allgemeinen technische Mängel für Striche ausschlaggebend, so erschien Wagner das aus mangelhafter Ausführung resultierende Unverständnis beim Publikum schlimmer. Deutlich zeigt das ein Brief an Ludwig Schnorr von Carolsfeld, den späteren ersten Tristan-Darsteller, vom 10. Dezember 1861: *Durch Ihre Erklärung wegen des dritten Actes von Tristan sind Sie mich los geworden, und die Pein, die ihnen diese Erklärung kostete, hat mir im Gegentheil gezeigt, daß wir noch zusammen zu thun haben müssen. Klagen Sie Ihre physischen Kräfte nicht an, wenn Sie über die Anstrengungen dieses dritten Actes nicht hinweg zu kommen fürchten. Gewinnen Sie aber auch vom Wesen einer*

---

[3] *Zwei unbekannte Briefe Richard Wagners*, in: Das Musikleben 7 (1954), S. 167

theatralischen Aufführung die richtige Ansicht, daß hier, wo alles, selbst das Leiseste, als unmittelbare Action erscheinen muß, eine andere Logik herrscht als in einer rein poetischen Conception. Es ist denkbar und möglich, daß auch dieser dritte Act des Tristan einmal ganz vollständig gegeben werden kann; unmöglich kann dieß aber in den ersten Aufführungen geschehen. Soll so etwas in jeder Hinsicht Ueberschwengliches gelingen, so kann dieß nur unter ganz besonders glücklichen Dispositionen geschehen, die auch der Begabteste nicht an jedem bestimmten Tage sich bereiten kann. Somit würde ich unter keiner Bedingung diesen Act sofort vollständig zu geben für räthlich halten: selbst wenn der Sänger ihn sofort ganz vollkommen liefern könnte, wäre für erste Aufführungen einem Theaterpublikum gegenüber eine solche Breite der Darstellung mehr als gewagt. Dieß könnte, wenn der Sänger dazu bereit wäre, erst dann geschehen, wenn alles Uebrige bereits gekannt und empfunden wäre.[4]
Wagner propagiert also eine „Aufführungspolitik", nach der das Werk schrittweise erobert werden soll. Die Kürzungen, über die wir im einzelnen leider nicht informiert sind, die aber gewiß jenen für Ander ähnlich waren, sollten indirekte Hilfen zum Verständnis sein. Es hat den Anschein, als sei Wagner hier Diplomat gewesen, das Mögliche ergreifend, dabei aber das Beabsichtigte nicht aus den Augen lassend. Dieser Eindruck täuscht. Wagners an Schnorr gerichteter Satz: *Es ist denkbar und möglich, daß auch dieser dritte Act des Tristan einmal ganz vollständig gegeben werden kann* ... rückt eine strichlose Aufführung in weite Ferne, und das nicht, weil Wagner an der Realisierbarkeit in technischer Hinsicht zweifelt, sondern weil die *Breite der Darstellung* nur dann gerechtfertigt erscheint, wenn das *Ueberschwengliche*, in dem Wagner ein Hauptcharakteristikum des *Tristan* sieht, Wirklichkeit wird. Das aber ist an Voraussetzungen gebunden, die seiner Ansicht nach nicht allein durch Begabung und Willenskraft geschaffen werden können. *Glückliche Dispositionen* sind nötig, und: *wunderbar geniale Darsteller, die einzig der Aufgabe gewachsen wären, kommen nur unglaublich selten zur Welt*[5]. Die herrschenden Theaterverhältnisse waren dafür denkbar ungeeignet; sie stellten aber nichtsdestoweniger die einzige Aufführungsmöglichkeit dar. Daß Wagner unter diesen Voraussetzungen eine angemessene Aufführung des

[4] *Richard Wagner an Freunde und Zeitgenossen*, Berlin/Leipzig ²1909, S. 287f.
[5] Brief an Mathilde Wesendonck, vermutlich Anfang August 1860, in: Wesendonck-Briefe, S. 243

Tristan geradezu für utopisch halten mußte, verwundert nicht. In einem Brief an Mathilde Wesendonck vom 23. Dezember 1860 schrieb er: *Gern gestehe ich, dass ich – wenn ich jetzt plötzlich auf meine Nibelungen, auf den Tristan blicke – wie aus einem Traum aufschrecke, und mir sage: „wo warst du? – Du hast geträumt! Schlag die Augen auf und erkenne: hier ist Wirklichkeit!" – Ja, ich läugne nicht, dass ich meine neuen Werke eigentlich geradesweges für unausführbar halte. Wenn nun aber doch der innere Drang, auch hier eine Möglichkeit zu verwirklichen, sich wieder belebt, so ist diess immer wieder nur dadurch möglich, dass ich mein Gehirn wieder in das Traumreich streifen lasse.*[6] Der *Tristan*, der wie kaum ein Werk zuvor sich von der Konvention emanzipiert, läuft – eingezwängt in den Opernbetrieb – Gefahr, die Freiheit einzubüßen, die zu seinem Wesen gehört. Er wird zur Repertoireoper, zum Werk unter Werken, gleichgeschaltet, und damit in seiner revolutionären Geste unschädlich gemacht. Wagner, der diese Gefahr sah, den *Tristan* aber dennoch aufführen wollte, versuchte, dem Werk seine utopische Dimension dadurch zu bewahren, daß er es für die Opernhäuser und ihr Repertoire konventionell, d.h. zur Oper, zurechtstutzte. Die Striche machen aus der „Handlung" – so der Untertitel des Werks – eine Oper, wie sie täglich und in jedem Theater ablaufen kann, hinterlassen aber zugleich das Bewußtsein des Fragmentarischen. Sie sollen so dem Werk den Nimbus des Unausführbaren, d.h. des an eine außergewöhnliche, im üblichen Opernbetrieb – und das besagt: unter den herrschenden gesellschaftlichen Verhältnissen – nicht gegebene Konstellation Gebundenen erhalten. Sie haben die Funktion, die Dimension des Utopischen zu bewahren. Erst wenn der Traum Wirklichkeit zu werden verspricht, dürfen sie aufgehoben werden. Wagner behagte es nicht, daß die strichlose Münchner Aufführung von 1865, deren exklusive Generalprobe ihn so sehr befriedigte, dem Theaterpublikum zugänglich gemacht wurde. Er schrieb dazu am 26. September 1865 an Eliza Wille: *Da ich nun einmal auf den sogenannten „Erfolg" nicht eigentlich achte, waren mir alle von nun an so geltenden Experimente vor dem Publikum nur störend und herabwürdigend. In der vierten Aufführung erfaßte mich – im letzten Akte – das Gefühl des Frevels dieser unerhörten Leistung: ich rief: dieß ist die letzte Aufführung des Tristan*

[6] ebda., S. 262f.

und nie wieder darf er gegeben werden.[7] Auch hier fürchtete Wagner, der *Tristan* werde als Oper, wenn auch als besonders aufwendige und seltsame Spezies derselben, mißverstanden. Darauf deuten auch die *Erinnerungen an Schnorr von Carolsfeld*, in denen es heißt: *In mir selbst steigerte sich, während ich den Vorstellungen, welche wir vom „Tristan" erlebten, beiwohnte, ein anfänglich ehrfurchtsvolles Staunen über diese ungeheuere Tat meines Freundes bis zu einem wahrhaften Entsetzen. Mir erschien es endlich als ein Frevel, diese Tat als eine wiederholt zu fordernde Leistung etwa in unser Opernrepertoire eingereiht wissen zu sollen, und ich fühlte mich in der vierten Aufführung nach dem Liebesfluche Tristans zu der bestimmten Erklärung an meine Umgebung gedrängt, diese solle die letzte Aufführung des „Tristan" sein; ich würde keine weitere mehr zugeben.*[8]

Wagner wurde in seiner Vorstellung von der Einmaligkeit und dem Frevel der Wiederholung der Münchner Aufführungen durch den Tod Schnorrs bestärkt. Am 2. August 1865 schrieb er an Anton Pusinelli: *Tristan wird nie wieder aufgeführt. Das wird meines edlen Sängers Denkmal sein.*[9] Der Gedanke, das Kunstwerk durch ein generelles Aufführungsverbot vor der Routine und der mechanischen Reproduktion in den Opernhäusern zu bewahren, kehrt 1880 vorübergehend wieder. Am Tage nach der Münchner Aufführung vom 7. November, von der Wagner nach Cosimas Tagebüchern *sehr ergriffen*[10] war, schrieb er an Heinrich Porges: *Genauer überlegt, erkenne ich in der Wiener Tristan-Affaire die längst gewünschte Möglichkeit eines festen Engagements für Hrn. Jäger, und finde, daß ich der Realisirung dieser Möglichkeit nicht füglich entgegentreten darf. – Ich ändere also meinen heute Abend Ihnen – ziemlich aufgeregter Laune – kundgegebenen Vorsatz, „Tristan" nirgendmehr aufführen zu lassen, für jetzt wenigstens in Betreff Wien's …*[11] Das Arrangement mit den gegebenen Verhältnissen erschien Wagner zu dieser Zeit offensichtlich wichtiger als die Verwirklichung einer revolutionären Idee, an deren Wirksamkeit er inzwischen vermutlich zweifelte.

---

7 *Fünfzehn Briefe von Richard Wagner. Nebst Erinnerungen und Erläuterungen von Eliza Wille*, Berlin 1894, S. 143
8 SS VIII, S. 186f.
9 *Richard Wagner an Freunde* (Anm. 4), S. 452
10 CT II, S. 618
11 Künstler-Briefe, S. 317

Was die Striche angeht, ging Wagner noch einen Schritt weiter. Am 2. Februar 1863 schrieb er an seine Verleger, Breitkopf und Härtel: *Die General-Intendanz des Großherzogl. Hoftheaters in Weimar wünscht die Partitur des „Tristan". Wollten Sie die Güte haben, ein Theaterdirectionsexemplar mit dem üblichen Rabatt dorthin zu befördern, zuvor aber nach dem beiliegenden Schema eine Kürzung u. resp. Aenderung im dritten Akte in dieselbe eintragen lassen? Da diese Kürzung diejenige ist, die ich bei allen Aufführungen der Oper in Zukunft einzuführen beabsichtige, so ersuche ich Sie, das Schema aufzubewahren und vorkommenden Falles wiederum Gebrauch davon machen zu lassen!*[12] Das genannte Schema hat sich nicht erhalten[13], der Strich dürfte sich jedoch auf die Fluch-Szene bezogen haben. Wichtig ist, daß Wagner die Kürzung nicht als vorläufig oder als für erste Aufführungen gedacht bezeichnete. Der Passus: *Da diese Kürzung diejenige ist, die ich bei allen Aufführungen der Oper in Zukunft einzuführen beabsichtige ...* ist nicht anders denn als Hinweis auf eine definitive Umarbeitung zu lesen, die aber nicht als Ausgabe letzter Hand anzusehen ist, sondern als Fassung für die alltägliche Wirklichkeit, d.h. die Opernhäuser, neben der die originale Form als zumindest vorläufig unerreichbares Ideal fortbesteht.

Als es an die Münchner Aufführung ging, schlug Wagner zunächst Kürzungen vor. Im Brief an Schnorr vom 15. Dezember 1864 heißt es: *Ihr Besuch im Februar wird noch gut zu benutzen sein für die nöthig werdenden Kürzungen.*[14] Und am 10. Januar 1865 wandte Wagner sich abermals an Schnorr: *Mir persönlich wäre es wünschenswerth, bei dieser Gelegenheit* [eines Zusammentreffens] *mit Ihnen mich über Kürzungen im Tristan zu verständigen.*[15] In den folgenden Jahren bestand Wagner stets auf seiner Beteiligung an Aufführungen des *Tristan*. In einem Briefentwurf an den Tenor Albert Niemann vom 6. November 1872 schrieb er: *Sie sehen aber, daß ich schon im Betreff dieser e i n e n Rolle auf meine eingehende Beteiligung am Studium denken muß. Keinem irgendwo vorhandenen Kapellmeister könnte ich d i e s e s Werk überlassen [...] Wir*

---

12 Breitkopf-Briefe, S. 212
13 Inzwischen ist die Weimarer Partitur zugänglich, die nach dem Schema eingerichtet wurde; vgl. *Aufführungspraktische Konsequenzen der Tristan-Philologie* in diesem Band, S. 320ff.
14 *Richard Wagner an Freunde* (Anm. 4), S. 429
15 ebda., S. 434

gerathen also immer wieder auf den alten Punkt, den man so gern umgehen möchte: *ich muß dabei sein können und die Oberleitung über Alles haben, wenn ein so durchaus neues Experiment, wie eine Aufführung dieses „Tristan" vor sich gehen soll.*[16] In einem Brief an die Berliner Sängerin Lilli Lehmann vom 4. Januar 1876 ist zu lesen: *Ich hab' von Anfang herein – und zwar ohne allen Aerger! – auf den Tristan in Berlin nicht gerechnet. Es ist zu – sonderbar – zu glauben, daß man für dieses Werk, auch nur im Betreff der Anfangsgründe, ohne mich sich behelfen zu können glauben kann!*[17] An den Dirigenten Anton Seidl schrieb Wagner schließlich am 5. März 1880: *Ich ertheile die Bewilligung zur Aufführung des „Tristan" aber nicht, sobald ich nicht selbst dem Studium beiwohnen – das Werk selbst an den mir nöthig dünkenden Stellen für das Leipziger Personale einrichten kann.*[18] Stets ging es darum, die Möglichkeit der Verwirklichung des Utopischen zu prüfen bzw. erneut das Utopische einer vollkommenen *Tristan*-Aufführung unter den gegebenen gesellschaftlichen Verhältnissen unter Beweis zu stellen.

Nach dem Zeugnis Hermann Levis gab Wagner nach der Münchner *Tristan*-Aufführung vom 7. November 1880 zwei Striche an, und zwar als *obligatorisch*, wie Levi in einem Brief an Cosima vom 6. Januar 1889[19] behauptet hat. Der erste Strich betrifft den 2. Akt und umfaßt den Text von *In deiner Hand den süßen Trank ...* bis *Wie ertrag' ich's noch?* Dazu hat Levi die folgende inzwischen leider nicht mehr ganz zu entziffernde Bemerkung in die Partitur, die im Archiv des Münchner Nationaltheaters aufbewahrt wird[20], eingetragen: [...] *im Nov. 1880 selbst angegeben. Auf meine Einwendungen erwiderte Er: „Ach was – nur keine Sentimentalität – Diese Stellen sollen ein für alle Mal wegbleiben".* Der zweite Strich, den 3. Akt betreffend, ist einem Brief Levis an Hans von Bronsart vom 28. September 1893[21] zu entnehmen. Er findet sich ebenfalls in der genannten Partitur, doch nicht als von Wagner definitiv angegeben gekennzeichnet. Hier sollen die Worte von *Isolde noch im Reich der Sonne! ...* bis *Brennt sie ewig diese*

---

[16] Künstler-Briefe, S. 32f.
[17] ebda., S. 159
[18] ebda., S. 310
[19] Bayerische Staatsbibliothek, München, Handschriftenabteilung (Leviana III)
[20] inzwischen in der Bayerischen Staatsbibliothek, München, Musiksammlung (St. th. 883); vgl. WWV, S. 428 (MUSIK Xb)
[21] Bayerische Staatsbibliothek (wie Anm. 19), Leviana I, 49, Kopierbuch, S. 741f.

Leuchte, die selbst Nachts von ihr mich scheuchte? ausgelassen werden. Daß Wagner generelle Kürzungen vornehmen wollte, Levis Angaben also der Wahrheit entsprechen, zeigen Tagebuch-Eintragungen Cosima Wagners, wie die vom 7. Mai 1880: *Der gestrige Abend bringt R. wieder auf den Gedanken, Kürzungen in Tristan vorzunehmen, sowohl dem Publikum wie den Darstellern sei zu viel zugemutet, und im zweiten wie im dritten Akt wolle er das vornehmen, um sich es vorzubehalten, das Werk in Bayreuth vollständig zu geben, denn er wünsche doch, daß auch Tristan gegeben würde.*[22] Bayreuth als die ersehnte ideale Kunststätte sollte den *Tristan* als das geben dürfen, was er war; die Opernhäuser hingegen sollten ihn als Oper, d.h. gekürzt, aufführen. Am 25. August 1881[23] war abermals von Kürzungen im *Tristan* die Rede, und am 16. Dezember 1881 schrieb Wagner an Albert Niemann: *Den Tristan müßte ich für Theaterabende usw. jedenfalls noch einmal menschlich machen; ich brauche nur einmal gelassene Zeit dazu: So – ist die Zumutung zu übermäßig und in jeder Hinsicht auf das Gelingen des Unmöglichen abgesehen.*[24] Hier ist der Gedanke des Utopischen einer vollständigen wie vollkommenen Aufführung im gewöhnlichen Theater deutlich als Grund für die Striche ausgesprochen.

Daß es Wagner mit der im zitierten Brief an Schnorr von Carolsfeld vom 10. Dezember 1861 geäußerten Meinung, man könne die zunächst unabdingbaren Striche später, *wenn alles Uebrige bereits gekannt und empfunden wäre*, auflassen, nicht sehr ernst gewesen sein kann, zeigt sich an den Levi angegebenen Strichen. Im Jahre 1880 gab es in München bereits eine 15 Jahre umfassende Aufführungstradition des *Tristan*, und Bülow hatte nicht nur 1865 strichlose Aufführungen dirigiert. Daß Wagner dennoch Kürzungen vorschlug, veranschaulicht, daß es ihm nicht um eine schrittweise Eroberung und Eingliederung ins Repertoire ging, sondern darum, das Werk vor der totalen Entleerung auf den Opernbühnen zu bewahren, indem er es dort nur als Torso zuließ.

Es ist nicht das Moment des Utopischen allein, das Wagner Kürzungen für den Aufführungs-„Normalfall" erwägen ließ. Wagner war

---

[22] CT II, S. 530
[23] ebda., S. 785
[24] Künstler-Briefe, S. 335

sich über das Avantgardistische des *Tristan* im klaren. Er schrieb am 19. Oktober 1861 an seine Frau Minna: *Ich bin mit meinen neuen Arbeiten meiner Zeit und demjenigen was unsre Theater leisten können, weit – weit vorausgeeilt.*[25] In einem Brief an Mathilde Wesendonck (vermutlich Anfang August 1860 in Paris geschrieben) nannte Wagner den *Tristan* deshalb ein Wunder: *Der Tristan ist und bleibt mir ein Wunder! Wie ich so etwas habe machen können, wird mir immer unbegreiflicher: wie ich ihn wieder durchlas, musste ich Auge und Ohr weit aufreissen! Wie schrecklich werde ich für dieses Werk einmal büssen müssen, wenn ich es mir vollständig aufführen will: ganz deutlich sehe ich die unerhörtesten Leiden voraus; denn, verhehle ich es mir nicht, ich habe da Alles weit überschritten, was im Gebiet der Möglichkeit unsrer Leistungen liegt; wunderbar geniale Darsteller, die einzig der Aufgabe gewachsen wären, kommen nur unglaublich selten zur Welt. Und doch kann ich der Versuchung nicht widerstehen: wenn ich nur das Orchester höre!!*[26] Wagners Wortwahl ist aufschlußreich. Von *büssen* ist die Rede und von *Versuchung*, so, als sei mit der Komposition des *Tristan* eine Sünde begangen worden. Der Gedanke des Avantgardistischen wird nicht selbstverständlich akzeptiert. Das zeigt deutlicher noch ein Brief vom 28. Januar 1860, ebenfalls an Mathilde Wesendonck gerichtet: *Alles Erlebte will nichts sagen, gegen eine Wahrnehmung, eine Entdeckung, die ich in der ersten Orchesterprobe zu meinem Concerte machte, weil sie über den ganzen Rest meines Lebens entschieden hat, und ihre Folgen mich nun tyrannisch beherrschen werden. Ich liess zum ersten Mal das Vorspiel zu Tristan spielen; und – nun fiel mir's wie Schuppen von den Augen, in welche unabsehbare Entfernung ich während der letzten 8 Jahre von der Welt gerathen bin. Dieses kleine Vorspiel war den Musikern so unbegreiflich n e u, dass ich geradesweges von Note zu Note meine Leute wie zur Entdeckung von Edelsteinen im Schachte führen musste […] Genug, dass es nun hell und klar vor mir steht, dass ich an weiteres Schaffen nicht denken darf, ehe ich nicht die furchtbare Kluft hinter mir ausgefüllt habe. Ich m u s s meine Werke erst aufführen.*[27] Avantgarde erscheint als kaum zu ertragende Last. Die Kluft, die sein Werk zwischen ihm und der Gesellschaft aufgerissen hatte, beängstigte Wagner. Auf gesellschaftliche Resonanz wollte er nicht verzichten, und nicht ver-

---

[25] An Minna Wagner II, S. 218
[26] Wesendonck-Briefe, S. 242f.
[27] ebda., S. 206

standen zu werden, war das, was er am meisten fürchtete. Daß er mit dem *Tristan* einen so großen Schritt in unbetretenes Land gemacht hatte und nun nicht verstanden wurde, schuf ihm daher eine Art schlechtes Gewissen. Bezeichnend, daß in den zitierten Briefen und Tagebuch-Eintragungen von einer *Zumutung* für das Publikum die Rede ist. Am 25. August 1881 notierte Cosima: *Er spricht von Streichungen, die er im Tristan anbringen will im dritten Akt, u. a., weil es über das Maß des Erlaubten ging*[e].[28] Hier kommt noch die Kategorie des Moralischen hinzu, die auch im bereits zitierten Brief an Niemann unüberhörbar ist, wenn Wagner den *Tristan* das *ausschweifendste meiner Werke*[29] nennt.

Der von Hermann Levi bezeichnete Strich in der Münchner Partitur stimmt mit diesen Bedenken des *Parsifal*-Schöpfers insofern überein, als durch ihn Tristans emphatischer Preis des Liebestrankes entfällt. Die nach bürgerlicher Moral frevelhafte Liebe Tristans und Isoldes erscheint so ausschließlich als Verhängnis, dem nicht zu entrinnen war; sie wird nicht auch noch jubelnd bejaht. So sind Tristan und Isolde schicksalhaft verbunden, und es wird der Eindruck vermieden, es könnte eventuell auch ihre freie Entscheidung gewesen sein, die sie zum Eingeständnis ihrer Liebe führte. Parsifals Askese – so scheint es – ertrug Tristans Liebespreis nicht.

[28] CT II, S. 785
[29] Künstler-Briefe, S. 334

Aufführungspraktische Konsequenzen der *Tristan*-Philologie
[Striche im *Tristan*, zweiter Versuch, 1993]

Als Philologe und Herausgeber ist man geneigt, Wagners Bühnenwerke in zwei Gruppen einzuteilen: Die eine dieser Gruppen enthält all jene Stücke, die nach Abschluß der Partitur und deren Drucklegung keine Veränderung mehr erfuhren, bei denen also Autograph und Erstdruck das Werk in definitiver Gestalt repräsentieren, von Details, die es immer gibt, selbstverständlich abgesehen. Die andere enthält demgegenüber jene Stücke, die eine nachträgliche Bearbeitungsgeschichte aufweisen und die – und das ist das Besondere und zugleich Problematische daran – in kaum einem Fall zur wahrhaft definitiven Gestalt gelangten. Wagners vielzitiertes Wort, *er sei der Welt noch den Tannhäuser schuldig*[1], beschreibt den Sachverhalt präzis und anschaulich. Es gilt jedoch auch für den *Fliegenden Holländer* und wohl auch für *Rienzi*. Jedenfalls duldet es keinen Zweifel, daß es *Rienzi*, *Holländer* und *Tannhäuser* sind, die das eigentliche Frühwerk Wagners bilden, jene Werkgruppe, mit der sich Wagners Personalstil konsolidierte, und nicht, wie Wagner selbst es wollte und es seither für verbindlich gilt, die Gruppe *Holländer*, *Tannhäuser* und *Lohengrin*.

In die andere Gruppe, jene der definitiv vollendeten Werke, gehören – von den *Feen* und dem *Liebesverbot* abgesehen, die Sonderfälle bilden – alle anderen Bühnenwerke Wagners vom *Lohengrin* an, allerdings mit einer gewichtigen Ausnahme, nämlich dem *Tristan*. Nach landläufiger Meinung würde man ihn zu den definitiv vorliegenden Werken zählen; das ist jedoch, wie die Arbeit an der Neu-Edition des Werks innerhalb der Wagner-Gesamtausgabe[2] nachdrücklich gezeigt hat, falsch. Wagner hat beim *Tristan* von 1860 an, dem Jahr, in dem die Partitur im Druck erschien, wesentliche, zum Teil in die Substanz des Werks eingreifende Änderungen vorgenommen und vor allem vornehmen wollen. Allerdings kam er mit ihnen ebensowenig zuende wie beim *Tannhäuser*. Cum grano salis gilt

---

[1] CT II, S. 1098 (23. Januar 1883)
[2] RWSW Bd. 8, I–III

daher das zitierte Wort über den *Tannhäuser* auch für *Tristan*: Wagner ist ihn der Welt schuldig geblieben.

Daß Wagner beim *Tristan* nachträglich Änderungen vornahm und vornehmen zu müssen meinte, erscheint allerdings zunächst verwunderlich, und dies könnte zugleich der Grund sein, weshalb seine Änderungen und Änderungsintentionen nie recht ernstgenommen worden sind; denn wenn Wagner, wie die zwischen 1848 und 1857, also vor *Tristan* geschriebenen Partituren des *Lohengrin* und des *Rings* bis hin zum 1. Akt des *Siegfried* nachhaltig belegen, doch offenkundig gelernt hatte, seinen kompositorischen Willen so bestimmt zu Papier zu bringen, daß es nachträglicher Änderungen nicht bedurfte, dann ist nicht einzusehen, warum er beim *Tristan* plötzlich in ein Stadium seiner Entwicklung zurückgefallen sein sollte, das er längst und auf Dauer überwunden hatte. Als Erklärung bieten sich besonders zwei Tatbestände an: die Besonderheit der Entstehung des Werks und die Besonderheit der Erfahrung bei den Versuchen, das Werk zur Aufführung zu bringen.

Der *Tristan* sollte Wagner, der wieder einmal in katastrophaler Geldnot steckte, so schnell wie möglich zu Einnahmen verhelfen; das Werk entstand daher in außerordentlich kurzer Zeit. Zwischen dem Kompositionsbeginn und dem Erscheinen der Partitur liegen nur zweieinviertel Jahre[3]. Der noch wichtigere Aspekt ist jedoch der, daß mit dem Notenstich begonnen wurde, lange bevor die Partitur überhaupt fertig war. In Wagners autobiographischen Aufzeichnungen *Annalen* heißt es dazu unter dem Januar 1859 ebenso lapidar wie anschaulich: *Instrumentation des IIen Actes: 1er bereits gestochen*[4]. Wagner ließ sich damit auf ein Verfahren ein, das ihn zumindest phasenweise zu einem täglichen Pflichtpensum an Partiturseiten zwang, Akkordarbeit nicht unähnlich. John Deathridge hat deshalb Wagners Arbeitssituation während der Komposition des *Tristan* völlig zu Recht mit den Verfahren industrieller Produktion verglichen[5]. Wagner dürfte zeitweise schlichtweg drauflos komponiert haben, ohne

---

[3] vgl. WWV, S. 426/435/439
[4] Braunes Buch, S. 130
[5] John Deathridge, „Im übrigen darf ich wohl hoffen, daß Sie mich nicht eben gerade für einen Honorararbeiter halten ...". Zur Entstehung der „Tristan"-Partitur, in: Bayerische Staatsoper, Programmheft zur Neuinszenierung *Tristan und Isolde*, München 1980, S. 43

viel Reflexion, ohne die jeweilige dramatische und textliche Situation erneut zu überdenken und ohne im bereits Komponierten zurückzublättern. Der Blick war ausschließlich nach vorn gerichtet, und die Maxime dürfte gelautet haben: „Bloß bald fertig werden!" Daß auf diese Weise manches geschrieben wurde, was bei Ruhe und eigenbestimmtem Tempo des Komponierens ganz anders oder vielleicht sogar überhaupt nicht geschrieben worden wäre, leuchtet ein. Jedenfalls hat einiges dem späteren Blick des Komponisten nicht mehr standhalten können.

Die Versuche, den *Tristan* auf die Bühne zu bringen, waren mit Schwierigkeiten verbunden, wie sie Wagner bei keinem anderen Werk erlebte. Insbesondere die Probleme, die der erste Tristan-Sänger, der Wiener Tenor Aloys Ander, mit seiner Partie hatte, veranlaßten Wagner zu diversen Änderungen, die, wie sich zeigen läßt, nicht auf Ander beschränkt blieben. Vergleichbar erscheinen die Vorkehrungen, die 1865 bei der Uraufführung in München vorgenommen wurden, als man beispielsweise aus dem zunächst vorgesehenen Alten Residenztheater, dem heutigen Cuvilliés-Theater, ins größere Nationaltheater umzog, weil in dem kleineren Theater die rechte Balance zwischen Orchester und Sängern nicht zu gewinnen war. Kurz und gut: Wagner experimentierte mit Änderungen diverser Art und dies, wie sein Handexemplar des Klavierauszuges[6] und Eintragungen in den Tagebüchern Cosima Wagners[7] belegen, nahezu bis an sein Lebensende.

Die späteren Änderungen bestehen, um mit den weniger wichtigen zu beginnen, in einzelnen Instrumentationsänderungen. Wagner strich beispielsweise die Becken am Ende des 1. Aktes, was deshalb bemerkenswert ist, weil damit dem so sehr auf Äußerlichkeit angelegten C-Dur-Final-Lärm dieses Aktschlusses gerade das zentrale Lärm-Element genommen wird. Andere Änderungen betreffen aufführungspraktische Zutaten wie die Hinzufügung von Bühnenposaunen beim Begrüßungschor am Ende des 1. Aktes. Zu nennen sind ferner die Höherlegung, sogenannte Punktation ganzer Phrasen oder einzelner Töne in der Tristan-Stimme, vorgenommen für den erwähnten Aloys Ander, dessen Stimme offenkundig zwar über eine

---

[6] aufbewahrt in NA (I–a–4.25)
[7] CT II, S. 530 (7. Mai 1880)/S. 785 (25. August 1881)

vorzügliche Höhe, jedoch keine entsprechende Tiefe verfügte. Es ist bezeichnend, daß am Ende des 2. Aktes ein ganzer Abschnitt, beginnend mit T. 1910, 7 Takte vor *Wohin nun Tristan scheidet*, bis unmittelbar vor Melots Angriff auf Tristan, T. 1994, um einen Ganzton nach oben transponiert wurde, und was besonders bemerkenswert ist: Wagner nahm diese Transposition von sich aus vor, noch ehe die erste Probe mit Ander überhaupt stattgefunden hatte. Entsprechend richtete er die notwendigen neuen Übergänge eigenhändig ein[8].

Gewichtiger als dies erscheinen die Änderungen in bezug auf die Tristan-Stimme, die im Sommer 1862 während der Proben Wagners mit dem Tristan der späteren Uraufführung, Ludwig Schnorr von Carolsfeld, vorgenommen wurden[9]. So minimal sie erscheinen, da sie fast ausnahmslos nicht die Töne selbst, sondern „nur" deren Vortrag betreffen, so bedeutsam sind sie für die Gestaltung der Partie. Hier bestätigt sich eine wichtige Erkenntnis: Wenn es heißt, der Ton mache die Musik, so sind weniger die Tonhöhe und die Tondauer gemeint oder betroffen als vielmehr die meist gering geachteten und unterbewerteten sekundären Parameter: Dynamik, Phrasierung und Artikulation.

Die größte Bedeutung kommt zwei anderen Bereichen zu, in denen Wagner Änderungen vornahm, nicht zuletzt, weil sie von unbestreitbarer aufführungspraktischer Relevanz sind und teilweise derart in die Substanz des Werks eingreifen, daß möglicherweise sogar Anlaß zu genereller Um- oder Neuinterpretation besteht. Der eine betrifft die Veränderungen der Anweisungen zur Dynamik, überwiegend bis ausschließlich Rückstufungen, aber auch einzelne Instrumentationsretuschen; der andere, brisantere, die berühmt-berüchtigten Striche.

Daß von diesen späteren Änderungen nicht das Geringste in die Editionen des Werks eingegangen ist – und immerhin gab es ja innerhalb der ersten, unvollendet gebliebenen Wagner-Gesamtausgabe auch eine *Tristan*-Edition –, hat vor allem den einen Grund, daß zu diesen Änderungen kaum Primärquellen, also solche von Wagners eigener Hand existieren und, wie es scheint, auch nicht existiert

---

[8] wiedergegeben und dokumentiert in: RWSW Bd. 8, III, S. 190f./231f.
[9] ebda., S. 195/232f.

haben. Das dürfte die Konsequenz dessen sein, daß Wagner mit seinen Überlegungen zu diesen Änderungen nie zu einem definitiven Ende gekommen ist und daher keine Fassung letzter Hand hinterließ.

Wagners Handexemplare von Erstdruckpartitur[10] und -klavierauszug[11] wurden noch dazu nicht als solche erkannt, so daß auch die wenigen darin niedergelegten Änderungen nicht wirksam werden konnten. Aber auch unter den sekundären Quellen ist nicht eine einzige, die auch nur annähernd eine Zusammenfassung dessen böte, was Wagner an Änderungen irgendwann einmal eingeführt, angeregt oder geplant hatte, vor allem tritt auch keine mit dem entsprechenden Anspruch auf. Sie alle enthalten stets nur einen Teil, bisweilen beziehen sie sich sogar nur auf eine einzige Änderung.

Es handelt sich um rund 20 Quellen, Aufführungpartituren und -materialien von Theatern in München, Weimar und Wien, um Partituren aus dem Besitz der Dirigenten Hermann Levi und Felix Mottl, um Theatertextbücher, Briefe usw.[12] Nimmt man jedes dieser Dokumente für sich, dann mag verständlich erscheinen, warum sie wirkungslos blieben: Erst die Zusammenschau aller vermittelt die Glaubwürdigkeit, die notwendig ist, um ihre Inhalte für authentisch halten zu können.

Es gab allerdings noch einen zweiten gewichtigen Hemmschuh. Cosima Wagner, nach Wagners Tod als Verwalterin des Bayreuther Erbes und vor allem auch als diejenige, die die Festspiele endgültig etablierte, eine unangefochtene Autorität, erklärte zum Beispiel die Striche kurz und bündig für *Konzessionen an die Umstände*[13]; und damit waren sie ein für allemal tabu.

---

[10] aufbewahrt in NA (I–a–4.20)
[11] vgl. Anm. 6
[12] siehe dazu RWSW Bd. 8, III, S. 210ff./229–233
[13] Brief an Hermann Levi, Bayreuth, 8. Januar 1889, in: Das zweite Leben, S. 173

Striche

	I	II	III	IV	V
	2. Aufzug 2. Szene			3.Aufzug 1. Szene	
Wiener Proben 1861–1863[14]	T. 834–852	T. 933–1036	T. 372–383/393–418		T. 698–839
„Schema" 1863[15]			T. 372–383/393–418		
Proben mit Schnorr 1865[16]			T. 372–383/393–411		T. 714–808
München 1865[17]					
München 1869[18]			T. 393–418	T. 597–608	T. 783–805/813–825
München 1872[19]					
Berlin 1876[20]		T. 933–1036	T. 365–385/393–418		
München 1880[21]		T. 933–1036	T. 350–418		

[14] Quelle: Kapp

[15] Quellen: Breitkopf-Briefe, S. 212. – Partitur im Archiv des Deutschen Nationaltheaters Weimar (Nr. 436)

[16] Quellen: Handschriftliche Tristan-Stimme, geschrieben von Ludwig Schnorr von Carolsfeld, in: RWG (Hs 121B/2). – Handschrift der Ersatztakte für Strich V, geschrieben von Schnorr von Carolsfeld, in der Bayerischen Staatsbibliothek, München, Musiksammlung (Mus. Mss. 14270)

[17] Quellen: Breitkopf-Briefe, S. 218. – Sebastian Röckl, *Ludwig II. und Richard Wagner*, Erster Teil, München ²1913, S. 141 (Zitat aus einem Brief Schnorrs von Carolsfeld)

[18] Quellen: Aufführungsmaterial (Partitur, Regie-Klavierauszug, Stimmen) aus dem Besitz des Münchner Hoftheaters in der Bayerischen Staatsbibliothek, München, Musiksammlung (St. th. 883). – Brief Hans von Bülows an Richard Pohl vom 23. Juni 1869, in: Hans von Bülow, *Briefe und Schriften*, hg. v. Marie von Bülow, Bd. 5, Leipzig 1900, S. 302. – Briefe Bülows an Carl Bechstein vom 21. Juni 1869 und an Richard Wagner vom 3. Juni 1869, in: Hans von Bülow, *Neue Briefe*, hg. v. Richard Graf Du Moulin Eckart, München 1927, S. 254/467

[19] Quelle: Hans von Bülow, *Skandinavische Concertreiseskizzen*, Stockholm, 10. Mai 1882, in: Hans von Bülow, *Ausgewählte Schriften*, Leipzig ²1911, 2. Abteilung, S. 243

[20] Quellen: Mutmaßliches Textbuch der Berliner Aufführung 1876 in der Staatsbibliothek zu Berlin–Preußischer Kulturbesitz, Musiksammlung (Mus. Tw 74/8). – Tagebuchaufzeichnungen Wilhem Tapperts, in: Ernst Rychnovsky, *Richard Wagners Gespräche mit Wilhelm Tappert. (Der erste „Tristan" in Berlin.) Aus Wilhelm Tapperts Nachlaß mitgeteilt*, in: Neue Revue I (1907/08), Heft 11, S. 781/783

[21] Quellen: Aufführungsmaterial aus dem Besitz des Münchner Hoftheaters (Anm. 18). – Brief Hermann Levis an Hans von Bronsart vom 28. September 1893 in der Bayerischen Staatsbibliothek, München, Handschriftenabteilung (Leviana I, 49, Kopierbuch, S. 741f.)

Die fünf in der obersten Zeile der Tabelle mit römischen Zahlen bezeichneten Spalten bezeichnen die fünf Striche (oder Strichkomplexe), die entweder direkt auf Wagner zurückgehen oder in Aufführungen durchgeführt wurden, auf die Wagner Einfluß hatte. Ganz links stehen, von oben nach unten in chronologischer Folge, die Aufführungen oder sonstigen Anlässe für die Striche. Wie man sieht, waren nur die Aufführungen von 1865 und 1872 strichlos. Den Münchner Aufführungen von 1869 und 1872 kommt, da Wagner auf sie allenfalls aus der Ferne eingewirkt hat, naturgemäß geringere Bedeutung zu. Bedeutsam aber ist das in der zweiten Zeile genannte „Schema". Dabei handelt es sich um eine Strichanweisung, die Wagner 1863 an Breitkopf & Härtel, den Verlag der Partitur, sandte mit dem Auftrag, den bezeichneten Strich in den gedruckten Partituren generell durchzuführen. Das geschah allerdings nicht; denn *Tristan* wurde bis in die siebziger Jahre hinein von keinem Opernhaus verlangt, und danach war Wagners Strichanweisung offenkundig in Vergessenheit geraten. Jedenfalls hat sich nur eine einzige Partitur erhalten, die den Strich, von Verlagsseite fein säuberlich durchgeführt, enthält. Es ist jene Partitur, die Wagner in dem erwähnten Brief von 1863 durch Breitkopf & Härtel an das Hoftheater in Weimar schicken ließ[22].

Bemerkenswert ist nun, daß es sich, läßt man die Striche I und IV, die in der Tat wohl nur *Konzessionen an die Umstände* waren, beiseite, stets um die gleichen Abschnitte handelt, die gestrichen wurden. Das ist bemerkenswert deshalb, weil nahezu jedes Mal andere Sänger beteiligt waren: in Wien Aloys Ander, 1865 Schnorr von Carolsfeld, 1869, 1872 und 1880 Heinrich Vogl und 1876 Albert Niemann. Der Grund für die Striche kann also kaum nur in den individuellen oder momentanen Schwächen und Mängeln der Sänger gelegen haben. Wenn Heinrich Vogl 1872 fähig gewesen war, ohne Striche auszukommen, warum hätte er sie dann 1880, noch dazu in einer Aufführung in Wagners Gegenwart, wieder einführen sollen? Das „Schema" von 1863 – das ist in diesem Zusammenhang besonders wichtig – ist sogar gänzlich aufführungsunabhängig. Überdies hat Wagner es nie widerrufen. Schließlich: Die Anregung zu den Kürzungen für Ander wie für Schnorr ging nicht von den

[22] vgl. Anm. 15

Sängern aus, sondern von Wagner, und es war Schnorr, der 1865 die strichlose Aufführung durchsetzte. Es ist auch nicht unerheblich, daß Strich II zu mehr als einem Drittel gar nicht die Partie des Tristan, sondern die der Isolde betrifft.

Es dürfte anhand der Tabelle deutlich sein, daß den Strichen II und III besonderer Rang zukommt. Gestützt wird dieser Eindruck durch die Art der verbalen Äußerungen, die Wagner dazu machte. Zu Strich II nämlich hielt Hermann Levi in der Münchner Aufführungspartitur[23] fest (so weit nach Abrieb und Seitenbeschneidung durch den Buchbinder noch lesbar): *Kürzung im Nov. 1880 selbst angegeben. Auf meine Einwendungen erwiderte Er: „Ach was – nur keine Sentimentalität – Diese Stellen sollen ein für alle Mal wegbleiben"*. Das klingt wie eine definitive, endgültige Entscheidung. Umso verwunderlicher ist, daß sie ohne Wirkung blieb. Es war Cosima Wagners rigorose Leugnung auch nur der Möglichkeit der Authentizität der Striche, die sich durchsetzte. Wie weit sie reichte, zeigt überaus anschaulich die Tatsache, das Levis zitierter Eintrag in der Münchner Partitur, den man beim besten Willen nicht übersehen kann, in einer 1912/13 von dem Musikschriftsteller Edgar Istel publizierten Beschreibung der Partitur gänzlich unerwähnt gelassen wurde[24]. Auch Hermann Levi gab seine Kenntnis nur gleichsam hinter vorgehaltener Hand weiter, offenkundig mit Rücksicht auf Bayreuth. Immerhin aber trug er Wagners Anweisung auch in sein eigenes Exemplar der Partitur ein[25], und er teilte sie mehrfach in Briefen mit[26]. In seiner eigenen Partitur lautet der Eintrag: *Diesen Sprung, sowie den im dritten Akt hat mir der Meister selbst angegeben, mit dem Bemerken, daß er beide Auslassungen nicht etwa nur „zulasse", sondern sie ein für alle Male eingeführt wissen wolle.* In Konsequenz dessen heißt es im 2. Akt n i c h t :

---

[23] vgl. Anm. 18
[24] Edgar Istel, *Von Wagner angeordnete Striche und Änderungen in „Tristan und Isolde". Nach der Münchener Hofopern-Partitur erstmalig veröffentlicht*, in: Die Musik XII (1912/1913), Heft 15, S. 173ff.
[25] RWSW Bd. 8, III, S. 211 (Levi)
[26] vgl. Anm. 21 und RWSW Bd. 8, III, S. 233

sondern:

(Zu den Änderungen T. 932 im Orchester vgl. RWSW Bd. 8, III, S. 220.)

Im 3. Akt heißt es – entsprechend – n i c h t:

sondern:

Daß es Wagner mit den Strichen ernst war, steht gänzlich außer Frage, und Hermann Levi ist ein viel zu gewissenhafter Zeuge, als daß ihm zu mißtrauen wäre. Es kann daher allenfalls noch eine Diskussion darüber geben, ob Wagner bei einer Revision der Partitur, zu der es leider nicht gekommen ist, nicht vielleicht andere Übergänge gewählt oder sogar weitere Passagen gestrichen hätte; denn daß er mit Strich II und III völlig zufrieden und die Angelegenheit damit für ihn erledigt gewesen wäre, läßt sich nicht behaupten. Er hätte sonst wohl kaum noch 1881 – also im Jahr nach der Münchner Aufführung, bei der er die Striche II und III als definitiv bezeichnet hatte – mehrfach die Absicht geäußert, Kürzungen im *Tristan* vornehmen zu wollen[27]. So scheinen die Striche II und III mit dem Makel des Unfertigen behaftet, doch teilen sie diese Eigenschaft beispielsweise mit den bearbeiteten Teilen des *Tannhäuser*, mit denen Wagner bekanntlich auch nicht zufrieden war. Niemand kommt aber deshalb auf den Gedanken, sie nicht für authentisch zu halten und nicht aufzuführen. Was aber *Tannhäuser* recht ist, muß *Tristan*

---

[27] vgl. CT II, S. 785 (25. August 1881); Brief an Albert Niemann vom 16. Dezember 1881, in: Künstler-Briefe, S. 335

billig sein. Fest steht, daß eine gekürzte Fassung des *Tristan* Wagners späteren Intentionen näher steht als eine nicht gekürzte. Der strichlose *Tristan* stellt lediglich die Urfassung des Werks dar, so wie der Dresdner *Tannhäuser* der Uraufführung von 1845 die Urfassung des *Tannhäuser*.

Änderungen der Dynamik

Durch Felix Mottl ist bekannt, daß Wagner anläßlich der Uraufführung 1865 Hans von Bülow, den Dirigenten dieser Aufführung, beauftragte, *Verminderungen der Tonstärken*, wie sich Mottl ausdrückte, vorzunehmen[28]. Anläßlich der Berliner Aufführung 1876 notierte der Wagner-Schriftsteller Wilhelm Tappert in seinem Tagebuch: *Wagner sagte, dass er oft doch zu stark instrumentirt* [hätte,] *dass die* < *u. Forti solange der Sänger thätig, cum grano salis zu verstehen seien.*[29] Leider sind entsprechend eingerichtete Partituren von 1865 und 1876 nicht erhalten. Immerhin aber sind zwei Partituren mit Veränderungen der Anweisungen zur Dynamik überliefert, die aus dem Umkreis Wagners stammen und zumindest partiell und in der Intention auf die Einrichtung Hans von Bülows von 1865 zurückgehen. Es handelt sich zum einen um die Partitur, aus der Mottl 1886 die erste Bayreuther *Tristan*-Aufführung dirigierte[30], zum anderen um Wagners Handexemplar[31], in dem von anderer Hand, vermutlich der des Dirigenten Franz Beidler, entsprechende Eintragungen vorgenommen wurden[32]. Daß die Eintragungen bezüglich der Dynamik meist nicht buchstäblich genau übereinstimmen, mindert ihren Wert nicht; denn die dynamischen Werte und ihre Rückstufung sind selbstverständlich nicht absolut zu verstehen, sondern relativ, bezogen auf die jeweilige Aufführungssituation. Mottls Partitur von 1886

---

[28] Brief an Cosima Wagner vom 31. Oktober 1901, in: NA (IV A 5 Nr. 734); vgl. RWSW Bd. 8, III, S. 233
[29] Rychnovsky (Anm. 20), S. 781
[30] im Besitz der Musikbibliothek der Stadt Leipzig (PM 4834); vgl. RWSW Bd. 8, III, S. 212
[31] vgl. Anm. 10
[32] Eine Liste dieser Veränderungen der Anweisungen zur Dynamik findet sich in RWSW Bd. 8, III, S. 196–208.

kommt mit sehr viel weniger Veränderungen aus, was seinen Grund darin haben dürfte, daß durch die Versenkung des Orchesters im Bayreuther Festspielhaus eine Dämpfung von vornherein gegeben war, die entsprechende Anweisungen überflüssig machte. Die Veränderungen der Anweisungen zur Dynamik, wie sie durch die beiden genannten Partituren überliefert werden, beschreiben eine Intention, die sie auf unterschiedliche Weise zu erreichen suchen. Hinsichtlich dieser Intention sind sie authentisch. Im übrigen finden sich, als Bestätigung dessen, in Wagners Handexemplar einige, wenn auch wenige Rückstufungen, die unzweifelhaft von Wagners eigener Hand stammen. Bemerkenswert ist schließlich noch, daß die beiden Partituren nicht nur dort Rückstufungen aufweisen, wo tatsächlich die Gefahr besteht, daß der Sänger zugedeckt wird, sondern auch in rein orchestralen Abschnitten, so im Vorspiel.

Wagner selbst wollte, wie es scheint, nicht einmal bei der bloßen Rückstufung der dynamischen Werte stehenbleiben. Hermann Levi überliefert von der bereits erwähnten Münchner Aufführung von 1880 folgende Anweisung Wagners: *Streichen Sie von der Instrumentation weg, was Ihnen zum Verständlichwerden der Sänger nothwendig erscheint ... z. B. o eitler Tagesknecht* [2. Aufzug, T. 855] – *Die Sylben es-knecht können nicht deutlich werden: nehmen Sie nur ein Viertel aller Bläser auf der Sylbe Tag, statt zweier ausgehaltener Takte.*[33] Diese Retusche wurde, wie Mottls Partitur beweist, auch bei den ersten Bayreuther *Tristan*-Aufführungen 1886 vorgenommen. Das Werk war also durchaus nicht so sakrosankt, wie man aufgrund der rigorosen Ablehnung der Striche meinen sollte. Die Partitur von 1886 weist darüber hinaus sogar auch noch eine zweite derartige Retusche auf. Es ist also sehr wahrscheinlich, daß Wagner, wäre er dazu gekommen, die Instrumentation des *Tristan* ganz ähnlich bearbeitet hätte, wie er es beim *Rienzi* und beim *Fliegenden Holländer* getan hat.

Wenn Wagner den Eindruck hatte, das Orchester decke die Sänger zu, so lag das nicht nur daran, daß er vermeintlich *zu stark instrumentirt* hatte, sondern wahrscheinlich auch noch an etwas ganz anderem, daran nämlich, daß der Erstdruck der Partitur, nach dem musi-

---

[33] Brief Levis an die Redaktion der *Bayreuther Blätter* vom 23. Juni 1894 in der Bayerischen Staatsbibliothek, München, Handschriftenabteilung (Leviana I, 49, Kopierbuch, S. 773f.); vgl. RWSW Bd. 8, III, S. 233

ziert wurde, die spezifische Setzung der dynamischen Anweisungen in Wagners Autograph meist nicht genau wiedergegeben hatte. Wagners Setzung der Anweisungen zur Dynamik ist oft verwirrend. Das ist jedoch nur in wenigen Fällen die Folge mangelhafter Konzentration bei der Niederschrift, so daß sich von Fehlern reden ließe, die ein Notenstecher zu Recht korrigieren darf. Vielmehr steckt hinter diesen Ungewöhnlichkeiten in der Regel eine bewußte Absicht. Dennoch hat der Erstdruck sie nur ausnahmsweise berücksichtigt, sie vielmehr in der Regel der Konvention angepaßt.

Wagner liebt es, die dynamischen Anweisungen so zu plazieren, daß sie nicht genau mit den Hauptzählzeiten zusammenfallen, sondern entweder bei den weniger betonten stehen oder gar zwischen ihnen. Im Erstdruck sind sie fast regelmäßig auf Hauptzählzeiten gesetzt. Das bedeutet bei so manchem Crescendo, daß es zu früh beginnt, weil das im Autograph auf 2 oder noch später einsetzende Crescendo im Erstdruck auf die 1 vorgezogen wurde. Es bedeutet, daß zahlreiche Diminuendi zu spät ihr Ziel, ein Piano oder Pianissimo, erreichen, weil das Piano oder Pianissimo, im Autograph mit Vorliebe am Taktende notiert, im Erstdruck mit ‚schöner Regelmäßigkeit' auf der nachfolgenden 1 steht. Daß Wagner tatsächlich intentional verfuhr, belegt anschaulich eine Stelle der Bratschen im 2. Akt (T. 1535f.). Hier tilgte er das zunächst auf der 1. Zählzeit notierte *p*, um es ans Ende des vorausgehenden Taktes zu setzen. Daß der Verlag und seine Notenstecher diese Setzung der dynamischen Zeichen nicht verstanden oder gar ablehnten, wird deutlich an dem Fall einer Geigenphrase im 2. Akt (T. 1506f.), bei der Wagner ein *p* ans Taktende gestellt hatte. Von Verlagsseite wurde – wohlgemerkt im Autograph – ein *p* auf die folgende 1 gesetzt und dieses dann auch im Erstdruck wiedergegeben, während das original Wagnersche *p* weggelassen wurde, und das, obwohl es nicht gestrichen war.

Eine ähnliche Nivellierung durch Reglementierung wurde in vielen Fällen vorgenommen, in denen in Wagners Autograph die dynamischen Anweisungen in den beteiligten Instrumenten nicht an derselben Stelle stehen, sondern gegeneinander versetzt auftreten. Im Erstdruck, der hier häufig vereinheitlicht, verliert die Dynamik ihre Differenziertheit, wird kompakter, massiver. Der gestufte, übergangsreiche Wechsel der Lautstärke geht verloren, die Musik wird lauter. Das aber ist gar nicht das Ziel der Wagnerschen Dynamik. Ihr Ziel ist vielmehr, um ein Schlagwort aus der Wagnerschen Ästhetik zu gebrauchen, die *Kunst des Überganges*, das Verfließen der metrischen Konturen, die Aufweichung der Taktstruktur. Wagner setzt bewußt auf die Suggestivität eines Notenbildes, das die dynamischen Anweisungen gleichsam zwischen den Zeiten wiedergibt. Anschaulichstes Beispiel sind jene Anweisungen, die exakt unter dem Taktstrich plaziert sind.

Wagner selbst scheint sich schon bei der Niederschrift der Partitur, zumindest bisweilen, über die Gefahr allzu großer Lautstärke im klaren gewesen zu sein; denn es gibt eine ganze Reihe von Fällen, in denen er die ursprünglich gewählten Dynamikwerte strich, um sie durch geringere zu ersetzen. Den umgekehrten Fall gibt es demgegenüber so gut wie gar nicht.

Ein Rätsel muß es bleiben, warum Wagner, der an der Drucklegung der *Tristan*-Partitur beteiligt war und zumindest formell auch Korrektur gelesen hat, sich mit einer derartigen Verfälschung seiner Intentionen zufriedengegeben hat. Indessen steht außer Frage, daß er ein schlechter Korrekturleser war. Außerdem gerät Komponisten der Vorgang der Korrektur gern zur Fortsetzung des Aktes der Komposition, so daß sie auf die exakte Wiedergabe des bereits kompositorisch Fixierten, insbesondere seiner Details, nicht recht achten. Und schließlich: Offenkundig wurde die Aufmerksamkeit so sehr durch Tonhöhen und Tondauern, durch Melodik, Harmonik und Rhythmik, also die primären Parameter, absorbiert, daß für die Überprüfung der sekundären: Dynamik, Phrasierung und Artikulation, kaum mehr Platz blieb. Sie aber, das wurde schon gesagt, gestalten jenen Ton, der die Musik macht.

Zur musikalischen Interpretation – Bayreuther Stil

Von 1876 bis 1975 haben 19 verschiedene Dirigenten die *Ring*-Aufführungen der Bayreuther Festspiele geleitet. Es ist jedoch kaum möglich, ihre Interpretationen im einzelnen und jede für sich treffend und erschöpfend zu beschreiben. Zwei Gründe sind dafür verantwortlich. Zum einen fehlen die Dokumente und Zeugnisse, die die exakte Darstellung der wesentlichen Züge der einzelnen Dirigenten und ihrer Interpretation ermöglichen. Von keinem Dirigenten sind Partituren oder Klavierauszüge erhalten bzw. zugänglich, die – anhand der darin eingezeichneten Bemerkungen, Forderungen und Charakterisierungen – ausreichende Einblicke in die Art der Interpretation böten. Aus Felix Mottls im Verlag Peters veröffentlichter *Tristan*-Partitur, die im wesentlichen Bayreuther Aufführungserfahrungen mitteilt, ist nicht zu entnehmen, wie Mottls *Tristan*-Interpretation ausgesehen hat, worin sie sich unterschied von derjenigen anderer Dirigenten, was ihre charakteristischen, unverwechselbaren Züge waren. Von den in Überfülle vorhandenen Aufführungsdauern abgesehen bieten die Bayreuther Aufführungsmateriale nicht einen einzigen Hinweis darauf, wie dieses oder jenes Detail, diese oder jene Phrase, dieser oder jener Komplex ausgeführt worden ist. Die Noten sind bar aller die Interpretation betreffenden Anweisungen. An Beschreibungen von Zeugen und Zeitgenossen mangelt es im Grunde auch. Zum einen scheint musikalische Interpretation sehr lange gar nicht von Interesse gewesen zu sein. Rezensionen und Schilderungen beschränken sich meist auf die Feststellung, Dirigent und Orchester hätten ihre Sache gut gemacht bzw. es wären Wünsche offen geblieben. Das gilt partiell bis heute. Unübersehbar rangiert das Szenische, also das Sichtbare, das sich besser und leichter beschreiben läßt und dem Leser zugänglicher ist, vor dem Hörbaren, der Musik. Zum anderen fehlt eine verbindliche Methode der objektiven (Objektivität gleichsam garantierenden) Beschreibung von Musik und musikalischer Aufführung. Zweifellos stellt die verbale Darstellung von Musik ein außerordentliches Problem dar, für das sich keine Patentlösung finden läßt; dazu sind Sprache und Musik zwei allzu getrennte Bereiche. Aber man muß auch feststellen, daß selten oder gar nicht der Versuch unternommen worden ist, dem Problem mit der Entwicklung einer eigenen Methode zu begegnen. Kaum einer, der musikalische Aufführungen beschreibt, bezieht sich z. B. auf die Partitur, die Noten, die – zumindest teilweise – eine Rationalisierung, Objektivierung, Verbalisierung und Sichtbarmachung der Musik darstellen. Fast alle Rezensenten und Schilderer verzichten auf die Kontrolle des Klingenden anhand des Notierten; statt dessen geben sie fast ausschließlich ihre subjektiven Eindrücke wieder, die zwar gewiß auch zur Sache gehören, eventuell auch mehr sind als nur subjektiv und vermutlich auch gar nicht ganz auszuschließen, als Auskunftsmittel über die Interpretation aber weitgehend untauglich sind. Meist sind die Beschreibungen auf den ersten Blick als unexakt erkennbar, da sie sich in Poetisierungen ergehen, die viel über den Beschreibenden, nichts aber über das Beschriebene aussagen. Häufig widersprechen sich auch die Aussagen verschiedener Autoren zur gleichen Sache, so daß es für den Nachgeborenen kaum zu entscheiden ist, wer Recht hat und wer nicht. Im Jahre 1888 beispielsweise wurde Felix Mottl, der in jenem Jahre in Vertretung von Hermann Levi den *Parsifal* leitete, vorgeworfen, er habe die Tempi allzu sehr verlangsamt, gedehnt, ja verschleppt. Aber nicht alle, die die Aufführungen erlebt haben, waren der gleichen Meinung. Es gab auch Rezensenten, die keine übermäßige Dehnung wahrnahmen. Aber nicht allein derartige Detailfragen sind aufgrund der erhaltenen Berichte kaum definitiv zu beantworten. Die Schwierigkeit, eine gültige Aussage zu machen, geht sogar so weit, daß offenbleiben muß, ob Dirigenten wie Michael Balling, Franz Beidler und Siegfried Wagner gute oder den Festspielen angemessene Kapellmeister waren oder nicht. Während z. B. George Bernard Shaw Siegfried Wagner in eine Reihe stellte mit Hans Richter und Felix Mottl, Dirigenten also, deren außerordentlicher Rang stets unbestritten war, bezeichnete Claude Debussy ihn als *mittelmäßig*.

Angesichts dieser Sachlage erscheint es sinnvoll und ehrlicher, eine detaillierte Beschreibung der Spezifika aller *Ring*-Interpretationen seit 1876 zu unterlassen und damit den falschen Eindruck, als wäre man selbst dabei gewesen, zu vermeiden. Im übrigen gilt es, einen anderen – wie ich meine – sehr wesentlichen Gesichtspunkt ernsthaft zu bedenken. Damit kommen wir zugleich zum angekündigten zweiten Grund für die Unmöglichkeit, die 19 *Ring*-Interpretationen im einzelnen darzustellen. Dieser Grund betrifft den Begriff der Interpretation. Im Unterschied zu Worten und Begriffen wie Darstellung und Ausführung suggeriert „Interpretation" künstlerische Individualität, die klare Ausprägung individueller, und zwar bewußt individuell-einmaliger Gestaltung. Da die Interpreten von verschiedenem Temperament sind, unterschiedliche Charaktere haben, aus verschiedenen Schulen kommen usw., differieren ihre Darstellungen von Kunstwerken naturgemäß und notwendig. Überdies beeinflußt die jeweilige körperliche und seelische Verfassung die Ausführung, so daß – ins Extrem geführt – keine Aufführung der anderen genau gleicht. Niemand wird indessen behaupten, daß es sich bei den derart zustande kommenden Unterschieden um wesentliche Differenzen handelt. Es ist unbestritten, daß die Auffassung, es gebe so viele Interpretationen wie Aufführungen, falsch ist. Jedoch auch die Meinung, jeder Ausführende biete eine eigene und andere Interpretation, ist aufs höchste zu bezweifeln. Man bedenke, daß im Zeitalter der Reproduzierbarkeit musikalischer Kunstwerke und der kaum noch überschaubaren Vielfalt des Angebots an reproduzierbaren Interpretationen, die den Vergleich ebenso nahelegt wie vor allem notwendig macht, der Blick zwangsläufig auf das Individuelle gerichtet ist, auf das, was die Interpretationen voneinander abhebt und sie für den Hörer, der – das sollte nicht vergessen werden – meist ein Käufer ist, interessant und unterscheidbar macht. Die Rückwirkungen auf Konzert und Oper sind unübersehbar. Individualität ist in unserer Gesellschaft vorab eine Art Markenzeichen. Die eigene Interpretation dient dem Markt, nicht aber der Musik. Jedenfalls läßt sich der Verdacht, daß die Ausprägung individueller Eigenart nicht den Kern der Sache, nämlich das Wesen der interpretierten Musik betrifft, sondern nur einen akzidentellen Reiz ausmacht, der unwesentlich und deshalb entbehrlich ist, nicht von der Hand weisen. Es könnte sehr wohl sein, daß Aufführungen unter verschiedenen Dirigenten, die unseren auf die Wahrnehmung von Unterschieden geschulten Ohren als unterschiedlich erscheinen, im Kern der Sache übereinstimmen. Ferner ist zu vermuten, daß es nur eine sehr geringe Anzahl wesentlicher Interpretationen und Interpretationsmöglichkeiten gibt, sofern man unter Interpretation nicht das geläufige Interessant-Machen der Werke für Käufer verstehen will. Diese Vorstellung deckt sich mit den Anschauungen, die man jahrzehntelang bei den Bayreuther Festspielen hatte. Man tolerierte individuelle Eigenart als Reiz, forderte aber ihre Beschränkung, nicht ihre volle Ausprägung. *Selbstlose Hingabe an das reine Kunstwerk und Entäußerung eines jeden künstlerischen Egoismus* (Erich Kloss) hieß die Devise. Das galt ganz besonders für die Musik, die sich nach den Maximen des Bayreuther Stils dem Bühnengeschehen, dem Drama, unterzuordnen hatte. *Persönliche Auffassungen*, wie man individuelle Eigenart gern nannte, wurden nicht akzeptiert. Einem Sänger, der „seine Auffassung" einer Rolle dargelegt hatte, antwortete Cosima Wagner: *Mein lieber Freund! Auffassung haben wir in Bayreuth keine! Phrasieren Sie sinngemäß, sprechen Sie jedes Wort mit genauester Innehaltung des vorgeschriebenen Rhythmus! Dann haben Sie das Ihrige getan, das übrige steht im Werke selbst!* Äußeres Zeichen dieses Hintanstellens individueller Eigenart war die für das Bayreuther Festspielhaus charakteristische Anonymität des Dirigenten für das Publikum, Resultat seiner Unsichtbarkeit und der Tatsache, daß sein Name – bis 1930 – auf den Spielzetteln nicht genannt wurde. Auch unterließen die Vorankündigungen und Festspielführer, die die Namen der Dirigenten stets aufführten, jede Information darüber, welcher Dirigent welches Werk leitete. Die Fixierung an die Tradition und der Glaube an die Eindeutigkeit des Überlieferten schlossen den Gedanken an unterschiedliche und dabei gleichermaßen legitime Interpretationen aus.

Der „Bayreuther Stil" sollte als Stil Richard Wagners die Zeiten überdauern. Er gründete sich auf die von Wagner selbst in Szene gesetzten Werke, auf die Aufführungen des *Rings* 1876 und des *Parsifal* 1882, von denen zahlreiche Proben- und Aufführungsprotokolle und -berichte (Porges, Mottl, Levi, Kniese, Fuchs) überliefert sind, die jahrzehntelang – teilweise bis in die Jahre nach 1951 – Maßstab und Leitlinie der Festpielaufführungen gewesen sind. Es seien hier nun – wenn auch in sehr kurzer Form[1] – einige wesentliche Merkmale, Maximen und Ideale des Bayreuther Stils als eines für die Bayreuther Festspiele charakteristischen und partiell bis heute gültigen Wagner-Aufführungsstils genannt.

---

[1] Eine ausführlichere Darstellung findet sich in: Egon Voss, *Die Dirigenten der Bayreuther Festspiele* (100 Jahre Bayreuther Festspiele, Band 6), Regensburg 1976, S. 72–93; dort auch Nachweise der Zitate.

Wagner ließ nie einen Zweifel daran, daß die Unsichtbarkeit des Orchesters ein wesentlicher Bestandteil seines Konzepts vom Musiktheater sei. Er wollte die totale Konzentration auf die Bühne im Rahmen seiner Vorstellung vom Theater als der *Kunst der erhabenen Täuschung*. Nichts darf vom Geschehen auf der Bühne ablenken, nichts die Illusion stören. Der Zuschauer soll wie durch Zauber bis zur Selbstvergessenheit gefesselt werden. Der Anblick der vor der Bühne agierenden Musiker aber beeinträchtigt die Illusion wesentlich. Wagner pflegte den verdeckten Orchesterraum den *mystischen Abgrund* zu nennen. Vor diesem Hintergrund leuchtet ein, daß Präludieren und das Einstimmen der Instrumente vor Beginn der Aufführungen im Orchesterraum untersagt waren.

Die Versenkung des Orchesters bedeutet die Unsichtbarmachung der Arbeit, die die Musiker tun. Der gewölbte, den Klang zur Bühne hin reflektierende Schalldeckel ist das Pendant dazu: er reinigt den Klang von den Spuren seiner Hervorbringung, macht also – pointiert formuliert – die getane Arbeit unhörbar. Der Klang wird schöner, vollkommener – *verklärt* und *rein*, wie Wagner es genannt hat. Diese Idealisierung des Klangs – ermöglicht durch die Einrichtung des verdeckten Orchesters – diente der unmißverständlichen Deutlichkeit und der überzeugend-überwältigenden Wirkung der dramatischen Darstellung. Die damit vollzogene Rückstufung der Musik, die Minderung ihrer Eigenständigkeit und künstlerischen Gleichberechtigung, der Wagners eigene Kompositionen unverkennbar widersprechen, war ein Opfer, das zu erbringen Wagner augenscheinlich bereit war. Die akustischen Konsequenzen des verdeckten Orchesters legten es den Dirigenten nahe, sich nicht so sehr auf die Komposition und ihre bis in alle Einzelheiten genaue und deutliche Darstellung zu konzentrieren. Indessen gehörte es nicht zu den Maximen des Bayreuther Stils, den Akzent auf die Musik zu legen. Den Primat hatte stets das Drama. Cosima Wagner formulierte es programmatisch in einem Brief an Felix Mottl: *Die Wendung unserer Kunst geht vom Drama aus. Die Bayreuther Bühne bringt uns das durch die Musik verklärte Drama.* Aus der Forderung nach Vorherrschaft des Dramas mußten sich für die Dirigenten zwei Folgerungen ergeben. Zum einen die rigorose Zurücknahme der Lautstärke, damit der sprachliche Anteil am dramatischen Geschehen zur optimalen Deutlichkeit gelangen konnte. Zum anderen der totale und ständige Bezug der Musik auf die Handlung. *Die Sänger sind die Hauptsache. Das Orchester akkompagniert nur, etwa wie im „schwarzen Domino"* [Auber], sagte Wagner in einer Probe zur *Götterdämmerung* 1876. Für die Nornenszene empfahl er: *Bei der orchestralen Begleitung dieser Szene durchwegs auf die möglichste Deutlichkeit der gesungenen Worte zu achten! (forte = mezzoforte).* Dieser Aufforderung zur Reduktion der Dynamik entspricht eine Anweisung Wagners aus einer *Siegfried*-Probe: *Um die Rede der Darsteller stets als Hauptsache hervortreten zu lassen, mahnte der Meister wiederholt: als Grundlage der Tonstärke das piano festzuhalten und die kleinen crescendi nur wie unmerklich auszuführen.* Die durch den Schalldeckel erzielte Dämpfung der Lautstärke genügte Wagner offensichtlich nicht, und er setzte deshalb die schon bei der Uraufführung des *Tristan* 1865 in München eingeführte Rückstufung der dynamischen Werte im Bayreuther Festspielhaus fort.

Um die für die Textverständlichkeit jeweils notwendige Reduktion der Lautstärke durchführen zu können, muß der Dirigent ständig und nachhaltig auf die Sänger konzentriert sein. Konzentration auf die Bühne war aber erst recht deshalb notwendig, weil die Musik, Takt für Takt, auf das dramatische Geschehen bezogen und genau mit ihm in Übereinstimmung sein sollte. Diese Forderung erhob Wagner, als er an Franz Liszt im Jahre 1850 schrieb: [...] *jeder Takt einer dramatischen Musik ist nur dadurch gerechtfertigt, daß er etwas auf* [sic] *die Handlung oder den Charakter des Handelnden Betreffendes ausdrückt.* Wagner war der Meinung, daß die Musik, sofern sie kein szenisch-dramatisches Pendant habe, sinnlos sei und damit unverständlich. Volle Verständlichkeit sah er erst in der peinlich genauen Übereinstimmung von Musik und Handlung. *Die rechte Übereinstimmung zwischen Orchester und Bühne gab es nur erst in Bayreuth: und „das war Stil"*, schrieb Hans von Wolzogen 1880 in dem programmatischen Aufsatz *Was ist Stil?* in den *Bayreuther Blättern*. Über die Proben der von Wolzogen gemeinten ersten Festspiele 1876 berichtete Felix Mottl: *Die Genauigkeit und Aufmerksamkeit, mit welcher Wagner diese Proben leitete, läßt sich nicht beschreiben. Jeder musikalischen Phrase des Orchesters mußte nach seiner Anweisung eine Aktion auf der Bühne entsprechen, so daß schon auf den ersten Proben dem aufmerksamen Schüler klar wurde, worauf es bei der Wiedergabe des Wagnerschen Bühnenwerkes eigentlich ankommt. Der szenische Vorgang ist und bleibt die Hauptsache; durch ihn wird die Vortragsweise des begleitenden Orchesters bedingt. Die Beschleunigung oder Zurückhaltung des musikalischen Zeitmaßes hängt von ihm ab. Wenn bei der Aufführung rein-symphonischer Werke einzig und allein der musikalische Gehalt ausschlaggebend ist, so hat sich bei dramatischen Vorführungen die Musik dem Inhalte des Dramas in einem höheren Sinne gleichsam unterzuordnen und die dichterische Absicht zu unterstützen. Der Dirigent, welcher der Wagnerschen Kunst auf rein-musikalischem Wege begegnen wollte, würde gewaltig irre gehen.* Auch als Cosima Wagner die Festspiele leitete und Regie führte, stand die akribische Verknüpfung von Musik und szenischem Geschehen im Mittelpunkt der Arbeit, und 1914 – mittlerweile war Siegfried Wagner Festspielleiter – bezeichnete Richard Sternfeld sie als *wesentliches Moment des Bayreuther Stils*. Daran scheint sich bis hin zur Ära Heinz Tietjens (1933–1944) grundsätzlich kaum etwas geändert zu haben. Seit 1951 freilich gibt es dieses Grundelement des Bayreuther Stils nicht mehr. Die Gestaltung der Musik, die selbstverständlich – das liegt in der Natur der Sache – nicht ohne einen Bezug zum Geschehen auf der Bühne sein kann, wurde unabhängiger.

Besondere Aufmerksamkeit für die Musik war nach den Maximen des Bayreuther Stils also nicht gefragt, weder für Dirigenten noch für Zuhörer. Das Ideal war eine Aufführung, über deren dramatischer Eindringlichkeit und Überzeugungskraft der Zuschauer vergaß, daß er Musik hörte. In seinem *Rückblick auf die Festspielproben in Bayreuth* berichtete Heinrich Porges über eine Stelle im *Rheingold*: *Wenn irgendwo so hat R. Wagner hier vollkommen sein Ziel erreicht, daß, wie er sagt, die allerreichste Orchestersprache gewissermaßen gar nicht gehört, gar nicht beachtet werden, sondern mit dem Drama organisch zu einem Ganzen verwachsen solle.* Ganz ähnlich äußerte sich Cosima Wagner: *Ich kann mir nun einmal nicht helfen: gutes Orchester, gute Chöre hin und her, wenn die Handlung auf der Bühne nicht alles andere vergessen läßt, ist eben die Aufführung verfehlt, und wenn sie sängen und geigten wie die Engel im Himmel!* So wie Wagner auf der Bühne singende Schauspieler verlangte – und um des überzeugenden und intensiven Spiels willen Mängel des Gesangs in Kauf zu nehmen bereit war –, so forderte er für das Orchester regieführende Dirigenten oder gar dirigierende Regisseure. Als Cosima Wagner 1890 rügend an Felix Mottl schrieb: *Von Ihrer Tannhäuser-Aufführung erfuhr ich nun* [durch Engelbert Humperdinck], *daß Sie sich nichts aus der Bühne machten*, antwortete Mottl entrüstet: *Über den Witzbold Humperdinck habe ich mich geärgert! Was ist das für ein dummer Klatsch von ihm, ich kümmerte mich den Teufel um die Bühne, wenn's nur im Orchester recht glatt ginge! Ist ja unglaublich, so was zu sagen! Ich denke ja an nichts als an die Bühne beim Dirigieren und Einstudieren und müßte ein riesiger Esel sein, wenn ich noch immer nicht gelernt hätte, um was es sich eigentlich handelt!* [...] *Aber warum glauben Sie auch so was von mir? Haben Sie mich in der langen Zeit als einen so bühnenblinden Musikanten kennen gelernt?* Den bühnenblinden Musikanten, als welche in Bayreuth nicht etwa nur die Konzertdirigenten, sondern im allgemeinen auch alle Opernkapellmeister galten, stellt ein von Anton Seidl überliefertes Wort Siegfried Wagners das Bayreuther Ideal entgegen. Siegfried Wagner sagte, *daß der Dirigent von der Bühne herab geboren werden muß, und nicht vom Orchester hinauf!*

Die Kehrseite der Intention, das Drama darzustellen, war der Impuls, sich von der Oper zu entfernen, und zwar sowohl von der Gattung als solcher als auch von der geläufigen Praxis ihrer Aufführung. Kurt Mey formulierte das Ziel unmißverständlich, als er in einem Rückblick auf die Bayreuther Festspiele von 1911 schrieb: *Je mehr ein Theater sich von der Oper entfernt, desto mehr nähert es sich dem Bayreuther Stil.* Cosima Wagner stellte Felix Mottl gegenüber die Maxime auf: *Wir haben mit der Oper gebrochen und sind verpflichtet, diesen Bruch auf das schärfste in allem kundzutun.* Kennzeichen der Oper war nach der Ansicht Richard Wagners wie seiner Nachfolger Cosima und Siegfried die ungerechtfertigte Dominanz der Musik. Diese Meinung, die Wagner in der Schrift *Oper und Drama* ausführlich dargelegt hatte, wurde – wie auch die Schrift selbst – zur conditio sine qua non bei den Bayreuther Festspielen. Sollte deutlich werden, daß Wagner mit seinem Musikdrama diese Vorherrschaft gebrochen hatte, so mußte der Aufführungsstil dementsprechend sein. Der Akzentuierung des Szenisch-Dramatischen hatte die Zurücknahme und Unterordnung der Musik zu korrespondieren. Musikalisch guten Aufführungen an Opernhäusern, denen man in Bayreuth die Anerkennung durchaus nicht vorenthielt, wurde darum nachgesagt, in ihnen gehe *die Oper mit dem Drama durch.* Die aufführungspraktische Konsequenz der Abkehr von der Oper mußte sein, das Musizieren auf die Vermeidung aller Züge, die an die Oper gemahnen konnten, abzustellen. Der Bayreuther Stil war eine Gegenreaktion. Obwohl z. B. in Wagners Werken bis hin zum *Par-*

sifal zwischen rezitativischen und ariosen Abschnitten zu unterscheiden ist und es im allgemeinen auch eine sinnvolle Gliederung ergibt, wenn diese Unterschiede von den Ausführenden akzeptiert und zur Darstellung gebracht werden, galt bei den Bayreuther Festspielen der Grundsatz, daß zwischen Rezitativ und Arie kein Unterschied zu machen sei. Die Lehrmeinung, daß es im Musikdrama Rezitativ und Arie nicht mehr gebe, und die prinzipielle Neigung, sich von der Aufführungspraxis der Oper abzuheben, führten zum Ausgleich der bestehenden Differenzen. Dabei konnte man sich auf Wagner selbst berufen. In dem Artikel *Ein Einblick in das heutige deutsche Opernwesen* hatte Wagner als wesentliches Merkmal seiner Werke im Gegensatz zur Oper den *dramatischen Dialog* bezeichnet, *an dessen wirksamer und schnellverständlicher Durchführung und Ausbildung [...] dem Autor alles gelegen war, weshalb er eben auch hierin seine ganze musikalische Kunst setzte.* In den Aufzeichnungen Wagnerscher Probenbemerkungen aus den Jahren 1875 und 1876 ist nie von Rezitativen und Arien, sondern stets vom *Dialog* die Rede. Zur 2. Szene im Vorspiel der *Götterdämmerung* (*Zu neuen Taten, teurer Helde*) heißt es in den von Felix Mottl veröffentlichten Anweisungen: *Dialog! Keine Arie!* Daß die Deklamation des Schauspielers das Vorbild abgab, veranschaulicht eine andere Probenanweisung Wagners: *Den richtigen Eindruck werden nun diese dialogischen Stellen nur dann hervorbringen, wenn das Tempo, in dem sie ausgeführt werden, im Wesentlichen dasselbe ist, wie das der gesprochenen Rede.*

Zu den wichtigsten Zielen der Bayreuther Festspiele gehörte die Abwehr und Überwindung der Gewohnheiten, der Routine, die schon damals nicht nur aus Bequemlichkeit der Musiker entsprang, sondern die Konsequenz des Opernbetriebs war, die Folge des Repertoiretheaters mit seinem Zwang zum möglichst weit gefächerten Programm, zur täglichen Vorstellung und zum regelmäßigen Angebot von Neuproduktionen. Die von Wagner geforderte, dem jeweiligen Werk angemessene Aufführung ließ sich unter diesen Voraussetzungen nicht realisieren. Die ständig notwendige Umstellung von einem Werk auf ein anderes, von einem Werkstil auf einen anderen, von der einer Neuproduktion geltenden Probe tagsüber auf die Repertoirevorstellung am Abend und schließlich der permanente Mangel an Probenzeit, der keine Einstudierung zur vollen Reife gelangen ließ, hatten notwendig einen routinierten

Allerweltsstil zur Folge – eine Tatsache, die auch heute in den Opernhäusern gang und gäbe ist. Dem allgemeinen, meist unumgänglichen Schlendrian setzte man bei den Bayreuther Festspielen Genauigkeit entgegen. *Tadellose Korrektheit* nannte Cosima Wagner in ihrer Ansprache bei der Eröffnung der Bayreuther Stilbildungsschule am 10. November 1892 als erstes Ziel der Ausbildung. Genauigkeit wurde zu einem derart bedeutenden Pfeiler am Gebäude des Bayreuther Stils, daß Kurt Mey 1911 von Siegfried Wagner sagen konnte: *Er hütet das Geheimnis von Bayreuth; und dieses heißt Korrektheit.* Das Perfektionsideal des Bayreuther Stils ging über den Vorsatz, es genauer zu nehmen als an den Operntheatern allgemein üblich, weit hinaus. *Künstlerisch vollkommene Darbietungen* sollten die Festspiele bieten. Konzentration auf jeweils ein einziges Werk und ausreichende Probenzeit waren die Mittel, durch die man dieses Ziel erreichen wollte. Da indessen die Festspiele nie finanziell unabhänig waren, mußten Kompromisse geschlossen werden. Heute werden in der Regel sechs oder sieben verschiedene Wagnersche Werke in einem Festspielsommer aufgeführt. Wieland Wagner beklagte diese Situation in einem Brief an Joseph Keilberth 1955: [...] *es wird nie schöner werden, bis Bayreuth einmal in unbekannter Zukunft nach rein künstlerischen Gesichtspunkten geführt und disponiert werden kann (ein Jahr Ring, nächstes Jahr Parsifal und zwei andere Werke, dann wieder Ring).*

Das Prinzip der Korrektheit und der Wille, die Anweisungen des Komponisten ohne Ausnahme zu realisieren, haben nach allem, was darüber berichtet worden ist, Aufführungen von außerordentlicher Qualität und Vollkommenheit ermöglicht. Es wurde ein Respekt vor den Intentionen des Autors und vor dem Werk entwickelt, den es in der Praxis der Operntheater zuvor kaum oder gar nicht gegeben hat. Dieser Respekt ist die notwendige Voraussetzung dafür, daß das, was ein Autor schriftlich fixiert hat, ernst genommen wird, und daß er mit diesem schriftlich Fixierten auch tatsächlich zu Wort kommt. Freilich glaubte man bei den Bayreuther Festspielen, die Intention des Autors sei allein und durchgehend mit dem Buchstaben der Partitur identisch, und leitete aus dieser Verwechslung eine unverkennbare Sanktionierung aller tatsächlich und vermeintlich auf Wagner zurückgehenden Anweisungen und Vorschriften ab. Das hatte eine Konservierung der Aufführungspraxis und ihrer Maßstäbe zur Folge, die weit über den Tod Siegfried Wagners (1930) und das

Ausscheiden Karl Mucks hinaus, zumindest in der Tendenz, bestanden hat.

Ein Grundelement des Bayreuther Stils waren die Bayreuther Tempi, Tempi von besonderer Langsamkeit und Breite. Wie es scheint, hat vor allem Felix Mottl sie inauguriert und durchgesetzt. Mottl war stolz auf seinen *schönen langsamen Alla-Breve-Takt*, der nach seinen eigenen Zeugnissen wie nach zahlreichen Berichten anderer seine Aufführungen prägte. Wenn man Zeitungsberichten, Erinnerungen und Aufzeichnungen von Zeitgenossen glauben darf, dann hat die überwiegende Mehrzahl der Festspieldirigenten von Hans Richter bis zu Hans Knappertsbusch die langsamen Tempi gepflegt und damit ebenso zur Ausprägung wie zur Bewahrung dieses Elements des Bayreuther Stils beigetragen. Selbst Arturo Toscanini und Victor de Sabata scheinen sich ihnen angepaßt zu haben. Als Toscanini den *Parsifal* leitete, erkundigte er sich immer wieder nach den Tempi Karl Mucks, seines Vorgängers, und versuchte, ihnen zu entsprechen. Wie sehr die langsamen Bayreuther Tempi zur festen Einrichtung geworden waren, erfuhr Richard Strauss, als er 1933 die Einstudierung und Leitung des *Parsifal* übernahm und den Versuch machte, die seinen Vorstellungen entsprechenden schnelleren Tempi zu verwirklichen. Die Widerstände waren so massiv, daß Strauss im folgenden Jahr fast auf die althergebrachten, insbesondere von Muck tradierten Zeitmaße zurückging, was ihm allgemeines Lob einbrachte. Auffallend ist, daß erst nach Wagners Tod, genau genommen erst mit Mottls *Parsifal*-Aufführungen von 1888, die Rede von den langsamen Bayreuther Tempi aufkam. Es liegt daher der Gedanke nahe, daß Cosima Wagner und insbesondere ihr Regiestil von nachhaltigem Einfluß auf die Mottlschen Tempi gewesen sind. *Wir müssen alles Banal-Konventionelle, Realistische, verbannen und dafür eine erhabene Konvention, den Stil eintreten lassen,* schrieb sie an Levi. Sie verlangte die *ruhige Gebärde*. Hans von Wolzogen lieferte zur Praxis die Theorie, indem er in seinem Aufsatz *Die Idealisierung des Theaters* in den *Bayreuther Blättern* 1885 über das musikalische Drama schrieb: *[…] hier waltet jener monumentale Stil der Ruhe, jene ehrwürdige Heiligkeit des Momentes. Wie das ganze orchestrale Leben der Musik in den Grundmotiven sich zusammenfaßt, so das ganze Leben des Dramas in den gelassen aufeinander folgenden, edel ruhenden Bildern der mimischen Gebärde und der szenischen Handlung. Die selbe Ruhe, welche auch im Momente der wilde-*

sten Leidenschaft die künstlerisch idealisierende Majestät einer lebendigen Plastik bewahrt: sie herrscht, als m a ß gebende Potenz, auch in dem Aufbau des ganzen Dramas, wie in seinen einzelnen Szenen. Cosima Wagners Stilisierung der Darstellung (Dietrich Mack), die sich deutlich von Richard Wagners Tendenz zur realistischen Darstellung abhob – Porges sprach in seinen Probenberichten von den ersten Festspielen vom Realismus der Darstellung –, hatte zwangsläufig eine Verlangsamung im Ablauf des Bühnengeschehens zur Folge. Dem hatte die Musik, korrespondierend der Maxime von der genauen Übereinstimmung von Bühne und Orchester, zu entsprechen. Auch hier stellte Wolzogen mit seinem erwähnten Aufsatz das theoretische Fundament bereit. Einige Sätze mögen das verdeutlichen: *Das einzelne Wort dehnt sich im getragenen Gesangestone zu einem deutlichsten Idealgebilde menschlicher Sprache aus* [...] *Ebenso wird die musikalische Rede der einzelnen Person zu einer getragenen Rede und ist mit diesem, nun einmal wirklich urwüchsig-wahrhaftigen, ‚Pathos' des Gesanges, auch in jenem Sinne e c h t d e u t s c h , in welchem einst Wagner das A n d a n t e , ‚das deutsche Tempo'* nennen konnte. Man scheint breite Zeitmaße als spezifisch deutsche Ausprägung des Tempos empfunden zu haben. Wolzogen bezeichnete mit seinem Hinweis auf Wagners Deutung des Andante das Zeugnis, auf das man sich berufen konnte. Im 9. Kapitel von *Deutsche Kunst und deutsche Politik* heißt es: *Das deutsche Tempo ist der Gang, das ‚Andante', welches deshalb auch in der deutschen Musik sich so mannigfaltig und ausdrucksvoll entwickelt hat, daß es von Musikfreunden mit Recht für die eigentliche deutsche Musikgattung, seine Erhaltung und sorgsame Pflege für eine ästhetische Lebensfrage des deutschen Wesens erklärt wird.* Daß dieser nationale Aspekt die Bayreuther Tempi wesentlich mitgestaltet hat, darf angenommen werden, zumal Wagners Schriften zur Pflichtlektüre des Festspieldirigenten gehörten, zumindest bis zum Ende der Ära Karl Mucks. In einer Rezension der *Kölnischen Zeitung* wurden 1896 die langsamen Zeitmaße und die *langgezogenen Töne* als besonders geeignet *zur Charakterisierung der echt germanischen Traumseligkeit* bezeichnet.

Als *heilsame Reaktion gegen die konventionelle Hudelei* interpretierte Richard Batka 1911 Mottls langsame Zeitmaße. Die Abkehr von den *landläufigen Tempi*, wie Richard Strauss die gewohnten Zeitmaße nannte, war die Folge der allgemeinen Abwendung von der Oper und der Hinwendung zur Darstellung des Dramas, wie sie Inhalt des

Bayreuther Stils war. Der Neuartigkeit des Musikdramas entsprechen neue Tempi. Ob diese Trennung von den *landläufigen Tempi* stets einer Verlangsamung gleichkam, ist jedoch nicht wahrscheinlich. Die mit der Stoppuhr gemessenen Aufführungsdauern der durch die langsamen Bayreuther Tempi gekennzeichneten Aufführungen und solcher aus jüngster Zeit mit nachweislich schnelleren Zeitmaßen differieren nicht so außerordentlich, daß daraus auf eine permanente Herrschaft des langsamen Tempos in den Aufführungen der älteren Dirigenten, etwa Mottls oder Mucks, geschlossen werden könnte. Eher ist anzunehmen, daß der besonders gedehnten Breite ein besonders energisch beschleunigtes Allegro korrespondierte, so daß die Tempo-Kontraste geschärft wurden, die Gesamtdauer jedoch nicht erheblich größer anwuchs. Die Richtigkeit dieser Annahme findet u.a. in Richard Strauss' Bericht über die *Tannhäuser*-Aufführungen 1891 unter Mottl ihre Bestätigung (*Bayreuther Blätter* 1892). Wagner selbst gab die theoretische Grundlage. In seiner Schrift *Über das Dirigieren* heißt es: *In einem gewissen zarten Sinne kann man vom reinen Adagio sagen, daß es nicht langsam genug genommen werden kann,* und: *Wie ich von dem reinen Adagio sagte, daß es im idealen Sinne gar nicht langsam genug genommen werden könnte, vermag dieses eigentliche, gänzlich unvermischte, reine Allegro auch nicht schnell genug gegeben zu werden.* Adagio und Allegro verstand Wagner als Grundformen des Tempos, als Pole, zwischen denen eine reiche Skala von Abwandlungen der einen wie der anderen Grundform vermittelt. Für Wagner war ideell mit jeder Tempoausprägung ein spezifischer Charakter verknüpft, Tempo daher eines der wichtigsten Mittel, um den Charakter eines Musikstücks, eines Satzes, Satzteils, Themas oder einer Melodie genau zu treffen. Beim Dirigieren wie beim Komponieren verwendete Wagner Tempo als Mittel des Ausdrucks, als Mittel der Darstellung. Dazu ein Beispiel: In Cosima Wagners Tagebüchern heißt es unter dem 13. Juli 1878: *Er zitiert auch das Andante der A dur Symphonie, für welches Beethoven ein sehr rasches Tempo angegeben hat; wenn das zweite Thema kommt, muß es breit werden, aber am Schluß muß der Marschrhythmus festgehalten sein, und es ist ein andres, ob man ein Thema zum ersten Mal bringt oder wiederholt.* Die Anweisung, die Wagner übrigens Anton Seidl gab, dokumentiert die Abwendung von der traditionellen Aufführungspraxis, die u.a. in Felix Mendelssohn Bartholdy und dem Münchner Hofkapellmeister

Franz Lachner ihre Autoritäten hatte. Ihrem Grundsatz, die Einheit eines Musikstücks durch die Einheit des Tempos darzustellen – sofern nicht ausdrücklich Veränderungen des Tempos gefordert sind –, stellten Wagner und der Bayreuther Stil eine Mannigfaltigkeit der Tempi gemäß den unterschiedlichen Charakteren innerhalb des Musikstücks entgegen.

Die Verwirklichung des jeweils angemessenen Tempos machte Tempowechsel notwendig, die Wagner in der genannten Schrift *Über das Dirigieren* als *Modifikation des Tempos* eingehend erörterte. Sie wurde zum Stilprinzip Wagners, zum Prinzip des Bayreuther Stils. Sie wurde aber auch ganz allgemein zum Merkmal der Aufführungspraxis. Es ist üblich und selbstverständlich geworden, die Musik von Haydn bis Richard Strauss mit diversen Tempomodifikationen zu spielen, für die es in den Partituren keine entsprechenden Vorschriften gibt. Der Stil Wagners hat sich, nicht zuletzt auf dem Weg über den Bayreuther Stil, allgemein durchgesetzt.

Die stets und überall klare Ausprägung der Tempi als Charaktere, die sowohl Schärfung der Kontraste als auch ständigen Tempowechsel bedingt, machte die Entwicklung einer *Kunst des Überganges* auch für den Dirigenten notwendig. In seiner Schrift *Über das Dirigieren* charakterisierte Wagner die Veränderungen des Tempos wiederholt als *unmerkliche* Vorgänge. Nur als solche sind sie in der Lage, den Eindruck der Einheit des Ganzen zu wahren, den Wagner selbstverständlich nicht aufgeben konnte. Bei einer *Rheingold*-Probe empfahl Wagner nach der Mitteilung Mottls einmal die sehr allmähliche Beschleunigung des Tempos mit den Worten: *Überhaupt keine Risse machen!* Richard Strauss beschrieb die Situation in seinem Bericht über Felix Mottls Bayreuther *Tannhäuser*-Aufführungen des Jahres 1891 recht genau: *Diese schärfsten Gegensätze in der von der Bühne herab gegebenen Bestimmtheit auf's Deutlichste hinzustellen und sie wiederum durch die Kunst seiner Übergänge und die maßvoll schöne Modifizierung seines Tempos zu vollkommenster Einheit zu bringen, konnte nur einem Dirigenten von der genialen Begabung Felix Mottls gelingen.* Bis heute wird die *Kunst des Überganges* als notwendiges Pendant zum Prinzip der Tempomodifikation gepflegt, und bis heute werden die Meister dieser Kunst allgemein bewundert. Daß sie insgeheim Schüler Richard Wagners sind, dürfte den meisten allerdings nicht bekannt sein.

Das Musikdrama, präpariert für den Salon: Richard Wagner auf dem Klavier

Richard Wagner gehörte spätestens seit Erscheinen des *Tristan* 1860 – in diesem Jahr kamen Partitur und Klavierauszug im Druck heraus – zur musikalischen Avantgarde, wie man heute sagen würde. Wer aber eben in diesem Jahr 1860 ein originales Klavierstück dieses damals modernen Komponisten spielen wollte, sah sich auf Musik wie die Sonate in B-Dur op. 1 (WWV 21) verwiesen[1], die Wagner 1831, also achtzehnjährig, während seiner Unterrichtszeit bei dem Leipziger Thomaskantor Theodor Weinlig geschrieben hatte und die 1832 als erstes Wagnersches Werk überhaupt im Druck erschienen war. Das Stück zeigt, freilich im Extrem, die Eigenart der Wagnerschen Klaviermusik. Sie ist verglichen mit den Opern und Musikdramen konventionell, meist schon von der Intention her beiläufig-anspruchslos, in einigen Fällen aber auch geprägt von einer auffälligen Diskrepanz zwischen Idee und Wirklichkeit, nämlich zwischen großem Anspruch und Mangel an entsprechender Einlösung. Jedenfalls fällt sie allemal hinter das Niveau und den kompositorischen Stand der Opern und Musikdramen zurück. Im übrigen schrieb Wagner nur wenig für Klavier; er blieb zeit seines Lebens ein nur durchschnittlicher Klavierspieler, der wohl – nach allem, was überliefert ist – gut zu korrepetieren verstand, jedoch kaum in der Lage war, die Klavierauszüge seiner Bühnenwerke in vollem Umfange, also ohne Auslassungen, wiederzugeben. Kein Wunder also, daß er seine kompositorischen Innovationen nicht gerade im Bereich der Klaviermusik realisierte. Überdies war zu Lebzeiten Wagners nur der kleinere Teil der Klavierwerke, die in der Gesamtausgabe immerhin einen ganzen Band mit insgesamt 11 zum Teil mehrsätzigen Kompositionen ausmachen (RWSW Bd. 19), der Öffentlichkeit zugänglich: neben der genannten B-Dur-Sonate erschien 1832 noch eine vierhändige Polonaise in D-Dur (WWV 23 B), die zusammen mit der Sonate in den sechziger Jahren des 19. Jahrhunderts sogar neu aufgelegt wurde, und in den siebziger Jahren kamen zwei Album-

---

[1] RWSW Bd. 19, S. 1–26; Richard Wagner, *Klavierwerke, Gesamtausgabe*, Mainz 1981, S. 1–26

blätter (WWV 94/108) und die für Mathilde Wesendonck komponierte Sonate (WWV 85) im Druck heraus. Der Klavierspieler – und das war im 19. Jahrhundert mehr oder weniger jeder Musikliebhaber – hatte also gar keine Wahl. Wollte er Musik der damaligen Avantgarde, zu der Wagner in vorderster Linie zählte, spielen, so blieb ihm gar nichts anderes übrig, als zu den Opern und Musikdramen zu greifen, also zu Klavierübertragungen, Bearbeitungen und Arrangements. Andernfalls hätte er auf Wagner verzichten müssen, was aber wohl nur wenige taten, betrachtet man die Flut von Bearbeitungen und Arrangements, die von den Musikverlegern angeboten wurden. Wer es möglichst genau nehmen wollte, griff zu den vom Komponisten autorisierten Klavierauszügen, beim *Tristan* also zum Klavierauszug Hans von Bülows.

Im 19. Jahrhundert hatte das Klavier jene Funktion, die im ausgehenden 20. Jahrhundert die Medien erfüllen. Man konnte weder das Radio anstellen noch eine Schallplatte auflegen, wollte man Musik hören außerhalb von Konzertsaal und Opernhaus. Die Musikproduktion war daher wesentlich auf das Klavier ausgerichtet als das universalste Instrument, geeignet zur Wiedergabe nahezu aller Arten von Musik. Die Übertragung von Opern auf das Klavier, vom vollgriffigen Klavierauszug des gesamten Werks bis hin zum einfachen Arrangement von „Highlights", gehörte zum Alltag. Wagners Opern und Musikdramen auf dem Klavier gespielt, für uns heute eher eine befremdliche Vorstellung, war im 19. Jahrhundert etwas ganz Normales. Kaum war die Oper eines etablierten Meisters aufgeführt, so präsentierten die Musikverleger schon Arrangements daraus, und zwar für jeden Geschmack und jeden Schwierigkeitsgrad. Diese gewöhnlich nicht von den Komponisten selbst versehene Tätigkeit des Arrangierens übte Wagner selbst zeitweise aus. Während seines Aufenthaltes in Paris 1839 bis 1842 verdiente er seinen Lebensunterhalt mit der Verfertigung solcher Opernarrangements, unter anderem von Opern Aubers und Donizettis[2]. Dabei ging es stets darum, die jeweils aktuelle Musikproduktion nicht auf die Aufführung im Opernhaus oder im Konzertsaal beschränkt sein zu lassen, sondern zusätzliche Verbreitung und Öffentlichkeit zu schaffen durch die Möglichkeit, die Musik im privaten Rahmen, in

---

2   vgl. WWV, S. 213–220

den eigenen vier Wänden, auszuführen. So war man in der Lage, jederzeit zu reproduzieren, was Rang und Namen hatte, was gerühmt wurde und gerade aktuell war. So konnte man – und vermutlich viel intensiver, als das mit Funk und Schallplatte möglich ist – sich in die Musik vertiefen und sie im eigenen Spiel nachvollziehen.

Wagner auf dem Klavier zu spielen, war um die Mitte des 19. Jahrhunderts und in den Jahren danach jedoch nicht nur deshalb notwendig, weil es Medien wie Runkfunk und Schallplatte noch nicht gab, sondern auch aus anderen Gründen. Wagners Opern schlugen nicht ein wie diejenigen Rossinis, Donizettis und Verdis oder Meyerbeers und Gounods. Die Anforderungen an Sänger und Musiker waren größer, zumindest ungewohnt. Mag uns heute offen zutage liegen, wie sehr der *Fliegende Holländer*, *Tannhäuser* und *Lohengrin* der Operntradition verhaftet sind – den Zeitgenossen erschienen sie als Werke eines neuen Stils, als Bruch mit der Tradition, und das hatte zur Folge, daß man sich vielerorts gegen sie sperrte. Die im Zürcher Exil verfaßten Reformschriften *Die Kunst und die Revolution*, *Das Kunstwerk der Zukunft* und schließlich *Oper und Drama*, geschrieben und publiziert zwischen 1849 und 1852, haben die Aufführung von Wagners Opern nicht nur befördert. Das sehr bald von diesen Schriften abgeleitete plakative Etikett von der *Zukunftsmusik* – ein Wort übrigens, das dann in unseren allgemeinen Wortschatz einging – lud den Vorwurf der Arroganz, der Selbstherrlichkeit, ja der Scharlatanerie auf Wagner, verstellte den Blick für die tatsächlichen Charakteristika seiner Werke und ließ vermutlich so manches Theater vor der Aufführung zurückschrecken. Es kam hinzu, daß Wagner durch seine Verwicklung in die Dresdner Mairevolution 1849, derentwegen er ins Schweizer Exil gehen mußte, lange Zeit als „Achtundvierziger" galt, und das war zumindest für die in fürstlichen Diensten stehenden Theaterdirektoren Grund genug, Wagners Opern mit Distanz zu begegnen. Der Berliner Generalintendant Botho von Hülsen ist das prominentere Beispiel für diesen Fall.

Was für den *Fliegenden Holländer*, *Tannhäuser* und *Lohengrin* galt, galt erst recht für die späteren Werke, deren hohe technische Anforderungen allein genügten, um Aufführungen zu verhindern. Der *Tristan* wurde in Wien bekanntlich nach mehr als siebzig Proben abgesetzt. In München 1865, als das Werk zum ersten Mal über die

Bühne ging, kam es zu nur vier Aufführungen, denen sich bei Wiederaufnahmen 1869 zwei, 1872 vier und 1874/75 fünf Aufführungen anschlossen. Zu Lebzeiten Wagners wurde der *Tristan* überhaupt nur an insgesamt sieben Theatern gespielt. Es waren folglich nur wenige, die das Werk auf der Bühne und vollständig mit Orchester erleben und hören konnten. Die meisten mußten ihre Kenntnis des Stücks notgedrungen vom Vortrag am Klavier beziehen. Es ist bezeichnend, daß Friedrich Nietzsche, als er in seinem Buch *Die Geburt der Tragödie*[3] Wagners *Tristan* als Inbegriff gleichsam der Neugeburt der antiken Tragödie pries, dieses Werk noch kein einziges Mal auf dem Theater gesehen und erlebt hatte. Das einzige, was er im Original bis dahin kannte, war das Vorspiel; alles andere hatte er sich durch das Studium des Bülowschen Klavierauszuges angeeignet.

Pianisten und Komponisten fertigten jedoch nicht allein deshalb Arrangements von Musik aus Wagners Opern an, um diese Musik allgemein zugänglich zu machen. Bisweilen war auch die Wiedergabe des Wagnerschen Orchesters mit den Mitteln des Klaviers das erstrebte Ziel, und das konnte bei Pianisten wie Franz Liszt nur heißen, mit allen Mitteln der Virtuosität. In diesem Sinne schrieb Liszt seine Klavierfassung der *Tannhäuser*-Ouvertüre, und dabei war er überzeugt, wie er Wagner mitteilte, daß sich nur wenige Spieler fänden, die deren technische Schwierigkeiten zu bewältigen vermöchten[4]. Ein ähnliches Ziel setzte sich zu Beginn der sechziger Jahre Liszts Schüler Carl Tausig, als er den *Walkürenritt*, übrigens zu Wagners ausdrücklicher Zufriedenheit[5], für Klavier bearbeitete. Wie schon Liszt bei seiner Klavieradaption der *Tannhäuser*-Ouvertüre dürfte es ihn vor allem gereizt haben, Wagners vielschichtig-farbiges Orchester in pianistische Figuren und Farben zu übertragen, den Klang des Orchesters in Klavierklang umzusetzen. Das technische Problem bot eine Herausforderung, die ganz nach dem Herzen eines Virtuosen sein mußte.

---

[3] Die Schrift erschien Anfang Januar 1872 (vgl. CT I, S. 475). Ende Juni 1872 sah Nietzsche *Tristan und Isolde* erstmals auf der Bühne in München.
[4] Brief vom 26. Februar 1849: *je crois qu'elle trouvera peu d'exécutans, qui sauront en vaincre la difficulté matérielle*, in: *Franz Liszt – Richard Wagner. Briefwechsel*, hg. v. Hanjo Kesting, Frankfurt a. M. 1988, S. 64
[5] Brief an Franz Schott vom 8. Januar 1863, in: Schott-Briefe, S. 60

Diesen Reiz scheint Wagners Musik bis in die Gegenwart hinein zu besitzen. Auch im Zeitalter der Medien wird noch versucht, Wagners Orchestermusik mit den Mitteln des Klaviers zu bewältigen. Das vielleicht beste Beispiel dafür ist Glenn Gould. Bei seiner Schallplatten-Aufnahme des *Meistersinger*-Vorspiels ging er allerdings noch einen Schritt über Liszt und Tausig hinaus. Er bediente sich des Playback-Verfahrens, spielte also die Stimmen zum Teil nacheinander ein, um die Vielstimmigkeit des Originals nicht von vornherein in einen zwangsläufig auf die Möglichkeiten zweier Hände beschränkten Klaviersatz umwandeln zu müssen. Was seine Wiedergabe besonders auszeichnet, sind die Klarheit der Konturen, die Durchsichtigkeit des Satzes und die Deutlichkeit des Stimmverlaufs. Man nimmt Phrasen wahr, die man sonst kaum andeutungsweise zu hören bekommt, Mittelstimmen vornehmlich, die gewöhnlich im Schwall des Orchesters untergehen. Das Stück gewinnt einen anderen Charakter, der möglicherweise sogar der Intention näher ist als die Orchesterfassung, zumindest aber geeignet, neues Licht auf die Orchesterfassung zu werfen, an der wir, da sie uns zur Gewohnheit geworden ist, vermutlich meist achtlos vorbeihören. Selbstverständlich bleibt Glenn Goulds Version, vor allem an den dynamischen Höhepunkten, hinter dem Original zurück. Aber die Reduzierung auf den Klavierklang ist doch nicht bloß ein Verzicht auf das Original, sondern auch eine Öffnung der Phantasie des Hörers, die in der Imagination ersetzt, was real fehlt. Sie fördert aktives Hören.

Der Mangel an Theateraufführungen im 19. Jahrhundert ließ, zumindest zwischen 1850 und 1870, zum Mittel der privaten oder halböffentlichen Aufführung mit Klavier greifen. Hatte man einen tüchtigen Klavierspieler zur Hand, so garantierte das meist eine bessere Aufführung, als sie an normalen Theatern möglich war. So konnte es geschehen, daß der Kritiker Richard Pohl 1854 der Leipziger Theateraufführung des *Lohengrin*, die er für unzulänglich hielt, die kurz zuvor von der ehemaligen Sängerin Lydia Steche veranstaltete Klavieraufführung dieses Werks, übrigens in einer Leipziger Freimaurerloge, als Muster und Vorbild entgegenstellte[6]. Und

---

[6] *Erste Aufführung des Lohengrin in Leipzig*, in: *Neue Zeitschrift für Musik* 40 (1854), Nr. 3, S. 28

selbstverständlich glaubt man gern, daß die Vorführung des ersten Aktes der *Walküre* am 22. Oktober 1856 im Zürcher Hotel Baur au lac, bei der Franz Liszt das Klavier spielte und Wagner die Rollen Siegmunds und Hundings vortrug, ein Ereignis war, an das gewöhnliche Theateraufführungen nie heranzureichen vermögen.

Die Begeisterung der Zeitgenossen für solche Klavieraufführungen ist zumindest partiell auch vor dem Hintergrund der Erfahrung mit dem üblichen Theaterbetrieb zu sehen, der damals nicht anders als heute der Forderung nach Vielfalt und Abwechslung nachzukommen hatte. Diese Forderung erzwingt die gleichzeitige Pflege der verschiedensten Stile und Genres, was eine gleichmachende Nivellierung zur Folge hat, in der alles Besondere der einzelnen Stile und Genres untergeht, ganz zu schweigen vom Eigentümlichen einzelner Autoren. Jedes Genre verlangt seinen eigenen Interpreten; ein Interpret aber, der vielen oder gar allen Genres gerecht werden soll, wird schließlich keinem mehr gerecht. Im übrigen verhindert der notorische Probenmangel, nicht nur als äußere Quantität gemeint, sondern auch und besonders in qualitativem Sinne, die Realisierung einer wahrhaft adäquaten Interpretation. Das Repertoiretheater entgeht der Routine und der Nivellierung schließlich auch deshalb nicht, weil die Wiederholung sein Prinzip ist; die Wiederholung aber ist der Feind des Einmaligen. Wagner war darum von seiner Intention her gar nicht so sehr daran gelegen, daß seine Werke in den Stadt- und Hoftheatern landauf, landab aufgeführt wurden, so willkommen ihm die Tantiemen selbstverständlich waren. Sein Ideal war das Festspiel, wie er es schließlich in Bayreuth zu verwirklichen versuchte. Die Klaviervorführung aber war – in ihrer Ferne von Repertoire und Routine – geeignet, einen Vorgeschmack davon zu vermitteln. Solange es Bayreuth nicht gab, war gleichsam der Salon der Festspielort, der utopische Gegenentwurf gegen die unzulänglichen Stadt- und Hoftheater, die schlechte Realität.

So konnte es Wagner nur recht sein, daß seine Verleger Klavierbearbeitungen seiner Opern und Musikdramen in den vielfältigsten Formen auf den Markt brachten und selbstverständlich nicht nur solche, die die Werke als Ganzes enthielten. Die Ausschnitte und Zusammenstellungen waren ihm nicht weniger recht; denn als Fragmente – Wagner pflegte von *Bruchstücken* zu sprechen – standen sie nicht nur für sich selbst, sondern waren Verweis auf die Werke, aus denen sie als Bruchstücke gleichsam herausgebrochen waren. Wagner verstand sie nicht anders als die Konzertstücke, die er selbst von Ausschnitten aus seinen Opern anfertigte, um sie in Konzerten aufzuführen. Sie waren nicht als Kompositionen gemeint, die sich im Sinne absoluter Musik aufführen und rezipieren lassen, sondern stets als Teile von Theaterstücken, als Musik also, die vor allem eine dramaturgische Funktion hat. Und so wie Wagner den Konzertstücken aus seinen Opern schriftliche Erläuterungen beigab, die den Zusammenhang mit der jeweiligen Oper erklären, so waren viele der Klavierarrangements mit dem zugehörigen Text aus dem Textbuch der Oper versehen, mit szenischen Bemerkungen oder einer allgemeinen Erläuterung der Handlung, wie zum Beispiel die von einem anonymen Arrangeur zusammengestellten *Tonbilder* aus dem *Ring des Nibelungen*, auf deren Titelseite es heißt: *Für das Pianoforte allein eingerichtet und mit erläuterndem, unterlegtem und verbindendem Text versehen.* Auch den Lisztschen Wagner-Bearbeitungen sind in zwei Fällen die Texte der Singstimme beigefügt. Der Spieler am Klavier, der etwa Liszts Arrangement von *Atmest du nicht mit mir die süßen Düfte* aus dem 3. Akt des *Lohengrin* vorträgt, hat also beim Spiel aus den Noten nicht nur eine schöne und ins Ohr gehende Kantilene nebst raffinierter Akkordbegleitung vor Augen, sondern auch einen Text, den er für sich genommen nur partiell begreift, was ihn dazu veranlassen soll, zum Textbuch der Oper oder gar zum Klavierauszug des gesamten Werks zu greifen; denn nur dann hat er – zumindest nach Wagners Vorstellung – die Möglichkeit, ganz zu verstehen, worum es sich bei diesem Stück handelt. Der Verweis vom Teil auf das Ganze wird bei anderen Arrangements durch eine Verbindung von Ausschnitten erreicht, die im Original in dieser Kombination gar nicht auftreten. In Liszts Bearbeitung des *Spinnerliedes* aus dem *Fliegenden Holländer* ertönt zweimal, gänzlich unvermittelt, der vom Motiv des Holländers abgeleitete Beginn von Sentas Ballade. In dem eher konventionellen Genrestück einer Nummernoper, den das *Spinnerlied* darstellt, ist dieses Zitat ein Fremdkörper; nur dramaturgisch, mit dem Blick auf das Ganze der Oper, ist das Zitat sinnvoll und gerechtfertigt. Die Interpolation von Sentas *Johohoe!* weist über die erklingende Musik hinaus und macht Spieler wie Hörer neugierig. Wer die Oper nicht kennt – und in dieser Lage waren im 19. Jahrhundert weitaus die meisten –, will wissen, was es mit diesem mysteriösen Einsprengsel auf sich hat. Indem das Arrangement so versucht, das Interesse auf die Oper insgesamt zu lenken, betreibt es Werbung für sie. Dies zu tun, gehörte im 19. Jahrhundert zu den wichtigsten Aufgaben des Klavierarrangements. Franz Liszt schrieb 1876 in einem Brief an den Verlag Breitkopf & Härtel, seine Transkriptionen, wie er die Klavierbearbeitungen nannte, hätten *nur als bescheidene Propaganda am dürftigen Clavier für den hehren Genius Wagner's*[7] dienen sollen.

Unter dem Gesichtspunkt der Propaganda betrachtet, ist es aus heutiger Sicht allerdings überraschend, daß Liszt nicht etwa vornehmlich Musik aus den Musikdramen *Tristan*, *Ring*, *Meistersinger* und *Parsifal* arrangierte, jenen Werken also, von denen man annehmen sollte, daß sie in ganz besonderem Maße der Propaganda bedurft hätten, sondern überwiegend aus den älteren Opern. Von den insgesamt fünfzehn Klavierarrangements, die Liszt von Stücken aus Wagnerschen Bühnenwerken anfertigte, entfallen elf auf die Opern von *Rienzi* bis *Lohengrin* und nur vier auf die genannten Musikdramen, nämlich je eines auf *Tristan*, *Ring*, *Meistersinger* und *Parsifal*. Die meisten, je vier, betreffen Musik aus *Tannhäuser* und *Lohengrin*. Darin zeigt sich abermals, daß der qualitative Sprung in der künstlerischen Entwicklung Wagners von den Zeitgenossen nicht etwa erst beim Übergang zum *Ring* und zum *Tristan* gesehen wurde, sondern bereits bei *Tannhäuser* und *Lohengrin*.

Die Propaganda für die neue Kunst, wie sie sich in *Tannhäuser* und *Lohengrin* präsentierte, wurde nun aber nicht mit Arrangements jener Partien aus diesen Werken gemacht, die neu und in die Zukunft weisend waren, sondern eher mit den konventionelleren Stücken. Bezeichnend sind Liszts Bearbeitungen aus dem *Tannhäuser*. Neben der Ouvertüre, die eine Ausnahme bildet, bearbeitete er den *Pilgerchor*, das *Lied an den Abendstern* und – wie könnte es anders sein – den *Einzug der Gäste* auf der Wartburg, das bekannteste Musikstück Wagners im 19. Jahrhundert überhaupt. Spieler und Hörer sollten also auf dem Wege über die Traditionsgebundenheit dieser Stücke und ihre leichte Eingängigkeit den Zugang zu den Werken finden, denen sie entnommen waren.

---

[7] Brief vom 23. November 1876, in: *Franz Liszt's Briefe*, hg. v. La Mara, Bd. 2, Leipzig ²1893, S. 247

Für uns heute, die wir Wagners Musik im Original kennen, ist eine Klavierübertragung ein Kuriosum. Im 19. Jahrhundert – das dürfte deutlich geworden sein – war die Situation umgekehrt; bekannt waren die Klaviertranskriptionen, die Aufführung mit Orchester und auf der Bühne jedoch war die Ausnahme. Hatte man sie aber erlebt, so war das Spiel auf dem Klavier die Erinnerung an das Erlebte, das Wachrufen der vergangenen Eindrücke, der imaginäre Nachvollzug der Aufführung.

Nicht immer hatte das den Beigeschmack des Sentimentalen, wie diese Darstellung vermuten lassen könnte. Emanuel Chabrier setzte seiner Erinnerung an die *Tristan*-Aufführungen, die er zu Beginn der achtziger Jahre in München erlebt hatte, ein eher ironisch-distanziertes Denkmal. Er schrieb eine Quadrille für Klavier zu vier Händen über Themen aus *Tristan,* die er *Souvenir de Munich* nannte. Darin formte er, der Gattung der Quadrille gemäß, die Wagnerschen, meist nicht genau ins Periodenschema passenden Themen in teilweise grotesk anmutender Weise zu Lied- und Tanzweisen um. Wagners Musik wurde gleichsam begradigt. Zudem gab Chabrier den einzelnen Abschnitten die Überschriften *Pantalon*, *Été*, *Poule*, *Pastourelle* und *Galop*, Titel, die die Musik zusätzlich aus ihrem strengen Ernst ins Heiter-Komödiantische ziehen. Da man weiß, welch glühender Wagner-Verehrer Chabrier war, scheidet die Möglichkeit, daß es ihm lediglich um eine entlarvende Parodie ging, aus. Vermutlich war diese Art der Transkription eine Form der Befreiung von einer Erinnerung, die in ihrer Dominanz die eigene Kreativität zu hemmen drohte.

Beziehungen

Wagner und Rossini
oder *Un nouvel Orphée*[1] und
Der ungemein geschickte Verfertiger künstlicher Blumen[2]

Wie vieles andere ist auch das Verhältnis zwischen Wagner und Rossini nicht so grundlegend erforscht, daß es in einem Text wie diesem nur darum zu gehen hätte, vorliegende Ergebnisse zusammenzufassen. Über den Einfluß der Kunst Rossinis auf diejenige Wagners gibt es zwar viele, oft kühne Behauptungen, bewiesen und beweisbar ist jedoch nur wenig. Die Spuren, die Rossini im Werk Wagners hinterlassen hat, sind nicht so deutlich, daß sie mit Händen zu greifen und für jeden, der sich im Werk des einen wie des anderen auskennt, unmittelbar wahrzunehmen wären. Daß sie nicht im Bereich des musikalischen Stils zu finden sind, liegt auf der Hand; jeder würde es hören. Ob aber in verborgeneren Schichten, etwa der musikalisch-dramatischen Struktur, das Wagnersche Werk von Rossini grundlegend beeinflußt ist, läßt sich beim augenblicklichen Forschungsstand weder klar bejahen noch verneinen. Einstweilen beschränkt sich das Wissen auf Detailbeobachtungen. Die eine oder andere wird im Verlauf dieses Textes zur Sprache kommen, der sich im übrigen aber zum Ziel setzt, Wagners unmittelbare Begegnung und Auseinandersetzung mit Werk und Person Rossinis zu dokumentieren und zu beschreiben. Im übrigen gilt auch für die Detailbeobachtungen: Wenn in Wagners frühen Opern bis hin zu *Tannhäuser* oder gar *Lohengrin* bisweilen Strukturen anzutreffen sind, die jenen der Opern Rossinis ähnlich sehen, so heißt das noch nicht, daß Wagner von Rossini beeinflußt wurde, sondern zeigt nur an, daß beide Komponisten Modellen folgten, die aus der italienischen Operntradition stammen[3]. Sie allerdings dürfte Wagner vor allem durch Rossini kennengelernt haben.

[1] Rossini – angeblich – über Wagner, nach: Edmond Michotte, *La visite de R. Wagner à Rossini (Paris 1860)*, Paris 1906, S. 19; deutsch in: Edgar Istel, *Rossiniana II: Wagners Besuch bei Rossini*, in: *Die Musik* XI (1912), Heft 11, S. 266

[2] Wagner über Rossini, nach: *Oper und Drama*, in: SS III, S. 250

[3] vgl. dazu u. a. den die Fragen zwar aufwerfenden, aber durchaus nicht endgültig lösenden Beitrag von Carolyn Abbate, *Der junge Wagner malgré lui: Die frühen Tannhäuser-Entwürfe und Wagners „übliche Nummern"*, in: *Wagnerliteratur – Wagnerforschung. Bericht über das Wagner-Symposium München 1983*, hg. v. Carl Dahlhaus und Egon Voss, Mainz 1985, S. 59–68

Die Frage, wann Richard Wagner zum ersten Mal Musik von Rossini hörte, ist gleichbedeutend mit der Frage, wann er überhaupt zum ersten Mal mit Musik, Kunstmusik, in Berührung kam. Die Zeit von Wagners Kindheit und Jugend war die Zeit von Rossinis unumschränkter Geltung, und da Wagner nicht auf dem Land, sondern in Dresden, einer Metropole, aufwuchs, in einer Familie mit vielfältigen Beziehungen zu den Künsten, vor allem zum Theater, ist fast ausgeschlossen, daß ihm nicht schon als Kind Musik Rossinis zu Ohren gekommen ist; das geschah selbstverständlich nicht mit Bewußtsein und möglicherweise ohne Kenntnis von Rossinis Namen. Immerhin aber nahm Ludwig Geyer, Wagners Stiefvater, der 1821 starb, den Ruhm Rossinis zum Anlaß, um Verse darüber zu machen[4]:

Rossini! ruft die Welt − Rossini! nie, nie, nie
Kommt wieder solch Genie: di tanti palpiti
Hat ihn berühmt gemacht, muß ihn unsterblich machen.

Auch wenn man nicht sicher sein kann, daß diese Verse, die angeblich aus einem Theaterstück Geyers stammen, im Familienkreise geläufig und also auch dem jungen Richard bekannt waren, so sind sie doch Spiegel von Zeit und Gesellschaft und drücken aus, worüber man sprach. Das aber dürfte auch dem jungen Richard Wagner nicht verborgen geblieben sein. Daß er Rossinis Namen deshalb aber eher gekannt haben könnte als dessen Musik, ist dennoch eher unwahrscheinlich; denn auch wenn ab 1817, gleichsam programmatisch, kein geringerer als Carl Maria von Weber für das deutsche Repertoire am Dresdner Hoftheater zuständig war − ein Faktum, dessen Bedeutung für die eigene Entwicklung gehörig herauszustreichen Wagner später nicht müde wurde −, so steht doch außer Frage, daß das Dresdner Hoftheater zu jener Zeit noch ganz im Sog der Tradition stand, und das hieß Pflege vor allem der italienischen Oper. Rossinis Opern waren daher in Dresden frühzeitig und kontinuierlich präsent. Zwischen 1816 und 1826 wurden nicht weniger als 16 Opern Rossinis in Dresden gespielt, darunter die auch heute noch

---

[4] nach: Carl Friedrich Glasenapp, *Das Leben Richard Wagners*, Band 1, Leipzig [5]1923, S. 62

geläufigen Buffo-Opern *Il turco in Italia*, *L'Italiana in Algeri* und selbstverständlich *Il barbiere di Siviglia*, darunter aber auch *La gazza ladra*, *Mosè in Egitto* und *La Cenerentola* und vor allem opere serie wie *Semiramide*, *Zelmira*, *La donna del lago*, *Otello* und vor allem *Tancredi*, aus der das berühmte von Geyer in seinen Versen zitierte *di tanti palpiti* stammt. Die Mehrzahl brachte es auf ansehnliche Aufführungszahlen[5]. Sofern Richard Wagner also das Hoftheater regelmäßig besuchte, worüber wir aber seltsamerweise nichts wissen, mußte er zwangsläufig immer wieder auf Rossini stoßen. Zumindest eine der genannten Opern lernte Wagner gleichsam aus allernächster Nähe kennen: *La Cenerentola*. Wagners Schwester Clara, die nach *Mein Leben*, Wagners Autobiographie[6], *eine außerordentlich seelenvolle Stimme besaß*, debütierte 1824, nur siebzehnjährig, in Dresden in der Titelrolle dieser Oper, und selbst wenn man annähme, Wagner hätte diesem Debüt nicht beigewohnt, so ist doch ausgeschlossen, daß er das Studium der Rolle durch die Schwester, die schließlich im gleichen Haushalt lebte wie er, nicht wahrgenommen und mitverfolgt haben sollte. Möglicherweise hat Wagners spätere Aversion gegen Rossinis instrumental-virtuose Behandlung der Singstimme mit diesen frühen Eindrücken zu tun; denn Clara reüssierte nicht, im Gegenteil, nach einigen Jahren als Sängerin auf Provinzbühnen verlor sie ihre Stimme. In *Mein Leben* schrieb Wagner später, ihre Stimme sei durch *zu frühe Entwicklung beschädigt* worden.

Rossinis Musik war in der ersten Hälfte des 19. Jahrhunderts nicht nur in den Opernhäusern präsent, sondern auch im Konzertsaal, und bei den dort aufgeführten Werken handelte es sich nicht etwa um Rossinis wenige nicht für die Bühne geschaffene Kompositionen wie beispielsweise die heute von jedem Kammerorchester gespielten sechs Streichersonaten – die Wagner vermutlich nicht gekannt hat –, sondern um Arien, Ensembles und Finali aus Rossi-

---

[5] Diese und die folgenden Angaben über Aufführungen Rossinischer und anderer Werke entweder nach den Konzertprogrammen und Theaterzetteln selbst oder nach folgenden Werken: J. G. Dennerlein, *Geschichte des Würzburger Theaters*, Würzburg 1853. – Alfred Dörffel, *Geschichte der Gewandhauskonzerte zu Leipzig*, Leipzig 1884. – Max Fehr, *Richard Wagners Schweizer Zeit*, 2 Bände, Aarau-Leipzig 1934, Aarau-Frankfurt 1953. – Peter Gülke, *Musik und Musiker in Rudolstadt*, Rudolstadt 1963. – *Magdeburgische Zeitung* 1834–1836. – Robert Prölß, *Geschichte des Hoftheaters zu Dresden*, Erfurt o. J. [1878].

[6] ML, S. 34

nis Opern. So verwunderlich das heute erscheint, so selbstverständlich war es damals, und es hatte durchaus nicht nur mit Rossinis Berühmtheit zu tun; denn nicht Instrumentalmusik wie heute, sondern Vokalmusik stand im Zentrum der Konzertprogramme, der alten aus dem 18. Jahrhundert überkommenen Ästhetik gemäß, die der Vokalmusik den Vorrang vor der Instrumentalmusik gab. Opernmusik aber war vorab Vokalmusik, definiert – in erster Linie zumindest – durch das Zusammenwirken von Text und Musik, so daß es schien, als verzichte man allenfalls auf etwas Peripheres, Läßliches, wenn man Opernmusik im Konzertsaal und nicht auf der Bühne aufführte. Das hat damit zu tun, daß bis ins 19. Jahrundert hinein eine andere Auffassung vom Musiktheater herrschte, als sie uns heute geläufig ist, und damit ist nicht etwa der berühmte Streit zwischen „prima la musica e poi le parole" und vice versa gemeint. Jedenfalls dürfte auch der junge Wagner diverse Arien, Ensembles und Finali aus Rossinis Opern im Konzertsaal erlebt haben, beispielsweise im Leipziger Gewandhaus, dessen Konzerte er in den Jahren 1828 bis 1833 zumindest hin und wieder besucht haben dürfte. Genaues weiß man darüber nicht. In den Gewandhauskonzerten wurden zahlreiche Stücke aus Rossini-Opern geboten, vor allem auch aus jenen, die wir heute nicht mehr so genau oder gar nicht mehr kennen wie *Le siège de Corinthe*, *Le comte Ory*, *L'inganno felice*, *Matilde di Shabran*. Auch in den Konzerten am 23. Februar und 30. April 1832, in denen Wagners eigene Konzert-Ouvertüren – d-Moll WWV 20, C-Dur WWV 27 – erstmals im Gewandhaus zur Aufführung kamen, erklang Musik von Rossini: im 1. Konzert *Szene, Arie und Chöre aus ‚Graf Ory'*, im 2. Konzert *Duett aus Matilde di Shabran*.

Wagner selbst machte den Brauch, Rossini-Arien im Konzertsaal aufzuführen, mit. In seinen Konzerten in Riga 1838/39, die ihm vor allem dazu dienten, Beethovens Sinfonien aufzuführen, ließ er auch Arien von Rossini singen (ohne daß allerdings bekannt wäre, um welche es sich handelte)[7]. Offen bleiben muß dabei freilich, ob er das freiwillig oder gar aus Überzeugung tat oder gezwungenermaßen, etwa weil die mitwirkenden Sängerinnen, auf die er ange-

---

[7] Es heißt auf den Programmzetteln (17. Januar und 7. Mai 1839) nur: *Arie von Rossini, gesungen von* …

wiesen war, es so verlangten. Sogar noch 1855 in einem Abonnementskonzert der Allgemeinen Musikgesellschaft in Zürich (20. Februar 1855), das Wagner leitete, wurde am Schluß des ersten Teils eine Arie aus Rossinis *Semiramide* gesungen, bevor dann im zweiten Teil Musik Wagners erklang.

Daß die Musik Rossinis, so berühmt sie war und so sehr sie Spielpläne und Konzertprogramme beherrschte, auf den jungen Wagner einen besonderen Eindruck gemacht oder ihn gar begeistert hätte, läßt sich nicht behaupten. Zumindest fehlen die entsprechenden Zeugnisse. Die Götter des jungen Wagner waren Weber, Beethoven und Mozart, und die italienische Musik, gegen die schon frühzeitig ein bis zur generellen Ablehnung tendierendes Vorurteil bestanden zu haben scheint, kam erst mit Vincenzo Bellini ins Blickfeld, vermittelt durch Wilhelmine Schröder-Devrient, deren Auftreten als Romeo in Bellinis *I Capuleti e i Montecchi* 1834 in Leipzig zum Schlüsselerlebnis für Wagner wurde. Bei diesem Gastspiel trat die Schröder-Devrient auch als Desdemona in Rossinis *Otello* auf, auch dies eine ihrer Glanzpartien, bezeichnenderweise aber verlor Wagner darüber kein Wort, während er den Eindruck der Bellini-Oper in seinem wenig später geschriebenen Aufsatz *Die deutsche Oper* dokumentierte und später immer wieder, meist im Tone unverhohlener Begeisterung, erwähnte. Es erscheint symptomatisch, wenn es in *Mein Leben* über ein Gastspiel der Schröder-Devrient in Magdeburg im April 1835 heißt[8]: *Sie trat als „Desdemona" und „Romeo" auf: namentlich im letzteren exaltierte sie auch hier wiederum alles und erfüllte mich von neuem mit Feuer und Glut.*

Enthusiastische Texte, wie sie Wagner über Bellini, insbesondere dessen *Norma* geschrieben hat, gibt es über Rossini nicht. Das ist so verwunderlich allerdings nicht. Wagner lag damit, wie man heute sagen würde, im Trend; denn die große Zeit Rossinis war nach 1830 vorbei, zumindest herrschte Rossini nicht mehr unangefochten. Bellini und Donizetti, Auber und vor allem Meyerbeer eroberten die Bühnen, während die Aufführungszahlen Rossinischer Opern zurückgingen. Das spiegeln auch die Spielpläne jener Theater wider, an denen Wagner in den dreißiger Jahren wirkte. In Würzburg, wo Wagner immerhin ein ganzes Jahr verbrachte (1833), gab es während

[8] ML, S. 106

der Zeit seines Aufenthaltes nur je eine Aufführung von *Tancredi*, *Barbier* und *Italienerin in Algier*, während im gleichen Zeitraum Marschners *Vampyr* sechs, Hérolds *Zampa* fünf, Meyerbeers *Robert der Teufel* und Aubers *Fra Diavolo* je vier Aufführungen erlebten, und Bellinis *Straniera* in nur einem Monat auf drei Aufführungen kam. Als Musikdirektor der Bethmannschen Theatertruppe leitete Wagner zwischen August 1834 und Januar 1836 in Bad Lauchstädt, Rudolstadt und Magdeburg sieben Aufführungen des *Barbier*, drei des *Otello* (davon eine mit der Schröder-Devrient als Desdemona) sowie eine von *Tancredi*. Dem standen 15 Aufführungen von *I Capuleti e i Montecchi*, 10 von *Zampa*, 8 von *Don Giovanni*, 6 von *Norma* und 5 von Aubers *Die Stumme von Portici* gegenüber, auch dieses zuletzt genannte Werk übrigens ein Stück, für das Wagner eine besondere Vorliebe hatte. In Riga, wo Wagner zwei Jahre lang als Musikdirektor wirkte (1837–1839), befand sich nach der Darstellung seines Biographen Glasenapp nur eine einzige Rossini-Oper im Repertoire, der *Barbier*, den Wagner fünfmal dirigierte. Auch als sächsischer Hofkapellmeister (1843–1849) leitete Wagner Aufführungen von Opern Rossinis, doch ist die Feststellung, um welche es sich handelte, schwierig. Zum einen gab es in Dresden zwei Hofkapellmeister, Wagner und Carl Gottlieb Reißiger; zum anderen wurde der Name des Dirigenten seinerzeit noch nicht auf den Theaterzetteln genannt. Wie aber das Opernrepertoire auf die beiden Kapellmeister verteilt war, ist nicht im Detail erforscht. Nach seiner eigenen Mitteilung[9] dirigierte Wagner in Dresden den *Wilhelm Tell* mit der Schröder-Devrient als Mathilde. Dem entspricht, daß diese Oper auch in der Aufstellung über das Opernrepertoire des Dresdner Hoftheaters genannt ist, die Wagner seinem Brief vom 19. Juni 1847 an den Hoftheaterintendanten Freiherrn von Lüttichau beifügte[10]. Bezeichnenderweise aber ist es die einzige Oper Rossinis, die in dieser Aufstellung erscheint, was immerhin so viel besagt, daß Wagner sich kaum für die Pflege gerade der Werke Rossinis engagiert haben kann. Verwunderlich ist übrigens, daß der *Barbier* in Wagners Liste fehlt. Diese Oper gehörte nämlich nach einer Statistik, die die Zeit von 1816 bis 1862 umfaßt, zu den fünf in Dresden am häufigsten

---

[9] ebda., S. 349
[10] SB II, S. 547

gespielten Opern, nach *Der Freischütz*, *Die Stumme von Portici*, *Oberon* und *Die Hugenotten*. Zumindest so viel dürfte daher feststehen, daß auch Richard Wagner in Dresden die eine oder andere Aufführung des *Barbier* dirigiert hat. Nach der Flucht aus Sachsen leitete Wagner keine Aufführungen Rossinischer Musik mehr, sieht man einmal von der bereits erwähnten *Semiramide*-Arie in einem Zürcher Konzert 1855 ab. In Zürich, wo Wagner – theoretisch längst in neuen Regionen – immerhin noch Aufführungen von *Norma* und Boieldieus *Weißer Dame* dirigierte, kam Rossini allem Anschein nach ebensowenig mehr in Betracht wie bei den acht Abonnementskonzerten der Philharmonic Society in London 1855, obwohl keines dieser Konzerte ohne Opernmusik auskam – Wagner dirigierte sogar mehrere Stücke von Meyerbeer darin!

Den wohl engsten Kontakt zur Musik Rossinis hatte Wagner im Frühjahr 1838 in Riga, als er für eine Konzertaufführung das Duett für Tenor und Baß *Li marinari* (*Die Seemänner*) aus Rossinis 1836 erschienener Sammlung *Les soirées musicales* instrumentierte[11]. Wie es scheint, genügte Wagner die originale Klavierbegleitung Rossinis nicht, obwohl es zu jener Zeit gang und gäbe war, in Orchesterkonzerten Lieder und Gesänge nur zum Klavier vorzutragen. Daß Wagner sich aber die Mühe der Instrumentation nur gemacht haben sollte, weil er kein Pianist von Metier war und sich daher den Vortrag der Duettbegleitung auf dem Klavier nicht zutraute, erscheint nicht glaubhaft. Es muß ein besonderes Interesse an der Komposition bestanden haben, was auch dadurch bestätigt wird, daß Wagner das Duett nicht nur einmal, am 19. März 1838, zur Aufführung brachte, sondern ein Jahr später, am 14. März 1839, dem Publikum nochmals präsentierte. Auch die Größe des Orchesters, für das das Duett instrumentiert wurde, zeigt an, daß Wagner sich nicht einer bloßen Pflichtaufgabe entledigte. Neben doppelten Holzbläsern, Pauken und Streichinstrumenten werden 4 Hörner, 2 Trompeten und 3 Posaunen verlangt, was gemessen an der Art der Komposition als übergroßer Aufwand erscheint. Es war wohl diese Tatsache, verbunden damit, daß es sich bei dem Duett um ein musikalisches Meeres- oder Seestück handelt, die den Musikforscher Alfred Einstein veranlaßte, einen Bogen zum wenige Jahre später geschriebenen *Fliegenden*

---

[11] WWV, S. 161f. (WWV 47)

Holländer zu schlagen[12]. Daß Wagner das Genre möglicherweise schon 1838 gereizt hat, ist selbstverständlich nicht ausgeschlossen; das Gegenteil läßt sich jedenfalls kaum beweisen. Im übrigen aber haben Rossinis Duett und Wagners Oper nicht die geringste Verwandtschaft oder gar Gemeinsamkeit. Im Gegenteil: Der Vergleich zeigt nur Unterschiede. Rossinis Duett ist, obwohl darin durchaus auch Sturm und wilde See eine Rolle spielen, ein klassizistisch gebändigtes Genrebild, während Wagners Oper den Rahmen des Genrehaften gerade sprengt und einer Härte und Unmittelbarkeit des Ausdrucks folgt, die besonders vor dem Hintergrund einer Komposition wie Rossinis Duett geradezu realistisch genannt werden muß. Die beiden Werke bilden diametrale Gegensätze, in denen sich die entgegengesetzten ästhetischen Anschauungen ihrer Schöpfer spiegeln.

Der *Fliegende Holländer* hat dennoch, wie es scheint, eine Beziehung zu Rossini, und zwar zu dessen *Wilhelm Tell*. Wagner hat allem Anschein nach besonders die Ouvertüre zu dieser Oper geschätzt und dementsprechend gut gekannt. Beispielsweise setzte er sie auf das Programm seines Magdeburger Konzerts vom 13. Januar 1835, was er kaum getan hätte, wenn ihm an dem Stück nicht auch gelegen gewesen wäre. In dieser Ouvertüre findet sich ein Abschnitt – das Ende des ersten Allegro-Teils und der Beginn des folgenden Andante –, der als unmittelbares Vorbild für den entsprechenden Abschnitt der Ouvertüre zum *Fliegenden Holländer* gelten kann: In beiden Werken vollzieht sich das Auslaufen des ersten Allegros über einem Orgelpunkt, darüber absteigende Chromatik; ein gehaltener Vorhaltsakkord mit kurzer Auflösung erklingt mehrere Male, unterbrochen von einem Bläsersolo mit Elementarintervall-Motivik (im *Holländer* das Holländermotiv mit Quarte und Quinte); das Verhältnis der Tonarten zwischen Allegro-Ende und Andante-Beginn ist das der Terzverwandtschaft: hier E-Dur/G-Dur, dort A-Dur/F-Dur; der Andante-Beginn wird klangfarblich sehr charakteristisch vom Englischhorn bestimmt. Daß das Englischhorn im übrigen im *Fliegenden Holländer* überhaupt keine Rolle spielt, ist fast der Beweis

---

[12] Alfred Einstein, *Richard Wagner als Bearbeiter Rossinis*, in: Zeitschrift der Internationalen Musikgesellschaft XIII (1912), S. 309ff.; Nachdruck in: A. E., *Nationale und universale Musik*, Zürich-Stuttgart 1958

dafür, daß sein Einsatz in der Ouvertüre sich der Modellfunktion der *Wilhelm Tell*-Ouvertüre verdankt.

Rossinis *Wilhelm Tell* scheint auch auf andere Werke Wagners Einfluß ausgeübt zu haben. So könnte die stufenweise Versetzung der Strophen des Venusliedes im *Tannhäuser* (1. Akt, 2. Szene) von Des-Dur über D-Dur nach Es-Dur ihr Vorbild im Duett Tell-Arnold (1. Akt, Nr. 2) haben, in dem ein ganzer Formteil zunächst in Es-Dur/Ges-Dur, dann in F-Dur/As-Dur erklingt. Hier wie dort dient das Verfahren der Steigerung der Expressivität. Während aber bei Wagner der Wechsel der Tonarten Teil einer gleichsam dynamischen Harmonik ist, die ganz der Dramaturgie folgt, so daß die Szene in einer anderen Tonart endet als sie begann, hält sich Rossini an die musikalisch orientierte Tradition, die verlangt, daß ein Duett tonal geschlossen ist. So sehr also bei Rossini die Harmonik im Inneren in Wagnerschem Sinne gehandhabt wird, nämlich als reines Ausdrucksmittel, so unzweideutig dient sie im Großen, Äußeren auf klassische Weise als Garant der formalen Einheit.

Rossinis *Wilhelm Tell* ist vor allem reich an szenisch-musikalischen Konstellationen, von denen sich eine Linie zu entsprechenden oder ähnlichen Gegebenheiten in Werken Wagners ziehen läßt. Szenische Situation und musikalische Behandlung der von der Jagd zurückkehrenden herrschaftlichen Gesellschaft im 2. Akt (Nr. 8) zum Beispiel zeigen Verwandtschaft zum Schluß des ersten *Tannhäuser*-Aktes (4. Szene), der jedoch – und das ist wiederum bezeichnend für die unterschiedliche Handhabung der verwandten Konstellation – auf den obligatorischen Jägerchor verzichtet. Das ausgedehnte statische Solo der Hörner, Imitation schweizerischer Alphörner, in der Introduktion des 1. Aktes (Nr. 1) weist voraus auf ähnlich umfangreiche und in sich ruhende Soli bei Wagner, sei es Siegfrieds Hornruf oder die traurige Weise des Hirten im 3. Aufzug des *Tristan*. Hier wie dort hat die Musik die Funktion, Natur zu beschwören oder zumindest eine naturhafte, naturnahe Atmosphäre zu schaffen. Das gilt auch für den höchst unkonventionellen Schluß des *Wilhelm Tell* (Nr. 21), der szenisch – die im Glanz der Sonne erglühenden Alpen – wie musikalisch – aufsteigende Dreiklänge – an die Regenbogen-Musik Frohs in der 4. Szene des *Rheingold* gemahnt. Geradezu verblüffend aber ist die Nähe der Passage zum Schluß des *Parsifal* (Chor: *Erlösung dem Erlöser!*). Thema, Klang und

Form – eine Folge von Sequenzen des Themas im Terz- bzw. Quintabstand – sind sich so ähnlich, daß man versucht ist, von einer Identität des Ausdrucks und der Atmosphäre zu sprechen:

Verwandt erscheinen auch der Hochzeitszug im 1. Akt (Nr. 3) des *Wilhelm Tell* und die entsprechende Szene im *Lohengrin*. Die sich antwortenden Trompetenrufe zu Anfang (2. Akt, 3. Szene) könnten ihr unmittelbares Vorbild in den sich antwortenden Hornmotiven zu Beginn von Nr. 3 des *Wilhelm Tell* haben. Zwischen *Lohengrin* und *Wilhelm Tell* bestehen darüber hinaus sogar auch musikalisch-motivische Beziehungen: Zu Beginn des 2. Finales (Nr. 12) spielt ein Motiv eine Rolle, das in seiner rhythmischen Struktur und vor allem mit seinem melodischen Beginn – fallender Tritonus – eine frappierende Ähnlichkeit mit dem sogenannten Unheil-Motiv im 2. Akt des *Lohengrin* aufweist (bei der Exposition des Motivs in T. 3ff. fehlt der Tritonus am Anfang noch). Genetisch ist dieser Zusammenhang leicht zu erklären. Wagner berichtet in seiner Autobiographie[13]: *Als ich an den ersten Entwurf der Musik zu ‚Lohengrin' gehen wollte, störte mich zu meiner höchsten Pein unaufhörlich das Nachklingen Rossinischer Melodien aus ‚Wilhelm Tell', der letzten Oper, welche ich zu dirigieren gehabt hatte.*

Rossini, *Wilhelm Tell*, 2. Akt, Nr. 12, Finale

Wagner, *Lohengrin*, 2. Akt, 1. Szene (*Was gäbst du doch, es zu erfahren*)

So eng aber die Verwandtschaft der Motive ist, so deutlich sind auch die Unterschiede. Während Wagner den Weg der mit dem Tritonussprung gleich zu Beginn eingeleiteten Abweichung von konventioneller Melodieführung weitergeht, biegt Rossini die so kühn begonnene Melodie bereits mit dem vierten Ton ins Gleis der Tradition zurück, nämlich in ungetrübte Dreiklangsmelodik.

Wagners Äußerungen über Rossini, seien sie schriftlich oder mündlich, wie vor allem Cosimas Tagebücher sie überliefern, seien sie eher inoffiziell oder gleichsam ex cathedra, sind von Kritik und Polemik

[13] ML, S. 349

beherrscht, und das von Anfang bis Ende. Allerdings fällt der Name Rossini erst in den während des ersten Parisaufenthaltes (1839 bis 1842) geschriebenen Zeitungsartikeln; aus der Zeit davor sind keine Äußerungen bekannt. Schon in diesen in Paris verfaßten Texten aber begegnet der scharfe Ton, der dann vor allem die im Zürcher Exil geschriebenen theoretischen Hauptwerke prägt und sich auch später durchaus nicht verliert. Die erst kürzlich wieder aufgestellte Behauptung, Wagner habe nach seinem Besuch bei Rossini 1860 in Paris seine Haltung oder zumindest den Ton, in dem er sich über ihn äußerte, geändert, läßt sich nicht halten[14]. *Oper und Drama* erlebte 1869 seine zweite Auflage, ohne daß auch nur ein einziger Satz bezüglich Rossinis verändert worden wäre; und in seine *Gesammelten Schriften und Dichtungen*, in denen im übrigen auch *Oper und Drama* nochmals erschien, nahm Wagner sogar seinen in Paris 1841 geschriebenen Text über Rossinis *Stabat mater* auf, der bei allem ironisch-süffisanten Unernst à la Heine doch nicht ohne ein beträchtliches Maß an Bösartigkeit ist. Vollends Cosimas Tagebücher veranschaulichen, daß sich an Wagners Einstellung zur Kunst Rossinis nichts geändert hat. Im übrigen wird man die Anspielung auf *Di tanti palpiti* im Chor der Schneider beim Aufzug der Meister in der Schlußszene der *Meistersinger von Nürnberg* kaum als eine Verbeugung vor Rossini auffassen können. Zwar dürfte es seine Schwierigkeiten machen, der Anspielung einen ganz konkreten Sinn abzugewinnen, doch liegt die Vermutung nahe, daß sich Wagner hier über die opera seria und ihren ihm wie seinen Zeitgenossen gewiß antiquiert erschienenen Heroismus lustig macht.

In seiner Kritik an Rossini traf sich Wagner mit vor allem in Deutschland und unter deutschen Musikern verbreiteten Ansichten. Vieles von dem, was er gegen Rossini einzuwenden hatte, ist deshalb kaum originell, sondern nur der Spiegel dessen, was allgemein gedacht wurde. Man braucht nur Robert Schumanns *Neue Zeitschrift für Musik* der Jahrgänge 1834 bis 1840 aufzuschlagen, um darin ein Großteil jener Vokabeln zu finden, derer sich auch Wagner, freilich etwas später, in bezug auf Rossini bediente. Es sind feststehende Topoi, für die nur immer wieder andere Umschreibungen gefunden wurden. Wie es scheint, war für viele Zeitgenossen die Musik Ros-

---

14 Volker Scherliess, *Gioacchino Rossini*, Reinbek 1991, S. 11

sinis von geradezu erotischer Wirkung. Insbesondere in Deutschland warf man Rossini daher vor, seine Musik sei sinnlich und frivol. *Verführerische Sirenenklänge* glaubte man zu vernehmen, vor denen selbstverständlich gewarnt werden mußte; denn in der Kunst sollte es nach bürgerlichem Verständnis um Ernst und Würde, um Sitte und Moral gehen, und selbstverständlich fand man das alles in Rossinis Musik nicht. Ihr warf man Leichtsinn vor, *Melodiengetändel*, Seichtigkeit. Rossini war zudem die Inkarnation des Komponisten, der auf Bestellung schreibt und sich nach dem Geschmack des Publikums richtet, dessen *zerstreuungssüchtiger Genußgier* er gehorcht – so jedenfalls meinte man. Kein Wunder also, daß Wagner in seiner Erzählung *Eine Pilgerfahrt zu Beethoven* dem Heros Beethoven, der einsam, von seiner Mitwelt unverstanden, allein seinem inneren Kunstideal folgt, den vom Glanz der Welt umgebenen und in ihm aufgehobenen Pragmatiker Rossini – gleichsam als abschreckendes Beispiel – entgegenstellte.

Selbstverständlich fragte man nicht, ob diese Einschätzung, in die im übrigen auch viel Neid auf den großen Erfolg Rossinis eingeflossen sein dürfte, einer ernsthafen Prüfung, nämlich an der Sache selbst, standhält; aber welche Zeit tut das schon, und welche Ästhetik ist in der Lage, über den Schatten der eigenen Vorurteile zu springen? Jedenfalls prägen die skizzierten Topoi der Rossini-Kritik und -Polemik auch die Äußerungen Wagners über Rossini. Wagner blieb bei ihnen jedoch nicht stehen. Die Kritik an Rossini, die Wagner übte, war nicht nur Kritik an einem bestimmten Komponisten und auch nicht nur Kritik an der Musik Italiens, worin sie sich sonst im allgemeinen erschöpfte. Wagner sah in Rossini vielmehr den Exponenten einer Form oder Richtung des Musiktheaters, die der seinen, von ihm erstrebten, diametral entgegengesetzt war, zumindest in seiner eigenen Einschätzung. Rossini repräsentierte im Extrem jene Spezies musikalischen Theaters, in der nach Wagner der Zweck zum Mittel und das Mittel zum Zweck gemacht wird, in der also das Drama der Musik dient und nicht, wie es nach Wagner sein sollte, die Musik dem Drama. In der Tat verwirklicht sich in Rossinis Werken eine Vorstellung vom Musiktheater, für die nicht der dramatisch-dramaturgische Einsatz der Musik wesentlich ist, sondern das Musizieren auf dem Theater. In dieser Form, auf die daher der Begriff des Musiktheaters im engeren Sinne viel eher zutrifft als auf Wagner, der ihn genaugenommen aufhebt, geht es auf der Bühne ganz bewußt um das Agieren und die theatralische Präsenz von Stimmen, während Wagner handelnde Personen, Charaktere fordert. Rossini trieb das Musiktheater als ein Theater der Musik wie kein zweiter ins Extrem. In vielen seiner Werke wird das Musizieren auf dem Theater zum Konzertieren, werden die Stimmen zu Instrumenten, was bisweilen so weit geht, daß leibhaftig Instrumente imitiert werden. Daß die unerhörte Virtuosität, die Rossini von den Sängern verlangt, die Gefahr der Äußerlichkeit in sich birgt, wird niemand leugnen, aber daß sie zwangsläufig auf Oberflächlichkeit hinauslaufe, ist ein Vorurteil. Für Wagner allerdings, der sich nicht einen virtuosen Sänger, sondern einen singenden Darsteller auf der Bühne vorstellte, war Rossinis Kunst unakzeptabel. Ihr Ruhm mußte daher, sollte sich die eigene Konzeption durchsetzen, bekämpft werden. So kommt es, daß Rossini neben Meyerbeer der am heftigsten angegriffene und befehdete Opernkomponist in *Oper und Drama* ist. Andererseits ist auch deutlich, daß die Kritik an Rossini insgesamt dennoch milder ausfällt als jene an Meyerbeer. Das braucht indessen nicht zu verwundern. Daß Rossini, so kontinuierlich sich einige seiner Werke auf den Spielplänen hielten, dennoch einen überwundenen Standpunkt repräsentierte, entging Wagner nicht, während Meyerbeer hochaktuell war. Überdies steht das Musiktheater Meyerbeers demjenigen Wagners im Vergleich zu jenem Rossinis sehr viel näher, so daß es Wagner bei Meyerbeer mit einem echten Rivalen zu tun hatte, den man naturgemäß intensiver bekämpft als eine Richtung, mit der einen so gut wie nichts verbindet.

Das dürfte auch der Grund sein, warum Wagner sich nicht scheute, Rossini zu besuchen. Dieser Besuch fand 1860, angeblich im März dieses Jahres, statt, als sich Wagner in Paris aufhielt, um die Aufführung des *Tannhäuser* an der Großen Oper vorzubereiten. Der äußere Anlaß soll Rossinis Dementi einer ihm zugeschriebenen gegen Wagner gerichteten Äußerung gewesen sein, für das sich Wagner bedanken wollte. Während von Rossini über diese Begegnung keinerlei Aussagen überliefert zu sein scheinen, erwähnte Wagner sie zum einen, wenn auch sehr knapp, in seiner Autobiographie, zum anderen in dem unmittelbar nach Rossinis Tod (13. November 1868) geschriebenen kurzen Text *Eine Erinnerung an Rossini*, der am

17. Dezember 1868 als Beilage zur *Allgemeinen Zeitung* in Augsburg erschien und später dann in Band 8 der *Gesammelten Schriften und Dichtungen* aufgenommen wurde[15]. Nach diesem Text lief das Gespräch der beiden Komponisten darauf hinaus, daß Rossini äußerte, *es hätte aus ihm das Rechte werden können*, wenn er in Deutschland *geboren und gebildet worden wäre*. Italien *sei zu seiner Zeit nicht mehr das Land gewesen, wo ein ernsteres Streben, namentlich gerade auf dem Gebiete der Opernmusik, angeregt und unterhalten hätte werden können*. Er habe sich notdürftig behelfen müssen, später aber, *als er mit der Zeit in bessere Lage geraten, sei es für ihn zu spät gewesen*. Man möge milde über ihn urteilen; *er selbst beanspruche nicht unter die Heroen gezählt zu werden; nur sei es ihm aber auch nicht gleichgültig, wenn er so niedrig geachtet werden sollte, daß er unter die schalen Verspötter ernster Bestrebungen gehören könnte*. Ob Wagner damit das Gespräch tatsächlich richtig wiedergab oder doch nur so, wie er es verstand und vor allem verstehen wollte, muß offenbleiben. Jedenfalls bestätigt die 1906 in Paris erschienene Broschüre *La visite de R. Wagner à Rossini* von Edmond Michotte Wagners Darstellung kaum. Allerdings sind auch an der Authentizität der Wiedergabe des Gesprächs durch Michotte Zweifel geboten. Michotte scheint zwar zeitweise die Funktion eines Sekretärs bei Rossini erfüllt zu haben, so daß weder ausgeschlossen ist, daß er bei dem Gespräch zugegen war, noch, daß er sich Notizen gemacht hat, doch erscheint es vorab äußerst seltsam, daß er seine Aufzeichnungen so spät publizierte. Zudem enthält die der Wiedergabe des Gesprächs vorangestellte Einleitung, in der sich Michotte vor allem auch als Kenner Wagners darzustellen versucht, mehrere gravierende Fehler, die daran zweifeln lassen, daß er gut informiert war. Den Schlüssel aber bildet ein Fehler in der Wiedergabe des Gesprächs selbst. Er beweist geradezu, daß die Wiedergabe nicht auf unmittelbar angefertigten Notizen fußt, sondern auf bloßer Erinnerung (die nach 40 Jahren erfahrungsgemäß undeutlich ist). Michotte nämlich läßt Wagner die Aufführung des *Tannhäuser* in Paris mit Léon Carvalho, dem Direktor des Théâtre Lyrique, in Zusammenhang bringen, was nicht sein kann, da es um die Aufführung am Théâtre Imperial de l'Opéra, der großen Oper, ging, deren Direktor zu jener Zeit Alphonse Royer war. Im übrigen hing die Entscheidung zu der Zeit, als

---

[15] SS VIII, S. 220–225

das Gespräch mutmaßlich stattfand – im März 1860 –, allein vom Kaiser, Napoléon III., ab und nicht mehr von irgendeinem Theaterdirektor (Napoléon fällte die Entscheidung höchstpersönlich am 11. März 1860). Schließlich erscheint noch bemerkenswert, daß nach Michotte vor allem Rossinis Zusammentreffen mit Weber 1826 in Paris und sein Besuch bei Beethoven 1822 in Wien im Mittelpunkt des Gesprächs standen, was Wagner aber in seiner *Erinnerung* mit keiner Silbe erwähnt. Muß man nicht annehmen, daß Wagner, der doch ein so großer Verehrer Webers war und selbst so gern einen Besuch bei Beethoven gemacht hätte, gerade auf die Erwähnung dieser Details Wert gelegt hätte? Zumal er in *Eine Erinnerung an Rossini* resümierte: [...] *durch die heitere, doch ernstlich wohlwollende Art, in welcher Rossini sich ausgesprochen hatte, machte er den Eindruck des ersten wahrhaft großen und verehrungswürdigen Menschen auf mich, der mir bisher noch in der Kunstwelt begegnet war.*

Die persönliche Bekanntschaft, die Wagner offenkundig mit deutlicher Sympathie für die Person und Persönlichkeit Rossinis erfüllte, stärkte auch seinen Respekt gegenüber dem Künstler und Komponisten. Es wäre jedoch falsch anzunehmen, dieser Respekt wäre erst durch die persönliche Bekanntschaft entstanden; er bestand schon zuvor, allerdings stets mit der Einschränkung, daß hier ein ungemein Begabter seine Fähigkeiten an ein völlig verfehltes Objekt verschwendet habe. Diese Einschränkung wurde auch durch die persönliche Bekanntschaft nicht aufgehoben. In Cosimas Tagebuch ist unter dem 19. August 1870 zu lesen: *Großen Spaß gestern über [Hans] Richter, der uns das Duett der zwei Pharaone, jung und alt, aus ‚Moses' von Rossini vorsingt und damit den Nerv der Lächerlichkeit dieser Kunst trifft. Er hat mitgespielt (Horn) in Wien, wobei R. sagt, es sei eine Schändlichkeit, einem deutschen Musiker zuzumuten, dabei zu spielen.*[16] Diese Eintragung ist symptomatisch, mag noch so viel augenblicksbezogener Nationalismus und Chauvinismus – es war die Zeit des deutschfranzösischen Krieges – miteingeflossen sein. Dennoch gehörte Rossini zu jenen Komponisten, deren Musik im Hause Wagner erklang, deren Musik Wagner selbst bisweilen spielte oder sang. Zum einen war die Musik jener Komponisten, die nicht Wagners volle Anerkennung genossen, durchaus nicht tabu, wie man ange-

[16] CT I, S. 273

sichts vieler Äußerungen Wagners meinen müßte, auch wenn die häusliche Aufführung ihrer Musik häufig der Demonstration ihrer Fehler und Unzulänglichkeit diente. Zum anderen hatte Wagner Vorlieben, die bisweilen geradezu im Gegensatz standen zu seinen offiziellen Meinungen und Theorien. So wie er sich bis ans Lebensende von mancher Musik Bellinis fesseln ließ und einzelne Werke Felix Mendelssohn Bartholdys bewunderte, so blieb er auch gegenüber der Musik Rossinis nicht gleichgültig. Ob *Wilhelm Tell* oder *Otello* (dieser freilich stets gebunden an den Namen Schröder-Devrient) – Wagner war nicht unempfänglich für die Eigenarten und Qualitäten dieser Werke. Die Ouvertüre zu *La gazza ladra* scheint sogar eines seiner Lieblingsstücke gewesen zu sein. Er spielte sie laut Cosima am 20. Februar 1870 auf dem Klavier *zwischen höchstem Ergötzen*[17].

Ein wichtiger Aspekt der Kritik Wagners an Rossini wird meist vergessen. Es ist nämlich keine Kritik am gesamten Werk Rossinis, sie betrifft vielmehr ausschließlich den Bereich der opera seria, der ernsten Oper. Wagners Polemik richtet sich gegen *Mosè* und *Otello*, gegen *Tancredi* und *Wilhelm Tell* usw., nicht aber gegen die opera buffa, ein Feld, das Wagner weder theoretisch noch praktisch-kompositorisch interessierte. Man muß deshalb jene Werke Rossinis, die der Gattung der opera buffa angehören, und wohl auch einige von jenen, die ihr nahestehen, wie etwa *La Cenerentola*, von der Kritik ausnehmen; sie sind nicht gemeint. Allerdings steht außer Frage, daß auch die Zeit der opera buffa mit Rossini zuende gegangen war, und das blieb auch Wagner nicht verborgen. Seine Bewunderung für dieses Genre und besonders auch für die entsprechenden Werke Rossinis ist daher stets getragen von der Ansicht, die zugleich eine Einsicht ist, daß die opera buffa einer vergangenen Zeit angehöre, eine untergegangene Welt spiegele. Wie Wagner zum *Barbier von Sevilla* stand, jenem Werk, mit dem wir heute den Namen Rossini vor allem verbinden, zeigt anschaulich eine Eintragung in Cosimas Tagebuch vom 30. September 1877. Es heißt dort: *Gestern fanden wir unter den Korrespondenzen der Musikalischen Zeitung einen Aufsatz von Hans* [von Bülow], *über den ‚Barbier von Sevilla'* […] *Abends nimmt R den ‚Barbier' vor, Hans recht gebend in der unbedingten Bewunderung dieses Werks.*[18]

---

[17] ebda., S. 200
[18] CT I, S. 1074

Wagner und Bruckner
Ihre persönlichen Beziehungen anhand der überlieferten Zeugnisse
(mit einer Dokumentation der wichtigsten Quellen)

Zumindest die ältere biographische Brucknerliteratur vermittelt ausnahmslos den Eindruck, als habe zwischen Wagner und Bruckner eine Künstlerfreundschaft bestanden. Wagner hätte danach die besondere Wertschätzung, die ihm Bruckner entgegenbrachte, in vollem Umfange erwidert und mehr noch: er hätte in Bruckner nicht nur den großen Symphoniker erkannt, sondern auch den einzig legitimen Nachfolger Beethovens auf dem Gebiet der Symphonie in ihm gesehen. Wagner soll, dieser Darstellung zufolge, immer wieder dafür eingetreten sein, daß Bruckners Symphonien aufgeführt würden, und schließlich Bruckner sogar das Versprechen gegeben haben, selbst die Symphonien aufzuführen oder aufführen zu lassen. Dieses schöne, ideale Bild findet sich auch noch in der 1973 erschienenen Biographie von Leopold Nowak, für die außer Zweifel steht, daß Wagner Bruckners Genie erkannte und es mit dem Versprechen, die Symphonien aufzuführen, ernst meinte[1]. Wer allerdings nach der Grundlage dieses harmonischen Bildes, nämlich den unmittelbaren Zeugnissen der Zeit und vor allem der beteiligten Personen fragt, muß feststellen, daß es zwar für den Part Bruckners Quellen aus erster Hand gibt, nicht aber für jenen Wagners.

Zu einer Künstlerfreundschaft gehörte im 19. Jahrhundert selbstverständlich ein Briefwechsel, es sei denn, die Freunde wohnten nicht getrennt. Ein solcher Briefwechsel zwischen Wagner und Bruckner ist nicht überliefert, scheint jedoch auch gar nicht existiert zu haben. Es lassen sich nur drei Briefe Bruckners an Wagner nachweisen. Einer davon, geschrieben 1878 zum 65. Geburtstag Wagners, ist im Wahnfried-Archiv erhalten (Anhang Nr. 1); von den beiden anderen, die 1868 bzw. 1874 verfaßt wurden, weiß man nur durch die Antwortbriefe (Anhang Nr. 2 und 3). Daß es weitere Briefe Bruckners an Wagner gab, ist selbstverständlich nicht ausgeschlossen, jedoch eher unwahrscheinlich; denn es fehlen die Gegen-

---

[1] Leopold Nowak, *Anton Bruckner. Musik und Leben*, Linz 1973, S. 217; vgl. auch S. 157, 171, 216

briefe, die kaum gänzlich verlorengegangen sein können, es sei denn, man wollte annehmen, Wagner habe nicht einen einzigen der Brucknerschen Briefe beantwortet. Bruckner scheint überdies, zumindest zeitweise, eine Scheu gehabt zu haben, sich an Wagner zu wenden. Jedenfalls schrieb er 1875 in einem Brief an Moritz von Mayfeld: *Wagner darf man um Nichts ersuchen, will man seine Gunst nicht verscherzen.*[2] Da in Wahnfried – Wagner zog dort am 28. April 1874 ein – im allgemeinen aufbewahrt wurde, was ins Haus kam, wie ja nicht zuletzt der genannte Brief Bruckners von 1878 belegt, kann man zumindest für die Zeit ab Mai 1874 annehmen, daß Briefe Bruckners erhalten wären, hätte es sie gegeben. Der erhaltene Brief widerlegt im übrigen den bei Göllerich–Auer anklingenden Verdacht, man habe in Wahnfried die Dokumente zur Beziehung zwischen Bruckner und Wagner unterdrückt[3].

Was die Gegenbriefe anbetrifft, so scheint es überhaupt nur einen einzigen zu geben. Als Eva Wagner, Richard Wagners jüngste Tochter, Bruckner im Frühjahr 1885 für das Wahnfried-Archiv um Kopien der in seinem Besitz befindlichen Wagner-Dokumente bat, konnte dieser ihr nur die Kopie eines einzigen Briefes senden. In seinem Begleitschreiben (Anhang Nr. 4) nannte er diesen Brief *meine so kostbare Reliquie*. Was Bruckner ein Wagnerscher Brief bedeutete, schildert Alexandrine Soika, in Linz Klavierschülerin Bruckners: *Einst brachte Bruckner einen Brief von Richard Wagner und las ihn mir vor mit ganz verklärtem Ausdruck.*[4] Angesichts einer solchen Verehrungshaltung ist kaum anzunehmen, daß Bruckner Briefe Wagners, hätte es deren mehr als diesen einen gegeben, verlorengegangen sein könnten. Reliquien hütet man wie seinen Augapfel, erst recht aber, wenn sie nicht nur mit der verehrten, sondern zugleich auch noch mit der eigenen Person zu tun haben. Es ist darum so gut wie ausgeschlossen, daß Briefe Wagners an Bruckner mit Urteilen Wagners über den Komponisten Bruckner oder gar über die dritte Symphonie abhanden gekommen sind. Es erscheint deshalb kaum glaubhaft,

---

2 Anton Bruckner, *Gesammelte Briefe. Neue Folge.* Gesammelt und hg. von Max Auer, Regensburg 1924, S. 129
3 August Göllerich – Max Auer, *Anton Bruckner. Ein Lebens- und Schaffens-Bild*, Bd. I–IV (in 9 Teilen), Regensburg 1922–1937 (Reprint: Regensburg 1974), Bd. IV, Teil 1, S. 283 und S. 481f.
4 ebda., Bd. III, Teil 1, S. 506

daß Wagner – allerdings auch nur nach einer sehr vorsichtig formulierten Fußnote in Göllerich–Auer – in einem Brief an Bruckner diesen den *größten Symphoniker der Zeit* genannt haben soll[5]. Gerade einen solchen Brief hätte Bruckner als Heiligtum bewahrt und zu bewahren gewußt.

Mit der Tatsache, daß Bruckner im Jahre 1885 nur einen einzigen Brief Wagners besaß, stimmt überein, daß sich nur ein einziger Brief Wagners an Bruckner nachweisen läßt. Er wurde am 31. Januar 1868 in München geschrieben und befindet sich heute im Besitz der Bayerischen Staatsbibliothek, die ihn 1968 aus Würzburger Privatbesitz erwarb (Anhang Nr. 2). Das Wahnfried-Archiv bewahrt von diesem Brief insgesamt drei Kopien auf[6], was wiederum damit übereinstimmt, daß Bruckner Kopien seiner *so kostbaren Reliquie* an Eva Wagner sowie an die Vertrauten des Hauses Wahnfried, Adolf von Gross und Hans von Wolzogen, schickte, wie aus seinen Briefen an Wolzogen vom 13. September 1884 und an Eva Wagner vom Frühjahr 1885 hervorgeht[7]. Es ist daher so gut wie sicher, daß die *so kostbare Reliquie* mit dem Brief vom 31. Januar 1868 identisch ist.

Dieser Brief richtet sich an Bruckner in dessen Funktion als Leiter der Linzer Liedertafel „Frohsinn". Es ist ein reiner Geschäftsbrief, die Antwort auf eine nicht überlieferte Anfrage Bruckners und der Liedertafel; Wagner bietet darin den Schluß der *Meistersinger* (beginnend mit *Verachtet mir die Meister nicht*) für ein Festkonzert der Liedertafel an, die diesen Schluß dann auch tatsächlich unter Bruckners Leitung am 4. April 1868, also noch vor der Münchner Uraufführung der Oper, zur ersten Aufführung brachte. Bruckner wurde damit zum Uraufführungsdirigenten eines Wagnerschen Werkes. Der Brief läßt keinen Schluß zu auf die Beziehung des Schreibers zum Adressaten. Wüßte man nicht, daß sich Wagner und Bruckner anläßlich der Münchner *Tristan*-Uraufführung 1865 persönlich kennengelernt hatten, man müßte nach diesem Brief annehmen, daß der Adressat dem Schreiber unbekannt war.

---

[5] ebda., Bd. IV, Teil 1, S. 481, Fußnote 1
[6] NA: I B m B – 24
[7] *Gesammelte Briefe* (Anm. 2), S. 165 und S. 202. Als Adressat des Briefes vom 13. September 1884 ist in Göllerich–Auer (Anm. 3), Bd. IV, Teil 2, S. 187 fälschlich Baron von Perfall angegeben.

Für Wagner gab es zumindest noch zwei Anlässe, an Bruckner zu schreiben: zum einen den bereits erwähnten Gratulationsbrief Bruckners zum 65. Geburtstag 1878 (Anhang Nr. 1), auf den er gar nicht reagiert zu haben scheint; zum anderen die Übersendung der Partitur der ihm gewidmeten dritten Symphonie. Den Dank dafür ließ er durch Cosima übermitteln, die am 24. Juni 1874 an Bruckner schrieb (Anhang Nr. 3). Daß er das in Cosimas Schreiben zumindest angedeutete Versprechen eines eigenhändigen Briefes wahr gemacht hätte, ist zu bezweifeln. Ein Dokument über die dritte Symphonie von der Hand Wagners wäre Bruckner – wir haben es schon gesagt – auf gar keinen Fall abhanden gekommen.

Es fehlt jedoch nicht nur ein Brief Wagners an Bruckner, der eine Aussage oder gar ein Urteil über die dritte Symphonie enthielte, sondern es gibt, soweit man das derzeit überblicken kann, auch kein briefliches Zeugnis an Dritte, in dem Wagner Bruckners Symphonie auch nur erwähnte, geschweige denn darüber urteilte. Der Komponist Bruckner kommt in Wagners Briefen nicht vor.

Die Tatsache, daß Wagner sich nicht bereit fand, Bruckner für die Übersendung der Widmungspartitur der dritten Symphonie eigenhändig zu danken, läßt vermuten, daß er vermeiden wollte, etwas über die Komposition sagen zu müssen. Ob er das Werk, wie Cosima behauptet (vgl. Anhang Nr. 3), wirklich *durchgenommen* hatte, ist überdies fraglich; denn Cosimas Tagebücher enthalten für die Zeit vor Abfassung des Briefes keinen diesbezüglichen Eintrag; dafür aber heißt es unter dem 8. Februar 1875: *Wir nehmen die Symphonie von dem armen Organisten Bruckner aus Wien vor* (vgl. Anhang Nr. 6). Cosimas Brief spricht zwar von Wagners *Anerkennung Ihrer schönen Arbeit* und davon, daß sich Wagner *der Arbeit selbst sowie der Widmung derselben ungemein gefreut* habe, doch enthält er im übrigen nichts, was belegen könnte, daß es sich bei den von Cosima gewählten Formulierungen um mehr als die gebräuchlichen Formeln der Konvention handelte. Leider hilft auch die Tagebucheintragung vom Februar 1875 nicht weiter; denn überraschenderweise folgt auf die Mitteilung, daß man die Brucknersche Symphonie *vorgenommen* habe, kein Urteil über das Stück, wie sonst immer, wenn Cosima davon berichtet, daß Wagner mit ihr bestimmte Kompositionen durchgegangen sei oder sie ihr vorgespielt habe. Was diese ungewöhnliche Zurückhaltung tatsächlich bedeutet, läßt sich nicht bestimmen. So viel aber ist gewiß, daß Wagner über der Durchsicht von Bruckners Symphonie nicht in einhellige Zustimmung oder gar Begeisterung ausbrach. Eine unzweideutige Stellungnahme Wagners hätte Cosima sicherlich festgehalten. Es hat vielmehr den Anschein, als habe Wagner Bruckners Symphonie nur deshalb *vorgenommen*, weil eine Reise nach Wien anstand – Wagner und Cosima reisten am 20. Februar dorthin[8] – und er damit rechnen mußte, daß er Bruckner treffen und dieser ihn nach der Symphonie fragen würde. Die Kürze der Tagebucheintragung und vor allem ihre Neutralität wecken den Eindruck, als habe man sich einer Pflicht entledigt.

Ähnlich mutet ein bislang unbekanntes Detail der Begegnung zwischen Bruckner und Wagner anläßlich der Widmung der dritten Symphonie im September 1873 in Bayreuth an. Bruckner[9] und der Bildhauer Gustav Adolph Kietz[10], der zur Zeit von Bruckners Besuch in Bayreuth an einer Büste Cosimas arbeitete, berichten übereinstimmend, daß Wagner Bruckner, um ihm seine Entscheidung hinsichtlich der Widmung mitzuteilen, nach Wahnfried geladen habe. Wahnfried befand sich zu jener Zeit jedoch noch im Bau: Wagner wohnte noch in der Dammallee. Dennoch liegt kein Erinnerungsfehler Bruckners und Kietz' vor; denn die Sitzungen für die Büste, an der Kietz arbeitete, fanden in Wahnfried statt, das im Rohbau fertig war. Wagner lud Bruckner also nicht in seine Wohnung ein, sondern traf sich mit ihm auf der Baustelle seines zukünftigen Hauses, an einem Ort, wo es weder komfortabel noch gar gemütlich war und das Zusammensein daher nur von kurzer Dauer sein konnte.

Es wäre vorstellbar, daß Wagner, der ja bis kurz vor seinem Tode immer wieder, wenn auch zunehmend mehr privat als öffentlich, Konzerte dirigierte, eine Brucknersche Symphonie oder Teile daraus, zumindest aber die ihm gewidmete Dritte einmal aufgeführt hätte. Auf seinen Programmen standen ja durchaus nicht nur seine eigenen Werke. 1877 beispielsweise führte er in Meiningen Liszts

---

[8] CT I, S. 898
[9] Brief Bruckners an Hans von Wolzogen, *Gesammelte Briefe* (Anm. 2), S. 167
[10] *Richard Wagner in den Jahren 1842–1849 und 1873–1875. Erinnerungen von Gustav Adolph Kietz, aufgezeichnet von Marie Kietz*, Dresden 1905, S. 173 und S. 182f.

symphonische Dichtung *Festklänge* auf[11], und Beethovens Symphonien gehörten gleichsam zu seinem Standardrepertoire. Wenn es möglich war, für die Erstaufführung des *Parsifal*-Vorspiels 1878 in Haus Wahnfried die Meininger Hofkapelle nach Bayreuth zu holen[12], warum sollte dann die Aufführung einer Brucknerschen Symphonie unmöglich gewesen sein, entsprechendes Interesse vorausgesetzt. Bei den Proben zu den Bayreuther Festspielen 1876 war durchaus genug Zeit, um Wagners gerade erschienenen *Großen Festmarsch zur Feier der Unabhängigkeitserklärung der Vereinigten Staaten von Nordamerika* durchzuspielen[13]. Hätte man es da nicht auch mit einer Brucknerschen Symphonie versuchen können?

Wagner kannte viele Dirigenten und Kapellmeister und viele waren ihm gewogen, vor allem jene, die als seine Schüler gelten können, wie Hans Richter, Anton Seidl, Herman Zumpe, Felix Mottl, Hermann Levi. Sie bekleideten überwiegend Stellungen, die es ihnen ermöglicht hätten, Wagnersche Empfehlungen Brucknerscher Symphonien in die Tat umzusetzen. Richter leitete seit 1875 die Philharmonischen Konzerte in Wien; Levi war seit dem gleichen Jahr Hofkapellmeister in München; Mottl wurde 1881 Hofkapellmeister in Karlsruhe, und bezeichnenderweise waren alle drei später, nach Wagners Tod, eifrige und zum Teil begeisterte Förderer Bruckners. Von Wagner jedoch scheinen sie nie auch nur einen Hinweis auf den Komponisten Bruckner erhalten zu haben. Jedenfalls kommt Bruckner in den entsprechenden Briefen nicht vor. Weder Zumpe noch Mottl, die während ihrer Zeit in der sogenannten Nibelungenkanzlei in Bayreuth in den Jahren 1873–1876 nahezu täglich mit Wagner zusammenkamen, erwähnen in ihren Tagebuchaufzeichnungen[14] auch nur ein einziges Wort Wagners über Bruckner; dabei war Mottl bekanntlich Schüler Bruckners und kannte dessen Anliegen. Er würde es kaum versäumt haben, ein Wagnersches Urteil über Bruckners Symphonien festzuhalten, hätte es ein solches nur gegeben.

[11] CT I, S. 1036 (10. März 1877)
[12] WWV, S. 552
[13] WWV, S. 534
[14] Hermann Zumpe, *Persönliche Erinnerungen nebst Mitteilungen aus seinen Tagebuchblättern und Briefen*, München 1905; *Felix Mottls Tagebuchaufzeichnungen aus den Jahren 1873 bis 1876*. Mitgeteilt von Willy Krienitz, in: *Neue Wagner-Forschungen*, hg. von Otto Strobel, Karlsruhe 1943, S. 167–208

Bruckner hatte nicht nur um die Aufführung seiner Symphonien zu kämpfen, sondern auch um deren Publikation. Als Wagner 1883 starb, schrieb Bruckner bereits an seiner siebenten Symphonie. Im Druck erschienen war bis dahin jedoch einzig die Dritte. Eine Empfehlung an einen Verleger, etwa Schott oder Peters, ausgesprochen von Richard Wagner, wäre Bruckner gewiß sehr willkommen und dienlich gewesen. Wagner war zwar, was das Engagement für andere anbelangt, gewiß nicht freigebig oder gar großzügig, aber daß er sich überhaupt nicht für andere eingesetzt hätte, läßt sich auch nicht behaupten. Mehrere der genannten Kapellmeister erhielten Stellungen auf Empfehlungen Wagners, und es gibt sogar auch den Fall, daß Wagner einen anderen Komponisten empfahl. Nach Cosimas Tagebüchern lernte Wagner bei seinem Aufenthalt in Rom im Herbst 1876 den Liszt-Schüler Giovanni Sgambati kennen, der ihm am 19. und 22. November mehrere seiner Kompositionen zu Gehör brachte. Sie weckten Wagners Interesse so sehr, daß er versprach, *sie in Deutschland publizieren zu lassen*[15]. Daß es ihm damit ernst war, beweist sein Brief vom 23. November 1876 an Ludwig Strecker, den Geschäftsführer und nachmaligen Inhaber des Schott-Verlages, in dem er Sgambati empfahl[16]. Tatsächlich erschien daraufhin eine ganze Reihe von Werken Sgambatis bei Schott. Dabei handelte es sich vornehmlich um Kammermusik, die selbstverständlich leichter einen Verleger findet als eine Brucknersche Symphonie; und selbstverständlich dürfte bei der so spontan erscheinenden Empfehlung Sgambatis mitgespielt haben, daß dieser ein Schüler Liszts war. Wenn aber Wagner sich nicht genierte, seinem Schwiegervater und dessen Schüler einen Gefallen zu tun, um wie viel leichter hätte es ihm fallen müssen, sich für Bruckner, dessen Hilfsbedürftigkeit er kannte, zu verwenden.

Wagner hegte in seinen späteren Bayreuther Jahren zahlreiche Symphoniepläne, von denen zwar kein einziger auch nur annäherungsweise in die Tat umgesetzt wurde, die jedoch belegen, daß die Doktrin vom Musikdrama als einzig noch legitimer Form der Musik nicht so strikt galt, wie sie verkündet worden war. Wagner war, zumal gegen Ende seines Lebens, dem Symphonieschreiben nicht so

---

[15] CT I, S. 1014f.
[16] Schott-Briefe, S. 202f.

abhold, daß er partout keinen Blick mehr für symphonische Musik gehabt hätte und ihm Bruckners Symphonien aus diesem Grunde entgangen wären. Dem entspricht, daß er in seinem Aufsatz *Über die Anwendung der Musik auf das Drama* von 1879 ausführlich auf die neuere Symphonieproduktion einging, die ihm freilich ganz und gar nicht zusagte. Da Namen von Komponisten nicht genannt sind, muß offen bleiben, ob Bruckner mitgemeint war oder nicht. Ein Plädoyer f ü r Bruckner, das ja auch vorstellbar gewesen wäre, hielt Wagner jedenfalls nicht.

Gemessen an den unmittelbaren Zeugnissen, kann das Interesse Wagners an dem Komponisten Bruckner kaum groß gewesen sein. Man ist im Gegenteil geneigt anzunehmen, daß er ihn gar nicht wahrgenommen hat. Aber auch unabhängig davon scheint Bruckner für Wagner stets nur ein entfernter Bekannter gewesen zu sein. Das belegt zum einen die Tatsache, daß Bruckner in Wagners Briefen, so weit sich das derzeit überblicken läßt, nur ein einziges Mal, in Cosimas Tagebüchern nur an zwei Stellen vorkommt (Anhang Nr. 5–7). Bei der Briefstelle, die sich nur auf die Person, nicht auf den Komponisten Bruckner bezieht, handelt es sich um die Verteilung von Freikarten für die ersten Bayreuther Festspiele 1876, zu denen Wagner Bruckner durch Cosima schon 1874 hatte einladen lassen (vgl. Anhang Nr. 3). Bruckner sollte in der sogenannten Fürstengalerie seinen Platz finden, wo auch Wagner mit seiner Familie den Aufführungen beiwohnte. Keine Frage also: Wagner brachte Bruckner als Person Achtung und Wertschätzung entgegen. Bezeichnend ist jedoch, daß er es für nötig hielt, in seinem Brief hinter Bruckners Namen in Klammern Bruckners Wohnort, nämlich Wien, beizufügen. Das kann nur heißen, daß dem Adressaten, Friedrich Feustel, Anton Bruckner kein Begriff war. Dabei gehörte Feustel, der als Verwaltungsmitglied der Bayreuther Festspiele eine wichtige Rolle spielte, zum Wagnerschen Freundeskreis, verkehrte regelmäßig in Haus Wahnfried und war Mitglied des sogenannten Kränzchens, in dem sich verschiedene Bayreuther Honoratioren regelmäßig mit Wagner trafen. Wäre an einem dieser Orte, in einem dieser Kreise der Komponist oder auch nur die Person Bruckner zumindest hin und wieder Gesprächsgegenstand gewesen, wie es sich nach dem von der Brucknerliteratur behaupteten Enthusiasmus Wagners für

Bruckner und dessen dritte Symphonie eigentlich von selbst verstehen müßte, dann hätte sich Wagner die Beifügung der Ortsangabe in seinem Brief an Feustel sparen können. Ähnlich verhält es sich mit den beiden Erwähnungen in Cosimas Tagebüchern (Anhang Nr. 6–7). Das eine wie das andere Mal ist Bruckner keine Person, die allein durch die Nennung ihres Namens ausreichend gekennzeichnet wäre. Es bedarf wie im Falle der Briefstelle des spezifizierenden Zusatzes: einmal ist Bruckner *der arme Organist aus Wien*, das andere Mal *Musiker* (bezeichnenderweise nicht Komponist). Das besagt wohl, daß Bruckner im Hause Wagner keine eingeführte oder gar vertraute Person war, jemand, über den regelmäßig gesprochen wurde, und dieser Sachverhalt scheint sich bis zu Wagners Tod auch nicht geändert zu haben; denn die zweite der beiden Erwähnungen in den Tagebüchern Cosimas stammt vom April 1881.

Wenn man bedenkt, daß sich Bruckner und Wagner in der Zeit, in der Cosima ihr Tagebuch führte (1869–1883), mindestens fünf Mal begegneten, nämlich 1872 und 1875 in Wien, 1873, 1876 und 1882 in Bayreuth, dann erscheint es überaus verwunderlich, daß die Tagebücher darüber nicht ein einziges Wort enthalten. Der Verdacht liegt nahe, daß Cosima eine Art Zensur übte, etwa weil sie selbst Bruckner nicht ernst nahm oder gar für unbedeutend hielt (für das zweite spricht ihre briefliche Äußerung von 1890, s. u.). Dem ist jedoch entgegenzuhalten, daß sie ihr Tagebuch nicht unabhängig, verborgen vor Wagner, führte, der vielmehr wie selbstverständlich darin zu lesen pflegte und sogar auch selber Eintragungen darin vornahm. Wäre sein Enthusiasmus für Bruckner so groß gewesen, wie die Brucknerliteratur ihn darstellt, man würde mit Sicherheit einen Reflex davon in den Tagebüchern finden.

Nach Wagners Tod verwaltete Cosima das Wagnersche Erbe, und es steht außer Zweifel, daß sie nicht nur getreue Gralshüterin war, sondern – wenn auch gewiß in dem guten Glauben, im Sinne Wagners zu handeln – auch eigene Wege ging. Das Wort vom „zweiten Leben" trifft den Sachverhalt sehr genau[17]. In einem Brief an Richard Strauss schrieb Cosima am 26. März 1890 über Bruckner:

---

[17] Titel der von Dietrich Mack herausgegebenen Briefe und Aufzeichnungen Cosima Wagners, vgl. Anm. 18

Auch Sätze aus Brucknerschen Symphonien habe ich gehört. Diesen guten Mann würde ich zum Hofkomponisten machen und ihm alljährlich eine Kantate, eine Festmesse, ein Tedeum, mit der Sicherheit, daß es sehr gut komponiert sein würde, bestellen. Das Zum-Genie-ausposauniert-Werden macht ihn zu einem Einfaltspinsel.[18] Es wäre gewiß falsch, diese Meinung für diejenige Wagners zu halten, wenngleich sie ebenso gewiß nicht ganz ohne den Hintergrund der Wagnerschen Einschätzung zu denken ist. Jedenfalls wäre Cosimas Urteil anders ausgefallen, hätte Bruckner in den Augen Wagners – für Cosima unmißverständlich wahrnehmbar – die Weihen des großen Komponisten gehabt. Cosima hätte es nicht gewagt, sich einem eindeutigen Votum Wagners entgegenzustellen.

Dem entspricht, daß auch in der weiteren Umgebung Wagners sich kein unmittelbares Zeugnis über die Einschätzung Brucknersdurch Wagner findet. Keiner der bereits genannten Dirigenten berief sich in seinem Urteil über Bruckner jemals auf Wagner. Hermann Levi verfaßte sogar ein offizielles Gutachten über Bruckner für die Wiener Universität, ohne sich auf Wagner zu beziehen[19]. Aufschlußreich in diesem Zusammenhang sind die Erinnerungen des Bruckner-Schülers Friedrich Klose an eine Begegnung zwischen Bruckner und Levi bei den Bayreuther Festspielen 1882. Das kurzangebundene und barsche Verhalten Levis, den Bruckner um die Aufführung einer seiner Symphonien gebeten hatte, erklärte Klose unter anderem damit, daß Levi möglicherweise *in Wahnfried von Bruckner nie hatte sprechen hören und an das Interesse Wagners für den fruchtbaren Symphoniker nicht glaubte*[20]. Die gleichsam offizielle Wagner-Biographie Carl Friedrich Glasenapps enthält in den ersten beiden, noch zu Lebzeiten Wagners erschienenen Auflagen (1876/77 bzw. 1882) nicht einmal den Namen Bruckners; und in der 3./4. Auflage von 1907 wird lediglich die berühmte, von dem schon erwähnten Gustav Adolph Kietz geschilderte anekdotische Widmungsbegebenheit um die dritte Symphonie wiedergegeben. Glasenapp selbst, der autorisierte Biograph also, scheint demnach aus Wagners eigenem Munde kein Wort über Bruckner vernommen zu haben. Bemer-

---

[18] Das zweite Leben, S. 216
[19] Göllerich–Auer (Anm. 3), Bd. IV, Teil 3, S. 181f.
[20] Friedrich Klose, *Bayreuth. Eindrücke und Erlebnisse,* Regensburg 1929, S. 67

kenswert in diesem Zusammenhang sind auch die *Erinnerungen an Richard Wagner* von Hans von Wolzogen. In ihrer zweiten Auflage von 1891 berichten sie, Wagner habe *die durchaus ehrliche, echte und unerschrockene Symphoniemusik* Bruckners *mit aufrichtiger Freude begrüßt*[21]. In der ersten Auflage von 1883 (Wien) aber steht nicht ein einziges Wort über Bruckner. Die Erklärung dafür ist einfach: Wolzogen hatte seine Information nicht aus dem Hause Wagner oder gar aus eigener Erfahrung, sondern von Bruckner. Der Briefwechsel um die Angelegenheit ist erhalten[22].

Es fällt auf, daß die Nachrichten über die hohe Meinung, die Wagner von Bruckner gehabt haben soll – sofern sie nicht von Bruckner stammen –, erst lange nach Wagners Tod ans Licht kamen, und zwar erst zu einer Zeit, als Bruckners Musik zunehmend Erfolg hatte und in ihrem künstlerischen Rang erkannt wurde. Daß man sich erst in dieser Zeit der Anerkennung Bruckners durch Wagner erinnerte (und nicht schon früher), legt den Verdacht nahe, daß es sich gar nicht so sehr um tatsächliche Erinnerung handelte, sondern vielmehr darum, Bruckner ein für allemal dem Lager der Wagnerianer zuzuschlagen. Was konnte dazu geeigneter sein als Wagners persönliche Anerkennung, die Weihe durch den Meister selbst? Wie hätte es im übrigen ins idealistische Weltbild gepaßt, wäre dem einen Genie (Wagner) das andere (Bruckner) verborgen geblieben? Die Idee von der Gemeinschaft der großen Geister verlangte geradezu danach, daß Wagner Bruckner als das erkannt hatte, was er war. Ein für die Bedeutung Bruckners blinder Wagner hätte Zweifel an der Bedeutung Wagners selbst wecken müssen.

Die unmittelbaren Zeugnisse über die Anerkennung, die Wagner Bruckner zuteil werden ließ, stammen ausschließlich von Bruckner. Da Bruckner sich gewiß nichts sehnlicher wünschte als die Anerkennung Wagners, ist zu vermuten, daß er übertrieb. Es ginge aber sicherlich zu weit, allein den Wunsch zum Vater des Gedankens zu erklären. Bruckner bediente sich der Anerkennung durch Wagner mehrfach in Gesuchen, also offiziell, was er sicher nicht getan hätte,

---

[21] Hans von Wolzogen, *Erinnerungen an Richard Wagner*. Neue, um das Doppelte vergrößerte Ausgabe, Leipzig o. J. [1891], S. 28
[22] Brief Wolzogens an Bruckner vom 11. Februar 1891 und undatiertes Schreiben Bruckners an Wolzogen, *Gesammelte Briefe* (Anm. 2), S. 382f. und S. 166ff.

wäre diese Anerkennung Erfindung gewesen. Da er es schon zu Lebzeiten Wagners tat, mußte er mit Rückfragen bei Wagner rechnen. Es geht jedoch nicht darum, der Brucknerschen Überlieferung zu mißtrauen. Zu bezweifeln ist nicht, daß Wagner, so oft er Bruckner persönlich begegnete, freundschaftliche oder gar lobend-anerkennende Worte für ihn hatte. Zu bezweifeln ist vielmehr, daß es Wagner mit diesen Worten, die Bruckner ebenso begierig wie naiv aufnahm, wirklich Ernst war. Da sie offenkundig ganz auf die persönlichen Begegnungen beschränkt waren, liegt der Verdacht nahe, daß sie nur dazu dienten, Bruckner auf möglichst einfache und beiden Seiten dienliche Weise zufriedenzustellen. Einen so treuen Anhänger wie Bruckner vor den Kopf zu stoßen, konnte nicht in Wagners Interesse liegen. Überdies gilt es zu bedenken, daß Bruckner seit 1873 Mitglied des Wiener Akademischen Richard-Wagner-Vereins war[23], dessen uneingeschränkte Loyalität Wagner vermutlich wichtiger war als die Wahrheit über seine Einschätzung des Komponisten Bruckner. Wenn nicht alles täuscht, dann wurde Bruckner ein Opfer seiner vertrauensvollen Naivität: er glaubte, was Wagner nur so dahin sprach.

Anhang
Dokumentation der wichtigsten Quellen
zu den persönlichen Beziehungen
zwischen Wagner und Bruckner

Nr. 1[24]
Bruckner an Wagner (20.5.1878):
Hocherhabener Meister!
Erschüttert bis ins Innerste durch die Majestät Ihrer unsterblichen Prachtschöpfungen wage ich es abermals, heute an dem ewig berühmten Hochfeste, dem Schöpfer all dieser wunderbaren Ideale meine tiefste Huldigung zu Füßen zu legen. Gepriesen sei der Ewige, der uns unseren Großmeister am heutigen Tage gab, und Ihn seither all das dichten ließ, was uns so unendlich beglückt! Möge Gott Sie, hocherhabener Meister, bis ins höchste Greisenalter eben so

---

23 vgl. Bruckners Brief vom 15. Oktober 1873, in: *Gesammelte Briefe* (Anm. 2), S. 122
24 Original: NA (III A 14–4). Erstdruck: *Bayreuther Festspielführer* 1938, hg. von Otto Strobel, Bayreuth 1938, S. 37f. – Wiedergabe nach Original

rüstig und gesund, wie bisher, erhalten zum Ruhme, zur Bildung und Freude der Menschheit!
Ihrer Gnaden Fr. Gemalin küsse ich ehrfurchtsvollst die Hände!
Wie gerne möchte ich Sie, hoher Meister mündlich sprechen; ich hätte so Vieles, so Unglaubliches zu sagen!!! Die Dmoll Sinfonie wurde in ganz neuer Bearbeitung aufgeführt; leider ließ man mir keine Zeit zu Proben. Dr. Liszt spielte meine 5te Sinfonie durch, und „verkündete ["] (wie Er selbst sagte,) bei Hohenlohe meinen Ruhm. Wahrlich, noch mein letzter Trost in Wien!
Mit dem Ausdrucke meines innigsten Dankes und tiefsten Respektes verharre ich ehrfurchtsvollst
                    Euer Hochwohlgeboren
Wien den   höchst bewundernder, wahrer Verehrer
20. Mai 1878.   Anton Bruckner.

(Der Brief ist in deutscher Schrift geschrieben; die Hervorhebungen bezeichnen lateinisch geschriebene Worte).

Nr. 2[25]
Wagner an Bruckner (31.1.1868):
Geehrtester Herr!
Ich wende mich an Sie, um Ihnen sowohl meinen Dank für Ihr sehr freundliches Schreiben auszusprechen, als auch Sie zu ersuchen, dem sehr geehrten Vorstand des „Frohsinn's" meine Freude über die in dessen Zuschrift mir gemachten Mittheilungen unter herzlichster Anerkennung kundzugeben.
Gern hätte ich auch Ihren Wünschen in Betreff des Nachweises einer geeigneten Männergesangscomposition von mir entsprochen: Sie können sich aber wohl denken dass sich so etwas schwer bei mir findet. Doch habe [ich] darüber nachgedacht, und da Sie von einem Festfeier-Conzert sprechen, von Orchester u. auch weiblichem Chor, so glaube ich Sie auf etwas recht Schickliches aufmerksam machen zu können: es ist diess der Schlussgesang in meinem neuesten dramatischen Werke: „die Meistersinger". – Diess ist ein Bass-Solo, (gut vorzutragen, aber nicht eigentlich schwer,) dazu voller Chor – und Orchester. Wenden Sie sich wegen des Klavierauszuges an Fr. Schott in Mainz, davon 2 Akte bereits fertig sind und der 3te vermuthlich bald nachfolgt. Die Partitur

---

[25] Original: Bayerische Staatsbibliothek, München, Handschriftenabteilung, (Autogr. Cim.: Wagner, Richard). Erstdruck: Göllerich–Auer (Anm. 3), Bd. III, Teil 1, S. 430ff. – Wiedergabe nach Original

von diesem 3ten Akte dürfte bis dahin auch soweit gestochen sein, dass Sie von diesem Schlusssatze wenigstens einen Probeabzug von Schott erhalten könnten; wenn nicht, so hätten Sie sich an Herrn Chordirector Hans Richter *am Münchener Hoftheater zu wenden (Maximilianstrasse, 25), welcher Ihnen eine Copie besorgen lassen könnte.*

Das Stück würde bei den Worten des Hans Sachs *„Verachtet mir die Meister nicht" – beginnen.*

Wollen Sie nun noch dem sehr geehrten Vorstand des „Frohsinn's" melden, dass ich mit angenehmer Genugthuung und wahrem Vergnügen die mir erwiesene Wahl zum Ehrenmitglied desselben annehme, und demnach weiteren Mittheilungen mit Freude entgegensehe?

Mit bester Erwiderung Ihrer freundlichen Gesinnungen verbleibe ich
hochachtungsvoll
Ihr

München, *ergebener*
31 Jan. 1868. *Richard Wagner.*

Nr. 3[26]
Cosima Wagner an Bruckner (24.6.1874):
Geehrter Herr!

Jeden Tag hat mein Mann gehofft, Ihnen seinen Dank für die schöne Gabe sowie die ihn ehrenden und rührenden Worte, mit welchen Sie dieselbe begleitet haben, auszusprechen; allein seine Zeit gestattet es ihm für jetzt noch nicht, und, um Sie nicht länger in Ungewißheit zu lassen, ersucht er mich Ihnen seinen wärmsten Dank und seine Anerkennung Ihrer schönen Arbeit zu übermitteln. Er hat mit Herrn Director Hanns [sic] Richter Ihre Symphonie durchgenommen und sich der Arbeit selbst sowie der Widmung derselben ungemein gefreut, und um Ihnen seinen Dank kundzugeben, so ladet er Sie höflichst zu den Aufführungen – welche so Gott will! – im Jahre 1876 stattfinden werden, ein. Bis dahin aber hofft er noch einen Augenblick zu finden, um Ihnen mit einigen Worten zu sagen, was ich ungenügend hier ausgedrückt habe; einstweilen grüßt er Sie herzlich, und füge ich diesem Gruße die Versicherung meiner vorzüglichen Hochachtung bei.

Bayreuth, 24. Juni 1874. *C. Wagner, geb. Liszt.*

---

[26] *Gesammelte Briefe* (Anm. 2), S. 367f.; Göllerich–Auer (Anm. 3), Bd. IV, Teil 1, S. 284

Nr. 4[27]
Bruckner an Eva Wagner (Frühjahr 1885), Auszug:
Schon im September v. Jahres war es, als ich den gewünschten Brief vom Hochseligen Herrn P a p a an Hr. Verwaltungsrath G r o ß nach B a y - r e u t h übersendet habe; d. h. eine Copie. Ebenso andere Auszeichnungen, die mir die Jahre hindurch mündlich von Seite des unsterblichen I m p e r a - t o r s der Musik geworden sind, habe ich dem genannten Herrn beigelegt. Nun erlaube ich mir F r ä u l e i n E v a eine C o p i e meiner so kostbaren Reliquie zu übersenden.

Nr. 5[28]
Wagner an Friedrich Feustel (30.4.1876), Auszug:
<u>Bruckner</u> *(Wien) wird von mir auf die* <u>Gallerie</u> *protegirt: er verdient's!*

Nr. 6[29]
Cosima Wagner in ihrem Tagebuch (8.2.1875):
Wir nehmen die Symphonie von dem armen Organisten Bruckner aus Wien vor, welcher von den [sic] Herrn Herbeck und anderen bei Seite geschoben worden ist, weil er hier in Bayreuth war, um seine Symphonie-Widmung anzubringen! Es ist jammervoll, wie es in dieser musikalischen Welt steht. – Andante aus Es dur Symphonie von Schumann, schöne Akzente, doch solche Leere. Schaden von Schumann, nicht seine Grenzen erkannt zu haben; überschraubtes Talent.

Nr 7[30]
Cosima Wagner in ihrem Tagebuch (22.4.1881):
R. träumt, daß ein Papst mit dem Aussehen von dem Musiker Bruckner ihn besuche, durch meinen Vater eingeführt (ungefähr Kaiser v. Brasilien), und wie R. ihm die Hand küssen will, küßt sie ihm S. Heiligkeit und nimmt darauf eine Flasche Cognac mit. Mittagessen mit Freund Feustel […]

---

[27] *Gesammelte Briefe* (Anm. 2), S. 202. Die Datierung des Briefes auf Frühjahr 1885 ergibt sich aus dem weiteren Inhalt, der mit jenem der Briefe an Arthur Nikisch vom 15. und an Hans von Wolzogen vom 18. März 1885 übereinstimmt (*Gesammelte Briefe*, S. 179–182).
[28] Original: RWG (Hs 1–122). Der auszugsweise Abdruck erfolgt mit freundlicher Genehmigung der Richard-Wagner-Gedenkstätte der Stadt Bayreuth.
[29] CT I, S. 894
[30] CT II, S. 729

Abkürzungen/Abgekürzt zitierte Literatur

An Minna Wagner	*Richard Wagner an Minna Wagner*, 2 Bde., Berlin/Leipzig ³1908
Braunes Buch	Richard Wagner, *Das Braune Buch. Tagebuchaufzeichnungen 1865 bis 1882*, hg. v. Joachim Bergfeld, Zürich/Freiburg 1975
Breitkopf-Briefe	*Richard Wagners Briefwechsel mit seinen Verlegern I, Briefwechsel mit Breitkopf & Härtel*, hg. v. Wilhelm Altmann, Leipzig 1911
CT	Cosima Wagner, *Die Tagebücher*. Ediert und kommentiert von Martin Gregor-Dellin und Dietrich Mack, 2 Bde., München/Zürich 1976–1977
Das zweite Leben	Cosima Wagner, *Das zweite Leben. Briefe und Aufzeichnungen, 1883–1930*, hg. v. Dietrich Mack, München/Zürich 1980
Kapp	Julius Kapp, *Die Wiener „Tristan"-Not (1861–1863). Nach unveröffentlichten Schriftstücken dargestellt*, in: *Die Musik* X (1910/11), Heft 1, S. 24–35
Künstler-Briefe	*Richard Wagner an seine Künstler. Zweiter Band der „Bayreuther Briefe"*, hg. v. Erich Kloss, Berlin/Leipzig ²1908
Leben und Werk	Herbert Barth/Dietrich Mack/Egon Voss, *Richard Wagner. Leben und Werk in zeitgenössischen Bildern und Dokumenten*, Mainz/München 1982
ML	Richard Wagner, *Mein Leben*, hg. v. Martin Gregor-Dellin, München 1976
NA	Nationalarchiv der Richard-Wagner-Stiftung, Bayreuth
RWG	Richard-Wagner-Gedenkstätte der Stadt Bayreuth
RWSW	Richard Wagner, *Sämtliche Werke*. Herausgegeben im Auftrag der Gesellschaft zur Förderung der Richard Wagner-Gesamtausgabe in

	Verbindung mit der Bayerischen Akademie der Schönen Künste. Begründet von Carl Dahlhaus, Editionsleitung: Egon Voss, Mainz 1970ff.
SB	Richard Wagner, *Sämtliche Briefe*. Herausgegeben im Auftrage des Richard-Wagner-Familien-Archivs Bayreuth (Bd. I–III), im Auftrage der Richard-Wagner-Stiftung Bayreuth (Bd. IV–VIII) von Gertrud Strobel und Werner Wolf (Bd. I–V), von Hans-Joachim Bauer und Johannes Forner (Bd. VI–VIII), Leipzig 1967 (Bd. I), 1970 (Bd. II), 1975 (Bd. III), 1979 (Bd. IV), 1986 (Bd. VI), 1988 (Bd. VII), 1991 (Bd. VIII), 1993 (Bd. V)
Schott-Briefe	*Richard Wagners Briefwechsel mit seinen Verlegern II, Briefwechsel mit B. Schott's Söhne*, hg. v. Wilhelm Altmann, Mainz 1911
SS	Richard Wagner, *Sämtliche Schriften und Dichtungen*, Volksausgabe, 16 Bde., Leipzig o. J. [1912/1914]
Wesendonck-Briefe	*Richard Wagner an Mathilde Wesendonck. Tagebuchblätter und Briefe 1853–1871*, Berlin 1904
Westernhagen	Curt von Westernhagen, *Richard Wagners Dresdener Bibliothek 1842–1849*, Wiesbaden 1966
WWV	John Deathridge/Martin Geck/Egon Voss, *Wagner-Werk-Verzeichnis (WWV). Verzeichnis der musikalischen Werke Richard Wagners und ihrer Quellen*, Mainz 1986

Nachweise

Dramaturgie und Analyse

Die Feen. Eine Oper für Wagners Familie: Begleittext zur Schallplattenaufnahme der Oper bei Orfeo, München (1983)

Auch eine Unvollendete. Das wiederaufgefundene Sinfonie-Fragment in E-Dur WWV 35: *Neue Zeitschrift für Musik* 149 (1988), Heft 11, S. 14–18

Wagners *Jugendsünde?* Zur großen komischen Oper *Das Liebesverbot oder Die Novize von Palermo*: unveröffentlicht, geschrieben 1983 für eine geplante Schallplattenaufnahme

Rienzi, der Letzte der Tribunen: Nachwort zur Neuausgabe des Textbuchs nach der Gesamtausgabe, Stuttgart 1983 (Reclams Universalbibliothek Nr. 5645)

Die unterdrückte Vorgeschichte. Zu *Der fliegende Holländer*: Almanach der Salzburger Osterfestspiele 1982, S. 70–76

Lohengrin, der melancholische Held: Begleittext zur Schallplattenaufnahme der Oper bei RCA (1995)

Die Chöre im *Lohengrin* vor dem Hintergrund von *Oper und Drama*: Programmhefte der Bayreuther Festspiele 1979, Programmheft I *Lohengrin*, S. 106–112

Tristan: Die Liebe als furchtbare Qual: Frankfurter Oper. Programmheft zur Neuinszenierung *Tristan und Isolde* 1977, S. 4–10

Besseres, als diese Lieder, habe ich nie gemacht ... Zu den Wesendonck-Liedern: *Neue Zeitschrift für Musik* 144 (1983), Heft 1, S. 22–26

Tristan ohne Mythos: Bayerischer Rundfunk, München, Programmheft zum Sonderkonzert des Symphonieorchesters (*Tristan und Isolde*, konzertant) am 11./13.1.1981

Die Meistersinger von Nürnberg als Oper des deutschen Bürgertums: Richard Wagner, *Die Meistersinger von Nürnberg*. Texte, Materialien, Kommentare, hg. v. Attila Csampai und Dietmar Holland, Reinbek 1981 (rororo opernbuch), S. 9–31

Es klang so alt, – und war doch so neu, – Oder ist es umgekehrt? Zur Rolle des Überlieferten in den *Meistersingern von Nürnberg*: *Altes im Neuen*. Festschrift Theodor Göllner zum 65. Geburtstag, Tutzing 1995 (Münchener Veröffentlichungen zur Musikgeschichte Bd. 51), S. 307–314

Eigentlich ein Marsch mit einem Trio. Über das Vorspiel zu den *Meistersingern von Nürnberg*: Bayerischer Rundfunk, München, Programmheft zum Konzert des Symphonieorchesters am 30.9./1.10.1993

„Kammermusik" in den Musikdramen Richard Wagners: Programmhefte der Bayreuther Festspiele 1971, Programmheft IV *Die Walküre*, S. 7–13/64–68

Noch einmal: Das Geheimnis der Form bei Richard Wagner: *Theaterarbeit an Wagners Ring*, hg. v. Dietrich Mack, München/Zürich 1978 (Thurnauer Schriften zum Musiktheater 3), S. 251–267

Süßeste Rache sühnte dann alles. Zum ersten Akt der *Walküre*: Programmhefte der Salzburger Festspiele 1995, Programmheft zum Konzert der Staatskapelle Berlin am 24.8.1995

Siegfrieds Musik: *Das musikalische Kunstwerk*. Festschrift Carl Dahlhaus zum 60. Geburtstag, Laaber 1988, S. 259–267

Huldigung Wagners an Cosima: Vorwort zu: Richard Wagner, *Kinder-Katechismus zu Kosel's Geburtstag*, Faksimile der Reinschrift in den Fassungen von 1873 und 1874, Mainz 1983

Parsifal – das Spiel von der Macht der Schuldgefühle: Richard Wagner, *Parsifal*. Texte, Materialien, Kommentare, hg. v. Attila Csampai und Dietmar Holland, Reinbek 1984 (rororo opernbuch), S. 9–18

Die Möglichkeit der Klage in der Wonne. Skizze zur Charakterisierung der *Parsifal*-Musik: Richard Wagner, *Parsifal*, hg. v. Ulrich Drüner, München 1990 (Der Opernführer), S. 186–191

Philologie und Aufführungspraxis

Von Notwendigkeit und Nutzen der Wagnerforschung: Programmhefte der Bayreuther Festspiele 1987, Programmheft I *Lohengrin*, S. 16–41

„Sämtliche Briefe"?: *Melos/Neue Zeitschrift für Musik* IV (1978), Heft 3, S. 219–223

Das fragmentarische Orchesterwerk in e-Moll WWV 13 – die früheste der erhaltenen Kompositionen?: *Die Musikforschung* 23 (1970), Heft 1, S. 50–54

Der unvollendete *Tannhäuser*: Bayerische Staatsoper, München. Programmheft zur Neuinszenierung *Tannhäuser* 1994, S. 49–57

Die Entstehung der *Meistersinger von Nürnberg*. Geschichten und Geschichte: Vorwort zu: Richard Wagner, *Die Meistersinger von Nürnberg*, Faksimile der Reinschrift des Textbuchs von 1862, Mainz 1983, S. 7–19

Keine *schwitzende* Musik. *Die Meistersinger von Nürnberg* nach der kritischen Ausgabe der Richard Wagner-Gesamtausgabe: Hessisches Staatstheater Wiesbaden. Programmheft zur Neuinszenierung *Die Meistersinger von Nürnberg* 1991, S. 69–72

Wagners Striche im *Tristan*: *Neue Zeitschrift für Musik* 132 (1971), Heft 12, S. 644–647

Aufführungspraktische Konsequenzen der *Tristan*-Philologie: Referat, gehalten beim Wagner-Symposium „Lesarten –Spielarten", Schloß Thurnau 1993

Zur musikalischen Interpretation – Bayreuther Stil: Programmhefte der Bayreuther Festspiele 1976, Programmheft III *Siegfried*, S. 15/68–80

Das Musikdrama, präpariert für den Salon: Richard Wagner auf dem Klavier: Manuskript einer Sendung im Bayerischen Rundfunk am 3.4.1987, 2. Programm

Beziehungen

Wagner und Rossini oder *Un nouvel Orphée* und *Der ungemein geschickte Verfertiger künstlicher Blumen*: Programmhefte der Bayreuther Festspiele 1993, Programmheft II *Tannhäuser*, S. 6–28

Wagner und Bruckner. Ihre persönlichen Beziehungen anhand der überlieferten Zeugnisse: *Anton Bruckner. Studien zu Werk und Wirkung*. Walter Wiora zum 30. Dezember 1986, hg. v. Chr.-H. Mahling, Tutzing 1988, S. 219–233

Register

Werke Wagners

a) Kompositionen und Bühnenwerke

Albumblatt C-Dur WWV 94 (In das Album der Fürstin M.)   348f.
Albumblatt Es-Dur WWV 108 (für Betty Schott)   348f.
Bearbeitungen   242
Die Bergwerke zu Falun WWV 67   244
Columbus, Ouvertüre und Theatermusik WWV 37   52
Einlege-Arie zu Bellinis „Norma" WWV 52   65, 68, 242
Einlege-Arie zu Weigls „Die Schweizerfamilie" WWV 45   242
Entreacte tragique D-Dur Nr. 1 WWV 25   264, 266
Fantasie fis-Moll WWV 22   20f., 23f., 26
Eine Faust-Ouvertüre WWV 59   65
Faust-Symphonie WWV 59   65
Die Feen WWV 32   15–30, 44f., 48, 60, 68, 80, 85, 250f., 265, 320
Großer Festmarsch zur Eröffnung der hundertjährigen Gedenkfeier der Unabhängigkeitserklärung der Vereinigten Staaten von Nordamerika WWV 110   382
Der fliegende Holländer WWV 63   45, 68, 71–77, 134, 237, 239, 245, 248–251, 269, 278, 320, 329, 350, 354, 365f.
Friedrich I. WWV 76   245
Götterdämmerung WWV 86D   72, 161, 167, 181, 185ff., 193ff., 197f., 202–205, 209, 245, 250, 339, 342
Die Hochzeit WWV 31   15–18, 20, 28, 250
Die hohe Braut WWV 40   62
Instrumentation einer Arie aus Bellinis „Il pirata" WWV 34   20
Jesus von Nazareth WWV 80   244f., 252
Der junge Siegfried WWV 86C   197
Kinder-Katechismus WWV 106   206–210
Konzert-Ouvertüre Nr. 1 d-Moll WWV 20   264, 267f., 362
Konzert-Ouvertüre Nr. 2 C-Dur WWV 27   264f., 267f., 362
Leubald WWV 1   15, 238
Das Liebesmahl der Apostel WWV 69   240

Das Liebesverbot oder Die Novize von Palermo WWV 38   29, 33, 44–58, 60, 65, 68, 219f., 250f., 320
Lieder WWV 53–58/60–61   65
Lohengrin WWV 75   34, 77–90, 150, 155f., 219, 230, 243, 250f., 287ff., 320f., 350, 352, 354f., 359, 369f.
Männerlist größer als Frauenlist oder Die glückliche Bärenfamilie WWV 48   244, 287
Die Meistersinger von Nürnberg WWV 96   44f., 86, 118–157, 159–162, 201, 219, 222, 249ff., 278–309, 352, 355, 371, 379, 389
Neujahrsfestspiel WWV 36   52
Opern-Arrangements WWV 62   243, 349
Orchesterwerk e-Moll WWV 13   264–268
Ouvertüre zu „Die Braut von Messina" WWV 12   267f.
Ouvertüre zu „König Enzio" WWV 24A   264f., 267f.
Parsifal WWV 111   57, 77, 100ff., 120, 155, 157f., 160, 166f., 211–233, 238, 240, 250, 275, 278, 319, 335, 337, 341–344, 355, 367, 382
Polonaise D-Dur WWV 23B   348
Polonia-Ouvertüre WWV 39   265f.
Quartett D-Dur WWV 4   158
Das Rheingold WWV 86A   44, 60, 171–175, 178f., 181, 186–190, 250, 340, 347
Rienzi, der Letzte der Tribunen WWV 49   44f., 59–71, 77, 219, 245, 248, 250f., 320, 329, 355
Der Ring des Nibelungen WWV 86   72, 77f., 80, 96ff., 121, 141, 143, 155, 157, 169f., 185f., 188, 191f., 203, 205, 209f., 220, 240, 243, 251, 296, 307, 313, 321, 334f., 337, 343, 354f.
Die Sarazenin WWV 66   244
Schäferoper WWV 6   15
Schlußallegro zu einer Arie aus Marschners „Der Vampyr" WWV 33   20, 242
Sieben Kompositionen zu Goethes „Faust" WWV 15   20, 25ff., 264
Die Sieger WWV 89   99f.
Siegfried WWV 86C   161, 165, 179, 181, 185ff., 193–200, 204, 250, 271, 321, 339, 367
Siegfried-Idyll WWV 103   34f., 162, 164f., 208, 243

Siegfrieds Tod WWV 86D   72, 85, 245
Sinfonie C-Dur WWV 29   21, 43
Sinfonie E-Dur WWV 35   31–43
Sinfonien WWV 78   34
Sonate B-Dur op. 1 WWV 21   348
Sonate A-Dur WWV 26   36, 38–41
Sonate As-Dur WWV 85   96, 349
Sonate B-Dur zu vier Händen WWV 16   41
Starnberger Quartett   158, 161, 164f.
Tannhäuser und der Sängerkrieg auf Wartburg WWV 70   29, 45, 68, 71, 77, 80f., 130f., 156f., 219f., 232, 239, 246, 248, 250f., 269–277, 288f., 320f., 329f., 340, 346f., 350f., 355, 359, 367, 373f.
„Träume" für Solovioline und kleines Orchester WWV 91B   106f., 162, 164
Tristan und Isolde WWV 90   91–118, 120f., 141ff., 155, 157, 160, 162, 168, 200ff., 222, 232, 250f., 269, 271, 285ff., 310–334, 339, 348–351, 355f., 367, 379
Wahlspruch für die deutsche Feuerwehr WWV 101   240
Die Walküre WWV 86B   44, 60, 96f., 167, 181ff., 185–198, 205, 209, 250, 351, 353
Wesendonck-Lieder WWV 91A   105–109, 150, 243
Wieland der Schmied WWV 82   245
Züricher Vielliebchen-Walzer WWV 88   240

b) Schriften und literarische Werke

Annalen   282, 321
Autobiographische Skizze   61, 278
Beethoven   160
Das Bühnenfestspiel in Bayreuth 1882   225
Deutsche Kunst und deutsche Politik   140, 345
Die deutsche Oper   51, 54, 253, 363
Ein Einblick in das heutige deutsche Opernwesen   342
Empfehlung einer Streichquartettvereinigung   159
Epilogischer Bericht   121
Eine Erinnerung an Rossini   373, 375

Meine Erinnerungen an Ludwig Schnorr von Carolsfeld   102, 314
Gesammelte Schriften und Dichtungen   49, 71, 244f., 251f., 254f., 295, 371, 374
Die Kunst und die Revolution   82, 85, 350
Das Kunstwerk der Zukunft   77, 82, 85, 350
Mein Leben   16, 32f., 41, 44, 53f., 65f., 78, 93, 95, 253, 258, 267, 278, 281ff., 288ff., 361, 363, 370, 373
Der Mensch und die bestehende Gesellschaft   253
Eine Mitteilung an meine Freunde   66, 98, 252, 281, 287f., 304
Die Not   199
Oper und Drama   45, 77, 82–85, 252, 341, 350, 371, 373
Pasticcio   253
Eine Pilgerfahrt zu Beethoven   372
Die Revolution   253
Rossinis „Stabat mater"   371
Rote Brieftasche   33, 63, 158
Sämtliche Schriften und Dichtungen   254
Über die Anwendung der Musik auf das Drama   164, 184, 384
Über deutsches Musikwesen   163
Über das Dirigieren   346f.
Was ist deutsch?   140
Zukunftsmusik   102

Personen

Adorno, Theodor W.   11, 59, 222f.
Ander, Aloys   310, 312, 322, 326
Apel, Theodor   16, 28, 32, 50ff., 61f., 261
Arnim, Achim von   94
Auber, Daniel François Esprit   45, 52, 67f., 243, 339, 349, 363ff.
Auer, Max   378

Bach, Johann Sebastian   28, 141, 243, 246
Balling, Michael   335
Batka, Richard   345
Beethoven, Ludwig van   20, 32, 34, 41ff., 45–48, 50, 52, 55, 57, 103, 107, 156, 158ff., 162ff., 170f., 362f., 372, 375, 377, 382

Beidler, Franz   328, 335
Bellini, Vincenzo   20, 45, 50ff., 68, 242, 363ff., 376
Berlioz, Hector   142
Bethmann, Heinrich   28, 31, 52, 364
Bloch, Ernst   113
Boieldieu, François-Adrien   365
Borchmeyer, Dieter   255
Brahms, Johannes   150, 159, 164, 211
Breitkopf & Härtel   315, 326, 355
Brendel, Franz   110
Brentano, Clemens   94
Brinkmann, Reinhold   293
Brockhaus, Friedrich   27
Bronsart, Hans von   316
Bruckner, Anton   34, 158, 306, 377–391
Bülow, Blandine von   207
Bülow, Cosima von → siehe Wagner
Bülow, Daniela von   207
Bülow, Hans von   110, 207, 306f., 317, 327f., 349, 351, 376
Bulwer-Lytton, Edward   61ff.

Carvalho, Léon   374
Chabrier, Emanuel   356
Chamberlain, Eva → siehe Wagner

Dahlhaus, Carl   197, 201
Dante   91
Deathridge, John   61, 321
Debussy, Claude   335
Dehn, Siegfried   150
Deinhardstein, Johann Ludwig   145
Dohnányi, Christoph von   249
Donizetti, Gaetano   92f., 243, 349f., 363
Dürer, Albrecht   134, 141

Einstein, Alfred   365
Erk, Ludwig   142, 150

Feustel, Friedrich 384, 391
Fischer, Franz 30
Freud, Sigmund 73, 184
Friedrich I., Großherzog von Baden 294
Fuchs, Anton 337
Fürstner, Adolph 69

Gervinus, Georg Gottfried 91, 289
Geyer, Ludwig 360
Gibbon, Edward 61
Glasenapp, Carl Friedrich 364, 386
Gleich, Joseph Alois 241
Gluck, Christoph Willibald 242
Goedecke, Karl 91
Göllerich, August 378
Goethe, Johann Wolfgang 9, 20, 25ff., 80, 119, 122
Golther, Wolfgang 255
Gottfried von Straßburg 91f.
Gould, Glenn 352
Gounod, Charles 350
Gozzi, Carlo 16f., 19
Grimm, Brüder 197
Grimm, Jakob 189
Gross, Adolf von 379, 391

Hagen, Friedrich Heinrich von der 78
Halévy, Fromental 67f., 243
Hanslick, Eduard 137, 146, 279, 294
Hartmann von Aue 75
Hauser, Franz 28
Haydn, Joseph 34, 347
Hegel, Georg Wilhelm Friedrich 199
Heger, Robert 249
Heine, Heinrich 94, 278, 371
Heinse, Wilhelm 53f.
Hellmesberger, Joseph 159
Henze, Hans Werner 107
Herbeck, Johann 391

Hérold, Louis-Joseph-Ferdinand   52, 364
Heyne, Jörg   253
Hiebendahl   271
Hiller, Ferdinand   78, 95
Hinsberg, J. von   78
Hitler, Adolf   59f.
Holtei, Karl von   242
Hülsen, Botho von   350
Humperdinck, Engelbert   340

Immermann, Karl   94
Istel, Edgar   264, 327

Jens, Walther   136

Kapp, Julius   255, 260, 310
Kastner, Emerich   240, 260
Keilberth, Joseph   343
Kietz, Gustav Adolph   381, 386
Klose, Friedrich   386
Kloss, Erich   337
Knappertsbusch, Hans   344
Kniese, Julius   69, 337
König, Heinrich   62
Konrad, Ulrich   253
Kram, David   309
Kubizek, August   60

Lachmann, Karl   78, 91
Lachner, Franz   34, 347
Laube, Heinrich   54
Laussot, Jessie   96
Lehmann, Lilli   316
Lehrs, Samuel   78
Levi, Hermann   30, 316f., 319, 324, 327, 329, 335, 337, 344, 382, 386
Lewald, August   49
Liepmannssohn   33, 264

Lippmann, Edmund von 205
Liszt, Franz 79, 97, 99ff., 257, 339, 351–355, 381ff., 389, 391
Lorenz, Alfred 11, 143, 169–184
Lortzing, Albert 145, 287
Lucas, C. T. L. 77f.
Ludwig II. von Bayern 29, 44, 57, 60, 211, 257, 305
Lüttichau, August Freiherr von 364
Luther, Martin 153, 209

Mack, Dietrich 345, 385
Mann, Erika 9
Mann, Thomas 9, 222
Marschner, Heinrich 20, 45, 242, 364
Marx, Adolf Bernhard 179
Mayfeld, Moritz von 378
Melchinger, Ulrich 73
Mendelssohn Bartholdy, Felix 220, 347, 376
Mey, Kurt 341, 343
Meyerbeer, Giacomo 67f., 84f., 242, 261, 350, 363ff., 373
Michotte, Edmond 374f.
Mitford, Mary 61
Mosen, Julius 92
Mottl, Felix 31, 33f., 42f., 69, 106f., 324, 330f., 334f., 337–342, 344–347, 382
Mozart, Wolfgang Amadé 20, 30f., 34, 55, 242f., 246, 363f.
Muck, Karl 69, 344ff.
Mügling, Heinrich 148
Müller, Christian Gottlieb 20
Müller, Hermann 68
Münster, Robert 31

Napoléon III., Kaiser von Frankreich 375
Naumann, Johann Gottlieb 220
Newmann, Ernest 161
Niemann, Albert 315, 317, 319, 326
Nietzsche, Friedrich 308f., 351
Nikisch, Arthur 391

Novalis 94
Nowak, Leopold 377

Oesterlein, Nikolaus 240
Overhoff, Kurt 222

Palestrina 231f., 242
Perfall, Karl Freiherr von 379
Peters, C. F. 383
Platen, August Graf 94
Pohl, Richard 352
Pohlenz, Christian August 32
Porges, Heinrich 314, 337, 340, 345
Preetorius, Emil 9
Puccini, Giacomo 57
Puschmann, Adam 290
Pusinelli, Anton 314

Reinick, Robert 95
Reißiger, Carl Gottlieb 159, 364
Richter, Hans 159, 220, 307, 335, 344, 375, 382, 390
Ringelhardt, Friedrich 28
Ritter, Karl 95
Röckel, August 100, 201, 203, 253
Rosenthal 264
Rossini, Gioacchino 52, 68, 85, 242, 350, 359–376
Rousseau, Jean Jacques 192
Royer, Alphonse 374
Rückert, Friedrich 94

Sabata, Victor de 344
Sachs, Hans 93, 141, 146, 154
Sawallisch, Wolfgang 43
Schiller, Friedrich 267
Schlegel, August Wilhelm 94
Schnitzler, Arthur 116
Schnorr von Carolsfeld, Ludwig 103, 112, 311f., 314f., 317, 323, 325ff.

Schönberg, Arnold   110, 113, 115
Schopenhauer, Arthur   100, 114, 120, 122f., 201f.
Schott, Franz   109, 150, 285f., 294, 299, 304, 389f.
B. Schott's Söhne   106, 165, 249, 294, 305f., 383
Schramm, Friedrich   9
Schröder-Devrient, Wilhelmine   29, 50, 363f., 376
Schubert, Franz   34, 150
Schumann, Robert   10, 42, 79, 94f., 150, 371, 391
Scribe, Eugène   49
Seidl, Anton   277, 316, 340, 347, 382
Sgambati, Giovanni   383
Shakespeare, William   9, 44f., 48, 50, 55, 83
Shaw, George Bernard   335
Soden, Michael von   19, 29
Soika, Alexandrine   378
Spencer, Stewart   205
Spohr, Louis   51, 260
Spontini, Gaspare   66, 68
Standthartner, Josef   294
Steche, Lydia   352
Stegmayer, Ferdinand   28
Sternfeld, Richard   254, 340
Stierlin, Helm   59
Strauss, Richard   30, 344, 345f., 347, 385
Strecker, Ludwig   165, 383
Strobel, Gertrud   256, 258, 262
Sulzer, Jakob   96
Syberberg, Hans-Jürgen   210, 217

Tappert, Wilhelm   31, 33, 36, 39, 231, 240, 327
Tausig, Carl   306, 351f.
Teichmann (Hofrat)   261
Tietjen, Heinz   340
Tizian   281ff.
Toscanini, Arturo   344

Uhlig, Theodor   86, 183, 197

Verdi, Giuseppe   30, 85, 158, 350
Vetter, Isolde   237
Vogl, Heinrich   326

Wagenseil, Johann Christof   145–148, 289
Wagner, Adolf   16f.
Wagner, Albert   16
Wagner, Clara   361
Wagner, Cosima   29, 33ff., 43, 69, 103, 106, 140, 156, 158, 162, 164f., 205–210, 218, 220f., 227, 237, 240, 243f., 248, 253f., 269, 276, 283, 314, 316f., 319, 322, 324, 337f., 340f., 343–346, 370f., 375f., 380f., 383–386, 390f.
Wagner, Eva   208, 237, 378f., 391
Wagner, Isolde   207
Wagner, Luise   27
Wagner, Minna   92, 96, 108, 285, 318
Wagner, Rosalie   15, 19, 26f.
Wagner, Siegfried   208, 335, 340f., 343
Wagner, Wieland   343
Wapnewski, Peter   283f.
Weber, Carl Maria von   20, 41, 45f., 52, 199, 242, 360, 363, 365, 375
Weigl, Joseph   242
Weinlig, Christian Theodor   20, 268, 348
Wesendonck, Mathilde   96, 100, 105–109, 111, 160, 164, 201f., 281–285, 304, 313, 318, 349
Wesendonck, Otto   96, 105, 107, 281, 283ff.
Wilhelm II., deutscher Kaiser   294
Wille, Eliza   313
Wittgenstein, Carolyne Fürstin   251f.
Wolf, Werner   256, 258, 262
Wolfram von Eschenbach   75, 78, 211ff.
Wolzogen, Hans von   92, 339, 344f., 379, 387, 391

Zumpe, Herman   382